Histoire
des médias
en France

Fabrice d'Almeida
Christian Delporte

Histoire des médias en France

de la Grande Guerre à nos jours

ChampsUNIVERSITÉ
Flammarion

Cet ouvrage est publié sous la direction d'Olivier Feiertag

Fabrice d'Almeida est maître de conférences à l'université de Paris X-Nanterre et à l'IEP de Paris. Il a notamment publié *Images et propagande* (Casterman-Giunti, 1995), *Histoire et politique en France et en Italie : l'exemple des socialistes (1945-1983)* (École française de Rome, 1998) et *La Manipulation* (PUF, 2003).

Christian Delporte est professeur d'histoire contemporaine à l'université de Versailles/Saint-Quentin-en-Yvelines et enseigne l'histoire des médias à l'IEP de Paris. Président de la Société pour l'histoire des médias (SPHM), il a notamment publié *Histoire du journalisme et des journalistes en France* (PUF, 1995) et *Les Journalistes en France, 1880-1950. Naissance et construction d'une profession* (Seuil, 1999).

© Flammarion, 2003.
ISBN : 2-08-083029-5

INTRODUCTION

L'homme contemporain vit dans un monde saturé d'information. Même s'il s'en croit à l'abri, un flux continu de données l'assaille, portées par la télévision, la radio, les signaux électriques, les supports visuels et sonores, les imprimés de toutes sortes, d'abord conçus pour l'influencer. Les paysages de campagne, de montagne ou de bords de mer, les déserts eux-mêmes, n'échappent plus à cette invasion. Le monde médiatisé qui est le nôtre est le fruit d'une accumulation complexe de manières de s'exprimer, de transmettre et de se comprendre. En retracer la genèse s'impose pour mesurer les *a priori* qui régissent les « canards », les « boîtes à sons » ou les « miroirs aux alouettes », et échapper à la tyrannie subtile du conditionnement médiatique. L'histoire, là comme ailleurs, est un outil de critique pour qui veut secouer ses chaînes et libérer sa conscience.

La presse, sentinelle du peuple ?

« Pendant une notable partie du siècle dernier, la presse a été incontestablement maîtresse de l'opinion publique ; les journaux étaient alors des tribunes où des écrivains d'élite attaquaient ou défendaient des idées ; ils faisaient œuvre d'éducateurs. Au carrefour du XIXᵉ et du XXᵉ siècle, une tendance nouvelle apparaît; la presse évolue : d'éducateurs, les journaux deviennent informateurs. » Telle est la conclusion de l'important ouvrage qu'Auguste de Chambure consacre à la presse, à la veille de la Grande Guerre. Tous les indices concordent, ajoute-t-il : nous entrons dans le siècle de l'information[1].

Né en 1865, ce journaliste a, de l'enfance à l'âge adulte, vécu les changements essentiels qui l'amènent à porter cette appréciation. Il a connu la formidable expansion des quotidiens populaires qui, vendus en kiosque pour une somme modique (un sou), ont conquis le public en s'adaptant à ses goûts, jusqu'à marginaliser les feuilles politiques. Avec *Le Petit Journal* de Moïse Millaud (1863) et ceux qui l'ont imité à la fin du XIXe siècle, la presse écrite est devenue un produit, soumis à la concurrence et attirant les appétits financiers. Les partisans d'un journalisme de mission, éducateur des masses, pourfendeur des tyrannies, héritier de la Révolution française et de la lutte pour la liberté qui parcourt le XIXe siècle, ne peuvent que constater amèrement leur défaite. En 1881, en faisant de la « loi sur la liberté de la presse » un texte sacré de la République, ils pensaient sans doute que la presse, libérée de toute censure, allait pouvoir alimenter le débat d'idées, influencer l'opinion, l'éclairer, la conduire, et censurer les gouvernants. Mais les lecteurs en ont décidé autrement. En 1914, les journaux d'opinion ne dominent plus la presse. Leur tirage est dérisoire face aux quatre grands quotidiens populaires, dont la diffusion cumulée avoisine les trois millions d'exemplaires (*Le Petit Parisien, Le Journal, Le Petit Journal, Le Matin*). La clé de leur succès ? Ils donnent au public ce qu'il attend : une information rapide, grâce aux agences de presse internationales comme Havas, des grands reportages

---

1. Auguste de Chambure, *À travers la presse*, Paris, Th. Fert, Albouy & Cie, 1914, p. 551.

qui le conduisent partout où la guerre menace ou fait rage, des faits divers, qui aiguisent sa curiosité, et parfois ses instincts inavoués, mais aussi des articles distrayants ou des romans-feuilletons qui nourrissent son imagination et l'initient à la lecture.

La France a connu aussi les prémices de la révolution de l'image, avec le développement de l'affiche commerciale et l'arrivée de la photographie dans les magazines illustrés, au cours de la dernière décennie du siècle, puis son apparition dans les quotidiens, d'abord timide (*Le Petit Parisien*, 1903), plus franche ensuite (*Excelsior*, 1910). Elle a en outre assisté à l'avènement du cinéma, commercialisé dès 1896, et aux premières représentations des actualités filmées, qui, grâce à Charles Pathé, s'installent chaque semaine sur les écrans des salles de projection, dès 1908.

Profonds et impressionnants sont les bouleversements techniques et économiques de la presse, la mutation des contenus, la formidable démocratisation de la nouvelle et l'ampleur des changements qui affectent le journalisme à l'aube du siècle. Naguère encore écrivain et militant, nourri de tradition littéraire et politique, le journaliste d'alors s'est métamorphosé en informateur, ce qui suppose la maîtrise de règles professionnelles strictes, qui ne se limitent plus tout à fait à l'intelligence du style ou à l'art de persuader son lecteur. A-t-il, pour autant, perdu tous ses anciens repères? Non, car l'identité du journalisme français reste vivace. Un bon journaliste, pour le public, est encore pleinement celui qui sait écrire et convaincre. Quant au grand reporter, modèle de la profession au début du XXe siècle, il se reconnaît dans la tradition des journalistes-militants de la Révolution française, en charge d'une mission d'éducation et de vérité qui faisait dire au duc de La Rochefoucauld, en 1791, que la presse était « la sentinelle du peuple ».

L'homme du XIXe siècle sent bien que le basculement de la presse dans l'information est irréversible.

Ce qu'il ne peut mesurer, c'est la formidable ampleur du processus qui s'amorce et va marquer le XXᵉ siècle. La Grande Guerre donne un violent coup d'accélérateur, avant que la France, à l'instar des grands pays industrialisés, ne plonge définitivement dans le bain médiatique qui nous est désormais familier.

Reste que l'impression de nouveauté semble consubstantielle à l'évolution des médias : radio, télévision, Internet, téléphone mobile et e-book ont, à chaque époque, étonné, enchanté ou inquiété les contemporains. Le rôle de l'historien est, précisément, de relativiser la nouveauté de ces phénomènes, d'en fixer l'origine et la construction, d'en montrer la complexité, de les démythifier, de les rattacher à un contexte, bref de les mettre en perspective. L'histoire peut, alors, sinon aider à résoudre, du moins aider à comprendre les débats actuels.

Une histoire en marche

L'histoire des médias, en France, est un chantier récent. Dès les années 1960-1970, plusieurs édifices, pour ne pas dire monuments, en jalonnent le paysage, telle *L'Histoire générale de la presse française*, dont le contenu reste sur bien des points d'une étonnante actualité[1]. Néanmoins, il faut attendre les années 1990 pour que les historiens de la presse écrite, élargissant leur observation à l'audiovisuel, définissent un champ de recherche nouveau, précisément appelé « histoire des médias ».

---

1. Claude Bellanger (dir.), *Histoire générale de la presse française*, 5 volumes, Paris, PUF, 1969-1976 (t. 1 : des origines à 1914 ; t. 2 : de 1815 à 1871 ; t. 3 : de 1870 à 1940 ; t. 4 : de 1940 à 1958 ; t. 5 : de 1958 à nos jours).

L'un des premiers historiens à écrire sur la presse écrite est Georges Weill, qui en 1934 rédige une sorte de manuel composant une véritable histoire[1]. Dans les années 1950-1970, Pierre Renouvin, Jacques Godechot, Jacques Ozouf ou Pierre Albert s'associent aux initiatives de journalistes soucieux de promouvoir une science de l'information et de valoriser l'histoire de la presse, comme Jacques Kayser, Claude Bellanger ou Raymond Manevy. Et puis, à la fin des années 1970, sous l'impulsion de Jean-Noël Jeanneney, radio et télévision se constituent en secteur de recherche florissant. Le livre qu'il publie en 1996 aux éditions du Seuil, *Une histoire des médias, des origines à nos jours*, représente une étape essentielle du basculement de l'« histoire de la presse » vers l'« histoire des médias ». Tiré d'un cours professé à Sciences-Po, son ouvrage, résolument comparatif, dégage les contours explicatifs d'une exception française, et indique, pour l'avenir, les chemins de la réflexion historique sur les médias. D'autres synthèses l'accompagnent ou le suivent, cherchant notamment à élargir ou à préciser la définition historique de « médias » et le rythme de leur évolution chronologique ; elles viennent compléter les publications sur l'histoire des moyens de communication et des instruments de médiation[2].

Ces dernières années, les recherches se sont multipliées, notamment grâce au développement de lieux de conservation, et singulièrement de l'Inathèque de

---

1. Georges Weill, *Le Journal et son histoire*, Paris, La Renaissance du livre, 1934.

2. Pascal Griset, *Les Révolutions de la communication, XIXᵉ-XXᵉ siècle*, Paris, Hachette, 1991 ; Peppino Ortoleva, *La Société des médias*, Paris-Florence, Casterman-Giunti, 1995 ; Élisabeth Cazenave, Caroline Ulmann-Mauriat, *Presse, radio et télévision en France, de 1631 à nos jours*, Paris, Hachette, 1995 ; Frédéric Barbier, Catherine Bertho-Lavenir, *Histoire des médias de Diderot à Internet*, Paris, Armand Colin, 1996 ; Marc Martin, *Médias et journalistes de la République*, Paris, Odile Jacob, 1997.

France, créée à la suite de la loi de 1992 sur le dépôt légal de l'audiovisuel. Le présent ouvrage, qui en dresse la liste dans son ultime partie et mentionne des études parfois trop peu connues, les livre ici au lecteur. Mais il ne se réduit pas à une synthèse : il propose de nouveaux axes problématiques et des résultats établis à partir de sources originales et de fonds jusqu'ici inexplorés.

S'y ajoute le désir de proposer une nouvelle clé de lecture du siècle des médias. Il s'agit, en effet, de montrer comment les médias ont fini par constituer une sphère autonome qui, à son tour, a créé des normes, des standards, des représentations, une « culture », et modifié les comportements. Un tel propos situe l'histoire des médias dans une histoire plus large, à l'échelle des relations sociales. Car l'histoire des médias ne peut être isolée de l'évolution générale des relations entre les différentes composantes de la société, les hommes, d'abord, les institutions ensuite. Avec l'entrée dans la société de masse, les messages transmis entre les individus ont tendu à s'universaliser, au point qu'il est devenu possible de parler de questions identiques à une immense multitude. Les instruments imaginés pour cette communication de masse se sont alors déployés et ont même engendré la définition d'un type de message et de sens : l'information.

De l'information aux médias

Pour comprendre le sens de cette histoire, il suffit de lire la définition même du mot « information », telle qu'elle apparaît dans les dictionnaires depuis la fin du XIXe siècle. Dans le Littré, par exemple, le terme signifie approximativement « nouvelles », « renseignements »

et, dans une large mesure, revient à un échange inter-
personnel dans un cadre de proximité. La référence à
la presse comme lieu où sont puisées des informations
semble ignorée. Un siècle plus tard, tout a changé.
L'information renvoie d'abord à l'espace des médias
de masse, avec ses professionnels, ses codes, ses pratiques, ses instruments et ses méthodes de travail.
C'est là que s'élabore une matière spécifique ; ensuite,
seulement, vient la mention des informations comme
résultat d'un échange entre individus.

La notion de média témoigne, par sa création tardive même, du basculement qui s'est opéré au fil du
XXᵉ siècle. Le mot aurait été utilisé pour la première
fois en français en 1953[1]. Les médias de masse – ou
mass media, si l'on préfère la forme anglo-saxonne –,
sont, d'ailleurs, de nature très diverse selon la définition qu'en donnent les auteurs. L'une des plus répan-
dues, et qui exerça une influence déterminante sur le
cours de la recherche, est celle de Marshall Mc
Luhan[2]. À ses yeux, les médias représentent tous les
systèmes qui facilitent et amplifient l'usage des sens
de l'homme, de telle sorte que leur nombre devient
vite incalculable. C'est précisément pourquoi le choix
de l'un d'entre eux est significatif : il est déterminant
pour celui qui émet le message comme pour celui qui
le reçoit, ce que résume Mc Luhan par cette formule-
choc, qui a fait florès : « le médium est le message ».
Cette définition incite à ouvrir le champ des moyens
de communication que l'historien se doit d'observer
et à s'interroger sur la technique et ses effets globaux.
Ainsi l'appréhension du système médiatique ne peut-
elle s'opérer en réduisant l'observation à la presse
écrite, la radio et la télévision, en laissant de côté de

---

1. Maurice Tournier, « Préfixes branchés de la communication »,
Mots, n° 68, mars 2002, p. 133.
2. Marshall Mc Luhan, *Understanding Media,* Londres, Sphere,
1964.

multiples formes d'images, fixes (affiche, cartes postales) ou animées (cinéma), en négligeant l'expression publicitaire ou les supports de propagande, etc. Mais, selon nous, la limite d'une définition trop large, c'est qu'elle finit par identifier les médias à tous les processus de communication. Or, le domaine des médias est bien plus spécifique, précisément parce qu'il exclut la sphère des relations interpersonnelles.

Aussi retiendrons-nous une définition un peu plus restrictive, qui identifie le média à tout moyen, outil ou système d'organisation permettant la diffusion massive ou la communication publique d'une information ou d'un message dans l'espace et dans le temps. Il serait naturellement simpliste de réduire le médium à sa dimension purement technique et matérielle. Certes, on pourrait distinguer les médias imprimés (journaux, affiches...), les médias de film (photographie, cinéma...), les médias électroniques (radio, télévision...). Mais sans doute est-il plus judicieux de les considérer sous l'angle de la fonction sociale et des représentations collectives, ce qui permet d'en mesurer toute l'importance dans le temps et l'espace, de s'interroger sur l'ensemble d'un processus qui, de l'émission à la réception, met en jeu l'instrument, la source, le contenu, le médiateur, les publics, de les restituer dans l'univers social et le mouvement historique des sociétés; bref, au bout du compte, de construire une histoire des médias, tout à la fois politique, économique, sociale et culturelle, ambition du présent ouvrage. Ainsi esquissée, l'histoire des médias est donc une forme de miroir distordu de l'histoire de France au XXᵉ siècle. Un miroir où s'affichent des visages et des noms connus, ceux de vedettes, chanteurs, animateurs, chroniqueurs célèbres, et où sortent de l'ombre les traits anonymes des austères fabricants de l'information et du rêve.

CHAPITRE I

MÉDIAS, PROPAGANDE ET PATRIOTISME
(1914-1918)

1914 introduit une rupture dans l'histoire des médias. Le conflit interrompt, en effet, la montée de la liberté d'expression, ouverte en 1789, revivifiée en 1848, sanctifiée par la loi de 1881. En 1914, les nouveaux moyens de communication, tels le cinéma ou la radio (balbutiante), sont placés avec la presse sous le contrôle de l'État qui, le premier, les pense comme un tout capable d'influencer le peuple. Par sa violence et son caractère total, la Première Guerre mondiale brise surtout les frontières intérieures de la France et facilite l'émergence d'une médiatisation à l'échelle mondiale. L'annonce de la mobilisation générale l'illustre. Partout en France, presque au même moment, la foule s'agglutine devant l'affiche blanche, dont les mots sonnent comme un avertissement :

« Ordre de mobilisation générale. Par décret du président de la République, la mobilisation des armées de terre et de mer est ordonnée ainsi que la réquisition des animaux, voitures et harnais nécessaires au complément de ces armées. Le premier jour de la mobilisation est le 2 août 1914. Tout Français soumis aux obligations militaires doit, sous peine d'être puni avec toute la rigueur des lois, obéir aux prescriptions du fascicule (pages coloriées placées dans son livret). »

La circulation de l'information est accélérée par l'enjeu de l'événement. Le 3 août 1914, la déclaration de guerre allemande est connue partout en France, en quelques minutes ; en une heure, la nouvelle a fait le tour de la terre, transmise par les câbles sous-marins ou aériens. Le conflit qui naît est sans doute européen. Mais l'information est intercontinentale. La bataille pour sa maîtrise commence dès cet instant. Alors que la propagande d'État cherche à peser sur le comportement des Français, l'exigence patriotique conditionne les journalistes, au point que les différences de sensibilité politique s'effacent. La puissance publique entend créer des outils de propagande pour toucher tous les publics, y compris les populations marginales.

Le retour brutal d'Anastasie

En août 1914, le Parlement, les partis, l'opinion publique soutiennent presque unanimement la guerre contre l'Allemagne, considérée comme l'agresseur. La presse, elle, souhaite servir la collectivité. Plaçant ses moyens au service de la nation, elle encourage l'Union sacrée et accueille le retour de la censure, la vieille « Anastasie », comme une contrainte nécessaire. « À cette heure, où la patrie est en péril », explique, le 3 août 1914, *L'Écho de Paris*, quotidien de la droite catholique : « La presse française a un impérieux devoir : celui de ne rien publier qui n'ait été authentifié et certifié exact par les ministères de la Guerre et de l'Intérieur, de ne rien publier non plus qui pourrait renseigner l'ennemi sur nos positions militaires. On sait quelles effroyables conséquences ont eu, pour le sort de nos armes en 1870, d'imprudentes révélations. [...] Toute nouvelle publiée sans l'assentiment du gouvernement et des autorités militaires constituerait une manière de trahison. Il ne faut pas non plus que l'opinion ait sujet de s'énerver de fausses nouvelles. Pas de victoires trompeuses, pas de défaites mensongères. »

Coup sur coup, trois textes sont adoptés, qui servent de fondements juridiques à l'établissement d'un encadrement de la presse et, au-delà, des principaux moyens d'expression. Le premier pilier de la censure est l'activation de la loi sur l'état de siège de 1849, qui permet l'attribution à l'armée de prérogatives particulières en matière de contrôle des zones de guerre, et autorise la défense nationale à se doter des moyens nécessaires à sa mission. Le 2 août 1914, le décret sur l'état de siège suspend, de fait, la liberté de la presse. Désormais, l'autorité militaire peut interdire toute publication jugée dangereuse pour les intérêts français. Le lendemain, le dispositif est complété par la création du Bureau de la presse au ministère de la Guerre. Son objectif est d'assurer les relations avec les journaux et d'organiser la censure, en suivant les instructions du gouvernement. Enfin, le 5 août, une dernière loi, adoptée sans discussion par les parlementaires, installe les structures de censure, sans mentionner pourtant le Bureau de la presse, qui en est une composante importante.

L'ensemble des textes répondent à deux impératifs, dont les effets se font inégalement sentir au cours du conflit. Le premier consiste à empêcher les adversaires d'obtenir des informations sur la conduite de la guerre et l'état des troupes. La loi du 5 août interdit ainsi la publication de toute nouvelle militaire non officielle. Le souvenir d'août 1870 est encore présent dans les mémoires. Les informations sur le déplacement des troupes françaises, diffusées par *Le Temps*, répercutées par Havas, reprises par le *Times*, avaient, selon les militaires, servi les opérations prussiennes et précipité la défaite de Sedan. Le texte législatif prévoit de sanctionner les divulgations de nature à « favoriser l'ennemi ou à exercer une influence fâcheuse sur l'esprit de l'armée et des populations ». La presse s'en inquiète, craignant, à juste titre, une interprétation de la loi permettant au ministère de la Guerre de censurer, non seulement les nouvelles, mais également les analyses et les commentaires, et faisant, du même coup, glisser le contrôle du domaine militaire au champ politique.

La loi a un prix pour les journaux : son application suppose de soumettre la presse à un régime de contrôle préalable, afin de vérifier qu'aucune information sensible ne filtre, y compris par hasard. Le Bureau de la presse du ministère de la Guerre (dirigé à l'origine par le capitaine Ledoux, futur as du contre-espionnage), se charge, au niveau central, de la surveillance de la presse. En province, des bureaux régionaux et départementaux (dans chaque préfecture) sont créés pour exercer un identique contrôle. De surcroît, les journaux sont tenus d'appliquer les consignes que leur adressent régulièrement les militaires.

Une administration de censure voit ainsi le jour qui exerce un magistère tatillon sur l'activité des médias. Elle porte sur la presse comme sur les spectacles, notamment les pièces de théâtre et les chansons. Les affiches sont l'objet d'une autorisation préfectorale et subissent une censure qui n'a rien à envier à celle des journaux. Le cinéma est lui aussi l'objet d'une surveillance. Du coup, le système de censure est généralisé à toutes les formes d'expression. Les travaux récents ont établi que l'administration de la censure représente entre quatre et cinq mille personnes en France, dont trois à quatre cents pour le seul Bureau de la presse[1]. Les censeurs peuvent prendre, à l'encontre des journaux, des publications ou des autres supports divers types de sanctions, graduées jusqu'à l'interdiction définitive. Dans la presse, on distingue l'observation qui suppose une correction, l'avertissement qui signifie qu'une infraction constatée pourra être suivie d'effet, la saisie, gênante car elle occasionne

---

1. La démonstration s'appuie sur l'importante thèse, non encore publiée, d'Olivier Forcade : *La Censure politique en France pendant la Grande Guerre,* thèse d'histoire de l'université de Paris X-Nanterre, sous la direction de Jean-Jacques Becker, 1998, 3 vol.

une perte financière, et la suspension, encore plus douloureuse pour les journaux. La répression escompte que les sanctions moins graves effraient les gens de presse et les conduisent à s'autocensurer.

En dépit du consensus sur la nécessité de contrôler l'information, les journalistes supportent inégalement un système qui les pénalise et ralentit leur travail : ils doivent soumettre leurs « morasses » (épreuves quasi définitives) et, en cas de demande de l'administration, procéder aux modifications exigées. Certains tentent d'outrepasser les demandes et prennent le risque d'une sanction, ou encore essaient de contourner les censeurs en ne soumettant pas systématiquement leur papier, ou en forçant l'avis de l'administration. Ce sont en particulier les journaux corrompus par les services secrets allemands, tels *Le Bonnet rouge*, dont l'attitude anti-anglaise, puis le défaitisme manifeste, entraînent la suppression définitive en juillet 1917, ou encore *L'Éclair*, dont le directeur, Ernest Judet, fuit en Suisse après avoir vendu son journal en décembre de la même année. Mais, au-delà de ces cas extrêmes, nul journal n'échappe à la censure. Si les feuilles pacifistes, comme *Le Journal du peuple* d'Henry Fabre, « bête noire » des censeurs, font l'objet d'une attention soutenue, la presse nationaliste est également surveillée de près, à l'instar de *La Libre Parole*, et surtout, peut-être, de *L'Action française*, redoutée pour les éditoriaux de Maurras.

Cependant, au cours du temps, le rôle de la censure évolue, et ne concerne pas exclusivement la diffusion des fausses nouvelles. À mesure que la guerre se prolonge, les préoccupations des censeurs deviennent davantage politiques, se concentrant sur la protection du gouvernement. Car, si les hommes de médias admettent la nécessité de ne pas trahir les difficultés militaires, ils veulent continuer à jouer leur rôle de constructeurs de l'opinion et de... censeurs des gouvernants. « J'accepte », écrivait déjà Clemenceau, le directeur de *L'Homme libre*, le 24 septembre 1914, « qu'il soit utile de nous soumettre à la raison des nouvelles militaires, mais quel lien cela peut-il avoir avec un article politique qui plaît ou ne plaît pas à Sa majesté le gouvernement ? ».

Le loyalisme dangereux des gens de presse

À vrai dire, le souci premier de la presse n'est pas de contester l'action de l'État, mais de pouvoir nourrir ses pages en informations quotidiennes. Ralliée à l'Union sacrée, elle accepte, en général, les contraintes de la guerre, et fait preuve d'un loyalisme qu'elle justifie par l'indispensable mobilisation nationale. Encore faut-il qu'elle soit en mesure d'exercer sa mission de « service public », pour reprendre l'expression d'Étienne de Nalèche, le puissant directeur du *Journal des débats*, c'est-à-dire qu'elle dispose d'éléments suffisants pour informer ses lecteurs. Toutes les démarches officielles et officieuses de la part des hommes de presse vont dans ce sens : on les voit qui quémandent des nouvelles auprès des autorités militaires. Dès le début de la guerre, ces dernières semblent comprendre la nécessité de fournir des informations pour compenser les interdictions faites aux journalistes de mener leurs propres recherches. L'état-major donne quotidiennement trois communiqués d'information, censés satisfaire l'appétit des journaux. Très parcellaires, voire d'un laconisme excessif, invérifiables, ces données sont les seules sur lesquelles la presse a le droit de broder pour écrire ses articles. De cette parcimonie, la meilleure preuve est donnée dès le 24 août 1914, quand le bulletin annonce avec retard – et implicitement – l'invasion du territoire par l'armée allemande ! À rebours de l'éthique de l'information supposée par la loi de 1881, l'État devient fabricant de fausses nouvelles relayées par la presse.

La pression des patrons de journaux, avides de nouvelles, finit par porter ses fruits. Le conflit s'éternisant, dans les conditions humaines et morales que l'on sait, le pouvoir politique saisit l'urgence de rationaliser l'information et de la centraliser en un lieu unique. Ainsi, en février 1916, Aristide Briand, président du Conseil, transforme-t-il le Bureau de la presse en Direction des relations avec la presse, elle-même intégrée dans un ensemble plus vaste, la Maison de la presse. Tous les services d'information, publics ou privés, militaires ou civils, mais aussi les services de propagande, y sont regroupés. Officiers et journalistes s'y côtoient. La Maison de la presse atténue les contours répressifs du contrôle pour associer étroitement les journalistes à l'effort de guerre. Chaque jour, on leur fournit en abondance des nouvelles d'ordre militaire, diplomatique et politique, qu'ils répercutent fidèlement le lendemain dans leurs journaux. Les patrons de presse se félicitent de disposer, enfin, d'interlocuteurs, et de ne plus être confrontés à l'opacité et l'anonymat des services d'information. Qu'ils diffusent de la propagande d'État ne les émeut guère. Au service de l'intérêt supérieur de la patrie, ils ont, depuis 1914, renoncé plus ou moins sciemment aux fondements critiques de la profession.

Voilà qui explique, sans doute, la clémence de la censure. De juillet 1916 à juillet 1917, moins de mille cent articles de quotidiens subissent des coupures ou « caviardages », révélées aux lecteurs par des « blancs » dans les colonnes des journaux. Pour un tiers d'entre eux, les directeurs de presse passent outre : les articles sont publiés dans leur intégralité, sans entraîner automatiquement la saisie. Même les journaux les moins fidèles à la politique de guerre s'arrangent pour disposer de relais protecteurs en haut lieu, qui les protégeront de la colère d'Anastasie. Ainsi, Gustave Téry, le turbulent directeur de *L'Œuvre* (lancée en 1916), bénéficie de la précieuse amitié de Philippe Berthelot, secrétaire général du ministère des Affaires étrangères, qui le sauve de bien des situations périlleuses.

Le retour de Clemenceau aux affaires, en novembre 1917, met définitivement fin aux menaces politiques qui pesaient, jusqu'alors, sur les journaux. Le nouveau président du Conseil a été lui-même victime de la censure politique, débaptisant son journal, *L'Homme libre*, pour l'appeler *L'Homme enchaîné*, à l'automne 1914. Plusieurs fois cible de saisies, Clemenceau s'était même servi de la poste pour faire circuler ses éditoriaux interdits. Mais, s'il se montre relativement clément à l'égard de la critique politique, le Tigre affirme son intransigeance dès qu'il s'agit d'informations militaires et diplomatiques. La censure frappe alors impitoyablement les imprudents.

La sphère de l'information, entre 1914 et 1918, est fortement réduite. Mobilisés, les journalistes ne sont souvent pas remplacés. Certains titres cessent leur parution, comme *L'Aurore* ou *L'Autorité*. D'autres, mal adaptés au temps de guerre, spécialisés dans les spectacles (*Comœdia*) ou le sport (*L'Auto*), suspendent provisoirement leur publication. *Le Matin* est l'un des rares quotidiens à jouer une stratégie de maintien, qui lui réussit. Quant au plus grand quotidien d'avant guerre, *Le Petit Parisien*, il subit, comme les autres, les effets de la pénurie de papier qui l'oblige à réduire sa pagination et à augmenter son prix au numéro. Les caisses des journaux de la capitale se vident, ne pouvant plus compter sur les ressources publicitaires, réduites du fait de la reconversion de nombreuses industries à l'économie de guerre. Le secteur automobile en offre un exemple typique. Renault et Citroën passent au service de la production publique, délaissent les particuliers, et leurs annonces sont moins nombreuses qu'avant guerre.

Les journaux parisiens ne sont sans doute pas les mieux lotis par la guerre. La partie nord du territoire français est rapidement occupée et, globalement, la presse circule mal. Les quotidiens des régions, avec leurs éditions départementales, en profitent parfois pour s'emparer de leur marché de province, amorçant, du même coup, une évolution irréversible. Car, globalement, le tirage de la presse ne recule pas ; bien au contraire. La pénurie de nouvelles, en temps de guerre, nourrit un besoin d'information, qui touche aussi bien la situation du front que les conditions de la vie quotidienne, de plus en plus dépendantes des lois et des règlements nouveaux, décidés à l'échelle nationale ou locale. Ainsi, en 1917, la diffusion du *Petit Parisien* et du *Matin* dépasse-t-elle, pour l'un comme pour l'autre, le million d'exemplaires.

Sensible dans les rédactions des journaux, la réduction du nombre d'agents d'information l'est aussi en amont : le marché des nouvelles est encadré. Les grandes agences de presse subissent le feu de la censure autant que les effets de la violence des relations internationales. Les agences mondiales comme Havas, qui dominaient le marché de 1880 à 1914, doivent fermer leur bureau en territoires ennemis. Havas décide même, dès octobre 1914[1], de mettre fin à la diffusion des nouvelles venues d'Allemagne, répondant en cela aux attentes du gouvernement, qui soumet aussi les dépêches à la censure. L'agence s'adapte rapidement aux exigences nouvelles, et le nombre d'interventions des censeurs tend à se réduire au fil du temps. Il n'en va pas de même des agences jugées suspectes par les censeurs, parce que liées à l'étranger, comme Stefani et Fridlander. Les petites agences (Agence libre, Correspondance républicaine...) sont soumises à une surveillance non moins redoutable, qui s'applique également aux bureaux des agences

---

1. Olivier Forcade, *op. cit.*

internationales de pays alliés ou neutres installées en France (Reuters et l'agence Fournier, qui représente United Press). L'État bouscule ainsi le marché de l'information, pousse les agenciers à revoir leur mode de travail et à faire taire leur culte de l'information et de la rapidité de diffusion. Les consignes adressées à l'agence Havas montrent même l'existence d'une stratégie consciente de désinformation mise en œuvre par l'État et son partenaire.

La stratégie de divulgation des nouvelles se situe donc à tous les niveaux. L'état-major n'est pas le seul à l'avoir compris. Le gouvernement pèse ses déclarations et les parlementaires eux-mêmes s'organisent pour que les débats les plus risqués en matière de défense s'effectuent à huis clos. La représentation nationale accepte même de limiter ses prérogatives par patriotisme. Le travail en commission devient ainsi parallèle à celui qui s'effectue sur le front : une lutte sourde. La France n'est pourtant pas frappée de mutisme. Les hommes politiques comme les administrateurs prennent la parole. Ils le font seulement avec davantage de prudence, en conformité avec l'impératif patriotique.

Le ministère des Affaires étrangères entre dans cette logique dès les premiers jours de la guerre. Il crée un Bureau de propagande, dont le rôle est de diffuser des matériels susceptibles de convaincre les pays neutres de soutenir l'action des pays de l'Entente (France, Russie et Royaume-Uni) contre les pays de l'Alliance (Allemagne, Autriche-Hongrie), voire d'entrer eux-mêmes en belligérance. L'action du Bureau consiste à diffuser des preuves des exactions allemandes et à démontrer le bien-fondé de la position française. Dans ce domaine, la France est appuyée par la Grande-Bretagne qui, dès 1914, imagine le système de « livres blancs » décrivant les méfaits de l'armée allemande dans les pays occupés, telle la Belgique. Ces documents présentent abruptement les faits et cherchent, sous des dehors informatifs, à rompre l'indistinction entre les actes de guerre. Ils finissent par secouer l'opinion publique internationale. Les pays de l'Entente y ont tous recours ; l'Allemagne elle-même est contrainte d'y répondre et, du coup, d'employer des procédés similaires. L'information devient ainsi, dans cette logique, un outil de propagande au point qu'on doute de la véracité des actions rapportées. Or, ce processus tend à toucher tous les médias.

Outrances patriotiques, bobards et bourrage de crâne

Presse, affiches, actualités filmées... rien n'échappe à la guerre. Un patriotisme outrancier se retrouve dans tous les journaux, relayé notamment par les éditoriaux ou les chroniques des experts militaires qui, à l'instar du général Cherfils dans *L'Écho de Paris*, accréditent, de toute leur autorité, les thèses officielles. On assiste même à des retournements spectaculaires, par exemple celui de Gustave Hervé qui, rompant définitivement avec ses racines anarchistes, passe au nationalisme cocardier avec armes et bagages, en débaptisant son quotidien *La Guerre sociale* pour l'appeler *La Victoire*.

À cet égard, les articles mensongers, que l'on désigne déjà sous le nom de « bobards », illustrent bien l'engagement profond d'une population dans le conflit. Au début de la guerre, le 24 août 1914, le quotidien *Le Matin*, par exemple, n'hésite pas à publier un article affirmant que les cosaques ne sont qu'à cinq étapes de Berlin. *Excelsior*, de son côté, publie au cours de l'été des articles se moquant des obus allemands, qui exploseraient avant de toucher terre, sans préciser que, de cette manière, les éclats d'obus, plus nombreux, causent de graves dégâts parmi les soldats français. Moins fantaisistes, des écrivains comme Barrès, célèbre pour ses éditoriaux dans *L'Écho de Paris*, exaltent, avec lyrisme, le sacrifice pour la patrie.

Les hommes du temps ont donné un nom à cette façon de répéter inlassablement les outrances patriotiques, destinées à annihiler tout scepticisme chez les soldats comme chez les civils : le « bourrage de crâne ». En ce domaine, les soldats sont l'objet d'une sollicitation toute particulière : elle est, pour la hiérarchie militaire, une manière de les préparer au combat. Il est certain qu'en 1914 une très large partie d'entre eux souhaitent faire la guerre. La faible part de défections (1,75 % au moment de la mobilisation), tout comme le nombre restreint d'actes de rébellion avant 1917, démontrent l'engagement profond et volontaire des conscrits. Mais le « bourrage des crânes » par des chansons patriotiques, l'absorption d'alcool et la répétition sans fin de phrases et d'expressions toutes faites maintient leur croyance vive, et aiguise leur courage avant l'assaut. À partir de 1916, l'état d'esprit change cependant, et la guerre devient comme un horizon indépassable, une fatalité et une habitude à laquelle on se résigne. Les Français pensent moins à « gagner » qu'à « tenir ». La propagande d'État tient compte de cette situation et redouble alors d'efforts.

Le combat de la Civilisation contre la Barbarie

Les thèmes de la propagande d'État sont directement soumis aux impératifs de la guerre. Ils apparaissent, dès les années 1870, en filigrane du mot d'ordre rabâché de « la Revanche ». Les hommes de la IIIᵉ République, relayés par les maîtres d'école, ont tôt fait de la reconquête de l'Alsace-Lorraine un thème mobilisateur. La narration de la prochaine guerre était donc prête avant même son déclenchement. La trame de cette fiction, légitimant la situation vécue, ressemble étonnamment à ces contes populaires étudiés par Propp et, plus tard, Greimas, qui ont démonté les structures pour mettre en évidence les règles du récit[1].

D'un côté, se trouve le sujet, la France, incarnant le bien en marche vers un but : la défense des droits de l'homme et de la liberté. Dans cette progression, elle se heurte aux empires, qui ne veulent que la destruction en vertu de leur caractère barbare. La France vaincra grâce au secours de l'humanité et de Dieu, les deux adjuvants ou armes. Le narrateur de ce récit ? Une série d'institutions qui acceptent de payer et de diffuser cet idéal. Ce sont tantôt des administrations d'État ou des ministères, tantôt des groupements patriotiques des organisations partisanes, voire des organes de presse. Fondamentalement, la guerre se raconte en France comme le combat des justes contre de diaboliques ennemis, dont l'ambition est de détruire et de tuer une beauté et une intelligence qu'ils sont incapables d'atteindre. La civilisation s'oppose ainsi violemment à « la barbarie des Germains » ou « des Goths » pour reprendre les mots du temps ; de vieux antagonismes raciaux sont ainsi invoqués pour soutenir le propos.

Les romans populaires, qui continuent de paraître en feuilleton dans la presse et font le bonheur des éditeurs, suivent l'actualité. Arsène Lupin, par exemple, se heurte aux menées allemandes. Avant 1914, le gentleman cambrioleur remettait ses adversaires à leur place avec facétie. À partir de cette date, il dénonce la folie de la race germanique et bloque par les armes leurs appétits de sang. Dans *813*, paru au

---

1. Vladimir Propp, *Morphologie du conte*, Paris, Seuil, éd. 1986 ; Algirdas Julien Greimas, *Du sens. Essais sémiotiques*, Paris, Seuil, 1970.

début de la guerre, il aide des soldats français à se rendre en Allemagne et à y semer la désolation ; plus tard, en 1917, au plus dur du conflit, il vient sur *L'Île aux trente cercueils* défaire le fou brutal d'origine allemande qui veut raviver une ancienne prophétie. Maurice Leblanc, le créateur de Lupin, écrit même l'histoire d'un groupe de mutilés de guerre réussissant à démanteler un réseau d'espions. Dans tous les cas, les Allemands sont décrits comme des êtres cruels ou des demi-fous, uniquement animés par l'appât du gain ou mus par l'obscénité. Ainsi correspondent-ils aux stéréotypes des criminels, dont les rubriques de faits divers détaillent les perversions à longueur de journal. L'étonnant est de voir que ce récit est répandu dans tous les supports d'information : la presse, bien sûr, mais aussi le cinéma, et surtout, la littérature. Rares sont les écrivains qui, à l'instar de Romain Rolland, dénoncent le bellicisme européen (*Au-dessus de la mêlée*, 1915).

Ces traits généraux de narration ne sont pas spécifiques à la France. Tous les pays en guerre jouent de caricatures similaires pour mobiliser les opinions. Le terme de « barbare » est ainsi utilisé en France pour parler des Allemands, et, en Allemagne, pour décrire les Français. Au-delà, la sémantique familière tend à déshumaniser l'adversaire. Dans la presse comme dans les conversations, le mot « boche » est d'un emploi courant. L'étymologie que l'on donne alors du mot dit assez le dégoût qu'il doit inspirer : « un abcès répugnant », « une maladie infectieuse » (*La Gazette de France*, 22 août 1915). Comment mieux éliminer cette infection que par l'amputation ?

Bref, la guerre, qu'elle soit contée dans les journaux, exprimée dans les livres, voire dans les lettres (on pense ici aux lettres de condoléances des familles), est volontairement édulcorée. La motivation du public doit être entretenue par la description de massacres et de crimes particulièrement odieux. En revanche, on s'applique à taire les violences subies par les hommes de troupe, ces violences si aiguës qui mènent parfois à la folie et que les psychiatres eux-mêmes se refusent à admettre. La souffrance occultée par les médias ne relève pas de la censure à proprement parler. Elle participe d'un vaste processus collectif de construction d'une image acceptable du conflit. Acceptable, afin que le sacrifice consenti ait un sens et que les frères, les pères, les maris et les amis ne soient pas morts pour rien.

Toute la société doit ainsi admettre les principes directeurs de la thématique guerrière. La propagande est donc rapidement généralisée. Elle irrigue les troupes. Elle réveille l'arrière, afin que nul ne cède. Chacun doit penser : « On les aura. »

À la gloire de la patrie

La multitude des objets exaltant la ferveur patriotique, en 1914-1918, étonne d'autant plus qu'ils émanent du peuple lui-même. La propagande serait-elle, alors, le meilleur indicateur de l'opinion en temps de guerre ? L'idée, volontairement provocante, pose à l'historien des médias une question importante qui vaut pour toutes les époques. La propagande, et en particulier la propagande d'État, construit-elle unilatéralement l'opinion, ou bien se love-t-elle dans les contours de l'idéologie dominante ? La guerre réactive des médias parfois très anciens, tandis que d'autres, plus modernes, apparaissent à la faveur du conflit, grâce à l'initiative privée.

Depuis l'Ancien Régime, l'Administration utilise des instruments prestigieux pour glorifier le souverain et exalter la gloire des armes françaises. La monnaie, qui permet au pouvoir de se mettre en scène et de

montrer sa majesté. Ou encore l'architecture :
Louis XIV, en construisant Versailles, avait assuré sa
publicité auprès de toutes les cours d'Europe.
Pareillement, l'Administration des monnaies et
médailles décide de produire des médailles et des
plaques commémoratives des grands actes de guerre :
tantôt elle les vend pour en tirer des subsides, tantôt
elle les remet solennellement. Les médailles circulent
ainsi au sein d'une population qui voit dans ces objets
les signes du sacrifice nécessaire. Les municipalités en
commandent pour récompenser la bravoure. D'autres
établissements publics adaptent de façon similaire
leur production : les manufactures de Sèvres et même
les Gobelins produisent de la céramique, des statues
et des tentures dont la thématique est marquée par le
contexte guerrier.

La Grande Guerre voit ainsi se réveiller des institutions tombées en désuétude, pour manifester l'engagement total de la France. Le statut de peintre aux
armées, héritier des peintres jadis pensionnés par le
roi, est ainsi élargi afin de permettre à des artistes de
partir sur le front, pour rendre compte de la noblesse
de la guerre. La création, en novembre 1916, de la
Commission des missions artistiques aux armées doit
répondre à cet impératif. De février à novembre 1917,
elle organise dix missions qui offrent à des peintres
comme Félix Vallotton, Édouard Vuillard, Mathurin
Méheut, Maurice Denis ou Pierre Bonnard, la possibilité de se rapprocher des zones de combat. La guerre
qu'ils voient est déprimante et cruelle, car la période
correspond aux grandes saignées de l'année 1917 :
paysages désolés et hommes meurtris peuplent dou-
loureusement les compositions. Le fossé entre l'ambition patriotique de départ et le résultat est
gigantesque. Les artistes ont bien peint la guerre ;
mais cette guerre doit-elle être montrée ? Finalement,
les militaires décident d'exposer brièvement les toiles,
mais renoncent au projet d'organiser une grande

exposition itinérante qui devait soulever l'enthousiasme des foules !

Quant aux grandes manifestations collectives, inaugurations des monuments ou hommages aux grands hommes, elles trouvent, dans la France en guerre, un nouvel écho. Elles sont déclinées en de multiples prises d'armes et rassemblements de troupes. Le public y est convié à manifester son soutien et sa confiance indéfectibles en l'armée. La religion civique devient une religion de la guerre. L'Église n'échappe pas au mouvement; bien au contraire. En dépit des appels du pape en faveur de la paix, les ecclésiastiques suivent leurs paroissiens. Prêches enflammés, messes, processions et pèlerinages se multiplient. Les aumôniers militaires ne sont pas les seuls impliqués. Toute l'Église de France suit cette voie et un quotidien catholique comme *La Croix* ne se distingue guère des journaux alignés derrière le gouvernement.

En un sens, la presse se trouve enserrée dans le projet bureaucratique et subit les conséquences de la politique d'ouverture ou de fermeture à l'information de l'État. En août-septembre 1914, les journalistes tentent de se rendre sur le front. Albert Londres se forge une solide réputation de grand reporter, en pénétrant dans Reims dévasté; il en rapporte ce qu'il a vu dans un article du *Matin*, daté du 21 septembre 1914, et resté célèbre. Mais l'étau se resserre immédiatement après. Les journalistes ne sont plus autorisés à se rendre sur les zones de combat français; en revanche, ils peuvent aller s'instruire à l'étranger, sur le front des armées d'Orient, par exemple, à l'instar d'Albert Londres lui-même. Il faut attendre 1917, et les lendemains de la meurtrière offensive de Champagne, pour qu'apparaissent de véritables correspondants de guerre emmenés avec l'autorisation de l'état-major sur le front, afin d'y suivre les péripéties de la lutte. Ainsi, en juin 1917, est mise en place la Mission des journalistes, sous la haute autorité du lieutenant-colonel

Prévost, composée d'une vingtaine de correspondants délégués par les grands quotidiens parisiens. On y trouve notamment Albert Londres, pour *Le Petit Journal,* ou Édouard Helsey, pour *Le Journal.* Mais leur liberté d'action est soigneusement encadrée. Regroupés dans un château près de Compiègne (Offémont), le plus souvent désœuvrés, ils sont emmenés périodiquement en groupe sur le théâtre des opérations. À leur retour, ils rédigent leur papier, qui est visé par la censure avant d'être envoyé à leur journal.

La reconnaissance des correspondants de guerre, décidée avant le retour de Clemenceau, est encouragée par lui, quand il accède au pouvoir. Elle répond parfaitement, en effet, à la nouvelle stratégie gouvernementale. La presse reste un formidable outil de soutien de l'esprit public, à un moment où le moral de l'arrière flanche. Le Tigre compte bien l'utiliser. Pour autant, il ne concède rien sur le contenu ; bien au contraire, sa démarche vise à l'orienter. La tolérance accordée aux journalistes relève donc bien de l'option bureaucratique et ne trouble pas l'hégémonie du discours patriotique.

L'affiche au service de la propagande de masse

Pour l'historien des images, la Première Guerre mondiale est sans doute le premier grand épisode de l'histoire contemporaine. Affiches illustrées, dessins, photographies, cinéma se combinent pour porter l'information de masse et donner à la propagande le plus large écho.

Les plus talentueux affichistes et dessinateurs ont, à un moment ou à un autre de la guerre, mis leur crayon au service de la patrie : Carlu, Faivre, Jonas, Cappiello, Roubille, Hansi, Willette, Neumont,

Steinlen, Poulbot... La place de l'affiche illustrée de propagande, pendant la Grande Guerre, surprend quand on sait le rôle modeste qu'elle avait tenu dans les débats politiques de la Belle Époque, si ce n'est dans le monde socialiste. Avant 1914, l'État n'en faisait pas usage : un placard était nécessairement la reproduction d'un texte sur grand format. Mais l'urgence de trouver des moyens efficaces pour frapper l'opinion ébranle ses vieilles préventions contre l'image. Dans un premier temps, les entreprises privées, familières des méthodes publicitaires, servent de relais, avant que le gouvernement ne se lance lui-même dans la bataille de la persuasion par l'image. La mobilisation financière et économique, et singulièrement les campagnes pour l'emprunt, jouent un rôle décisif. De 1915 à 1918, les crédits de propagande d'État accordés à la « publicité financière » passent ainsi de 900 000 francs à plus de 4 millions.

Les banques se font les agents zélés de l'État, pour mettre en vente les bons de guerre et assurer la promotion des emprunts de défense nationale. Elles font appel à de prestigieux affichistes qui, usant des procédés les plus manichéens, opposent les forces du bien (le poilu et les emblèmes nationaux) aux forces du mal (l'officier allemand, coiffé de son casque à pointe, et les allégories germaniques), dans des scènes symboliques d'une rare violence où l'ennemi, terrorisé par la puissance de l'or français, est chassé, égorgé, terrassé. Abel Faivre, par exemple, est de toutes les campagnes pour l'emprunt. En 1915, il conçoit ainsi une affiche où un Allemand en uniforme, le visage marqué par la frayeur, plie sous le poids d'une gigantesque pièce de monnaie d'où jaillit un coq gaulois menaçant. « Pour la France, versez votre or. L'or combat pour la victoire », clame le placard, diffusé à des centaines de milliers d'exemplaires. Trois ans plus tard, en 1918, à l'occasion du quatrième emprunt national, il signe une affiche pour le Crédit lyonnais. Un jeune soldat français à demi nu, tel un héros antique, transperce de sa lance un aigle allemand géant, qui, de son bec, tentait de s'emparer d'un immense drapeau tricolore flottant au vent.

Ces documents, contrôlés par la censure, et qui, de proche en proche, touchent à tous les thèmes de la mobilisation de masse (rationnement alimentaire, aide aux blessés, aux prisonniers, etc.) sont largement diffusés. Ils couvrent les murs et les palissades des villes. Images patriotiques et affiches-textes sobres des proclamations du gouvernement ou des municipalités y cohabitent, dans une étonnante profusion. L'affiche de propagande illustrée finit par accompagner la vie quotidienne des Français.

Photographie, cinéma et contrôle social

La montée en puissance de la photographie à la faveur de la guerre tient à des facteurs divers. La presse est, d'abord, amenée à publier davantage de clichés pour répondre aux attentes des lecteurs. Elle ne se situe donc pas dans une logique de manipulation, mais veut combler les carences des informations données par le texte. La photographie lui offre la possibilité de montrer des saynètes et des bribes de vie militaire, sans mettre en danger les soldats, alors que le texte doit rester discret. Elle est cependant un moyen subtil pour donner confiance à la population. Plusieurs hebdomadaires illustrés se créent à l'occasion de la guerre (*Sur le vif*) ; d'autres connaissent une expansion sans précédent. C'est le cas en particulier du *Miroir*, dont le tirage atteint le demi-million d'exemplaires. Créé en 1912, il prétendait alors bâtir son succès sur l'effet de vérité photographique ; avec la guerre, il semble moins regardant, et n'hésite pas à annoncer chaque semaine, sous sa manchette : « *Le Miroir* paie n'importe quel prix les documents photographiques relatifs à la guerre, présentant un intérêt particulier. »

Si *Le Miroir* en est réduit à ces extrémités, c'est que les clichés du théâtre des opérations se font rares. À vrai dire, l'armée contrôle tout ou presque : à la faveur de la Grande Guerre, elle établit un monopole sur les clichés du conflit, bientôt étendu aux images cinématographiques. Au début de la guerre, la photographie militaire est encore réservée aux missions de mémoire, et surtout d'information tactique (photographie aérienne). Mais, en avril-mai 1915, le haut commandement se dote d'un Service photographique des armées, servi par une soixantaine de photographes-reporters, recrutés parmi des réservistes de la Chambre syndicale de la photographie. Ils réalisent des reportages, officiellement destinés à servir à la propagande, à l'histoire générale et aux archives historiques. De la masse documentaire qu'ils produisent émergent des images de tous types : soldats au repos, en corvée, en préparation, sur les routes, en déplacement; aviateurs, fantassins, officiers, troupes métropolitaines, soldats coloniaux, engagés volontaires; armes, explosions, soins, blessures; civils, saluant, applaudissant, au secours des blessés ou eux-mêmes secourus... La profusion est à la hauteur du brassage ethnologique que représente le front et même l'arrière, ces hôpitaux où les reporters militaires vont suivre certaines victimes. Tant de portraits ont conservé des visages aux noms inconnus, car le service joue sur la dimension collective de l'événement, et les photographes eux-mêmes ne signent pas leurs clichés. Parfois, une personnalité est prise au milieu d'un groupe et signalée par la légende.

L'historien qui voit ces documents est frappé par des absences, et doute d'avoir suffisamment regardé. Manquent en effet des images essentielles : celles de la bataille. On comprend qu'il ait été difficile d'emporter des appareils et d'effectuer des prises de vue dans le contexte précis des affrontements de la guerre de 1914-1918. Mais le caractère massif de l'absence incite à pousser plus loin l'interprétation. Deux hypothèses se présentent alors. La première est celle d'une proscription officielle des images de batailles. Et, de fait, l'état-major interdit aux soldats de prendre des photographies au front et sanctionne les contrevenants. Blaise Cendrars est ainsi convoqué par ses chefs pour avoir vendu une image au *Miroir*. Il se défend en disant que le cliché était anodin, et que la somme gagnée a été bue avec les camarades. Si donc il n'y avait eu qu'une interdiction imposée, elle aurait, comme dans le cas de Cendrars, été outrepassée. La réponse se situe donc ailleurs, et relève largement de l'autocensure. Les obstacles techniques ne doivent pas seuls être invoqués : un tabou pèse sur le combat lui-même, l'affrontement sanglant des hommes.

La photographie militaire s'assigne une autre mission. Ses clichés sont diffusés à l'étranger par le service de propagande du ministère des Affaires étrangères et en France par le Bureau de presse. Ils font l'objet, en outre, de livres illustrés et d'expositions. Il faut montrer que les conditions de la victoire sont réunies. Il faut aussi que les familles se rassurent sur l'état de leurs proches et dédramatisent l'éloignement. Ces images, ensuite, serviront à faire l'histoire des combattants et à garder la trace de leur bravoure.

La création d'une section cinématographique sur le même modèle, en 1915, indique combien ces deux techniques sont alors jugées similaires. Dans la mentalité du temps, le reportage cinématographique représente une sorte de cliché animé, et les remarques sur le cinéma rejoignent celles sur la photographie, notamment à propos des scènes de bataille. Dans ce cas, plus encore que dans le précédent, la lourdeur du matériel limite les possibilités de réaliser des prises de vue pendant les opérations de guerre. On imagine les risques encourus par les cameramen en telles circonstances!

Le Service cinématographique des armées, qui, fusionnant avec le secteur photographique, devient bientôt le Service cinématographique et photographique des armées (SCPA[1]), est formé, à l'origine, de quatre opérateurs militaires, cinéastes d'actualités dans le civil, dont le maréchal des logis Alfred Méchin, animateur du groupe, venu de la société Pathé. L'armée puise parmi les professionnels qui ont forgé leur expérience, avant guerre, en travaillant pour l'une des quatre grandes firmes de films d'actualité : Pathé, Gaumont, Éclair, Ellipse. Les images tournées sont mises à la disposition des sociétés cinématographiques privées, qui ne peuvent plus réaliser directement des reportages de guerre, mais disposent d'un matériel performant qu'elles mettent à la disposition des armées.

De fait, l'État devient une vaste agence de presse ; or, une agence répond aux demandes de ses clients. Tout en maintenant une stricte censure sur le film (notamment sur les images susceptibles de renseigner l'ennemi[2]), il convient de satisfaire certaines curiosités. Le public se lasse des revues, des remises de décorations, des défilés de prisonniers allemands, officiers en tête, ou des documentaires patriotiques qui vantent la puissance militaire française. Il veut des scènes de combat. Alors, l'armée finit par les fabriquer. Les opérateurs tournent des scènes soigneusement répétées, pour les spectateurs de l'arrière qui ignorent les vraies conditions du front, de la réalité. Le poilu avance vaillamment au feu, sous l'œil de la caméra, tombe

---

1. En 1918, il regroupe environ huit cents photographes et cinéastes.

2. Chaque semaine, une séance de projection a lieu devant les censeurs, réunis rue de Grenelle, au ministère de l'Instruction publique, très vite surnommé « Hôtel du crayon bleu », instrument essentiel du caviardage.

mais ne meurt pas ; la balle perce son uniforme, mais
son sang ne coule jamais. L'âge du reportage reconstitué a commencé. La guerre imaginée donne alors
des œuvres qui mêlent réalité et fiction, à l'instar des
films d'Abel Gance, mobilisé par le cinéma aux
armées, et auteur, notamment, de *Gaz mortels* (1916)
ou de *Mater dolorosa* (1917).

Les actualités cinématographiques s'appliquent,
comme d'autres, à mobiliser l'opinion. Ainsi les actualités Gaumont proposent-elles des reportages pour souligner l'importance des emprunts de guerre. En 1918,
elles diffusent même un film qui, en s'appuyant sur les
affiches de souscription, vante l'emprunt. Ponctué par
le slogan : « Avez-vous souscrit l'emprunt ? », il se
conclut par ces mots : « Et le Kaiser sanglant baissera la
tête ». Les actualités cinématographiques ne renoncent
pas, pour autant, aux sujets légers : fêtes parisiennes,
mode, sport, etc. Elles complètent l'ensemble par des
sujets à connotation sociale, mais subtilement nourris
de propagande : montrer le travail dans les usines n'a
d'autre but que d'impressionner les civils, et de
convaincre les pays étrangers de l'intérêt d'un engagement aux côtés des forces de l'Entente.

Mobiliser les femmes et les enfants

Les nouveaux supports d'information contribuent à
diffuser le nationalisme et le bellicisme autour desquels s'est établie une forme de consensus. Sans doute
certaines productions mettent-elles en cause indirectement le bonheur de combattre ; toutes soulignent le
sens du devoir, du sacrifice et de l'abnégation de la
population, y compris de catégories longtemps laissées en marge de la vie publique, et considérées
comme incapables de soutenir les objectifs de la poli-

tique. Or, l'effort de guerre est si puissant et la mobilisation si totale que le concours de tous est indispensable. La propagande se tourne avec ardeur vers ces
milieux particulièrement nécessaires à l'effort de
guerre, afin d'y instiller la même norme sociale que
celle qui régit les troupes. En ce sens, la culture de
guerre est à la fois propagande et idéologie ambiante.
Le débat se déplace vers l'opinion publique.

« Pourvu qu'ils tiennent !
– Qui ça ?
– Les civils. »

Ce dialogue, qui paraît dans *L'Opinion* du 1er janvier
1915, est imaginé par Forain, célèbre dessinateur du
début du siècle. Il met en scène deux militaires dialo-
guant dans une tranchée. Le mot dit l'inquiétude des
patriotes obsédés par la victoire. La société ne se bri-
sera-t-elle pas à cause de la durée du conflit ? Le
comique de l'image est qu'elle renverse la charge de la
preuve. Ce n'est pas l'armée qui est en cause pour
résister et gagner la guerre. Le front est sûr, en dépit
de l'invasion et des percées allemandes. C'est l'arrière
qui risque de ne plus remplir sa fonction de soutien.

Le dessin de presse est, depuis longtemps, une
forme d'expression infiniment populaire. Sa capacité à
provoquer les plus vives émotions lui donne, à la faveur
du conflit, une importance primordiale dans l'œuvre
de propagande. Il est un instrument précieux pour
stigmatiser l'ennemi, le ridiculiser, le traîner dans la
boue, exalter le courage des poilus ou dénoncer la
lâcheté des embusqués. La caricature ne s'épanouit
jamais plus complètement que lorsque les passions
s'exacerbent. L'affaire Dreyfus l'avait montré. La
Grande Guerre permet, une nouvelle fois, de le vérifier. Le dessin pénètre dans toute la presse, mobilise les
esprits, place l'humour au service de la patrie, comme
en témoignent les hebdomadaires illustrés : *La
Baïonnette* ou *Le Rire*, devenu, sous l'effet du conflit, *Le
Rire rouge*. Cultivant avec subtilité la confusion entre la

réalité et la fiction, l'information et la rumeur, char-
riant préjugés et violence, Hermann-Paul, Abel Faivre
ou Forain, pour n'en citer que quelques-uns, se meu-
vent en propagandistes zélés de la cause nationale. La
caricature est alors l'un des véhicules les plus sensibles
et les plus redoutables des violences et des mythes de
guerre. Le tendre Poulbot, par exemple, compose des
dessins qui reprennent les stéréotypes de 1870, ravivés
en 1914, sur la brutalité germanique, et présente
comme un fait établi que les Allemands coupent les
mains de leurs ennemis! Forain, lui, alimente la
rumeur sur les viols (parfois avérés) dont les femmes
françaises seraient victimes sans relâche. Bref, le dessin de presse exacerbe les passions et les peurs, incite
l'arrière à demeurer soudé, vigilant, unanime dans sa
haine de l'ennemi, et nourrit, par son outrance, la culture de guerre.

Le gouvernement s'emploie donc, avec ces appuis,
à conforter les Français dans l'idée de poursuivre la
guerre. Sa propagande vise particulièrement les
femmes et les enfants. Pour les premières, il effectue
des campagnes particulières, dont la finalité est d'obtenir la relève des hommes partis à la guerre.
L'incitation à la recherche d'un emploi rejoint la
nécessité, pour les femmes, de subvenir à leurs
besoins. Le travail féminin est à la fois paysan et pro-
létaire, et en partie tertiaire; il n'est pas toujours éloi-
gné de la zone des combats. Ainsi, des infirmières
bénévoles sont formées à la hâte. Elles agissent avec
zèle et participent aussi aux comités patriotiques qui,
partout, promeuvent le soutien aux troupes. Des campagnes d'affiches les appellent à venir aux réunions et
à effectuer des tâches, si minimes soient-elles, pour
l'effort national.

Une représentation type de la jeune fille au service
discret des combattants voit alors le jour. Adaptée à
tous les médias, elle revêt les uniformes de chacune
des causes pour lesquelles les dessinateurs la crayon-

nent ou la peignent. Son léger sourire dit sa condition féminine et témoigne de son innocence. La « petite femme » de Paris correspond à cet idéal. Aux poilus, elle redonne le sourire et offre le repos du guerrier. Les cartes postales, qui circulent entre le front et l'arrière, reproduisent ces clichés et doivent stimuler l'imagination des hommes isolés. Car la guerre, on l'oublie souvent, se traduit par une rupture inédite entre hommes et femmes. Deux univers mentaux existent qui rendent parfois difficiles les retrouvailles des couples lors des rares permissions.

Les enfants sont la seconde cible des propagandistes. Depuis 1870, déjà, la doctrine patriotique leur est destinée. Mais la guerre amplifie cette situation, et rend le discours plus percutant à leur endroit. Elle est l'occasion de faire, en quelque sorte, des cours illustrés pour les petits, à partir de leur entourage familial. Elle influence les enfants, au point que certains tentent des fugues pour rejoindre l'armée, malgré leur jeune âge. La « guerre des enfants » ne se résume donc pas aux sévices subis par les petites victimes du Nord et de l'Est[1]. Elle constitue une forme de traumatisme générationnel, dans la mesure où tous sont exposés au patriotisme militariste, à commencer par les garçons : fusils miniatures, épées, uniformes en réduction se multiplient et s'ajoutent aux jeux de stratégies comme « L'Attaque », dont la première version opposant les Anglais et les Français, au début du siècle, a été remplacée par une autre où s'affrontent l'Allemagne et la France.

L'imagerie, aussi, stimule l'ardeur des jeunes garçons et des jeunes filles. Les cartes postales reçues par les petits sont illustrées de dessins ou de photographies les mettant en scène, parfois avec ironie, mais toujours comme des patriotes. Ils tiennent des fusils

---

1. Stéphane Audouin-Rouzeau, *14-18 : la guerre des enfants*, Paris, Armand Colin, 1993.

ou des pistolets, et portent le casque, voire l'uniforme. Quand ils figurent l'ennemi, ils sont en larmes ou font des grimaces, tandis qu'un sourire ou un air noble et grave illumine le visage des Français. Les enfants deviennent, de ce fait, une métaphore du monde des adultes, au point que la politique se fait nataliste. L'un des arguments avancés pour justifier les permissions plus nombreuses après 1917 consiste à dire que les poilus, en accomplissant le repos du guerrier, rempliront le devoir civique de la paternité.

Entre le front et l'arrière

Pour maintenir les liens, la poste est le moyen le plus sûr. Elle fonctionne à plein, et réussit l'exploit d'acheminer un volume de courrier sans équivalent avant guerre, abondamment composé de cartes postales : elles permettent à des hommes peu habitués à écrire et à lire de s'exprimer, même avec une orthographe approximative. Les cartes « patriotiques » suscitent rapidement les appétits des associations qui les mettent gratuitement à la disposition des troupes et de leurs familiers. Mieux encore, dès 1914, sont organisés des systèmes de correspondances entre des femmes et des soldats, sur le modèle de la « marraine de guerre ». Celle-ci adresse des lettres et des colis à un inconnu souvent sans famille, pour l'aider à garder le moral et l'encourager dans la lutte. Entre membres de la même famille, le courrier remplit aussi une fonction de réconfort. On se donne des nouvelles pour ne pas s'effrayer et pour tenter de se rassurer mutuellement avec l'espoir de se revoir… un jour.

L'ampleur du courrier ne laisse pas les autorités indifférentes. Elles y voient le moyen de connaître l'état de l'opinion, mais aussi de faire circuler des informations qui peuvent nuire à la conduite de la guerre. La police, les renseignements généraux, avec davantage de zèle qu'en temps de paix, se chargent d'espionner la population civile pour rendre compte aux préfets et au gouvernement de l'évolution de l'opinion publique. Les Français n'ignorent pas l'existence d'une surveillance postale et adaptent leur discours pour éviter la saisie. Cette forme de censure est organisée avec un relatif retard, qui prouve que le commandement ne pensait pas voir la guerre durer. En janvier 1915, le grand quartier général décide de mettre en place un contrôle systématique de la correspondance, afin « de se rendre compte de l'état moral des militaires et de remédier aux indiscrétions qu'ils pourraient commettre[1] ». Rapidement, le second objectif devient primordial. À cette fin, des commissions de censure sont organisées dans chaque district militaire. Le nombre élevé de soldats détachés à cette fonction permet à l'armée de maîtriser une très grande partie de la correspondance échangée, et d'effectuer des rapports précis sur l'opinion des soldats, dès décembre 1915. Le travail des censeurs consiste à repérer toutes les mentions pouvant servir à identifier les lieux de combats, le nombre de victimes ou toutes les phrases pouvant porter atteinte au moral. Les passages repérés sont passés dans une encre opaque (souvent de couleur rouge) en empêchant la lecture. Les lettres jugées dangereuses peuvent être retirées de la circulation.

Malgré quelques accidents, les soldats et leurs familiers prennent vite conscience à la fois de la présence de la censure et de leur obligation d'informer leurs proches : ils anticipent les éventuelles coupures. La psychanalyste Françoise Dolto, âgée alors d'une dizaine d'années, reçoit ainsi des lettres de son oncle, parti au

---

1. Jean-Jacques Becker, *La Première Guerre mondiale*, Paris, MA Éditions, 1985, p. 39.

combat, qui donnent du conflit une image presque sympathique[1]. La poste, d'outil de communication, se transforme à son tour en instrument de prescription des comportements, et donc de propagande. Le courrier présente ainsi l'image d'une guerre dont on raille les conditions matérielles, parfois avec humour, souvent avec dépit, et dans laquelle les petites tâches quotidiennes sont l'occasion d'habiles digressions. De leur côté, les civils renvoient l'image d'un arrière immuable, et qui vivrait dans l'attente de l'arrêt des hostilités et du retour des hommes. Chacun s'oblige à garder des œillères dans l'espoir de réduire la douleur.

La publicité de marques se place, elle aussi, sous la bannière patriotique. Fournir les soldats et les familles relève désormais d'une autre logique que simplement commerciale. Les produits de santé et d'hygiène choisissent des emballages et des images publicitaires, en liaison avec les conditions de guerre. Les soldats se voient ainsi proposer nombre de baumes ou d'insecticides, les uns pour lutter contre les douleurs et les rhumatismes provoqués par l'humidité des tranchées, les autres pour combattre les dures conditions sanitaires du front. Mais c'est surtout à l'arrière que les annonceurs s'adressent. Leurs affiches commerciales, leurs encarts dans la presse, leurs multiples supports imagés, se peuplent de poilus radieux qui vantent les mérites de la marque, faisant de l'acquisition du produit un acte patriotique. Ne reculant devant aucun procédé, le dessinateur Job conçoit, pour Byrrh, une scène étonnante où, dans une tranchée, hommes de troupes et officiers, mêlés dans une sympathique camaraderie, dégustent un verre du célèbre « vin tonique au quinquina », tandis que l'artillerie arrose les lignes ennemies de ses obus !

Parmi ceux qui intègrent le mieux la logique de guerre, se trouvent des artisans qui passent à la pro-

---

1. Françoise Dolto, *Correspondance 1913-1938*, Paris, Hatier, 1991.

duction industrielle à la faveur du conflit. Banania, par exemple, propose de fournir une boisson très énergétique pour les militaires, et commence par offrir gratuitement son chocolat au poilu afin d'en faire la promotion. Ensuite, l'armée lui en passe commande. Par patriotisme, le chocolatier accueille même chez lui des tirailleurs sénégalais blessés, dont il apprécie le courage. De là, autant que des campagnes de propagande pour justifier la présence des troupes africaines, vient son idée de prendre le tirailleur pour image pour lancer la commercialisation du produit en 1917. « Y a bon Banania » est la synthèse de l'énergie farouche que l'on prête alors aux Noirs et des qualités nutritives du cacao.

L'ensemble de la société est entré dans un processus d'exaltation et de justification de la guerre. Les oppositions muselées par la censure disposent de peu de moyens pour exprimer leur désaccord. L'engagement collectif est tel que la propagande ne manque pas de relais, et se love dans les replis des consciences individuelles, au point que chacun se surveille et s'encourage dans le patriotisme. En ce sens, la médiation connaît une véritable crise. Nul ne peut tout dire, et cette obligation nuit à la circulation des informations les plus nécessaires aux citoyens, c'est-à-dire celles qui concernent l'état des combattants et la situation du pays. De là, une série de dysfonctionnements, symptômes d'une société française en rupture avec ses règles de conduite traditionnelles.

Une expression alternative, les canards des tranchées

Dès l'automne 1914, des voix dissonantes s'élèvent et parviennent à se faire entendre : soucieux d'exprimer une réalité plus juste de la guerre sans néanmoins en nier le bien-fondé, des soldats décident d'écrire et de diffuser auprès de leurs camarades de petites feuilles plus ou moins étoffées. Ils y évoquent avec humour leurs conditions de vie, dépeignent l'information de la grande presse comme totalement fantaisiste et propagandiste, et livrent ponctuellement des demandes visant à améliorer l'ordinaire de la troupe. Cette volonté de parler de soi, et entre soi, provient du dédain des militaires pour l'arrière, dont le sentiment dominant est qu'il est composé d'« embusqués », parmi lesquels les journalistes. Embusqués, le mot revient d'ailleurs régulièrement dans ces canards, pour désigner ceux qui ont échappé à la mobilisation, pour mieux occuper les postes laissés vacants par les poilus, partis mourir au front.

Pour comprendre la nature de ces journaux et le rôle essentiel qu'ils ont joué pour les combattants, en les aidant notamment à conserver l'estime d'eux-mêmes, il faut tenir compte des terribles conditions de cette guerre sanglante et brutale, évoquées par de nombreux écrivains combattants, tel Maurice Genevoix, dans *Les Éparges*. Les camarades morts, les blessures morales et physiques forment le quotidien des hommes. L'expérience de la violence vécue et infligée par les poilus, réévaluée par l'historiographie depuis quelques années, tend à montrer le fossé psychologique séparant le corps de la troupe du reste de la société, et insiste sur les effets de la « brutalisation » des soldats[1]. La cruauté des combats les amène à considérer la vie publique d'une autre façon. Logiquement, les poilus se sentaient loin des préoccupations d'une presse généraliste dont la clientèle essentielle était faite de civils.

Créer leurs propres organes d'expression revient ainsi à se réapproprier une parole publique qui leur

---

1. George L. Mosse, *De la Grande Guerre au totalitarisme. La brutalisation des sociétés européennes*, Paris, Hachette Littératures, 1999 (1re éd. 1990).

échappait chaque jour davantage. Les titres de ces canards reflètent la langue de ceux à qui ils sont destinés, un argot de soldat, agrémenté de jeux de mots : *Ah! Bath!, À Boche que veux-tu, Au Rab, Boum! Voilà!, La Canardeuse, Le Cafard muselé, Le Crapouillot, L'Écho des Guitounes, La Ligature, Le Mythe railleur, On les aura, Le Pétard, Rince-Boche, Le Tac à Tac Teuf Teuf, Zim-Boum Panvlan...*

Ces journaux, souvent artisanaux, ont un public qui peut aller de quelques individus à un régiment ou une armée. Les conditions de fabrication varient suivant les promoteurs. Certains sont simplement manuscrits et recopiés, pour être lus par un groupe de camarades, qui les font circuler de la main à la main. Pour cette raison, un grand nombre d'entre eux échappent aux archives, d'autant que l'armée hésite à prendre une mesure officielle à ce sujet avant fin 1915. Une circulaire signée par Joffre, alors général commandant en chef, reconnaît leur utilité à des fins de propagande. « Ces journaux ont pour but de distraire et d'amuser les combattants. En même temps, ils montrent que nos soldats sont pleins de confiance, de gaieté et de courage. » Il précise : « J'estime que leur publication mérite d'être envisagée avec bienveillance dans la mesure où elle ne nuit pas au service et à la condition que leur rédaction soit sérieusement surveillée, pour éviter l'apparition de tout article ne correspondant pas au but ci-dessus. » En mars 1916, un système de censure hiérarchique de ces feuilles est mis en place. Selon leur lieu de fabrication et de diffusion, elles doivent être contrôlées par les officiers en charge. Des services sont affectés à cette tâche, au niveau des divisions ou des états-majors.

Car, outre les feuilles manuscrites, d'autres, tirées à quelques dizaines d'exemplaires, sont gravées sur des feuilles de gélatine qui fondent avec l'humidité de l'encre. Dans les unités plus importantes, une reprographie, voire une petite imprimerie, permet de concevoir des feuilles plus ambitieuses, tirées à quelques dizaines de milliers d'exemplaires. L'une d'elles, *Le Crapouillot*, créée sur le front par un jeune caporal d'artillerie, Jean Galtier-Boissière, et illustrée par des amis, est imprimée à Paris, grâce à ses relais familiaux. Ses débuts sont modestes, et la feuille atteint un tirage de mille cinq cents exemplaires ; mais elle se distingue par une qualité littéraire et un anticonformisme qui lui permettent de survivre après le conflit.

Les journaux de tranchées n'auraient pas dépassé un tirage moyen de cent mille exemplaires, répartis sur quatre cents titres environ. Leur portée est cependant beaucoup plus grande que ne le laisseraient croire ces chiffres. Les feuilles alimentent les conversations, et deviennent une sorte de creuset de l'esprit combattant, au point que des quotidiens ou des revues en reprennent de bonnes pages, et tentent même de lancer une souscription pour en aider la diffusion, ce que l'état-major voit d'un mauvais œil. De véritables journaux, influencés par cette expérience, servent de relais à la spontanéité militaire. Parmi eux, *Le Canard enchaîné*, fondé et dirigé par Maurice Maréchal avec des collaborateurs de grande valeur comme l'écrivain Roland Dorgelès ou le dessinateur H. P. Gassier. Il reprend, d'ailleurs, le titre d'une véritable feuille de tranchée (74e régiment d'infanterie). L'éditorial du premier numéro, en septembre 1915, critique la presse généraliste et dessine les contours d'une publication contestataire, mais patriotique.

> « Le *Canard enchaîné* prendra la liberté grande de n'insérer après minutieuse vérification, que des nouvelles rigoureusement inexactes.
>
> Chacun sait en effet que la presse française, sans exception, ne communique à ses lecteurs, depuis le début de la guerre, que des nouvelles implacablement vraies.
>
> Eh ! Bien, le public en a assez !
>
> Le public veut des nouvelles fausses... Pour changer.
>
> Il en aura.
>
> Pour obtenir ce joli résultat, la direction du *Canard*

enchaîné, ne reculant devant aucun sacrifice, n'a pas hésité à passer un contrat d'un an avec la très célèbre Agence Wolff qui lui transmettra, chaque semaine, de Berlin, *par fil spécial barbelé,* toutes les fausses nouvelles du monde entier.

Dans ces conditions, nous ne doutons pas un seul instant que le grand public voudra bien nous réserver bon accueil, et, dans cet espoir, nous lui présentons, par avance et respectueusement, nos plus sincères condoléances[1]. »

Un tel programme témoigne du profond malaise ressenti par la population, depuis l'entrée en guerre, face à l'information. Or, ce trouble engendre une véritable crise de confiance envers les nouvelles officielles.

Rumeurs et fausses nouvelles

La disqualification de la presse d'information est venue des abus auxquels elle s'est livrée, dès le début du conflit. Les informations fantaisistes accumulées par les quotidiens ou les revues ont occasionné un discrédit de la profession journalistique, qui touche, parfois aussi, le gouvernement et l'armée. Les Français comme les autres peuples d'Europe en viennent donc à chercher avec avidité des informations ; et ce, par tous les moyens. Or, la carence en sources neuves entraîne la création de nombreuses rumeurs, qui se répandent, dès lors que la foule s'assemble pour commenter, dans les villes et les campagnes, les événements du jour. À Paris, par exemple, le passage quotidien d'un avion d'observation allemand, le *Taube* (pigeon), bientôt surnommé la *Taupe,* est l'occasion pour la population de suspendre son travail, de se

---

1. « Coin ! Coin ! Coin ! », *Le Canard enchaîné,* 10 septembre 1915. Le journal paraissait alors le 5, 10, 20 et 30 de chaque mois.

pencher à la fenêtre, de s'assembler dans la rue ; les journaux eux-mêmes lui consacrent une sorte de rubrique. Chaque jour, à 17 heures, les commentaires vont bon train, nourrissant faux bruits, rumeurs, fantasmes qui se répandent comme une traînée de poudre. La *Taupe* n'est guère dangereuse. En revanche, à la fin de la guerre, le canon allemand à longue portée, familièrement baptisé par les Parisiens « Grosse Bertha », cause des dégâts dans les quartiers de la capitale. Lorsqu'elle frappe, la population se rend sur place, pour secourir les blessés ou constater l'ampleur de la destruction. La foule des badauds se renseigne ou échange des informations invérifiables ; ainsi naissent rumeurs et fausses nouvelles.

Celles-ci ont fasciné ceux qui ont vécu la guerre. Dès le lendemain du conflit, on en dresse des inventaires, avec l'ambition de servir le débat scientifique qui se livre depuis les années 1880. L'un des projets des sciences humaines et sociales de l'époque consiste, en effet, à comprendre par quel processus les hommes fondent des croyances erronées. En 1921, l'historien Marc Bloch bâtit une synthèse sur le sujet, en passant en revue les principaux ouvrages qui traitent des fausses nouvelles de guerre[1]. Son texte éclaire les processus engendrés par les carences en information, instruit le procès de l'amateurisme en sciences humaines, et conclut par l'énonciation de quelques maximes pour une future analyse générale des fausses rumeurs. D'abord, écrit-il, elles naissent toujours de représentations collectives qui leur préexistent, comme le souvenir des francs-tireurs de 1870 dans le cas allemand. Ensuite, la censure, en interdisant l'information juste, favorise l'invention et les fantasmes qui se propagent par le brassage de la population mobilisée et la mécon-

---

1. Marc Bloch, « Réflexions d'un historien sur les fausses nouvelles de guerre », *Revue de synthèse historique,* 1921, repris dans *Histoire et Historiens,* Paris, Armand Colin, 1995, p. 147-166.

naissance de l'autre. Enfin Bloch précise un trait psychologique constant : « l'émotion et la fatigue détruisent le sens critique ». Pour cette raison, d'innocentes personnes ont pu croire que les Russes avaient débarqué à Marseille ou en Écosse, que les femmes belges égorgeaient les soldats allemands, que l'artillerie russe bombardait Berlin...

La fin de la guerre ouvre la possibilité, pour la presse, de revenir aux anciennes pratiques. Les journalistes gardent un souvenir partagé sur la période. Si une majorité d'entre eux pensent n'avoir accompli que leur devoir, d'autres déplorent l'attitude des journaux et en conçoivent de l'amertume. Le sentiment va s'amplifiant, d'autant que le monde de la presse doit affronter le doute d'une population, devenue sceptique devant l'information, au bout de quatre ans de guerre. Cette population, il faut la reconquérir. Le monde des médias est ainsi à réinventer, dans une société bouleversée par la guerre achevée.

CHAPITRE II

LE TOURNANT
DE L'INFORMATION MODERNE
(1918-1939)

La Grande Guerre achevée, les traités de paix signés, la censure politique cesse avec la levée de l'état de siège, le 12 octobre 1919. La France aspire à un « retour à la normale ». Libérés de toute contrainte, les grands médias renouent avec les logiques d'avant 1914, cherchant à constituer de puissants auditoires, pour mieux asseoir leur rentabilité financière et accroître leur influence sociale. Une fois la crise de l'immédiat après-guerre passée, les journaux, malgré ce que prétendent parfois les contemporains, se vendent bien et touchent toutes les catégories sociales. Mais l'époque est surtout marquée par la survenue de nouveaux instruments de diffusion sur le marché des audiences. La radio, dès les années 1920, le cinéma parlant, au début de la décennie suivante, modifient en profondeur la manière de s'informer, mais aussi de se cultiver et de se divertir.

Miroirs des profondes mutations sociales et politiques de la France de l'entre-deux-guerres, les médias subissent l'effet conjugué de phénomènes qui, particulièrement sensibles dans les années 1930, vont porter leur effet tout au long du XXe siècle. Ainsi le monde des journalistes s'organise-t-il, jusqu'à obtenir du Législateur un statut, unique en Europe, et si avancé pour son époque qu'il régit, aujourd'hui encore, la profession. Conjointement, la concurrence entre médias entraîne l'affirmation de la publicité comme mode de médiation entre une production et sa clientèle, mais aussi foisonnement d'images et de représentations, qui pèsent sur l'ensemble des activités sociales. Une forme de culture nouvelle, partagée par le plus grand nombre, découle des succès commerciaux des entreprises médiatiques. Les médias n'en restent pas moins des instruments vigoureux du débat politique, nourrissant le climat de guerre civile larvée et de peurs collectives qui se répand dans la France des années 1930.

De la guerre à la paix

Le bilan dressé par de nombreux professionnels de la presse au lendemain du premier conflit mondial est accablant. La puissance de la censure, la course à la démagogie, les fausses nouvelles véhiculées par tant de titres restent, dans la mémoire collective, comme la preuve de la trahison de l'idéal de mission qui avait toujours animé le journalisme. À cette flétrissure morale, s'ajoutent les transformations des conditions d'exercice du métier, qui, soudain, apparaissent dans toute leur crudité.

Les lendemains de la Grande Guerre constituent, en effet, une période de difficile reconversion pour la presse. On n'embauche guère, et les journalistes démobilisés éprouvent bien des difficultés à retrouver leur place dans les rédactions. Ceux qui ont conservé leur emploi peuvent mesurer la dégradation manifeste de leur pouvoir d'achat en quatre ans : les salaires, dans la presse, ont augmenté six fois moins vite que le coût de la vie. À la question salariale, se joignent celles des pensions et du patrimoine. La guerre a fait fondre les ressources des caisses de retraite des associations professionnelles, et certains journalistes âgés sont même contraints de reprendre une activité salariée. D'une manière générale, les journalistes subissent le sort des classes moyennes, sévèrement touchées par le conflit. Mais ils en ressentent d'autant plus brutalement les conséquences qu'ils s'étaient toujours estimés au-dessus des contingences matérielles.

Le réveil est rude : en 1914, ils se croyaient encore « écrivains libres »; en 1918 ou 1920, ils se découvrent salariés et, qui plus est, salariés précaires. À l'intérieur même d'un journal, ils peuvent mesurer le fossé qui les sépare des ouvriers du livre, souvent mieux rémunérés et surtout mieux protégés socialement, car mieux organisés. La profession traverse alors une véritable crise d'identité sociale : il n'est pas tolérable, expliquent les journalistes, que l'œuvre intellectuelle du journal soit moins bien considérée que le travail manuel!

La précarité matérielle nourrit la crise morale, révélée par la guerre, et périodiquement alimentée par les scandales. Dans une série d'articles de *L'Humanité* intitulée « L'abominable vénalité de la presse française », en décembre 1923, Boris Souvarine révèle l'ampleur de la corruption des journaux d'avant 1914. S'appuyant sur les archives d'Arthur Raffalovitch, conseiller secret du ministre des Finances russe à Paris, il montre que la quasi-totalité des quotidiens français étaient arrosés de pots-de-vin par le gouvernement tsariste pour vanter les mérites des emprunts russes et mentir aux souscripteurs sur la santé économique de l'Empire. Le procès intenté par *Le Matin*, directement mis en cause par *L'Humanité*, tourne au triomphe pour le quotidien communiste : les documents avancés sont authentiques, et il peut, avec délectation, s'en prendre à la « presse pourrie aux ordres du grand capital ». Pour briser l'image d'une presse disqualifiée aux yeux de l'opinion, quelques journalistes proches des radicaux, comme Georges Boris, Pierre Brossolette ou Albert Bayet suivent Henri Dumay, ancien courtier en publicité, dans l'aventure du *Quotidien*, dont le lancement, en 1923,

est annoncé à grand renfort d'affiches commerciales.
Il s'agit de créer un journal qui, fondé sur la transparence financière et le soutien au Cartel des gauches naissant, redonnera du lustre à une presse discréditée.
Mais, peine perdue. Enlisé dans des difficultés budgétaires, *Le Quotidien* sombre, à son tour, dans la corruption. Dumay accepte les versements occultes de la Régie du gaz et des grandes compagnies de chemin de fer, sans en référer à ses collaborateurs. Le scandale est moralement terrible pour la profession. Et, pourtant, ce n'est pas le dernier...

C'en est trop pour les journalistes. Sur un mode défensif, ils brisent l'antique solidarité qu'ils entretenaient avec leurs patrons, mettent désormais en exergue leur antagonisme d'intérêts, dénoncent la place grandissante de l'argent dans la presse, et regardent avec une sympathie accrue l'expérience conduite par le Syndicat des journalistes. Discrètement créé le 10 mars 1918, celui-ci groupe, dans les années 1930, 50 à 75 % de la profession.

Naissance du Syndicat des journalistes

Fondé par des socialistes (François Crucy, André Morizet), des pacifistes (Victor Margueritte, Pierre Descaves), des hommes proches des radicaux (Ernest-Charles), mais aussi des hommes sans attaches partisanes connues, le Syndicat des journalistes se donne un double objectif : le renouveau moral et le redressement matériel de la profession. L'ordre des mots n'est pas fortuit : la moralisation est inscrite, d'emblée, comme la priorité. Et, pour le clamer très haut, le tout jeune syndicat adopte, en juillet 1918, une charte en dix points, complétée en décembre et baptisée « Les devoirs et les droits professionnels ». Actualisée et révisée à la marge en janvier 1938, elle va devenir le code de référence de la profession, une sorte de « serment d'Hippocrate » du journaliste ; bref, un document fondateur de l'éthique journalistique en France, qui engage l'individu, tout en dessinant les contours d'une autorégulation souple. Souple, car rien n'oblige un journaliste à respecter le texte, sinon la pression collective interne (les autres journalistes) ou extérieure (l'opinion publique).

> « Déclaration du syndicat, juillet 1918.
> Un journaliste digne de ce nom
> – prend la responsabilité de tous ses écrits, même anonymes ;
> – tient la calomnie, la diffamation et les accusations sans preuve pour les plus graves fautes professionnelles ;
> – n'accepte que des missions compatibles avec sa dignité professionnelle ;
> – s'interdit d'invoquer un titre ou une qualité imaginaires pour obtenir une information ;
> – ne touche pas d'argent dans un service public ou une entreprise privée où sa qualité de journaliste, ses influences, ses relations seraient susceptibles d'être exploitées ;
> – ne signe pas de son nom des articles de pure réclame commerciale ou financière ;
> – ne commet aucun plagiat ;
> – ne sollicite pas la place d'un confrère ni ne provoque son renvoi en offrant de travailler à des conditions inférieures ;
> – garde le secret professionnel ;
> – n'abuse jamais de la liberté de la presse dans une intention intéressée. »

Un tel texte, érigé presque en dogme, repris régulièrement depuis, montre les préoccupations de la génération de journalistes marqués par la guerre. Ils défendent une conception du métier reposant sur un principe de responsabilité. Celui qui écrit un article doit en supporter les conséquences ; partant, il recherchera le contenu le plus juste et tendra vers la vérité.

L'usage du mot « dignité » induit l'ambition de faire du journaliste une sorte de personnage officiel, un clerc de l'information. D'où, secondairement, l'affirmation que les journalistes ont, entre eux, un comportement honnête : indépendance et refus du pillage. Ensuite, les promoteurs du code d'honneur souhaitent une autonomie des journaux par rapport aux puissances politiques et financières. La revendication reste cependant modérée : il faut limiter les influences et ne pas s'y prêter. Cet aspect sous-tend la pression des journalistes auprès des autorités publiques, pour que soit enfin adopté un véritable statut professionnel des journalistes.

L'action du Syndicat des journalistes, devenu Syndicat national des journalistes (SNJ), et singulièrement de son principal dirigeant, Georges Bourdon, est déterminante en matière de reconnaissance professionnelle. Dès 1918, l'organisation syndicale définit le journaliste comme celui qui contribue à la construction intellectuelle du journal, se distinguant ainsi de l'équipe administrative, des ouvriers de l'imprimerie, mais aussi des détenteurs du capital. Pour le SNJ, propriétaires et directeurs ne peuvent être considérés comme journalistes. Employé (ce qui suppose sa subordination à l'ensemble de la cellule de direction, rédacteur en chef compris), le journaliste tire une part majoritaire des revenus de son travail salarié dans la presse. Du coup, il ne peut se confondre, comme autrefois, avec les écrivains et les hommes de lettres. Mieux : le syndicat considère désormais ces derniers comme des « intrus ». Non, proclame-t-il, il ne suffit pas d'écrire dans la presse pour être considéré comme un journaliste, ce qui exclut, de fait, les fonctionnaires, les militaires, les professeurs, les sportifs, et, bien sûr, les écrivains, familiers des colonnes des journaux. En fixant le cercle de ceux qui devront bénéficier des futures conquêtes professionnelles – entre 3 000 et 3 500 individus –, le SNJ inscrit son action dans une double rupture : rejet des directeurs dans le monde du patronat ; rejet des écrivains dans le monde des lettres.

La frontière que souhaite établir le syndicat n'est cependant pas tout à fait étanche. Il est très vite admis que la profession comprend des métiers, fort différents les uns des autres, des spécialisations suscitées par l'évolution de la presse. Pourvu qu'ils répondent aux critères de traitement et d'activité salariée, dessinateurs et photographes, par exemple, sont bientôt admis dans la corporation.

Sous la conduite du SNJ et de Bourdon, les journalistes obtiennent des avantages matériels et sociaux non négligeables : repos hebdomadaire (1925) ; caisse générale des retraites (1927) ; caisse de chômage (1932). Et puis, dès l'époque du Cartel des gauches, au cœur des années 1920, ils bénéficient d'une déduction fiscale de 30 %, pour frais de « représentation » ; d'abord laissée à l'appréciation du ministre des Finances, Pierre Laval, président du Conseil, lui donne force de loi, en 1935. Mais la grande conquête est celle du statut des journalistes : la loi du 29 mars 1935, adoptée dans un bel élan unanime par les députés et les sénateurs. Elle fait des journalistes l'une des catégories professionnelles les mieux protégées. Elle a traversé le temps, sans subir d'altération.

Un statut privilégié ?

Fidèle au modèle proposé par le SNJ, le Législateur définit le journaliste professionnel comme « celui qui a pour occupation principale, régulière et rétribuée, l'exercice de sa profession dans une publication quotidienne ou périodique éditée en France, ou dans une agence française d'informations, et qui en tire le principal de ses ressources nécessaires ». Ainsi bénéficient du statut : d'abord, les rédacteurs (ceux qui exercent la profession dans la presse ou dans une agence) et les correspondants (en France ou à l'étranger) ; ensuite, les traducteurs, les secrétaires de rédaction (avec leurs différents types), les reporters dessinateurs ou photographes. Les avantages de la loi sont considérables, touchant notamment aux congés payés généralisés (un mois à cinq semaines) et aux conditions de congédiement (préavis, indemnités). Une carte professionnelle sera délivrée afin que les journalistes puissent être recensés et reconnus. Enfin, est créée une clause de conscience, conformément à des prescriptions émises par le Bureau international du travail depuis la fin des années 1920. Cette clause de conscience renvoie bien à la conception du journaliste indépendant, refusant une allégeance économique à des puissances dont il ne partagerait pas les convictions morales ou spirituelles. Tenant d'une religion de l'objectivité, jamais il ne doit abdiquer ses convictions et défendre une opinion qui ne serait pas la sienne.

La clause de conscience va de pair avec la volonté de restaurer la réputation des journalistes, de nouveau mise à mal par des scandales financiers. En 1927, Marthe Hanau, au moment de sa faillite, est à la tête d'une agence d'information qui vend des placements douteux, à coups d'informations économiques tronquées (scandale de la *Gazette du franc*). Peu après, l'affaire Stavisky montre encore la collusion entre des journalistes et l'affairiste corrupteur. À sa manière, le statut de 1935 s'inscrit dans le contexte de crise morale qui affecte la République dans les années 1930 et contre laquelle elle doit lutter.

En janvier 1936, la Commission nationale de la carte d'identité des journalistes se met en place. La carte professionnelle doit remplacer les « coupe-files » délivrés jusqu'alors à la presse par la préfecture de police. Constituée paritairement (patrons de presse et journalistes), la Commission a pour tâche de vérifier que les candidats à la carte répondent bien aux critères de la loi de 1935. Ce faisant, elle fixe la frontière qui évince les « amateurs » et les « non-professionnels ». Le professionnalisme se mesure en termes économiques d'abord, mais aussi de représentations sociales. Les reporters des actualités cinématographiques sont ainsi exclus de l'attribution de la carte, car les entreprises qui les emploient sont considérées comme de simples maisons de commerce n'ayant rien de commun avec un journal. Les reporters de radio, en revanche, sont admis : nombre d'entre eux sont issus de la presse écrite, et conservent des liens avec les personnalités éminentes du monde syndical et patronal de la presse. Au bout du compte, 3 500 journalistes environ sont titulaires d'une carte professionnelle début 1939 (dont moins de 4 % de femmes). Mais ce chiffre traduit imparfaitement la réalité. Le document délivré n'est pas obligatoire, et beaucoup de professionnels ne l'ont même pas demandé. En fait, à la veille de la guerre, quelque 6 000 journalistes travaillent en France : près des trois quarts œuvrent dans les quotidiens parisiens ou provinciaux.

Avec le Front populaire, les conquêtes sociales se poursuivent : barème des salaires (1936), convention collective (1937)… En deux décennies, le journalisme français, tout en acquérant une place enviable dans la hiérarchie des métiers, a véritablement fondé un univers médiatique. Mieux défini, il reste cependant très ouvert. Nul ne songe sérieusement à en contrôler strictement l'accès sur des critères de diplômes ou de compétences. Pourtant, l'idée de la nécessaire professionnalisation, comme source de garantie morale, fait lentement son chemin.

Dès 1924, est créée à Lille, à l'initiative de l'épiscopat français et des cadres de la presse confessionnelle, la première école de journalisme digne de ce nom : l'École supérieure de journalisme. Il s'agit, alors, de forger une relève pour les journaux catholiques, capable non seulement de faire front aux ennemis de l'Église, mais aussi de mettre fin aux dérives morales de la presse. Nourris de christianisme social, les initiateurs de l'ESJ croient aux vertus de la formation, tant ils souscrivent au modèle du journaliste missionnaire, du journaliste pédagogue que, selon eux, la presse moderne serait en train de détruire. Républicains convaincus, Bourdon et ses amis du SNJ ne pensent guère autrement lorsque, au début des années 1930, ils encouragent la création du Centre d'études journalistiques, à Paris, conçu comme un lieu de perfectionnement professionnel. C'est dire la prégnance des représentations, au moment où les repères d'opinion, en matière de presse, se recomposent.

Informer : du bout du monde au coin de la rue

« Il semble que l'avenir soit aux grands régionaux », constatent en 1924 deux grands journalistes de l'époque, André Billy et Jean Piot[1]. Eux-mêmes collaborateurs de la presse parisienne, ils observent que les quotidiens de la capitale, contraints d'augmenter sensiblement leur prix de vente pour faire face aux dépenses[2], ne sont plus aussi dominateurs que naguère. Les feuilles de province ont su profiter des difficultés de communication pendant la guerre pour s'enraciner localement. Elles offrent désormais aux lecteurs autant, et parfois davantage, que les grands titres de Paris. Et Billy et Piot de le démontrer en prenant l'exemple de *La Dépêche de Toulouse*. Voici un quo-

---

1. André Billy et Jean Piot, *Le Monde des journaux*, Paris, Les Éditions G. Grès & Cie, 1924, p. 212.
2. Entre 1918 et 1938, le prix de vente d'un quotidien parisien au numéro passe de 10 à 50 centimes.

tidien, expliquent-ils, capable de fournir à ses lecteurs une information nationale fiable et complète, grâce à ses bureaux parisiens. *La Dépêche* dispose en effet, à Paris, d'une rédaction entière, qui double celle de Toulouse. Ses journalistes assurent tous les services de la Chambre, du Sénat, des ministères, du Palais de justice, de la préfecture de police, des académies, des expositions, etc. Ils envoient régulièrement reportages, interviews, billets politiques, chroniques, échos en tous genres. Sur place, la rédaction toulousaine reçoit des agences, par « fil spécial », les mêmes sources que ses consœurs parisiennes. Elle s'est même étoffée d'un service sportif, qui alimente quotidiennement le journal en nouvelles. Bref, *La Dépêche* fait aussi bien et aussi vite que les quotidiens de la capitale. Mais elle fait aussi davantage, avec, chaque jour, ses dix-sept éditions, adaptées aux besoins des trente départements sur laquelle elle rayonne. *La Dépêche* propose ainsi deux journaux en un : un quotidien national et un quotidien régional, nourri d'informations locales recueillies par ses multiples agences, dans les départements, et ses deux mille correspondants qui débusquent la nouvelle dans le plus modeste bourg.

Le cas du régional toulousain n'est évidemment pas isolé. Tandis que le tirage global des quotidiens parisiens stagne, d'une guerre à l'autre, celui des quotidiens provinciaux progresse de 20 à 25 % (4 millions d'exemplaires en 1914 ; 5,5 en 1939). L'*Ouest-Éclair*, par exemple, peut être considéré comme le quatrième quotidien français, en 1939. Le journal de Rennes sait, à la fois, attacher la population bretonne à un mode d'information dominé par les événements nationaux et internationaux, et cultiver des représentations qui intègrent l'échelon local à l'espace régional. Comme ses confrères, il relaie les formes et les genres d'un journalisme national qui achève de donner à la population une approche commune de l'information. Mais il ajoute, grâce aux pages locales, la dimension de la proximité géographique qui cimente l'identification du lecteur à son quotidien. Dans une France encore largement rurale, la presse régionale, portée jusqu'au plus petit village grâce à l'automobile, contribue au désenclavement des campagnes et à l'unification politique et sociale du pays.

Les dix plus forts tirages des quotidiens français en 1939[1]

	TITRES	EXEMPLAIRES
1	*Paris-Soir*	1 800 000
2	*Le Petit Parisien*	1 320 000
3	*Le Journal*	410 000
4	*Ouest-Éclair (Rennes)*	350 000
5	*La Petite Gironde (Bordeaux)*	325 000
6	*L'Humanité*	320 000
7	*L'Écho du Nord (Lille)*	315 000
8	*Le Matin*	300 000
9	*La Dépêche de Toulouse*	270 000
10	*Le Réveil du Nord*	250 000

Pour la presse parisienne, la conquête du public semble terminée, ce qui rend d'autant plus rude la compétition pour le fidéliser. Et, désormais, la séduction du lectorat passe par l'information, le reportage, l'enquête, sources de renouvellement du récit journalistique. Du coup, l'entre-deux-guerres voit s'imposer le modèle des grands reporters, qui fixent les règles d'une forme française de journalisme d'investigation. Ces hommes bouleversent des institutions séculaires, brisent des croyances populaires solidement établies, et concourent à forger une vision universelle de l'information comme outil de lutte contre l'ignorance et la manipulation.

---

1. D'après : Jean Mottin, *Histoire politique de la presse, 1944-1949*, Paris, Bilans hebdomadaires, 1949.

« Porter la plume dans la plaie »

Les grands reporters de l'entre-deux-guerres ont parfois été oubliés, tels Édouard Helsey, Ludovic Naudeau, Andrée Viollis, ou Louis-Frédéric Rouquette, collaborateur du *Journal*, archétype de l'aventurier (volontaire dans l'armée mexicaine, mineur au Nevada, trappeur en Alaska, pêcheur à Terre-Neuve). D'autres sont restés célèbres. Les noms d'Albert Londres (voir *Albert Londres*, p. 382) ou de Joseph Kessel évoquent autant le journalisme qu'une certaine conception de l'écriture. Ces figures illustres, qui représentent encore aujourd'hui les modèles de la profession, ont défini les instruments essentiels de légitimité du journalisme : l'enquête et la connaissance étroite du terrain, la solidité des nouvelles, et la vision large des thèmes abordés. Il s'agit de suivre un sujet dans toutes ses dimensions et d'en tirer des leçons exploitables pour la collectivité. Même les reporters nationaux ont ces préoccupations et prétendent rendre service à la justice en contribuant à l'arrestation de délinquants ou en dénonçant les abus de personnages malhonnêtes. C'est du moins ainsi qu'ils pensent leur fonction sociale. Les grands reporters vont plus loin. Ils fustigent certaines mœurs contemporaines, veulent s'attaquer, par le biais de l'événement, à des phénomènes sociaux, souvent douloureux pour la conscience collective. Albert Londres résume cet idéal par une formule-choc : le journaliste doit « porter la plume dans la plaie ». Ainsi le grand reporter actualise-t-il la mission mythique du journaliste qui, depuis l'origine, consiste à s'élever contre l'injustice, en parlant pour ceux qui ne peuvent s'exprimer.

Pour ce faire, le grand reporter a besoin de temps, d'argent, d'indépendance. Il jouit ainsi des meilleurs salaires des journaux de l'époque (au moins 40 % plus élevés que ceux des rédacteurs ordinaires) et obtient d'importants défraiements pour payer ses voyages et ses informateurs. Absent des rédactions, il se soucie peu de ses règles et de ses hiérarchies. L'image de l'infatigable baroudeur s'impose dans les représentations collectives : pour le Larousse de 1932, le grand reporter est « le premier informé des événements graves de la planète » ; il accomplit des « missions » qui ne sont pas toujours « sans péril ». Devenu l'honneur de toute une profession, dépositaire de l'histoire la plus glorieuse de la presse, le reporter devient un héros des temps modernes. Non seulement il sait révéler, mais il sait raconter et passionner son public. Le grand reportage est un art de l'information et un art du récit. Ses longues enquêtes, annoncées avec force publicité, qui paraissent en épisodes dans les quotidiens, sont écrites à la première personne du singulier.

L'homme s'engage, guide, mais se met également en avant. Les grands reporters cherchent à imposer leur griffe et, autant que les chroniqueurs ou les commentateurs politiques, veulent se faire un nom au sens propre, c'est-à-dire faire connaître et imposer leur signature. Or, le modèle fonctionne parfaitement auprès du public. Quelques semaines ou quelques mois après leur publication dans les journaux, leurs reportages sont édités sous forme de livres à bon marché, chez Albin Michel ou Gallimard, aux Éditions de France ou chez Grasset. Les vieilles recettes du récit (simplicité et perfection du style, souci du détail et de la description, maîtrise du suspense, moralité de l'histoire...) sont revivifiées par l'information vraie, donnant au genre les vertus d'une authentique littérature populaire.

L'information doit consister, pour les journalistes français, à édifier un monde meilleur. Pourtant, la notion d'opinion ne leur est pas étrangère. Ils rejettent une écriture purement factuelle et, comme Albert Londres, pensent qu'il faut intervenir dans la cité et donner des avis sur les questions du jour. L'enquête n'a donc pas pour objet de laisser les lecteurs conclure; elle doit plutôt servir le propos du reporter, voire la ligne du journal. L'objectivité n'est pas la neutralité, souvent dénoncée comme une invention de la presse anglo-saxonne, et que l'intelligentsia française aime à décrier.

Les colonnes des femmes

La presse française n'est cependant pas hermétique aux influences d'outre-Manche ou d'outre-Atlantique. Les nouveaux magazines qui percent à la fin des années 1930 semblent l'attester. Appuyés sur le brusque développement de classes moyennes aux revenus suffisants pour leur ouvrir le chemin des loisirs, de la culture ou du divertissement, ils traduisent l'irrésistible pénétration du modèle américain. La presse féminine comme la presse enfantine en fournissent les exemples édifiants. *Marie-Claire*, lancé par Jean Prouvost en 1937, *Confidences*, premier « journal du cœur », créé par Paul Winckler en 1938, s'inspirent directement des magazines américains qu'ils sont allés observer sur place, avant de produire leurs propres titres. Substituant le modèle de la « femme-ménagère » du *Petit Écho de la mode*, par celui de la « femme moderne », qui sait concilier foyer, séduction, ouverture sur le monde, *Marie-Claire* livre aux regards l'image de jeunes femmes toujours souriantes, à la silhouette de mannequins, dont l'allure n'est pas sans rappeler celle des vedettes hollywoodiennes peuplant les magazines de cinéma de l'époque. Preuve que ses promoteurs avaient compris les nouvelles attentes du public féminin, *Marie-Claire* est immédiatement un immense succès : en 1938, avec 800 000 exemplaires, il est, de loin, le premier hebdomadaire français, toutes catégories confondues.

La recette de la presse féminine est proche de celle des journaux pour enfants. En lançant *Confidences*, Winckler savait déjà la puissance du rêve américain : quatre ans plus tôt, en 1934, il avait introduit en France *Le Journal de Mickey*. Avec 500 000 exemplaires, ce dernier pulvérise toutes les ventes des magazines destinés à la jeunesse qui, bon gré mal gré, se soumettent au modèle de la bande dessinée. L'éducation est distancée par les distractions.

Pas de journaux sans images

Hebdomadaires féminins, presse enfantine, mais aussi magazines de cinéma, magazines sportifs, etc., ont tous un point commun : le poids de l'image, qui s'accroît dans les années 1930. Cette évolution est perceptible dans la presse, qui accueille toujours davantage de photographies et de dessins ; mais aussi pour le cinéma, plusieurs sociétés concurrentes proposant chaque semaine au public des journaux dont la qualité s'améliore. Elle est même indirectement sensible à la radio, où se multiplient les programmes évoquant les films, les pièces de théâtre ou les expositions.

Riche d'une vieille tradition de presse, le dessin quitte l'univers confiné des petits hebdomadaires illustrés pour pénétrer, avec force, dans les grands quotidiens. Une nouvelle génération de dessinateurs s'y installe, rompant les liens anciens qui les unissaient aux artistes, pour se rapprocher résolument des journalistes et reporters. Les nouveaux pontifes de la caricature, Gassier, Sennep, Cabrol, Effel, et les autres moulent leur technique graphique sur les contraintes de la typographie et de la densité variable de l'information. Une caricature doit être facilement reproductible et accepter les exigences de la réduction. C'est pourquoi, suivant l'exemple de Gassier – le maître incontesté du dessin moderne, qui a débuté à *L'Humanité*, avant de fonder *Le Canard enchaîné* avec Maurice Maréchal –, les dessinateurs adoptent le dessin dit « au trait », le dessin elliptique : un simple trait de crayon, souligné à la plume trempée dans l'encre de Chine ; une économie de détails. Et surtout pas de hachures, de grisés, de dégradés, de « faux traits », comme naguère ; procédés esthétiques, défendus bec et ongles par la génération de Forain, mais qui ne « passent » pas sur petit format, et supportent bien mal la transcription typographique. À la place, pour marquer les reliefs et les nuances, le caricaturiste appliquera des à-plats noirs : tant pis pour les effets de modelé ; l'efficacité prime, fondée avant tout sur l'idée et la légende.

Désormais, la presse populaire a les moyens matériels et techniques de produire quotidiennement des clichés pour illustrer l'actualité. La photographie s'impose d'autant plus naturellement que le cinéma enracine l'image dans l'univers mental des Français, certes comme source de rêve, mais aussi comme support d'information. Excepté *Le Temps*, austère journal des élites, tous les grands quotidiens, ou presque, propulsent des photographies à la « une ». L'attention pour ce mode d'expression est telle que plusieurs nouveaux titres comptent sur lui pour leur implantation. *Vu*, hebdomadaire lancé par Julien Vogel en 1928, en partie inspiré du *Berliner Illustrierte*, est sans doute le plus représentatif de cette nouvelle génération. Clairement orienté à gauche, considérant l'image comme un moyen d'action, il est si illustré qu'il prétend être « le journal non pas le plus lu, mais le plus regardé ». La formule remporte un indéniable succès et fait vieillir les anciennes maquettes de *L'Illustration*. *Miroir du monde*, créé peu après, ne parvient pas à s'imposer au grand public. Car dans *Vu*, la photographie n'est pas un simple support de la narration : elle dicte le rythme de la démonstration.

Gaston Gallimard, déjà géant de l'édition littéraire, avec *La Nouvelle Revue française* et la publication de l'œuvre de Marcel Proust, sent le dynamisme de la formule. En 1931, il tente d'implanter *Voilà*. Mais son succès reste mitigé, et, en tout cas, sans commune mesure avec celui que le même Gallimard a obtenu en lançant, trois ans auparavant, un hebdomadaire de faits divers, de reportage et de récit, *Détective*. Même le Parti communiste est séduit par cette manière de parler au peuple. En 1932, il fonde *Regards*, en proclamant que la photographie est le médium de classe ouvrière, et en se fixant un objectif : créer un modèle de photographe ouvrier.

L'idéal d'une photographie montrant le monde de l'intérieur, tel qu'il est, et possédant une force subversive, retrouve finalement celui de l'information comme mode critique des sociétés. Il participe aussi d'une logique d'agitation dont Lénine avait tracé l'esquisse en 1902 dans *Que faire ?*. N'y disait-il pas qu'il suffirait de montrer au peuple russe sa situation réelle pour qu'il se révolte ? La génération des photographes de l'entre-deux-guerres se situe dans une croyance similaire. Elle établit le reportage en une pratique de critique. En France, Henri Cartier-Bresson et ses amis – dont beaucoup viennent d'Europe centrale – Germaine Krull, Robert Capa, Eli Lotar, Kertész, Laure Albin-Guillot, Alexandre Libermann, tous ardents photographes de *Vu*, se pensent radicalement différents des hommes qui travaillaient dans les studios du XIXe siècle. Ils ne se définissent pas comme les chroniqueurs visuels d'une élite, à l'instar de la riche clientèle de Nadar. Le studio Harcourt, qui reprend cette tradition en s'introduisant notamment dans la mode, ne correspond pas à leur idéal. Ils préfèrent parcourir la planète et saisir sur le vif les grands événements de leur temps.

L'accroissement du nombre de journaux illustrés ainsi que la montée de leur tirage ne se bornent pas à la France. Les photographes peuvent, alors, tenter l'aventure de vivre de leurs images en sillonnant le monde et en vendant leurs clichés à la presse internationale. C'est ainsi que, dès 1921, une première agence photographique internationale voit le jour en Allemagne. Elle profite des immenses progrès de transmission permis par un outil inventé en 1908, le bélinographe, qui permet bientôt d'envoyer par câble un cliché depuis n'importe quel point du globe. Grâce au bélinographe, les journaux font rapidement leur choix dans une moisson d'images. Dès lors, plusieurs agences se développent comme Keystone (fondée par le Hongrois Bertolan Garai, en 1927), Meurisse, Roger-Viollet, Mondial. Elles ont des reporters ou achètent des clichés à la petite armée d'indépendants de la capitale. Les journaux, à leur tour, réagissent en embauchant des reporters photographes et en poussant à la reconnaissance de cette profession dans les instances officielles. C'est le cas notamment de *Paris-Soir*, qui en engage jusqu'à une dizaine pour couvrir l'actualité, qu'elle soit politique ou sportive, tout en continuant à acheter des photos à l'extérieur. Avec *Paris-Soir*, la presse populaire entre dans l'âge des quotidiens illustrés. Son succès est phénoménal. En 1940, avec deux millions d'exemplaires, il devance, de très loin, ses rivaux (voir *Paris-Soir*, p. 386). Peu ou prou, les autres titres n'ont d'autre issue que de l'imiter, en recourant massivement à la photographie.

Cette victoire est liée à la progression des techniques de prises de vue grâce à des appareils plus légers. Ces instruments précis, malgré leur système de visée simple, à hauteur d'œil, comme le Leica, possèdent un objectif unique et une chambre réduite, ce qui les rend plus légers et aisément transportables. On peut pratiquement les tenir d'une main, et on les réarme sans difficulté. Si bien que les reporters

peuvent facilement se rendre sur les terrains d'opération, militaire ou civile. De plus, les coûts de prise de
vue et de reproduction s'abaissant, l'image gagne une
population active plus nombreuse. Vient ensuite la
transmission facilitée par la généralisation du bélinographe, qui se banalise dans les années 1930. Enfin,
les qualités d'impression achèvent de rendre la photographie attrayante. Elle est désormais plus nette pour
le lecteur, même si le papier continue de tacher les
doigts.

Les bruits du monde

La dynamique visuelle de la presse ne peut être
séparée de l'incroyable amélioration des journaux filmés. Au lendemain de la Grande Guerre, après une
dizaine d'années d'existence, leur formule repose
pour l'essentiel sur de brèves séquences visuelles séparées par des panneaux d'annonces thématiques.
Parfois un commentaire se glisse entre les images pour
enrichir le contenu. Les différences typographiques
entre les parties et les commentaires sont faibles ; seul
un chiffre indique le changement de rubrique. Les
journaux filmés, en effet, reprennent une classification
des genres propre au monde de la presse et de l'édition, depuis la fin du XIXe siècle. En mars 1919, par
exemple, le journal filmé se compose de scènes
courtes (de quelques dizaines de secondes à deux
minutes), oscillant entre la gravité et la curiosité. Les
séquences se succèdent : cérémonies militaires, commémorations avec d'anciens combattants, manifestation d'étudiants, hommage à la statue de Jeanne d'Arc
rue de Rivoli ; mais aussi, vers la fin : concours du plus
beau bébé et présentation du Guignol du Luxembourg
sous le regard de soldats. Au fond, ces films restent

marqués par la photographie et cherchent avant tout
à restituer l'atmosphère d'un moment, en soulignant
les poses, de sorte que les spectateurs puissent, tout à
loisir, mémoriser les traits des héros de l'actualité.

Le nombre de reportages va cependant croissant.
Les règles du spectacle s'établissent : les actualités
font désormais pleinement partie de la séance de
cinéma ; elles sont présentées avant le film, suivies par
un premier divertissement sur scène (illusionniste,
chanteur, acrobate). L'impact des actualités filmées
n'est pas négligeable, car les réseaux de distribution
ont une grande densité, dès les années 1920 (plus de
2 000 salles), et connaissent une croissance rapide.
Tout le territoire est couvert. Le public rural est touché par des cinémas itinérants, installés chaque
semaine dans les villages. L'exode rural, qui se poursuit, renforce les facilités d'accès aux salles. Puisque la
population est majoritairement urbaine dans les
années 1930, les salles fixes continuent leur progression dans les villes moyennes, où souvent plusieurs
diffuseurs se font concurrence.

Ce développement est encore accéléré par le cinéma
parlant. L'invention n'est pas nouvelle. Gaumont, en
1910, avait mis au point le chronophone, et l'avait
même présenté à l'Académie des sciences avant de
l'installer à Paris, au Gaumont-Palace. D'autres
firmes, notamment américaines, avaient effectué des
expériences similaires. En 1926, plusieurs techniques
sont donc disponibles. Il faut cependant qu'un grand
distributeur prenne le risque de produire une œuvre
dans l'ensemble de son réseau et d'équiper ses salles
pour exploiter l'une d'elles : les frères Warner relèvent
le défi. Pour lancer, en 1928, *The Jazz Singer* (*Le
Chanteur de jazz*), alors que leur firme est au bord de
la faillite, ils choisissent le moyen le plus simple : un
disque reproduisant le son à côté du film. Son
triomphe économique impose à l'ensemble de la profession cette révision déterminante. Promptement, la

technique s'affine : le son est gravé sur la pellicule. La
Fox en définit le prototype, sous le nom de
« Movietone »[1]. Dès janvier 1929, la Fox-Movietone
présente au public parisien ébahi ses premières actualités parlantes. Pathé doit réagir vite. C'est chose faite
en novembre de la même année : le « Pathé-Journal »
n'est plus muet. Son rédacteur en chef, Jean
Loubignac, s'enthousiasme alors : « Voilà que, d'un
coup, les "Actualités" sont passées au premier rang des
programmes. Voici que les directeurs de salles les
annoncent à leurs portes en énormes lettres. Voilà que
le public vient exprès pour les voir. Et voilà qu'il les
applaudit, qu'il les commente et continue à en parler
longtemps après les avoir vues !… C'est que, de
muettes, elles sont devenues sonores. C'est que, faites
pour représenter l'image même de la vie, elles ont
enfin trouvé ce qui leur manquait pour en traduire
toutes les expressions[2]. » Si Pathé dispose de ses
propres reporters, qui sillonnent la France, son journal
est longtemps alimenté par les images tournées par les
grandes firmes étrangères, américaines surtout.

Avec le parlant, le réseau de distribution s'élargit,
pour atteindre 5 000 salles, à la fin des années 1930.
L'impact de l'information filmée n'est pas étranger à
ce nouveau souffle. Vers 1935, on ne compte pas moins
de sept journaux filmés différents, tous sonores. Le
parlant modifie les conditions de réception des nouvelles. Le son d'ambiance permet au spectateur de se
couler dans une scène ou un événement. Les acteurs
de la vie publique délivrent directement leur message,
par le biais de discours ou d'interviews enregistrés. Et

---

1. Le premier vrai film parlant est *The Lights of New York*, réalisé
en 1929 par Bryan Foy. Dès janvier 1929, André Hugon tourne le
premier film parlant en français, *Les Trois Masques*. Faute d'équipement à Paris, il le réalise à Londres.
2. Jean Loubignac, *Revue du cinéma*, 1er novembre 1930 ; cité par
Marcel Huret, *Ciné-Actualités. Histoire de la presse filmée, 1895-1980*,
Paris, Henri Veyrier, 1984, p. 64.

la crédibilité de l'image est dorénavant soutenue par le commentaire en voix off, dont le ton neutre renforce l'impression d'objectivité du visuel.

Les différentes firmes proposent chaque semaine aux salles un journal d'une vingtaine de minutes, découpé en dix ou vingt séquences, et parfois, lorsque l'actualité l'exige, des éditions spéciales. Le contenu des informations cinématographiques hebdomadaires est désormais fixé. La politique y tient une part somme toute moins importante que dans la presse quotidienne ou dans le journal radiophonique. La diplomatie et les commémorations en sont l'aliment essentiel. Car les réalisateurs cherchent à privilégier le spectacle pour aller dans le sens du divertissement auquel assistent les spectateurs. Le sport devient donc le sujet de nombreux reportages. Le spectateur se réjouit en regardant les résultats des « Mousquetaires » à la coupe Davis 1932 face aux États-Unis; il suit le peloton du Tour de France; chaque année, il plonge avec les athlètes dans la Seine pour la course de nage libre entre l'île Saint-Louis et le pont de l'Alma... Au sport s'ajoutent d'autres rubriques très riches comme la mode, avec des reportages qui présentent les tendances, les grands couturiers ou les mille petits trucs pour s'embellir. Viennent ensuite les faits divers et une quantité d'événements mondains ou populaires qui sont l'occasion d'images pittoresques : concours de beauté, concours du plus beau sourire enfantin, foire de Paris et salons en tous genres.

Au total, la qualité de l'information progresse. Elle conserve pourtant de lourdes carences, par comparaison avec la presse écrite de l'époque. La cécité sur les grandes violences de l'entre-deux-guerres est patente. La volonté de ne pas trop s'engager, pour ne pas choquer les spectateurs, l'explique sans doute. En 1936, au moment des élections, lors du premier reportage où, tour à tour, les chefs des formations politiques (Thorez, La Rocque, et les autres) sont invités à s'exprimer, le speaker prévient : « *Éclair Journal* recueille les déclarations de quelques leaders qu'il reproduit impartialement. Nous prions les spectateurs d'accueillir calmement les opinions de vote opposées[1]. » Il ne faut pas fâcher. Les journaux restent ainsi dans la réserve, mais prennent toujours le parti de l'État quand le sujet abordé s'y prête. Ils manifestent un patriotisme de bon aloi. Ainsi, en pleine crise de Munich, un reportage est-il consacré à l'inauguration du monument à la gloire des mères françaises. Après un extrait du discours du président Lebrun, une voix off conclut, célébrant « toutes les mères, gardiennes des vertus de la race, sur qui repose la survie de la France[2] ».

La radio : informer, éduquer, divertir

Domaine militaire depuis 1907, la radio n'est rendue aux civils qu'en 1921, sous la pression des radio-amateurs, des chambres de commerce, du monde industriel, et singulièrement du puissant syndicat des producteurs de radios électriques. Un groupe comme CSF commence à commercialiser des récepteurs TSF, sous le nom de Radiola : s'il veut en vendre, il faut que les éventuels auditeurs disposent de programmes ! Les premières expériences de radio à destination du grand public sont menées en 1921, depuis l'émetteur de la tour Eiffel. En juin, la Compagnie générale de TSF organise la première séance de radiodiffusion. En novembre, est diffusé le premier concert. Le 24 décembre 1921, la tour Eiffel débute ses émissions régulières. La loi de finances du 30 juin 1923 étend le

---

1. Forum des images, *Éclair Journal*, mars-avril 1936.
2. Forum des images, Actualités Gaumont, octobre-novembre 1938.

monopole télégraphique à la radio et en confie la gestion au ministère des Postes. Le monopole est assoupli en novembre 1923 par décret, afin de stimuler les industries radio-électriques : les postes privés sont autorisés. Dès lors, favorisées par le pouvoir politique, les chaînes (on ne dit pas encore stations!) naissent sur tout le territoire national : Paris-PTT, Radio Tour Eiffel, Radiola, mais aussi Radio-Toulouse ou Radio-Lyon. Émerge très vite un double secteur, public et privé, sous contrôle du ministère des PTT, ce qui place la France dans une situation unique au monde. La presse écrite comprend rapidement le profit qu'elle peut tirer des ondes. Ainsi, en 1924, le directeur du *Petit Parisien*, Paul Dupuy, fonde-t-il le Poste Parisien.

Rien ne change, tant que la radio se développe discrètement. Mais les choses bougent dès qu'elle commence à se répandre. L'État, alors, élargit sa part et sa place dans le domaine. Par la loi de finances de mars 1928, il interdit la création de toute nouvelle chaîne, mais autorise les treize stations privées à continuer d'émettre. Conduisant un considérable effort pour accroître la puissance de son réseau, il nationalise Radio-Paris, crée des stations régionales sur ondes moyennes et, en 1933, instaure la redevance, pour faciliter le financement du secteur public. Toute nouvelle station étant interdite, deux solutions s'offrent aux investisseurs privés. Les uns vont planter leur émetteur à l'étranger, en installant leurs bureaux à Paris (Radio-Luxembourg, 1933). Les autres rachètent les licences d'anciennes stations, comme Radio-Cité, en 1935, lancée par Marcel Bleustein, le fondateur de Publicis (voir *Marcel Bleustein-Blanchet*, p. 353), ou Radio 37, de Jean Prouvost, qui reprend l'autorisation de Radio-Béziers, et diversifie ainsi son empire médiatique.

La loi sur la redevance oblige les détenteurs à déclarer leur récepteur; dès lors, on peut mesurer la diffusion

de la radio en France. Après une douzaine d'années
d'existence, 1,4 million d'appareils sont recensés :
c'est peu comparé aux grands pays industriels. Au
seuil de 1933, la Grande-Bretagne compte 104 récepteurs pour mille habitants, l'Allemagne 66 ; la France,
seulement 28. Mais, en quelques années, elle comble
une partie de son retard.

Récepteurs de radio en France, Grande-Bretagne et Allemagne (1927-1939) [1]

	FRANCE	GRANDE-BRETAGNE	ALLEMAGNE
1927	850 000 (estimation)	2 000 000	2 000 000
1932	1 200 000 (estimation)	5 000 000	4 000 000
1937	4 100 000	8 000 000	8 400 000
1939	5 200 000	9 000 000	13 300 000

À quoi peut servir le nouveau média ? Peut-être à
informer, consent à dire une minorité. L'information
se réduit, à l'origine, à des nouvelles de service,
comme la météo ou le cours des produits agricoles,
fort utiles aux paysans des provinces françaises. Si les
chambres de commerce aident au développement de
la TSF (Radio-Toulouse, par exemple), c'est qu'elles
la conçoivent comme un précieux instrument de promotion et de désenclavement des campagnes. Très
vite, néanmoins – en 1922-1923 –, percent les premières tentatives de mise en place d'un journal parlé.
Mais l'information radiophonique ne s'impose véritablement qu'en 1927. Cette année-là, est créé le
« Radio-Journal de France » : une heure et demie d'information, diffusée à 18 h 30 ou 19 heures, et relayée
sur toutes les chaînes d'État. Il s'agit d'un journal sans
journalistes, car les nouvelles sont lues par un speaker,
comédien essentiellement choisi pour la qualité de sa

---

1. Calculs effectués par les auteurs.

diction. Néanmoins, peu à peu, la radio invente ses genres propres. Grâce aux améliorations techniques, la seconde moitié des années 1920 voit l'émergence du radio-reportage. Quelques années plus tard, les auditeurs peuvent vivre en direct les moments forts des plus grands événements sportifs : Tour de France (arrivées des étapes, passages des cols alpestres), Six Jours du Vél' d'Hiv, Coupe Davis et, bientôt, Jeux olympiques de Berlin (1936).

La radio finit par intéresser les hommes politiques. Le président du Conseil, André Tardieu, intervient plusieurs fois sur les ondes, en 1932, ce qui lui vaut d'être surnommé par ses adversaires « l'homme au micro entre les dents ». L'un de ses successeurs, Gaston Doumergue, l'imite en 1934 ; et l'opposition de gauche dénonce aussitôt le danger césariste. En 1936, pour la première fois, la radio est réquisitionnée pour la campagne électorale qui débouche sur la victoire du Front populaire. Les grands leaders s'y expriment tour à tour. La TSF est devenue un enjeu politique. L'extrême droite, pendant la guerre d'Espagne, fustige une radio d'État au service du pouvoir socialiste. Or, dès avril 1938, le Radio-Journal est placé sous tutelle gouvernementale ; le 4 février 1939, il est directement attaché à la présidence du Conseil. L'information radiophonique se prépare désormais au sommet de l'État. Placé dans la perspective de la guerre, voyant l'usage que les nazis font de la radio, le chef du gouvernement, Daladier, songe à transformer le journal parlé en outil de contre-propagande.

Le pouvoir politique n'est pas seul à comprendre l'immense enjeu de la radio : la presse écrite s'inquiète d'une concurrence qui enfle. Certains patrons de journaux, comme Dupuy (Poste Parisien) ou Prouvost (Radio 37), ont très vite saisi la nécessité de s'en emparer ; en 1935, *L'Intransigeant* aide à l'émergence de Radio-Cité. Mais les plus nombreux cherchent surtout à faire pression sur les autorités gouvernementales pour qu'elles limitent le temps de l'information radiophonique et en contrôlent le contenu, exigeant ainsi que cesse le pillage des journaux par les « revues de presse ». L'État cède, en partie, pour les chaînes qu'il maîtrise, mais ne peut guère agir sur les stations privées. À l'automne 1938, il ne peut empêcher le Poste Parisien ou Radio-Cité de divulguer simultanément les accords de Munich, interview de Daladier à l'appui, dans l'heure qui suit leur signature, et bien avant les quotidiens qui ont déjà bouclé leur édition. Il ne peut interdire à Radio-Cité de consacrer quatre heures de son temps d'antenne à l'actualité, en 1939.

Dès le début des années 1920, la radio se fait institutrice, formant le goût musical des auditeurs, les initiant au théâtre du répertoire classique, mais aussi au roman, à l'art, à l'histoire, aux sciences. Diffusant les spectacles des scènes parisiennes, elle forge également ses propres genres, comme le théâtre radiophonique ou les causeries. Elle contribue ainsi à la formation culturelle de l'honnête homme, en s'adressant à un auditeur idéal, sans âge, asexué, dépourvu de tout caractère social.

Toutefois, plus le public s'élargit, plus la TSF se démocratise, et plus le didactisme radiophonique pèse sur les auditeurs qui, sans bouder le théâtre, plébiscitent la musique légère et le music-hall. Une telle aspiration facilite, dans la seconde moitié des années 1930, le succès des postes privés comme Radio-Cité ou Radio 37. Ces derniers ne négligent pas, en soirée, le théâtre ou les concerts. Mais leur réussite est avant tout fondée sur le divertissement.

Les ressources des radios d'État proviennent de la redevance. Les radios privées, elles, n'y ont pas droit : leur survie dépend de la publicité. Pour attirer les annonceurs, il convient de s'adapter aux goûts et aux préoccupations du plus grand nombre. L'auditeur est volatile : il faut le fidéliser, le dissuader de tourner le

bouton et d'aller vagabonder vers d'autres fréquences.
Si elle ignore encore les grilles de programmes, la TSF
fixe au public ses premiers rendez-vous quotidiens.
Ainsi naît la radio commerciale. Marcel Bleustein,
inventeur, dès 1929, du slogan publicitaire radiophonique en musique – « Un meuble Lévitan est garanti
pour longtemps » –, affirme Radio-Cité comme une
chaîne de tout premier plan. Ses programmes, comme
ceux de ses concurrents directs, sont nourris de chanson populaire (Tino Rossi, Édith Piaf, Maurice
Chevalier...), de feuilletons (*La Famille Duranton*), de
jeux en public patronnés par une marque (le *Crochet
radiophonique* de Monsavon), et autres émissions divertissantes (*Sur le banc*). Et tandis que la radio publique
demeure encore largement anonyme, la radio commerciale forge son identité au travers de ses principaux
animateurs, Saint-Granier, Claude Dauphin, Jean
Nohain, Jean-Jacques Vital ou Pierre Dac. Critiquée
pour sa vulgarité, rudement attaquée, la radio privée,
en quelques années, a imposé son style.

De la réclame à la publicité

Dubonnet, Boldoflorine, Saint Raphaël, Dop,
Byrrh... : grâce aux ondes, ces marques et leurs
refrains sont devenus familiers à l'oreille des auditeurs. Or, la réussite de la publicité radiophonique
reflète un changement de mentalité. Longtemps
rétives aux procédés de la « réclame », les entreprises
commencent à investir dans la promotion de leur produit et cherchent de nouveaux moyens pour toucher
la population. La gamme des outils publicitaires
contient des instruments aujourd'hui dépassés,
comme ces hommes-sandwichs qui se promènent
dans les beaux quartiers. Elle inclut des moyens

papiers importants : prospectus, catalogues, buvards, tableaux-primes (calendriers...), journaux profession- nels financés par des industriels qui vantent la valeur de leur marchandise, etc. Grâce aux vitrines promo- tionnelles des grands magasins ou aux panneaux cli- gnotants des carrefours, elle illumine la nuit urbaine. Elle accompagne tous les grands événements popu- laires, comme le Tour de France, avec la caravane publicitaire, ses chapeaux de papier, ses échantillons en tous genres, et ses véhicules métamorphosés en bouteilles de Cinzano ou en boîtes de Vache qui rit !

La nouveauté vient d'abord du décloisonnement du marché français qui s'est effectué à la faveur de la guerre. Désormais la consommation est nationale. Elle autorise les industriels à faire de véritables cam- pagnes sur l'ensemble du pays et permet un second développement de la profession publicitaire. Les pre- miers agents ont tardé à s'organiser. Il faut attendre 1913 pour que se crée une Chambre syndicale de la publicité. Elle est la première institution cherchant à légitimer une profession souvent regardée avec une forme de mépris, car la réclame reste, aux yeux du public, une forme atténuée des mensonges et des exa- gérations des camelots ou des marchands de rue. Après la Grande Guerre, le personnel des agences s'accroît et les grands médias nomment des chefs de publicité pour vendre leur espace de presse. Ils se regroupent bientôt dans la Corporation des techni- ciens de la publicité ; et, en 1934, la Fédération fran- çaise de la publicité fédère les associations professionnelles. Les efforts conjugués des publici- taires parviennent à opposer la « réclame », considérée comme une forme primitive de promotion, et la « publicité » conçue telle une technique scientifique d'information et de mise en vente des produits. Parmi leurs instruments de lutte figure l'enseignement. Ces techniciens sont reçus dans les écoles de commerce et de gestion, et éduquent les futures élites, en important les ouvrages théoriques américains sur le sujet, en particulier ceux d'Harvard. Leur travail modifie les conceptions de la mise en vente, et généralise notamment l'idée de prix de vente unique sur le territoire national. Les industriels font ainsi la promotion d'un produit spécifique avec un prix donné, et peuvent finalement viser une clientèle économiquement définie. Ce sont les débuts du marketing.

La promotion profite inégalement aux différents médias. Les grands médias imprimés et audiovisuels (presse, radio, cinéma) gagnent de l'importance sur ce marché en expansion, et bénéficient, grosso modo, de la moitié des investissements dans les années 1930. Mais, de l'un à l'autre, les écarts sont considérables. Tandis que la radio, partie de zéro, atteint 4 % en 1938, la presse, avec 43 %, se taille la part du lion. La publicité fait vivre les journaux, à l'instar du *Figaro*, qui en tire jusqu'aux deux tiers de ses recettes. La part du cinéma demeure très faible, avec environ 1 % : la publicité y est présente sur les rideaux de scène (au théâtre, également), avant que n'apparaissent les films promotionnels (sous forme de dessins animés humoristiques ou de petits sketches), grâce aux diffuseurs ou producteurs, comme Marcel Bleustein ou Jean Mineur.

L'affiche est, avec la presse, l'autre grand média qui attire les annonceurs. Si les journaux semblent irremplaçables dans la connaissance des produits, l'affiche, elle, demeure essentielle pour la montée en puissance et l'entretien de la notoriété d'une marque : le Bibendum Michelin, le bébé rayonnant et joufflu du savon Cadum, la fillette du chocolat Menier, etc. C'est pourquoi elle capte 10 à 15 % des investissements publicitaires. Elle envahit les multiples palissades qui masquent les immeubles en réfection, s'impose dans les transports en commun, sur les murs et les trottoirs (colonnes Morris, vespasiennes), dans les boutiques..., et même en rase campagne, au bord des routes, ce qui provoque de vives polémiques sur la dégradation du paysage !

Une génération d'affichistes publicitaires prend la relève des Cappiello, Jossot ou Grandjouan qui, avant 1914, avaient transformé les annonces en œuvres d'art populaires. Les nouveaux maîtres, comme Cassandre, Carlu, Loupot ou Paul Colin, maintiennent une grande qualité graphique. Jean Carlu, en 1930, définit ainsi son métier d'affichiste dans la perspective de la nouvelle publicité, teinté d'une psychologie sociale déjà en vogue.

> « Nous devons concevoir nos affiches de telle sorte qu'elles soient comprises dans un minimum de temps. Cette exigence nous a conduit à provoquer la réaction désirée dans l'âme du spectateur, par la seule force des moyens plastiques, en dehors de tout subterfuge anecdotique. De ce fait, le symbole graphique ainsi constitué prend une intensité d'expression considérable, car il s'adresse à la sensibilité avant même de parler à la raison. En effet, par le jeu des lignes et des couleurs, et par la signification sentimentale qui s'y attache, le spectateur est tout de suite mis "dans l'atmosphère" – si je puis employer ce terme – de ce qu'on veut annoncer. Ainsi, l'affiche devient une sorte d'idéogramme, c'est-à-dire un signe graphique exprimant directement l'idée sans le secours des mots[1]. »

Pour cette raison, les graphistes comme Carlu, ou les designers industriels comme Loewy, Français émigré aux États-Unis, insistent sur l'importance du logo et vont jusqu'à prôner que la forme du produit corresponde à sa fonction. Ils dessinent donc les paquets, voire les emballages, et soignent la forme des objets. Loewy rhabille les locomotives et Carlu les paquets de « Gauloises ». Le beau est défini à partir de l'utilité, et la décoration accompagne la fonction de l'objet.

---

1. Jean Carlu, Conférence du 11 mars 1930 à l'École technique de publicité, cité dans Réjane Bargiel-Harry, Christophe Zagrodzki, *Le Livre de l'affiche*, Paris, Alternatives, 1985, p. 119.

Le style tend vers l'épure. Carlu, Paul Colin et Savignac n'hésitent pas à s'inspirer du cubisme pour créer des images rendant un contexte propre à attirer les clients. S'élabore ainsi un rapport entre la forme et l'état d'esprit que les annonceurs et les agences de publicité souhaitent attacher à leurs produits. Les locomotives de Cassandre, pour les compagnies de chemins de fer, se penchent dans une course vertigineuse qui rappelle les contre-plongées cinématographiques. Le dessin et la peinture, encore dominants sur les affiches murales, se coulent finalement dans l'emprise que l'image exerce sur son temps. Ils contribuent à créer les nouveaux mythes de la société de masse où se croisent les stars de cinéma, les produits miracles et les fantasmes idéologiques.

Stars et vedettes

Les échanges culturels sont accélérés par d'autres instruments que les grands médias. Le téléphone, par exemple, se répand largement dans l'entre-deux-guerres. Les pneumatiques accélèrent les transmissions dans les espaces urbains, et les télégrammes, dont les prix diminuent, s'intègrent dans les rites familiaux. Grâce à l'amélioration des transports, la communication est facilitée.

Les conversations changent de contenu, intégrant les images et les sons diffusés par les médias. La musique, par exemple, entre dans l'âge industriel avec le développement des variétés, promues par la radio. Les disques 78 tours de Maurice Chevalier ou de « la môme Piaf » sont de grands succès, en dépit de leur prix encore élevé et de la fragilité des phonographes. Les Français achètent les paroles des chansons des vedettes du moment à des marchands ambulants ou dans les

magasins de musique. Ces textes vendus font le succès
des compositeurs et des paroliers, qui perçoivent, par ce
biais, leurs droits d'auteur. Les chanteurs comme les
acteurs français nourrissent l'imaginaire des Français
qui courent au cinéma voir Harry Baur, le Jean Valjean
des *Misérables* de 1934, se produire dans les rôles dramatiques, ou se tordent de rire devant les facéties d'un
Fernandel. Ils rêvent aussi en voyant les yeux de
Michèle Morgan ou l'air mutin de Micheline Presle
qui, l'une et l'autre, débutent au cinéma en 1938. Les
stars internationales deviennent une réalité économique, grâce aux efforts de promotion des grands studios (les 8 majors) hollywoodiens et aux succès de
certains cinémas européens, comme celui de
l'Allemagne d'avant le nazisme. Les réalisateurs comme
Fritz Lang, ou les acteurs comme Erich von Stroheim,
fuient d'ailleurs la dictature pour la France, avant de
gagner les États-Unis. Von Stroheim, qui donne la
réplique à Pierre Fresnay, dans *La Grande Illusion,* n'en
finit pas de jouer les officiers allemands en s'appuyant
sur sa prétendue noblesse prussienne, lui qui est né
dans une modeste famille juive autrichienne. Marlène
Dietrich apporte le glamour sulfureux à ces nouvelles
idoles. D'autres, comme Humphrey Bogart, Fred
Astaire et, déjà, John Wayne[1], réinventent à leur
manière le film policier, les westerns, tandis que Frank
Capra forge le modèle des comédies légères et que naissent les comédies musicales. Le rêve américain pénètre
alors dans les salles obscures françaises.

La presse et la radio relaient ces grands succès et y
contribuent. Ils témoignent du déplacement de l'intérêt des spectateurs, et participent à l'adoration des
vedettes. Ces vedettes ne sont pas toutes des gens du
cinéma ou du théâtre. On y trouve également
quelques écrivains et des aventuriers. Les exploits
aériens, par exemple, fascinent la France, au point que

---

1. Il débute en 1930, dans *La Piste des géants* de Raoul Walsh.

les journaux avides d'attirer les lecteurs les mettent en scène ; pas toujours à bon escient. En mai 1927, pressés de révéler aux Français la bonne nouvelle, plusieurs quotidiens (*L'Intransigeant, La Liberté, Paris-Soir, La Presse, Le Soir*) annoncent, sans avoir attendu confirmation, l'arrivée à New York des aviateurs Nungesser et Coli, qui tentent de relier les deux rives de l'Atlantique. Hélas, les deux hommes sont morts avant de toucher terre. Les excuses collectives des journaux n'atténuent pas l'effet désastreux de la fausse nouvelle sur l'opinion. L'un des fautifs, *La Presse*, ne s'en remettra jamais. Mais Lindbergh qui, lui, réussit, devient, bien qu'étranger, un héros populaire. Mermoz, pionnier de l'Aéropostale, est suivi par les journaux, même quand il s'engage en politique, en 1934, derrière le colonel de La Rocque, le grand dirigeant de la droite protestataire. Sa mort brutale, alors qu'il tente un nouvel exploit, est vécue comme un deuil national, en 1936. Grâce à la presse et au cinéma, le public, ému, découvre alors sa famille à laquelle s'adressent les gestes de solidarité.

La nouveauté gît là, dans cette façon de présenter tous les aspects de la vie des idoles, de passionner les auditoires avec les histoires de cœur et les aventures personnelles de ces grandes figures. La vie privée suscite une curiosité que la presse illustrée alimente en montrant les appartements et les lieux de vie des vedettes de l'information. Toutes les personnalités publiques sont maintenant plus exposées par l'effet de grossissement des faits qui les concernent. La politique populaire tend à se décaler des seules constructions idéologiques. Les opinions sont encore fascinées par les doctrines et les choix partisans ; mais l'évaluation des hommes change de critères.

Le journalisme engagé n'est pas mort

La violence des clivages partisans au cours de l'entre-deux-guerres, et singulièrement dans les années 1930, est portée par la presse pamphlétaire et le journalisme engagé. D'habiles prosateurs comme Léon Daudet écrivent même une théorie légitimant la défense des idées personnelles du journaliste[1]. Ils rejettent l'aridité des faits nus et défendent la spécificité française d'un lectorat cherchant dans la presse le reflet de ses propres engagements et croyances. L'essentiel est que le journaliste soit de « bonne foi » et qu'il n'affirme que ce qu'il peut prouver. Partant de ce principe, il ouvre la voie aux charges les plus violentes, aux attaques les plus personnelles et, souvent aussi, les plus ignominieuses. Dans l'entre-deux-guerres, le journalisme pamphlétaire n'est pas mort. Les chocs politiques frontaux, dans les années 1920, au temps du Cartel des gauches, dans les années 1930, à l'époque du Front populaire, lui donnent même un regain de vitalité. La fracture partisane autorise tous les coups.

La vigueur de la caricature politique, en sommeil depuis l'affaire Dreyfus, constitue sans doute un symptôme de la brutalisation renaissante de la vie publique. Sous couvert de l'humour, on peut exprimer les sentiments les plus tranchés, sans courir le risque de poursuites judiciaires. « Manquer d'humour », pour un homme politique, est une faute majeure, aux yeux de l'opinion. Ce n'est sans doute pas un hasard si les journaux de droite, faisant feu de tout bois contre la gauche au pouvoir en 1924, font, les premiers, appel aux caricaturistes, à commencer par Sennep, pour attaquer un adversaire déjà fragilisé,

---

1. Léon Daudet, *Le Bréviaire du journaliste*, Paris, Gallimard, 1936.

pour le ridiculiser, pour réduire à néant son maigre crédit. Subrepticement, le langage de la détestation s'immisce dans les colonnes des journaux. Il ne s'en éloignera plus, s'exprimant même sans retenue à la fin des années 1930, préparant le terrain aux discours des années sombres. Ne sous-estimons pas les dessinateurs de presse de l'entre-deux-guerres : ils deviennent des journalistes politiques redoutables, commentateurs incisifs, interprètes sévères de la « comédie politique », pour reprendre une expression courante à l'époque. Ils influencent l'opinion, mettant en scène, dans leurs compositions graphiques, les relations de concurrence ou de complicité qui peuvent animer les hommes politiques. Ils éclairent finalement les électeurs sur une psychologie implicite des élus. Ils sont aussi les plus durs pourfendeurs des négociations de couloir et du système parlementaire, et contribuent à affaiblir une République, frappée par les scandales.

L'ensemble des grands quotidiens et hebdomadaires politiques réservent aux dessinateurs une place de choix, à la une, sur plusieurs colonnes. Les Sennep, Chancel, Galland, Soupault, à droite, les Gassier, Cabrol, Guilac, Dukercy, à gauche, sont reconnus désormais comme de véritables chroniqueurs parlementaires. Ils ont leur place réservée dans l'hémicycle du Palais-Bourbon, assistent aux séances, depuis le balcon réservé aux journalistes, croquent avec appétit les acteurs politiques et produisent caricatures et vignettes dans lesquelles ils laissent libre cours à leurs opinions partisanes. Le plus redouté de tous est sans doute Sennep qui, après avoir débuté à *L'Action française*, rejoint les journaux d'une droite pour le moins intransigeante, *L'Écho de Paris* et *Candide*. En 1928, son album *À l'abattoir les cartellistes* est une défense des positions ligueuses, d'où ne sont pas absents les appels à la violence. Le rouge sang éclate à chaque page, quand le sous-titre précise : « Album-souvenir des élections de 1928 – Tirage sur véritable papier de bou-

cherie ». La description des hommes de gauche, identifiés à des pièces de viande sur pattes, évoque les
massacres encore proches de la guerre. Sennep se
situe bien dans la brutalisation symbolique de la
société française, qui domine l'après-guerre. Il est à
droite, voire à l'extrême droite. Il a du talent, beaucoup de talent, comme nombre de ses confrères qui
partagent ses convictions. Il brocarde ; il dénonce : les
idées, mais aussi les hommes, Herriot, Briand, Blum,
et contribue à disqualifier une large partie du personnel politique. Moins tranchant, moins disposé aux
attaques *ad hominem*, le dessin de gauche, à quelques
exceptions près (Cabrol, par exemple), reste moins
brillant, et donc moins efficace.

De la charge à la propagande, il n'y a qu'un pas. Le
communiste Cabrol participe, par son crayon, aux
campagnes de son parti contre les « 200 familles ».
Dans l'autre camp, Sennep et Galland passent du
dessin à l'affiche, et contribuent à la fabrication du
matériel militant du Centre de propagande des républicains modérés, organisme imaginé par le rédacteur
en chef de *L'Écho de Paris*, Henri de Kerillis, pour soutenir les candidats de droite et du centre droit pendant
les élections, et ne pas laisser à la gauche communiste
et socialiste le monopole de la persuasion de masse.

La presse partisane n'a sans doute plus le lustre des
années 1880. Elle survit néanmoins, dans une large
diversité. Il existe ainsi des journaux de parti qui ont
pour objectif de faciliter la communication avec les
militants et les sympathisants. *L'Humanité*, créée en
1904 par Jaurès, passe au Parti communiste après la
scission du congrès de Tours, en décembre 1920. Plus
tard, en 1937, les communistes lancent un quotidien
de l'après-midi, *Ce Soir*. Destiné – vainement – à éloi-
gner les classes populaires de *Paris-Soir*, il dispose de
deux directeurs prestigieux : Louis Aragon et Jean-
Richard Bloch. Les socialistes de la SFIO fondent
aussi un journal, qui devient quotidien en 1927 : *Le*

Populaire. Léon Blum en est le directeur politique et y publie des éditoriaux très lus, en particulier en 1935-1936, quand les effectifs de la SFIO atteignent près de 200 000 adhérents ; il tire alors à 100 000 exemplaires. La presse radicale, elle, n'est pas si étroitement liée au parti que le sont les journaux socialistes et communistes. À Paris, *L'Œuvre,* qui publie les articles des leaders de la gauche non communiste, est un quotidien distingué par la qualité de ses signatures (Geneviève Tabouis). En province, *La Dépêche de Toulouse* constitue un des titres phares de la presse radicale. Elle est la propriété privée d'une famille, les Baylet ; des parlementaires radicaux, comme Maurice Sarraut, en assurent la ligne éditoriale. De même, *L'Écho de Paris, Le Temps* ou *Le Figaro,* qui soutiennent la droite et les intérêts économiques dominants, ne sont pas structurellement liés à un parti. Leur soutien dépend des choix personnels de leurs directeurs et, pour *Le Temps,* de ses liens – parfois occultes – avec le patronat. À l'extrême droite, l'Action française possède son quotidien depuis 1908. Tirant encore à 100 000 exemplaires dans les années 1920, *L'Action française* décline lentement, ne dépassant pas 45 000 exemplaires en 1939. Seule la guerre sauve un titre abandonné par ses lecteurs, incapable, malgré sa virulence, de profiter de la vague antirépublicaine. On perçoit ainsi que la propriété d'un journal est pour une force politique le moyen le plus sûr de diffuser ses idées ; et cet impératif est d'autant plus nécessaire que le parti est en rupture avec les pouvoirs établis. Cette analyse, en tout cas, est conduite par le leader de la ligue des Croix-de-Feu, devenue, après sa dissolution, en 1936, le Parti social français : le lieutenant-colonel de La Rocque, choisit, en 1937, de racheter *Le Petit Journal,* tombé à 150 000 exemplaires.

Au fond, ces journaux confortent une construction doctrinale et en facilitent la diffusion. D'autres utilisent la presse pour promouvoir de nouvelles idées, à

l'instar du richissime parfumeur François Coty, chef
d'une ligue d'extrême droite, Solidarité française.
Cherchant une tribune pour un fascisme à la française,
il rachète d'abord *Le Figaro*, en 1922, puis le fusionne
avec *La Gaulois*, en 1929. Ménageant le lectorat de la
droite classique, Coty ne peut s'exprimer librement au
Figaro. Il en est différemment avec *L'Ami du peuple* qui,
en 1928, affiche nettement sa couleur politique. Mais
le chef de la Solidarité française s'épuise dans l'aventure, y laisse son honneur et sa fortune : « l'odeur n'a
plus d'argent », ironisent ses détracteurs. Il doit céder
la direction du *Figaro* en 1933, un an avant sa mort,
tandis que *L'Ami du peuple* sombre lentement.

Entre politique et littérature :
les nouveaux hebdomadaires

Le vrai renouveau de la presse politique n'est certainement pas là, mais bien plutôt dans un type inédit de
journal qui, diffusé à un rythme hebdomadaire, réunit
les deux genres identitaires du journalisme français, la
politique et la littérature. Le propos politique (éditoriaux, échos, dessins) y côtoie les nouvelles, les récits,
la critique. L'initiative des « hebdomadaires politiques
et littéraires » n'en revient pas aux groupes partisans,
mais aux maisons d'édition, soucieuses, d'abord, de
promouvoir leur production littéraire. En 1924,
Arthème Fayard, impressionné par le succès des
Nouvelles littéraires de la Librairie Larousse, crée
Candide ; du même coup, il fournit le modèle à tous les
journaux de ce type, jusque dans leur maquette.
Jacques Bainville puis Pierre Gaxotte en prennent
d'abord la direction. Si sa partie littéraire est amplement ouverte aux personnalités du jour, ses pages politiques penchent, sans ambiguïté, à droite, comme en

atteste la présence de Pierre Veber, Georges Blond, Lucien Rebatet, Dominique Sordet ou Sennep, tous passés par l'Action française. Le succès de *Candide* (200 000 exemplaires à la fin des années 1920) incite Horace de Carbuccia, qui dirige les Éditions de France, à lancer *Gringoire*, en 1928. Il en confie la direction politique à Georges Suarez, et la direction littéraire à Joseph Kessel ; mais la radicalisation progressive du journal conduit rapidement au départ de ce dernier. Fayard réplique et, refusant d'abandonner au précédent l'intelligentsia de la droite extrême, lance *Je suis partout* (dont la vocation, à l'origine, est internationale). Deux ans après la création de *Je suis partout*, en 1932, Gallimard tente d'occuper un espace vide, à gauche, en proposant aux lecteurs *Marianne*, dirigé par Emmanuel Berl. Quatre ans plus tard, *Vendredi* est créé par des intellectuels et journalistes qui souhaitent soutenir le Front populaire (André Chamson, Jean Guéhenno, Andrée Viollis).

Le mariage du politique et du littéraire au sein des hebdomadaires s'effectue, alors que les écrivains et intellectuels du temps s'emparent de toute tribune pour exprimer, souvent de la manière la plus radicale, leur vision du monde. *Je suis partout*, par exemple, réunit de jeunes intellectuels (Lucien Rebatet, Pierre Drieu la Rochelle, Pierre-Antoine Cousteau…) qui prétendent rénover une extrême droite trop longtemps dominée par l'Action française. Pour eux, la tentative de Maurras a échoué, car le vieux chef royaliste est bien trop timoré. Le ton de *Je suis partout* est donc rapidement inscrit dans la polémique et l'invective et le journal glisse vers le modèle fasciste, puis nazi, après le remplacement de son rédacteur en chef Pierre Gaxotte (passé de *Candide* à *Je suis partout*) par le normalien Robert Brasillach (1939).

Le plus surprenant est la remarquable audience de ces journaux. *Candide* frôle les 500 000 exemplaires en 1936, *Gringoire*, les 600 000, avec des pointes à

800 000 ; des niveaux que les hebdomadaires de gauche sont loin d'atteindre. Si *Candide* ou *Gringoire* parviennent à élargir leur clientèle bourgeoise au public cultivé des classes moyennes, *Marianne* ou *Vendredi* échouent dans leur tentative de drainer vers eux la masse des couches sociales qui ont porté la gauche au pouvoir, et peinent à franchir le cap des 100 000 exemplaires, malgré la qualité des signatures littéraires (dans *Marianne* : André Maurois, Colette, Jean Giraudoux, Jean Cassou…). Gallimard se résout même à vendre *Marianne*, qu'il cède à Raymond Patenôtre en 1937.

Un journal comme *Gringoire* compte dans le débat politique ; il pèse sur les choix de Laval, Tardieu ou Doumergue. Il imprime particulièrement sa marque dans la vie publique, lorsque Carbuccia fait appel aux polémistes de la droite extrême, tels Philippe Henriot, et surtout Henri Béraud, qui devient le rédacteur en chef de *Gringoire*, en 1934. Ses articles, largement traduits et diffusés par les services de Goebbels, pourfendent l'Angleterre[1] et le Front populaire. Avec lui, le journal verse dans l'antiparlementarisme le plus virulent et exhale la xénophobie et l'antisémitisme. Le public de *Gringoire* aime la plume vengeresse de Béraud. Encouragé, il pulvérise les limites de la décence. Le propos partisan laisse bientôt la place à l'insinuation calomnieuse et à l'insulte. En 1936, *Gringoire* mène une campagne ordurière contre le Front populaire, et se déchaîne contre le ministre de l'Intérieur Roger Salengro, qu'il accuse d'avoir déserté pendant la Première Guerre mondiale. L'affaire « Proprengro », comme l'appelle *Gringoire*, est un tissu de mensonges. Mais l'affirmation atteint le moral du maire de Roubaix, qui se suicide en novembre 1936. L'émotion suscitée par ce geste est

---

1. En octobre 1935, il signe un célèbre éditorial : « Faut-il réduire l'Angleterre en esclavage ? »

immense. Elle favorise la discussion d'une loi qui vise à rendre la presse plus transparente financièrement et moins injurieuse dans son contenu : l'extrême droite crie au liberticide[1]. Toute la presse populaire se fait l'écho des funérailles du ministre. Des larmes dans la voix, Léon Blum, régulièrement attaqué par la presse antisémite, prononce son oraison funèbre, tandis que les mineurs en tenue de travail défilent devant la tombe de leur ancien député-maire. Cette victime d'un lynchage médiatique avant l'heure trahit le changement de logique d'une certaine presse, que la guerre et la défaite transforment bientôt en machine à dénoncer les hommes, sans souci de l'honneur ni de la vérité.

---

1. La loi, qui fonde le premier statut de l'entreprise de presse, effraie les milieux d'affaires. Votée par la Chambre des députés en décembre 1936, elle est rejetée par le Sénat en juin 1937.

CHAPITRE III

L'INFORMATION SABORDÉE
(1939-1944)

Fort de l'expérience du premier conflit mondial, croyant retenir les leçons données par les dictatures en matière de conditionnement des opinions, le cabinet Daladier s'apprête à mener une guerre où la propagande jouera sans doute un rôle clé. Mais, mal préparée au combat, la France se révèle également fragile dans la guerre psychologique.

La brutalité de la défaite bouleverse les données politiques du pays, mais aussi les structures médiatiques des années 1930. Censure et propagande en commandent désormais l'organisation et le contenu, tant en zone Nord, sous occupation allemande, qu'en zone Sud, dans le « royaume de Pétain ». La « divine surprise » saluée par Charles Maurras en 1940 propulse les vaincus du Front populaire à la direction de l'information, quels qu'en soient les secteurs, presse, radio, cinéma, notamment. Pourtant, fondées sur des stratégies différentes, les propagandes qui se développent à Vichy et à Paris ne se confondent pas tout à fait.

Face à une opinion traumatisée par le désastre, sur laquelle s'exerce de lourdes pressions, à la fois psychologiques, morales, matérielles, idéologiques, les médias de la Résistance, en France ou à Londres, paraissent longtemps dérisoires. Néanmoins, se consolidant au fil des années, ils finissent par gagner la guerre médiatique, victoire qui précède le triomphe militaire contre le nazisme, en 1945.

La « drôle de guerre » des médias

Pendant la drôle de guerre, s'impose un retour aux
pratiques d'encadrement des médias, à peu près similaire à celui de la Grande Guerre. Cependant, au
début du conflit, le gouvernement Daladier dispose
d'outils qui, allant au-delà d'une simple censure, permettent – du moins le croit-il –, de rivaliser avec Hitler
sur le terrain de la propagande. Outre le contrôle
exercé sur l'information parlée, Daladier crée, en
juillet, un Commissariat général à l'information,
chargé « d'organiser, animer et coordonner tous les
services d'information et d'expansion française ».
Directement rattaché à la présidence du Conseil, le
Commissariat est confié à Jean Giraudoux. Le choix
peut surprendre. Mais c'est oublier que le drama-
turge, remarqué au printemps 1939 pour un essai
patriotique troublant, *Pleins pouvoirs,* fut diplomate,
chef des services de presse du Quai d'Orsay, et inspecteur des presses diplomatique et consulaire.
Giraudoux dispose d'un budget appréciable (un million de francs), de la cotutelle (avec le ministère des
Affaires étrangères) sur l'agence Havas, et, depuis le
24 août 1939, en théorie, de la haute main sur la censure et la propagande. Ses services s'installent rue de
Rivoli, à l'hôtel Continental. Quelques jours après la
mobilisation, le dispositif Giraudoux paraît en place.
Mais tout cela n'est qu'illusion. Constamment court-
circuité par les ministères et leurs administrations,
regardé avec méfiance tant par les politiques que par
l'armée ou les professionnels des médias, Giraudoux
peine à asseoir son autorité. En matière de propagande, ses initiatives paraissent brouillonnes, disper-
sées, peu centralisées. Il ne contrôle la censure que de
loin. Car avec la loi de 1938 sur l'état de guerre, les
militaires coiffent, de fait, le Commissariat à l'information, et en dirigent les principaux services.

Comme en 1914-1918, la presse doit obéir aux consignes, se plier aux exigences d'une censure préalable, paraître, au besoin, avec des « échoppages », c'est-à-dire des parties de colonnes « blanchies » par les censeurs. Le contrôle, certes, vise à ne pas renseigner l'ennemi. Mais la stabilité des troupes derrière la ligne Maginot ne donne pas exactement la même importance à l'information militaire qu'au temps de la Grande Guerre. En fait, la censure se fait tatillonne dans deux cas. D'abord, elle cherche à museler les défaitistes (entendre : les pacifistes) et les communistes : *L'Humanité* a été interdite au lendemain du pacte germano-soviétique, le 26 août 1939, quelques jours avant le PCF lui-même. Ses dirigeants sont poursuivis, mais la presse ne doit rien en dire, pas plus qu'elle n'est autorisée à évoquer les objecteurs de conscience et leurs condamnations pour désertion[1]. Et puis, les censeurs veillent à ce que les articles n'alarment ni ne découragent la population.

Maintenir le moral de l'opinion : telle est l'obsession des dirigeants, alors que la drôle de guerre se prolonge, et que la France semble assister au conflit en spectatrice engagée. Les Français s'inquiètent ou s'impatientent de l'apparent immobilisme. Peut-être doit-on en partie attribuer à ce sentiment la curieuse désaffection des lecteurs pour les quotidiens, dont l'audience chute souvent de moitié (*Le Populaire, Le Jour, Le Figaro…*), parfois des deux tiers (*Le Temps*) ? À vrai dire, d'une feuille à l'autre, les mêmes informations circulent. La loyauté des journalistes est acquise. Les reportages sur la ligne Maginot sont possibles, d'autant qu'il n'y a pas grand-chose à y voir ! Les actualités filmées en témoignent, qui puisent aux sources fournies par le Service cinématographique et photographique des armées. Sous l'uniforme, munis

---

1. AN, F 41/157, Consignes générales de censure, 2 octobre 1939.

d'une caméra portative Le Blay, les ciné-reporters n'ont guère d'autres sujets à saisir que les cantonnements de la ligne Maginot ou les pitreries de Maurice Chevalier venu distraire des troupes qui s'ennuient. Quant aux « bobards » qui font la joie rétrospective des journaux pacifistes, on ne peut, ni par leur nombre ni par leur nature, les comparer sérieusement à ceux de la Grande Guerre[1].

Alors : pourquoi le gouvernement s'inquiète-t-il? Sans doute parce que l'attente prolongée est propice à la rumeur et à la démobilisation de l'opinion. Au bout de quelques mois de drôle de guerre, les bruits les moins raisonnables sur la menace d'un ennemi infiltré, silencieux, mais qui se démasquera le moment venu pour anéantir les forces françaises, se répandent sur le territoire. Ainsi se développe la peur de la Cinquième colonne. On évoque notamment les émissions du « traître » Ferdonnet qui, sur Radio-Stuttgart, diffuserait les nouvelles les plus alarmantes. Journaliste obscur identifié par le 2e Bureau, Ferdonnet, dont l'existence est révélée à la une des journaux le 6 octobre 1939 avec la bénédiction du président du Conseil Édouard Daladier, devient le symbole de la Cinquième colonne (ce qui lui vaudra d'être fusillé à la Libération). Les autorités françaises croient-elles à la réalité du danger Ferdonnet? En tout cas, la dénonciation du vil traître est l'occasion de déclencher une vaste campagne de mobilisation des énergies contre la menace ennemie et d'appeler chaque civil à rester muet. Il faut se taire pour ne pas renseigner l'adversaire; mais se taire aussi, sans doute, pour ne pas critiquer le gouvernement de guerre, ce qui justifie par avance la censure et la répression (anticommuniste, surtout). La peur irrationnelle qui porte la propagande imprègne la presse, le cinéma et les ondes, sur lesquelles intervient maladroitement Giraudoux.

---

1. « Bobards 39-45 », *Le Crapouillot*, 7 avril 1949.

Trop littéraire, trop abstrait, Giraudoux suscite le ricanement agacé des auditeurs lorsqu'il s'exprime à la radio pour leur montrer le sens de la guerre. Il provoque également l'irritation des hommes politiques, peu convaincus par ses initiatives. Pourtant, il cherche à diversifier les formes de la propagande gouvernementale. Ainsi confie-t-il à l'affichiste Jean Carlu le soin de développer une section technique et artistique du Commissariat général à l'information, chargée de concevoir des campagnes fondées sur « les moyens techniques et psychologiques de la publicité commerciale[1] ». Dans ce cadre, Carlu fait appel à son ami Paul Colin qui, comme lui, a mis son talent d'affichiste publicitaire au service de l'engagement politique, au moment de la guerre d'Espagne. En février 1940, Colin sort l'affiche sans doute la plus célèbre de la drôle de guerre, visant à mobiliser l'opinion contre la Cinquième colonne : « Silence. L'ennemi guette vos confidences. » C'est précisément à ce moment que se noue le grand débat sur l'information à la Chambre des députés : droite et gauche, Xavier Vallat, Louis Marin, Léon Blum, se retrouvent pour dresser un constat accablant de l'œuvre gouvernementale en matière de propagande. Le sort de Giraudoux paraît scellé, d'autant que les incidents entre les journaux et les censures locales s'amplifient : le 21 mars 1940, il est remplacé par Ludovic-Oscar Frossard. Journaliste, ce dernier rassure la profession. Par ailleurs, il obtient un portefeuille de ministre : Frossard ouvre ainsi la tradition d'un ministère de l'Information en France. Mais le nouveau ministre n'a guère le loisir d'agir. La seule mesure à son crédit est le congédiement de Léon Martinaud-Deplat, ex-ministre radical, qui, chargé de la presse et de la censure, était parvenu à se faire détester par toute la corporation des journalistes.

---

1. AN, F41/14, Section technique et artistique du Commissariat général à l'information.

Quelques semaines après l'arrivée de Frossard, le 10 mai 1940, s'engage la foudroyante offensive allemande, qui amène l'armée française au désastre. Devant la déroute qui se dessine, les moyens de contrôle sur la presse cherchent à se resserrer. Le temps de la persuasion est révolu. Début juin, Georges Mandel, le ministre de l'Intérieur du nouveau président du Conseil, Paul Reynaud, fait arrêter les responsables de *Je suis partout*, Charles Lesca et Alain Laubreaux, pour défaitisme caractérisé ; attitude courageuse et dérisoire à la fois que Mandel paiera de sa vie lorsque les hommes de *Je suis partout* et leurs amis seront devenus les maîtres du pays.

Les structures de l'asservissement allemand

Démembrées par la mobilisation, les rédactions parisiennes sont anéanties par la débâcle. Se mêlant aux foules de l'exode qui fuient l'avance allemande, les journaux se replient dans le sud de la France. En juin 1940, l'armistice signé, trois solutions s'offrent à eux. Soit ils se sabordent : rares sont les titres à choisir cette option (*L'Intransigeant*, *L'Aube*, *L'Époque*, *Le Populaire*, *L'Ordre*, *Le Canard enchaîné*). Soit ils demeurent au sud de la ligne de démarcation, sous l'autorité directe de Vichy. Soit encore, pariant sur une victoire allemande, ils regagnent la capitale occupée. D'autres journaux n'ont guère l'occasion de se poser des problèmes de conscience. Paraissant dans le Nord et le Pas-de-Calais, rattachés au haut commandement en Belgique, ou en Alsace-Lorraine annexée, ils disparaissent.

La grande majorité des feuilles publiées au moment de la défaite continuent leur carrière. Mais, qu'elles paraissent en zone Nord ou en zone Sud, elles doivent se soumettre aux contraintes d'un encadrement intransigeant.

Au nord de la ligne de démarcation, les Allemands poursuivent un double objectif : se prémunir contre tout débordement des populations civiles et assurer l'hégémonie du Reich dans tous les domaines d'expression. L'encadrement de l'information et de sa diffusion est conduit par deux structures qui entrent bientôt en concurrence : la *Propaganda Abteilung*, relevant de l'état-major de la Wehrmacht, et les services d'Otto Abetz, ambassadeur du Reich. L'une et l'autre sont communément désignées par le nom de leur siège : le « Majestic » (le grand hôtel parisien) et l'« Ambassade », rue de Lille. Dirigée par le major Schmidtke, proche de Goebbels, la *Propaganda Abteilung*, et ses ramifications en province (les *Staffeln*), comprend six sections formées entre juillet 1940 et mars 1941, parmi lesquelles : le Presse-Gruppe, qui, sous la houlette du Dr Eich, contrôle les journaux et la distribution du papier ; le Groupe-Radio ; le Groupe-Film ; le Groupe « propagande active », chargé des campagnes d'affichages et des expositions politiques, etc. Installée avenue des Champs-Élysées, la *Staffel* de Paris exerce une influence quotidienne sur la presse.

Les responsabilités du « Majestic » sont lentement grignotées par l'« Ambassade ». Abetz a reçu de Ribbentrop la mission de « guider la presse, la radio et la propagande en zone occupée », et s'applique à activer les amitiés nouées, avant guerre, avec les intellectuels fascistes, comme Jean Luchaire. Au printemps 1943, les conférences bihebdomadaires où les directeurs et rédacteurs en chef des journaux viennent prendre leurs instructions et recevoir les bons comme les mauvais points sont brusquement transférées de l'avenue des Champs-Élysées à la rue de Lille. Du coup, elles prennent un caractère beaucoup plus politique. À cette époque, la censure préalable, assurée

par un viseur allemand attaché à chaque rédaction de
journal et chargé de vérifier que les consignes et notes
d'orientation quotidiennes sont bien appliquées, est
remplacée par un système de contrôle plus subtil et
plus pervers à la fois. L'« accord de confiance » du
10 mars 1943 déplace la censure, de l'amont à l'aval
de la parution. Il s'agit, certes, de rendre le contrôle
de l'occupant moins visible pour les lecteurs, mais
aussi d'associer plus étroitement la presse à l'œuvre de
propagande pour l'Europe allemande, alors que la
guerre prend un tournant décisif.

Tout le circuit de l'information est soigneusement
encadré, à commencer par les sources fournies aux
journaux. Pouvant compter sur le groupe Inter-
France du collaborationniste Dominique Sordet, les
Allemands ont surtout mis la main sur la branche
« Informations » de l'agence Havas, rebaptisée Agence
française d'information de la presse (AFIP).
Contrôlée par un officier de la *Propaganda Abteilung*,
le capitaine Hermès, alimentée par l'agence du Reich,
DNB (Deutsches Nachrichtenburo), non seulement
elle possède le monopole sur les dépêches, mais elle
alimente la presse en articles à insérer tels quels.

Aucun secteur d'information n'est épargné. Le
Majestic s'empare de la radio, confiée au Dr Bofinger,
ancien responsable de Radio-Stuttgart. Le 7 juillet
1940, Radio-Paris s'installe aux Champs-Élysées, dans
les locaux du Poste Parisien. Durant quatre ans, elle est
l'instrument premier de la propagande allemande. Sous
la conduite effective de Dambmann, dit Dr Friedrich,
connu pour sa chronique « Un journaliste allemand
vous parle », Radio-Paris voit défiler les plus virulents
collaborationnistes de Paris : Laubreaux, Jeantet,
Rebatet, Loustau… Recruté en 1942, son speaker, Jean
Hérold-Paquis, nazi convaincu, en devient le symbole.
Sa voix est identifiable entre toutes, et ses invectives
contre les Alliés restent célèbres (« L'Angleterre comme
Carthage sera détruite »).

Le cinéma est également mis à contribution. Très vite, les salles rouvrent. En 1943, elles comptabiliseront jusqu'à 310 millions d'entrées, contre 400 en 1938[1]. Comment l'occupant pourrait-il négliger une si considérable audience ? L'Alliance cinématographique européenne, société de droit français, mais à capitaux allemands, obtient le monopole de l'information filmée. Elle diffuse les *Actualités mondiales*, copie conforme du journal allemand de la Deutsche Wochenschau, conçu par les studios de l'UFA. Leur diffusion est même rendue obligatoire dans toutes les salles de zone Nord, en août 1942.

Le dispositif d'encadrement est complété par les expropriations forcées et l'aryanisation des entreprises, en application de l'ordonnance antijuive du 18 octobre 1940, la distribution de subsides aux journaux dociles, mais aussi la prise de contrôle directe des sociétés éditrices. Un homme de la *Propaganda Abteilung* est plus particulièrement chargé de cette mission : Gerhard Hibbelen. En mai 1944, le trust d'Hibbelen a la haute main sur 22 sociétés, une cinquantaine de titres, quotidiens (*Aujourd'hui, Les Nouveaux Temps*...) ou hebdomadaires (*Film complet, Vedettes, Ciné-Mondial*...), soit la moitié de la presse parisienne, et possède une partie du capital de nombreux autres (*Le Matin, Paris-Soir, Le Petit Parisien, L'Œuvre*...).

---

1. Par la suite, la fréquentation des salles diminuera, notamment à Paris, devant les contraintes de guerre (menaces d'attentats, rafles des jeunes gens au moment du STO, restrictions d'électricité et réduction du nombre de séances...).

Vichy : politique de contrôle et logique de collaboration

La rigueur et la précision de l'encadrement en zone Nord, liée à l'hégémonie propagandiste nazie importée d'Allemagne, tranchent avec l'improvisation des débuts et les hésitations chroniques en zone Sud; à une exception près, cependant : l'application stricte et immédiate aux médias du statut des Juifs du 3 octobre 1940, qui les exclut des directions et des rédactions.

Vice-président du Conseil de Pétain, Pierre Laval est un homme de médias. Il était, avant guerre, le patron de l'un des plus grands postes de province, Radio-Lyon, et du quotidien *Le Moniteur du Puy-de-Dôme*, qui tire à 45 000 exemplaires, en 1939. Le 15 juillet 1940, il désigne un secrétaire général à l'Information, Jean Montigny, chargé de la presse et de la censure, assisté d'un adjoint pour la radio et le cinéma, Jean-Louis Tixier-Vignancour. Laval s'est placé à la tête du dispositif de contrôle de l'information. Son départ anticipé, en décembre 1940, la prétention des différents ministres à imprimer leur marque, les tiraillements entre les uns et les autres, les pesanteurs d'une administration, lente à se mettre en place et plus habituée à censurer qu'à animer la propagande d'État, expliquent sans doute les hésitations de Vichy dans la mise en œuvre d'une politique d'encadrement.

Dans les premiers mois qui suivent l'armistice, l'action propagandiste est, dans les faits, prise en charge par la Légion française des combattants ou des groupements para-étatiques, comme l'Amicale de France ou la Corporation paysanne, qui publient des affiches, des brochures, des tracts. Le grand tournant est pris en février 1941, lorsque Paul Marion est nommé à l'Information. Ancien communiste passé au fascisme, il a adhéré au Parti populaire français en 1936, écrit dans ses journaux, et surtout dirigé sa propagande. Il connaît bien les rouages de la persuasion de masse, qu'elle soit stalinienne ou nazie. Rapidement, il dessine les contours d'un appareil d'information centralisé, initialement appuyé sur quatre grands services : presse, propagande, radio, cinéma. Relayé par un réseau serré de propagandistes, chargés de convaincre les Français de l'excellence de la Révolution nationale, il doit former le noyau initial du futur parti unique. Ainsi Marion cherche-t-il à faire basculer Vichy d'une politique de contrôle à une politique d'encadrement. Mais son projet échoue. Contesté par une partie de l'entourage de Pétain, mollement soutenu par les Allemands, Marion est désavoué par Laval qui, de retour au pouvoir en avril 1942, souhaite d'abord placer l'information et la propagande au service d'un programme international visant à insérer la France dans l'Europe allemande. Les méthodes sont revues, sous la conduite de Paul Creyssel, qui s'appuie sur les élites locales pour relayer la politique du régime. Le discours du maire, du curé, du légionnaire sont bien plus efficaces, pense-t-il, que l'article de presse ou le film de propagande. Pourtant, sa stratégie ne semble guère mieux fonctionner que la précédente, d'autant que l'autonomie de Vichy face à l'occupant se réduit comme peau de chagrin.

De l'action de Marion, ne reste guère que la politique de contrôle et de censure. Jusqu'à son arrivée, les directives restent floues, en dehors de grandes consignes générales et de l'interdiction de faire paraître les articles avec des « blancs ». Dès mars 1941, il réorganise la censure, nourrie de consignes temporaires, de notes d'orientation touchant à la présentation et au contenu des nouvelles, de schémas d'articles. Rigide, tatillonne, elle vise avant tout à rassurer les Français et à les rassembler derrière le maréchal Pétain, sauveur de la patrie ; d'où, par exemple, ces consignes de 1941 à propos de l'évocation par les journaux d'éventuelles « polémiques » :

« Les polémiques susceptibles de créer des divisions entre les Français sont interdites.

Les critiques et attaques contre les adversaires de la politique du Maréchal sont autorisées.

Ne rien laisser passer sur de Gaulle et les émigrés en dehors des communications officielles.

En ce qui concerne les organes régionaux, les critiques touchant la vie locale, le ravitaillement, les administrations, pourront être admises à la condition essentielle qu'elles soient fondées et opportunes et ne puissent être interprétées comme un désaveu de la politique du Maréchal.

Les lettres de lecteurs, traitant de questions a-politiques, si elles sont conçues en termes modérés, pourront être insérées isolément[1]. »

Les consignes sont appliquées ; comment pourrait-il en être autrement ? La presse est à la merci de la fourniture de papier, dont la distribution, centralisée, est sévèrement contingentée. Vichy sait utiliser ce moyen de pression. Mais l'application s'effectue avec plus ou moins d'habileté. Prudents, les secrétaires de rédaction conçoivent des maquettes qui ne risquent pas d'incommoder les censeurs. Du coup, toutes les « unes » se ressemblent. C'est pourquoi, en janvier 1943, le ministère de l'Information signe avec la quasi-totalité des journaux un accord visant à ne maintenir que la censure « négative ». Loin de rompre la monotonie de l'information, la mesure paralyse les rédactions, qui craignent de déplaire ou d'en dire trop.

La politique de contrôle touche également d'autres secteurs, comme les agences, le cinéma d'actualité ou la radio. Dans tous les cas, il s'agit aussi d'endiguer l'influence allemande et d'affirmer l'existence de l'État français. Le 25 novembre 1940, Havas cède sa branche Informations à Vichy. Ainsi naît l'Office français d'information (OFI), directement placé sous la

---

1. AN, F41/157, Consignes générales permanentes pour la presse, 14 avril 1941.

tutelle du secrétariat d'État à l'Information[1]. Un mois
auparavant, les négociations entamées par Tixier-
Vignancour ont abouti à la création d'un nouveau
journal filmé : le *Journal France-Actualités Pathé*, fabri-
qué dans les studios Marcel-Pagnol de Marseille,
obtient le monopole de production et de distribution
pour toute la zone Sud.

Reste la délicate question des ondes. Le redémar-
rage de la Radiodiffusion nationale s'effectue dans la
plus grande confusion. Radio-Vichy émet à partir du
8 août 1940. Envahie par les journalistes pronazis de
Je suis partout, elle donne du nouveau régime une
image extrémiste contraire à la stratégie pétainiste,
jusqu'à ce que Laval, début septembre, reprenne les
choses en main, en confiant la direction de l'information parlée à son fidèle, René Bonnefoy. Radio-Vichy
sous contrôle, il reste à donner de la cohérence à un
réseau qui, composé de sept stations régionales
publiques et de six chaînes privées aux puissances
variées, ne constitue qu'un relais médiocre de la
parole du Maréchal. La radio de zone Sud s'applique
alors à synchroniser et augmenter la puissance des
émetteurs. Faisant pâle figure à côté de Radio-Paris,
elle cherche à porter sa voix au-delà de la ligne de
démarcation ; mais l'occupant rechigne à l'installation
de relais. En décembre 1941, Paul Marion, conscient
du rôle de la radio dans le développement de la propagande, obtient des Allemands, qui contrôlent les
émetteurs, l'autorisation de poursuivre en grande
puissance les émissions jusqu'à minuit, alors que,
jusque-là, elles s'interrompaient à 20 heures. Par
ailleurs, il encourage l'essor des programmes de variétés qui, sous la conduite de Jean Antoine et Jean
Nohain, sont seuls susceptibles de retenir le public.
Marion contribue aussi au lancement d'un journal

---

1. Il existe une autre agence en zone Sud, Fournier, liée à l'allemande Europa Press.

parlé solide, *Radio national*. Pourtant, son échec politique ne permet guère de pousser plus loin l'organisation radiophonique. La radio de Vichy manque de
moyens techniques et financiers, de cadres, de journalistes, d'équipes stables.

Vichy peut néanmoins compter sur la fidélité des
stations privées, à commencer par Radio-Toulouse et
le réseau de Jacques Trémoulet, qui diffusent le journal parlé et les émissions de propagande de la
Radiodiffusion nationale. Cette généreuse contribution a un prix : les subventions. Sous prétexte de compenser le manque à gagner de l'interdiction de la
publicité sur les ondes, stations et organes de presse
demandent l'aide de l'État. Les subsides assurent la
survie des médias ; ils sont aussi un instrument précieux pour encourager les énergies et sanctionner les
indociles. Vichy est généreux, et les bénéficiaires de la
manne, rarement ingrats.

Principales subventions mensuelles de Vichy aux quotidiens et agences (1942)[1]

	Francs 1942	Équiv. euros
Le Journal	295 000	67 700
Le Temps	250 000	57 400
Inter-France Informations	250 000	57 400
Le Figaro	240 000	55 100
L'Effort	230 000	52 800
Le Petit journal	200 000	45 900
Le Journal des Débats	190 000	43 600
La Croix	160 000	36 700
Le Mot d'ordre	150 000	34 400
Paris-Soir	100 000	23 000
Inter-France Agence	100 000	23 000

---

1. Archives nationales, ministère de l'Information, F 41/120,
Subventions à la presse, 1942.

Subventions mensuelles de Vichy
aux radios privées (1941)[1]

	Francs 1941	Équiv. euros
Radio-Toulouse	505 000	139 400
Radio-Lyon	205 000	56 600
Radio-Méditerranée	205 000	56 600
Radio-Nîmes	45 000	12 400
Radio-Agen	45 000	12 400
Radio-Montpellier	45 000	12 400

La fiction de l'indépendance de Vichy ne résiste pas au temps. Le régime prétendait régner sur la France entière. Mais les Allemands, dominant la zone Nord sans partage, s'appliquent à rogner un à un les monopoles de l'information en zone Sud. Ainsi le projet visant à inscrire la France dans la stratégie européenne du Reich peut-il prendre corps ; les fragilités de Vichy, la logique de la collaboration de l'État et l'invasion de la zone Sud, le 11 novembre 1942, confortent puis accélèrent la germanisation et la nazification des médias, clairement observables pour la radio, les agences et le cinéma. En janvier 1943, les organismes régionaux de censure français sont coiffés par des « superviseurs » allemands. Censés n'intervenir que sur les nouvelles militaires, ils élargissent très vite leur champ de compétence au domaine politique. Le réseau radiophonique passe, de fait, sous le contrôle des Allemands, qui réglementent les fréquences, les programmes, et menacent périodiquement de réquisitionner les stations.

Les discours ouvertement favorables à l'occupant s'expriment sans retenue sur les ondes vichystes, par la

---

1. D'après Jean-Pierre Célérier, *La Radio à Toulouse, 1925-1945. La puissance du groupe Trémoulet*, thèse d'histoire, université Toulouse-Le Mirail, 2002, vol. 2, p. 348.

voix de Paul Creyssel ou de Philippe Henriot. Ce dernier, à lui seul, symbolise la fascisation du régime
vichyste et la fusion des propagandes des deux zones.
Milicien devenu secrétaire d'État à l'Information et à
la Propagande, le 6 janvier 1944, Henriot enflamme les
ondes de Paris et de Vichy. Chaque jour à 12 h 40 et
19 h 40, à compter du 7 février 1944, il cherche, par
des chroniques à la fois écoutées et redoutées, à susciter la peur dans l'opinion. La voie fascine et effraie à la
fois. La diatribe de studio se prolonge sur le terrain
lorsque, le 29 mars 1944, depuis le plateau des Glières
contrôlé par les Allemands, il injurie les prisonniers :
« J'aurais voulu trouver des hommes. J'ai trouvé des
loques. » Du 7 février au 3 avril 1944, Henriot lit 80
éditoriaux ; certains sont rediffusés, ce qui porte à 95 le
nombre de ses interventions en 56 jours. L'élimination
du ministre milicien, très écouté à défaut d'être suivi
par les auditeurs, devient une priorité pour la
Résistance : il est abattu le 28 juin 1944 ; Vichy lui rend
hommage par des obsèques nationales à Notre-Dame.
   En octobre 1942, un accord est conclu, au terme
duquel l'AFIP disparaît au profit de l'OFI. On mesure
l'ampleur du marché de dupes, quand on sait que
l'agence française reste cantonnée à la diffusion des
nouvelles françaises. L'agence allemande DNB, elle,
s'octroie l'exclusivité des sources étrangères, stratégiquement capitales. Mais le cinéma est peut-être
l'exemple le plus édifiant. Vichy voulait son propre
journal filmé. Or, très vite, les actualités de zone Sud
manquent de sujets, étrangers notamment : un accord
d'échange est conclu avec les *Actualités mondiales*, en
novembre 1940. Le grignotage commence, sous couvert de relations fructueuses puis de fusion. Le
17 novembre 1941, est créée une société unique de
monopole de l'actualité française, au capital mixte
franco-allemand ; les Français en possèdent 60 %.
Douce illusion d'une prééminence nationale ! Le 6 mai
1942 est fondée *France-Actualités,* dotée d'un président

français (Henri Clerc) et d'un vice-président allemand (Wilhelm Knothen). Munis de statuts le 2 juin, elle sort son premier numéro le 21 août. Désormais, les Français des deux zones voient les mêmes images, dont la source première est allemande. Ils assistent également aux mêmes projections de documentaires, pour l'essentiel commandés par l'occupant.

Collaborer : la presse de zone Nord

Trois cent cinquante journaux sont diffusés en zone Nord, et presque autant en zone Sud. Qu'elle soit quotidienne, hebdomadaire ou mensuelle, la presse demeure le premier média d'information sous l'Occupation. Malgré les circonstances, elle conserve une certaine diversité qui passe notamment par la frontière établie entre les deux zones par la ligne de démarcation.

La distinction peut paraître dérisoire. Elle le devient certainement au cours du temps, dès lors que s'amplifie la collaboration franco-allemande, que s'efface l'illusion maréchaliste d'un État souverain, que survient l'invasion de la zone « libre » par la Wehrmacht, que se révèle la fascisation du régime. Mais, à l'été 1940, elle vaut pour les hommes de presse. Créer ou refonder un quotidien à Paris à cette époque, c'est, au moins, accepter la victoire de l'Europe allemande. Demeurer en zone Sud, malgré des conditions matérielles souvent difficiles, c'est adhérer au message de rassemblement national du Maréchal, et surtout refuser de paraître sous la botte nazie. Et pourtant, au cœur de ces deux ensembles, émergent encore bien des différences, des nuances, des tonalités.

« Populations abandonnées, faites confiance au soldat allemand ! » proclame en 1940 une affiche de l'oc-

cupant, qui envahit les murs des villes de zone Nord.
Un soldat de la Wehrmacht s'y tient, tout sourires,
entouré d'enfants. L'un d'eux est dans ses bras : res-
plendissant de joie, il grignote une tartine. Apaiser les
inquiétudes des Français, entretenir l'illusion d'un
retour à une vie normale, constituent des priorités
pour les Allemands, soucieux d'obtenir un ordre
consenti en France occupée, alors que la guerre se
poursuit contre l'Angleterre. C'est pourquoi, dès
juin 1940, ils favorisent la reconstitution de l'appareil
de presse en zone Nord, et singulièrement à Paris, jusqu'à recréer de toutes pièces les titres qui existaient
dans la capitale avant leur arrivée. *Paris-Soir* en fournit
un exemple typique. L'ancienne équipe de Prouvost
refusant de rejoindre la capitale, les Allemands y lancent un *Paris-Soir* concurrent, le 22 juin 1940. Sous la
conduite du lieutenant Weber, le plus grand quotidien
d'avant guerre est reconstitué, rue du Louvre, avec une
équipe de plumitifs obscurs, mais dociles.

Les Allemands aident à la création de quotidiens
populaires, comme *Aujourd'hui* ou *La France au
travail,* censé occuper la place laissée vide par
L'Humanité[1] et rallier les ouvriers à la politique de collaboration. Ils contribuent aussi à la réapparition de
titres anciens, comme *Le Matin* de Bunau-Varilla, présent dans les kiosques de la capitale dès le 17 juin
1940, *L'Œuvre,* dirigée désormais par le fasciste
Marcel Déat, ou *Le Petit Parisien.* Pendant quelques
mois, l'occupant s'immisce peu dans l'organisation
interne des journaux, dont le contenu est étroitement
contrôlé. Mais la liberté de ton de certains (Jeanson,
dans *Aujourd'hui*) finit par irriter. La guerre se prolonge et un renforcement de l'encadrement des populations s'impose à ses yeux.

---

1. Durant deux mois, pendant l'été 1940, les communistes ont
vainement négocié avec les Allemands le retour de *L'Humanité* dans
les kiosques.

Du coup, fin 1940-début 1941, les Allemands favorisent l'arrivée de collaborationnistes fidèles à la tête des équipes. Georges Suarez reprend en main *Aujourd'hui*. La famille Dupuy, expropriée, doit abandonner ses droits sur *Le Petit Parisien*, animé par les amis du fasciste Jacques Doriot (Jacques Roujon, Claude Jeantet, André Algarron). Avec un tirage de 600 000 exemplaires, le plus fort des quotidiens de zone Nord, *Le Petit Parisien* est stratégiquement essentiel. Comme l'explique un rapport de la Propaganda Staffel de 1941, il est, par son audience et son caractère populaire, d'une « importance politique » essentielle : en effet, il « touche des couches de lecteurs qui sont considérables pour la formation de l'état d'esprit de l'ensemble de la population : petits artisans, commerçants, concierges » et « son influence est forte sur la province »[1].

Voilà bien le type de presse appréciée par les Allemands, populaire, qui entretient la fiction de la continuité, nourrit les vieilles habitudes de lecture, une presse largement diffusée, fidèle à la collaboration mais dont le discours ne risque pas de heurter une opinion hostile à l'occupant. Ce qui est vrai à Paris l'est aussi en province, où les journaux d'avant guerre retrouvent leur place et leur public.

Même s'ils les ont couverts de subsides, même s'ils ont pu considérer à certains moments qu'ils pouvaient les servir, notamment à partir de 1943, au plus fort de la propagande de guerre, les Allemands n'ont jamais vraiment fait confiance aux journaux ultras pour encadrer la population. À cet égard, il y a plus qu'une nuance entre la *Propaganda Abteilung* et l'Ambassade. La première, persuadée qu'on ne pourra jamais rallier les Français, privilégie le contrôle sur la propagande. Otto Abetz, au contraire, pense qu'une authentique collaboration franco-allemande, prélude à la réconci-

---

1. AN, AJ 40, 1008, Rapport de la Propaganda Staffel sur la presse parisienne, 1941.

liation, est difficile mais possible ; c'est pourquoi il encourage la presse collaborationniste, appelée à exalter le grand projet d'une Europe allemande. À terme, Abetz obtient gain de cause. Il favorise l'approvisionnement en papier des feuilles ultras qui, jusqu'à l'ultime instant, cherchent à faire basculer l'opinion du côté des nazis.

Tirage des principaux quotidiens parisiens (1940-1944) [1] en milliers d'exemplaires [2]

	déc. 1940	nov. 1941	nov. 1942	nov.1943	mai 1944
Paris-Soir	970	450	378	387 (377)	250
Petit Parisien	680	550	501	550 (499)	515
Le Matin	532	256	244	260 (254)	250
L'Œuvre	196	102	131	130 (125)	143
Aujourd'hui	110	36	47	74 (70)	99
La France au travail (puis *La France socialiste*)	92	110	110	115 (115)	145
Paris-Midi	35	43	30	32 (33)	25
Le Cri du peuple	35	18	58	95 (100)	110
Les Nouveaux Temps	30	42	57	53 (56)	80
La Vie industrielle	12	17	16	20 (14)	20

1. D'après les relevés de la préfecture de police (cités par Pierre Albert et al., *Documents pour l'histoire de la presse nationale aux XIXe et XXe siècles*).
2. Entre parenthèses : chiffres de la Propaganda Staffel, AN, AJ 40, 1008, Évolution du tirage des quotidiens parisiens, non daté (début 1944).

La presse collaborationniste s'exprime à travers de multiples titres, quotidiens ou hebdomadaires. Le quotidien fasciste le plus important (jusqu'à 100 000 exemplaires en 1943) est sans doute *Le Cri du peuple*, organe du Parti populaire français, successivement dirigé par son chef, Jacques Doriot, puis par Henri Lèbre. Moins diffusés, *Les Nouveaux Temps* comptent surtout par la personnalité de son responsable, Jean Luchaire. Ami de longue date d'Otto Abetz, il crée, grâce à lui, en septembre 1940, le Groupement corporatif de la presse parisienne, qui rassemble bientôt 13 journaux ou agences, puis, en juin 1941, la Corporation nationale de la presse française.

Le statut de 1935 est, de fait, suspendu : seule la Corporation délivre les cartes professionnelles. Dès lors, le fasciste Luchaire a la haute main sur la presse de zone Nord et devient le principal interlocuteur des Allemands pour tout ce qui concerne l'organisation des journaux. Son influence est telle qu'elle finit par inquiéter jusqu'aux feuilles pronazies, dont Paris regorge. Chaque parti, chaque groupuscule, chaque maillon de la chaîne collaborationniste possède son hebdomadaire : *La Gerbe*, « hebdomadaire de la volonté française » d'Alphonse de Chateaubriant, *Je suis partout*, reconstitué en février 1941 sous la direction de Robert Brasillach, *La Révolution nationale*, organe du Mouvement social révolutionnaire du cagoulard Eugène Deloncle, *Au pilori*, porte-parole de l'antisémitisme le plus ordurier, *Jeunesse*, *L'Atelier*, *Le Franciste*, *L'Appel*, etc. La surabondance des titres politiques ne doit cependant pas cacher la réalité révélée par leur lecture : les mêmes signatures reviennent souvent d'un journal à l'autre.

« Une censure interdit certaines choses, elle n'oblige pas les journalistes à écrire ce qu'ils n'ont pas envie d'exprimer », écrit Pierre-Antoine Cousteau, dans *Je suis partout*, le 18 octobre 1941. Le propos condamne par avance ceux qui, à l'heure des comptes, prétendront avoir rédigé des articles sous la contrainte. Néanmoins, il y a bien des façons de participer à la presse en zone Nord. Les chefs de partis, les militants politiques, les journalistes ultras, issus pour la plupart de l'extrême droite, à l'image de l'équipe de *Je suis partout* (Brasillach, Rebatet, Cousteau, Jeantet, Lousteau, Laubreaux...), les « nouveaux messieurs » qui font la pluie et le beau temps dans l'univers médiatique parisien et s'affichent dans les salons aux côtés de leurs amis nazis, s'exposent par conviction. Ils tiennent leur revanche sur la République démocratique qu'ils ont stigmatisée dans les années 1930. Ils forgent les canons politiques, sociaux et culturels de la nouvelle France, tel Alain Laubreaux, du *Cri du peuple* et de *Je suis partout*, dont la chronique théâtrale décide de la vie ou de la mort des spectacles. Les antisémites peuvent enfin déverser leur bile sans entraves, à l'instar de Jean Drault, admirateur de Drumont, ancien de *La Libre Parole*, animateur, avant guerre, de la Ligue antijuive universelle, qui dénonce les Juifs dans *L'Appel*, *Au pilori*, et quelques autres feuilles du même type. Certains journalistes collaborationnistes vont jusqu'au bout de leur logique politique, en rejoignant la Milice (comme Claude Maubourguet, de *Je suis partout*, qui participe à la réduction du maquis des Glières, en 1944), ou en s'engageant sur le front de l'Est, dans les rangs de la Légion des volontaires français contre le bolchevisme (comme Jean Fontenoy, directeur de *La Révolution nationale*, jusqu'en 1942).

Pourtant, ce patriciat engagé de la collaboration ne forme qu'une infime minorité des hommes d'information de zone Nord. L'attitude de la masse des journalistes, sans lesquels la presse n'existerait pas, relève davantage de l'opportunisme, de l'appât du gain, de la lâcheté, de la passivité, de l'indifférence que de la conviction. On parie sur l'ordre nazi : l'Allemagne a gagné la guerre, et on doit s'adapter à cette situation durable. Quand le grand quotidien rennais *Ouest-*

Éclair reparaît sous l'occupation allemande, personne ou presque ne manque à l'appel; et il ne s'agit pas là d'un cas isolé. À Paris, les choses sont un peu différentes, puisque la presse se recompose. Or, en ces temps troublés, les places laissées vides par les repliés, les prisonniers, les Juifs, sont bonnes à prendre. Les promotions peuvent être rapides. Certains, prudents, attendent quelques mois avant de rejoindre les rédactions parisiennes. Mais, ayant épuisé leurs indemnités de congédiement – versées par les titres disparus dans la tourmente – ou leur prime de démobilisation, guettés par le chômage, ils finissent par franchir le pas. L'hésitation est souvent vite effacée, car la presse sait attirer les vocations par la pratique de salaires élevés. Grâce à la Corporation de la presse de Luchaire, les journalistes obtiennent des hausses de traitement d'autant plus attractives que les Allemands imposent au reste de la population le blocage sur les salaires. Ainsi, en juillet 1941, la rémunération minimale d'un rédacteur ordinaire passe à 4 000 francs, soit une augmentation de 80 % par rapport à 1939, et un niveau 60 % plus élevé que le salaire moyen à Paris. Les tarifs en vigueur ont de quoi séduire les plus réticents.

Pour le reste, les journalistes – comme ils le feront à la Libération – s'arrangent avec leur conscience. Brisant la logique de solidarité rédactionnelle, le secrétaire de rédaction peut toujours se rassurer en se disant qu'il ne se compromet pas en rédigeant des articles; le reporter sportif n'écrit pas de papier politique; l'articlier politique n'a pas la responsabilité de la ligne du journal et se contente de livrer des informations, etc. Pourtant, c'est au secrétaire de rédaction qu'il revient de mettre en page les consignes allemandes; le rubricard sportif n'est pas à l'abri d'un excès de zèle qui le conduira à exalter la puissance physique des athlètes aryens; le reporter envoyé par son quotidien sur le Mur de l'Atlantique est amené à le présenter comme une barrière infranchissable et

une réussite magistrale de l'organisation allemande,
etc. Les épurateurs de la presse, à la Libération, enten-
dront des propos étonnants, comme ceux de cette
jeune journaliste du *Cri du peuple* expliquant avec can-
deur à ses juges : « Aussi étonnant que cela puisse
paraître, je n'ai jamais lu le journal[1]. »

Collaborer : la presse de zone Sud

Refusant de regagner Paris, les neuf quotidiens et la
trentaine d'hebdomadaires de la presse repliée se
répartissent dans plusieurs villes de zone Sud. *Le
Figaro*, *Paris-Soir* (celui de Prouvost), *Le Temps* et
L'Action française s'installent à Lyon, *La Croix* à
Limoges, *Le Jour-L'Écho de Paris* et *Gringoire* à
Marseille, *Le Petit Journal*, *Le Journal des débats* et
Candide, à Clermont-Ferrand. Accueillis dans les
locaux de leurs confrères de province (à Lyon, *Le
Figaro* trouve ainsi refuge au deuxième étage du siège
du *Nouvelliste* ; *Le Progrès* fait une place au *Temps*), les
anciens journaux parisiens fonctionnent avec des
équipes réduites et souffrent de leur coupure avec leur
lectorat traditionnel. En revanche, les grands quotidiens régionaux, tels *La Dépêche de Toulouse* (350 000
exemplaires, début 1944) ou *Le Progrès de Lyon*,
renouent rapidement avec leur public. Ce dernier, en
janvier 1941, a quasiment retrouvé ses effectifs
d'avant guerre (vingt-sept journalistes contre trente-
trois). Par ailleurs, la création de titres majeurs est
rare, à l'exception, peut-être, de *L'Effort*, de Charles
Spinasse et Paul Rives à Lyon, qui exalte les vertus
régénérantes de la Révolution nationale ; mais il
semble n'avoir guère dépassé les 15 000 exemplaires.

---

1. CCIJP, dossier individuel.

Sage, docile même, toute dévouée au Maréchal, la presse, dans son ensemble, applique scrupuleusement les consignes de la censure. Les rappels à l'ordre sont néanmoins assez fréquents. *Le Jour-L'Écho de Paris*, suspendu deux fois en 1941, finit par se saborder le 31 mars 1942; *La Croix* est également provisoirement interdit en novembre 1941. Certains titres sont étroitement surveillés, comme *Le Figaro*, dont on craint les accents anglophiles, *La Tribune de Saint-Étienne*, signalée à la BBC comme « antimaréchaliste », dès 1941, suspendue plusieurs fois et définitivement interdite en 1943, mais aussi *L'Action française*, jugée incontrôlable, en raison notamment des billets politiques de Maurras, considérés trop sentencieux à l'égard de la politique de Vichy. « L'absence prolongée de M. Maurras – que l'on dit assez souffrant – simplifie considérablement la tâche de la censure régionale », écrit avec soulagement le chef de la censure de Lyon, en avril 1943[1].

Pour le régime, le rôle des journaux est clairement défini. Si l'on en doutait encore, Paul Marion assigne à ceux qui les animent une tâche hautement politique. À Lyon, en avril 1941, devant le parterre des représentants de la presse repliée, il lance : « N'oubliez pas que vous avez charge d'âmes [...]. Votre métier est un sacerdoce [...]. Nous sommes au service du pays, au service du pilote[2]. » Un an plus tard, Romain Roussel, directeur des services de presse et de censure, est encore plus explicite lorsque, s'adressant aux journalistes accrédités à Vichy, il dit : « Vous êtes les auxiliaires du gouvernement et les serviteurs de l'intérêt national[3]. » Le cap est fixé. Pour rallier les journalistes au projet vichyste, pour en faire de parfaits soldats de la

---

1. AN, F 41/244, rapport de la 14ᵉ Région, censure de Lyon, 29 mars-4 avril 1943.

2. AN F41/107, Discours de Paul Marion à l'inauguration de la Maison de la presse, 18 avril 1941.

3. AN F41/107, Compte rendu de la conférence de Romain Roussel, note manuscrite, 29 mai 1942.

Révolution nationale, Marion ne ménage pas ses
efforts. Se démarquant des pratiques de la zone Nord,
il se garde de supprimer le statut de 1935 auquel la
profession est attachée, limite les possibilités de licenciements dans les organes de presse, et, malgré la résistance des directeurs des journaux, revalorise les salaires
qui ont pris beaucoup de retard par rapport à ceux pra-
tiqués de l'autre côté de la ligne de démarcation.

Est-ce suffisant pour convaincre ? À bien des égards,
l'autojustification des journalistes de zone Sud rejoint
celle de leurs confrères de zone Nord : après tout, il
faut bien travailler... Mais, ici, on peut développer
l'argument avec bonne conscience. Les journaux
paraissent sous autorité française, une autorité légale.
Ils travaillent sous le contrôle de censeurs français, et
se démarquent de leurs confrères qui ont accepté de
paraître sous le joug de l'occupant. À l'origine, ils participent de ce « meaculpisme » ambiant sur lequel se
fonde le régime de Vichy : la presse a failli dans sa mission de service public, n'a pas su endiguer le déclin
intellectuel et moral de la France, s'est laissée cor-
rompre par l'argent et le modèle américain... Les
journalistes sont à l'image de l'opinion française,
d'abord effondrés par la brutalité de la défaite, puis ne
voyant d'autre issue que dans le soutien au Maréchal.
Comme elle, ils acceptent l'exclusion des Juifs, en
octobre 1940. Comme elle aussi, ils évoluent, partagés
entre l'adhésion à Pétain, l'attentisme plus ou moins
bienveillant, l'hostilité plus ou moins affirmée.
Certains iront jusqu'à la rupture. L'habileté du régime
est, alors, de jouer sur l'opposition entre les deux
zones et de conserver quelques interstices de liberté
qui sont autant de « soupapes de sécurité » contre le
refus déclaré. Le cas de Sennep est, à cet égard, éclai-
rant. Ses dessins, dans *Candide*, sont subtilement critiques à l'égard des grands principes de la Révolution
nationale. Il se moque des idées à la mode : le retour
à la terre, la renaissance des traditions folkloriques,

l'anti-intellectualisme affiché, la valorisation du sport, le culte de la jeunesse... Jamais il n'est réprimandé, alors qu'en octobre 1943, en zone Nord, le dessinateur Aldebert est déporté à Buchenwald pour une caricature aux allures anodines prise par la censure allemande pour une charge antihitlérienne!

Il est pourtant un moment où la fiction de l'indépendance française prend fin, lorsque, le 11 novembre 1942, les Allemands envahissent la zone Sud. Or, le nombre de journaux qui se sabordent, refusant de paraître sous contrôle de l'occupant, se compte sur les doigts d'une main. *Le Figaro* de Pierre Brisson, suspendu la veille pour ne pas avoir respecté les consignes, annonce sa disparition le 11 novembre (le numéro, saisi, n'est pas diffusé). Quelques-uns suivent, à distance : *Le Temps*, le 30 novembre, *Paris-Soir*, en mai 1943 (après une première tentative avortée en même temps que *Le Figaro*), *La Montagne*, en août de la même année. Autant de feuilles qui, à un moment ou à un autre, ont connu des démêlés avec la censure.

Mythologie nazie et idéaux vichystes

Durant quatre ans, les médias, qu'il s'agisse de la presse écrite, de la radio, du cinéma, de l'affiche, etc., alimentent en propagande la vie quotidienne des Français. On aurait tort de croire, cependant, que ses axes et ses contenus sont les mêmes de part et d'autre de la ligne de démarcation. S'ils se rejoignent au moment où Vichy se « fascise » et recrute ses ministres chez les miliciens, ils apparaissent longtemps différents, en raison même des objectifs visés et des stratégies développées. Bref, au-delà d'une matrice thématique commune aux propagandes des deux zones (rejet de l'« anti-France » · IIIe République, Juifs, gaullistes, francs-maçons; antibolchevisme à partir de 1941; hostilité aux Alliés, etc.), on relève de clairs éléments de distinction entre la propagande de Vichy et la propagande parisienne.

À Vichy, la propagande est fondée sur l'idée de rassemblement des Français autour du Maréchal et de reconstruction de la France sur les fondements de la Révolution nationale. L'image même de Pétain est sacralisée, et la censure est très vigilante pour tout ce qui touche à sa représentation. Dans les consignes générales permanentes de 1941, il est ainsi précisé :

> « Toutes les œuvres d'art représentant les traits du chef de l'État, photographies, gravures, dessins, peintures, estampes, modèles, timbres, sculptures, effigies et toutes reproductions, ne pourront être diffusées, vendues ou exposées sans avoir été soumises préalablement à la Censure centrale, sous forme de photographie ou de maquette. »

Pétain doit rassurer une opinion traumatisée par la défaite et montrer le nouveau cap pour le pays. Ces deux idées sont ainsi réunies dans une affiche commandée par le secrétariat d'État à l'Information, fin 1940, à Philippe Noyer, de l'équipe Alain-Fournier, pool de graphistes lyonnais. D'abord diffusée à plus d'un million d'exemplaires, puis plusieurs fois retirée, elle présente le visage ferme et apaisé du Maréchal. Le haut de son crâne se détache sur fond de drapeau tricolore claquant au vent, tandis que la partie inférieure proclame simplement : « Révolution nationale ».

La propagande s'articule alors autour du Maréchal, sauveur de la nation, qui communie avec les Français dans ses voyages en province, largement relayés par la presse, la radio, les actualités filmées, et développe les thèmes propres à la Révolution nationale. Déclinant les termes de la devise de l'État français, travail, famille, patrie, les médias exaltent l'œuvre collective, le retour à la terre, le paysan et l'artisan, la réconciliation du patron et de l'ouvrier, la famille nombreuse, la mère au foyer, la jeunesse active et sportive, la fidélité des colonies, etc. Typique des valeurs morales vichystes et des modalités mêmes de la propagande maréchaliste, l'affiche qu'Alain Saint-Ogan (l'auteur de *Zig et Puce*) conçoit en mai 1941 pour le secrétariat général à l'Information est consacrée à la première fête des mères. « Ta maman a tout fait pour toi... LE MARÉCHAL te demande de l'en remercier gentiment », dit-elle, tandis que sont dessinés quelques enfants sages, tout dévoués à leur maman. Cette affiche trouve son prolongement dans les hebdomadaires pour enfants qui exaltent la France du Maréchal, à l'instar de *Cœurs vaillants* ou de *Benjamin*.

Les actualités cinématographiques comme les documentaires diffusés en suppléments de programme constituent un bon observatoire de la propagande de Vichy. En témoignent *Images et paroles du maréchal Pétain* (octobre 1940) et la série des 62 numéros de « La France en marche », commandés aux établissements VEGA par le secrétariat d'État à l'Information, parmi lesquels : *Le Jardin des fleurs* (1941), ode à la maternité, *La terre renaît* (1942), *Le Sport à l'école* (1942), etc[1]. Rassembleuse, la propagande par l'image ne désigne qu'implicitement l'ennemi, qu'il s'agisse du Juif, du communiste ou du franc-maçon. La presse s'accorde quelques libertés sur ce point, mais reste, dans l'ensemble, conformiste et aseptisée. Les choses évoluent néanmoins à partir de 1942, lorsque la collaboration d'État s'intensifie. Dans le documentaire *La France est foutue*, la Légion française des combattants s'en prend aux affairistes, aux profiteurs de guerre et, sans les citer, aux Juifs. Face à la caméra, un jeune homme explique pourquoi

---

1. Jean-Pierre Bertin-Maghit, « Encadrer et contrôler le documentaire de propagande sous l'Occupation », *Vingtième siècle. Revue d'histoire*, n° 63, juillet-septembre 1999, p. 23-49.

la France, « pays missionnaire », patrie de Racine, de Pasteur, de Mermoz, de saint Vincent de Paul, « n'est pas foutue », concluant : « La France n'est ni un temple, ni une banque. »

À Paris, la propagande des groupes collaborationnistes (PPF, RNP), des officines françaises pro-nazies (Comité d'action antibolchevique, Institut d'étude des questions juives) et de la *Propaganda Abteilung* se situe sur un plan radicalement différent. Violente, désignant l'ennemi du doigt, le dénonçant par son nom, elle est d'abord une propagande de guerre et d'exclusion. Ainsi, les deux grandes affiches antisémites de l'exposition de septembre 1941 au Palais Berlitz, *Le Juif et la France*, l'une signée René Péron montrant le Juif enserrant le monde, l'autre conçue par Michel Jacquot où le profil du Juif recouvre une carte de France, sont inimaginables en zone Sud ; l'antisémitisme y chemine par d'autres voies.

D'une manière générale, l'image est, en matière de propagande pronazie, bien davantage qu'un auxiliaire du texte. La place accordée à la caricature dans les journaux collaborationnistes l'atteste. Ainsi Ralph Soupault, dessinateur et militant doriotiste, promène-t-il son crayon dans toutes les grandes feuilles politiques du moment (*Le Cri du peuple*, *Je suis partout*, *L'Appel*, *Notre combat*…). Il est alors l'un des journalistes les plus sollicités et les mieux payés de la capitale. Les feuilles pour les enfants, qui privilégient l'image et la bande dessinée depuis longtemps, peuvent, comme en zone Sud, servir une propagande soucieuse de modeler les jeunes esprits. *Le Téméraire*, créé en janvier 1943 avec des subsides collaborationnistes, obtient le monopole de la presse enfantine à Paris, et tire à 150 000 exemplaires, en août 1944.

De même, les services allemands commandent à des réalisateurs français, tel Robert Muzard, de Nova-Films, des documentaires ou des œuvres de fiction de propagande, diffusés dans les cinémas en cours de séance. Ils dénoncent les Juifs (*Les Corrupteurs* de Pierre Ramelot, 1942), les francs-maçons (*Forces occultes* de Paul Riche, 1943), les résistants, dont il est vain, en 1944, de nier l'existence. Dans *Patriotisme*, de Georges Jaffe, par exemple, ces derniers sont identifiés aux gangsters des films noirs américains. « Nous, non seulement on est des patriotes, mais, question fric, on se défend aussi », affirme l'un d'eux. Et lorsque le chef du gang s'inquiète de l'origine d'une jeune recrue, son subordonné le rassure : « J'en réponds : il sort de la Santé. » Ces films s'appliquent aussi à exalter la Relève, le STO (*Travailleurs de France*, 1944) ou la Milice (*Un vrai combat*, 1944).

La propagande fait-elle l'opinion ?

On peut douter de l'efficacité de ce type de propagande. Les études sur l'opinion sous l'Occupation montrent, dès l'origine, l'hostilité aux Allemands dont on souhaite la défaite, mais aussi le détachement progressif des Français à l'égard de Vichy, marqué par le décrochage de 1941 et le basculement de 1942-1943[1]. Certes, la personne du Maréchal est ménagée, mais la collaboration, incarnée aux yeux de l'opinion par Laval, est fondamentalement condamnée, même si cela ne suffit pas à transformer la masse des attentistes critiques en résistants actifs. Du coup, la propagande la plus radicale n'a guère de prise sur les Français, à plus forte raison si elle émane des Allemands ou de leurs amis collaborationnistes. À la fin de 1941, alors que se développe l'offensive sur le front de l'Est, les Français ne supportent même plus de voir des soldats allemands à l'écran. Le 12 décembre 1941, par

1. Pierre Laborie, *L'Opinion sous Vichy*, Paris, Seuil, 1990.

exemple, l'apparition de Goering est saluée « par des coups de sifflets » de la part des spectateurs. Les reportages sur la guerre en Russie, qui exaltent l'avance allemande, soulèvent désormais des manifestations qui vont « du murmure discret aux ricanements et aux exclamations à haute voix[1] ». Du coup, les autorités décident que les actualités seront dorénavant projetées dans des salles semi-éclairées, afin de contrecarrer les éventuels « agitateurs ».

Ce qui vaut pour le cinéma, vaut aussi pour la presse. Ne nous laissons pas aveugler par les chiffres des tirages. Les journaux politiques se vendent mal. En juillet 1941, le « bouillon » (c'est-à-dire la part des invendus) du *Cri du peuple* s'élève à 65 %, celui de *La France au travail* à 54 %, celui des *Nouveaux Temps* à 43 %, ce qui place leur diffusion réelle à 10 500, 19 300 et 29 600 exemplaires. Certes, en juin 1944, *Je suis partout* diffuse, semble-t-il, à plus de 100 000 exemplaires. Mais, alors, il est quasiment le dernier hebdomadaire collaborationniste, ses concurrents gonflant artificiellement leur tirage grâce aux subsides allemands. Pour paradoxale que puisse apparaître cette affirmation, acheter un journal à Paris sous l'Occupation ne signifie pas nécessairement qu'on adhère à ses idées. Il faut lire le journal pour y grappiller la moindre information, quitte à lire « entre les lignes ». Il faut lire le journal pour se tenir au courant des dernières lois, des récents règlements, et surtout, restrictions obligent, des arrivages, de la distribution des tickets de rationnement, des numéros concernés par tel ou tel produit disponible... Acheter un quotidien est une condition vitale en temps de guerre et de pénurie. En province, on se procure alors le quotidien local, à Paris, le titre le moins compromettant – si c'est possible –, ce qui conforte le succès du *Petit Parisien*.

---

1. AN, F41/157, Note de l'inspection générale des services des Renseignements généraux, Vichy, 23 décembre 1941.

Ne réduisons pas non plus la presse aux seuls titres politiques. Les Français, en cette période, ont besoin d'évasion, et la restriction de l'offre de culture et de divertissement, donne à la lecture des ouvrages de bibliothèque ou des journaux non politiques un attrait nouveau. Ainsi, la presse illustrée (*La Semaine* : plus de 250 000 exemplaires pendant l'Occupation) et la presse féminine se vendent fort bien. En juillet 1941, le tirage de *Notre cœur* atteint 446 000 exemplaires, *Le Petit Écho de la mode* 600 000, *Pour elle* 340 000, avec une part d'invendus généralement inférieure à 10 %. Et si la diffusion se réduit par la suite, c'est d'abord parce que ces titres sont les premières victimes de la pénurie de papier.

Cette subtilité n'échappe pas aux autorités. En zone Nord comme en zone Sud, des efforts sont consentis pour mieux faire passer le message politique. Ainsi les actualités cinématographiques s'appliquent-elles à entrecouper les sujets politiques ou les images de guerre, de séquences sportives, ludiques, anecdotiques, comme le public en a pris l'habitude avant 1939. Le 8 octobre 1943, par exemple, le journal de *France Actualités* s'ouvre sur le Critérium cycliste des as. Suit un sujet sur la pêche en rivière. Les spectateurs ne voient apparaître les Allemands qu'à la onzième séquence, en la personne de Hitler lui-même, venu sur le front de l'Est. Puis viennent un long montage (près de 3 minutes) sur les opérations allemandes en URSS, et des images sur les combats en Italie. On referme la page militaire, avec trois sujets français sur l'action humanitaire de l'Église et les pèlerinages religieux. Enfin, le dix-septième et ultime sujet fait le point sur le championnat de France de football.

De même, la radio ne diffuse pas des programmes politiques du matin au soir. Il faut amener l'auditeur à rester à l'écoute, en lui proposant des émissions culturelles et divertissantes. Radio-Paris possède un grand orchestre symphonique et un ensemble de variétés, dirigé par Raymond Legrand. La station propose des chansons, des contes, des feuilletons, accueille les vedettes du moment, comme André Claveau. La Radiodiffusion nationale l'imite, en diffusant des pièces de théâtre, de la musique classique et des concerts[1], des émissions littéraires, en s'assurant le concours de comédiens ou de chanteurs. Jean Nohain, avec « Bonjour la France », fait connaître aux auditeurs les traditions profondes du pays. À partir de la fin 1941, il anime des programmes variés, ponctués de chansons, d'anecdotes, de spectacles, qui sont autant de moyens de « faire passer » le message maréchaliste sur le travail, la famille, l'effort. D'une manière générale, sur les ondes vichystes, la part de la musique s'accroît au détriment de l'information (45 % du temps d'antenne en 1942 ; 60 % en 1943).

En 1944, la propagande, qu'elle émane de Vichy ou de Paris, n'a plus guère de prise sur les Français, sauf peut-être dans un domaine : la question des bombardements alliés, extrêmement sensible dans une population épuisée par la guerre et paralysée par la peur. Comme l'indiquent les études sur l'opinion, elle constitue une source fondamentale de trouble pour les Français. Le vent de la révolte souffle parfois parmi les victimes qui ont perdu un proche, vu leur maison rasée, leur ville touchée. Les bombardements aveugles nourrissent un sentiment anti américain que l'occupant a toutes les raisons d'exploiter. La presse, la radio, l'affiche, le cinéma sont mis à contribution, non seulement pour dénoncer le crime des Alliés, mais pour affirmer qu'il est vain, en raison de la solidité du Mur de l'Atlantique. « On dirait des corbeaux qui, jusqu'au dernier lambeau de chair sanguinolente, dissèquent un cadavre », écrit *Le Matin*, le 5 juin 1944. Vichy et les

---

1. Comme le *Requiem* de Berlioz, joué à l'Opéra de Paris par 600 musiciens, sous la baguette de Charles Munch, en novembre 1943.

Allemands jouent ici leur dernière carte, que seule l'imminence de la Libération annihile. Mais il est indéniable que les bombardements alliés ont gêné le contre-discours développé par la Résistance, dans les feuilles clandestines ou sur les ondes de la BBC.

Résister : la presse clandestine

« Celui qui ne se rend pas a raison contre celui qui se rend... » C'est à la plume de Péguy qu'Edmond Michelet fait appel, le 17 juin 1940 à Brive, lorsqu'il conçoit le premier tract résistant. Distribué la nuit dans les boîtes aux lettres après avoir été polycopié chez un proche, il est caractéristique des origines de la presse de la Résistance, marquées par la spontanéité du refus, l'initiative individuelle, la précarité des moyens. Le mois suivant, le socialiste Jean Texcier rédige les *Conseils à l'occupé*, d'abord recopiés en chaîne à la main ou à la machine, puis imprimés sous forme de brochure grâce à la complicité d'amis. « Étale une belle indifférence ; mais entretiens secrètement ta colère. Elle pourra servir », écrit notamment Texcier. La première brochure clandestine est bientôt suivie par l'apparition, en octobre 1940, du premier journal clandestin, *Pantagruel*. Il est l'œuvre d'un homme seul. Raymond Deiss, éditeur de musique parisien, le fabrique entièrement et le tire lui-même dans son atelier, sur une presse offset. Il sort ainsi 16 numéros jusqu'en octobre 1941. Mais, arrêté, il est transféré en Allemagne, avant d'être décapité à la hache, dans la prison de Cologne, en août 1943.

La presse clandestine naît d'actions individuelles ou de la volonté de quelques amis d'exprimer leur refus de l'occupant, de réveiller une opinion chloroformée, de donner une autre information que celle de la pro-

pagande de Vichy ou de Paris, d'inscrire leur
démarche dans le temps (le tract devient un journal
dès lors qu'il est numéroté, porte un titre, paraît
périodiquement). Bientôt, le journal fédère le groupe,
nourri de ramifications. On passe alors de l'action
individuelle à l'action collective. Autour du titre se
crée un mouvement, qui porte son nom, assure sa
fabrication et sa diffusion. Le journal devient l'arme
essentielle de la contre-propagande, l'outil politique
qui pèse sur l'opinion, répand les idées de la
Résistance, mobilise les Français, tandis que les
réseaux accomplissent les missions militaires. Au
total, plus de 1 200 feuilles clandestines paraissent en
France, entre 1940 et 1944, parfois limitées à un seul
numéro, parfois locales ou conçues pour une catégorie professionnelle (dans le cas de la presse syndicale,
par exemple).

Les organes des groupes les plus importants émer-
gent entre décembre 1940 et décembre 1941 :
Libération-Nord (Christian Pineau, décembre 1940),
Libération-Sud (Emmanuel d'Astier, juillet 1941),
Défense de la France (Robert Salmon et Philippe
Viannay, 14 juillet 1941), *Cahiers de témoignage chrétien* (père Chaillet, Lyon, novembre 1941), mais aussi
les journaux lyonnais *Franc-Tireur* (Jean-Pierre Lévy)
et *Combat* (Henri Frenay), *Socialisme et Liberté*
(Robert Verdier), etc. Le Parti communiste, lui, publie
L'Humanité clandestine, dans les deux zones. Il en
sort, au total, plus de 300 numéros, au Nord comme
au Sud ; mais le journal n'est qu'exceptionnellement
imprimé.

Faute de moyens matériels, d'expérience, d'informations, les débuts sont difficiles et risqués. De nombreuses feuilles sont dactylographiées, ronéotypées,
multigraphiées. Dès le 17 octobre 1940, le préfet de
police interdit la vente d'appareils duplicateurs et de
papiers susceptibles d'être utilisés pour la confection
de « tracts ronéotypés ». Le premier numéro de *Valmy*,

en janvier 1941, est imprimé à 50 exemplaires sur une
presse pour enfants! Il faut alors passer à la vitesse
supérieure. Les résistants dérobent des machines à
écrire, des stencils, des appareils à dupliquer et, surtout, s'assurent la complicité des imprimeurs et des
ouvriers du livre, linotypistes, typographes, clicheurs,
etc. Un même artisan peut imprimer plusieurs journaux, comme Eugène Pons à Lyon, qui fabrique à la
fois *Combat*, *Franc-Tireur*, *Témoignage chrétien* ou *Les
Cahiers politiques*. En zone Sud, des noyaux de résistance se créent au sein même des rédactions et des
ateliers des journaux, comme à *La Tribune républicaine*
de Saint-Étienne, pourtant très surveillée par Vichy.
La presse officielle sert, d'ailleurs, de couverture à de
nombreux journalistes résistants, comme Rémy
Roure, de *Franc-Tireur* et *Combat*, qui travaille au
Temps, ou Maurice Noël, de *Libération*, qui collabore
au *Figaro*. La prise en charge des feuilles clandestines
par d'authentiques journalistes, comme Georges
Altman (*Franc-Tireur*) ou Pascal Pia (*Combat*), va, au
demeurant, considérablement professionnaliser leur
mise en page et leur contenu, à partir de 1942.

À cette époque, la presse de la Résistance, financée
jusqu'ici par des aides individuelles (l'industriel André
Lebon met son argent à la disposition de *Défense de la
France*), commence à disposer des ressources de la
France libre, apportées par des envoyés spéciaux
venus de Londres, parfois parachutées dans des
conteneurs. Dès lors, les tirages s'accroissent considérablement. *Combat* passe de 40 000 exemplaires en
1942 à 250 000 en 1944; *Défense de la France*, de
10 000 à 300 000, durant la même période. L'apport
de Londres ne se réduit pas au soutien financier.
L'efficacité de la contre-propagande nécessite que les
journaux soient alimentés en nouvelles. C'est tout
l'objet du Bureau d'information et de propagande, qui
devient une véritable agence de la presse clandestine.
Le projet est lancé au printemps 1942 par Jean

Moulin, sur une idée d'Yvon Morandat. Dirigé par Georges Bidault, assisté par Pierre Corval, Rémy Roure, Yves Farge, André Sauger, Louis Terrenoire, le BIP imprime un *Bulletin d'informations générales*, très précisément documenté : à la veille de la Libération, il paraît tous les deux ou trois jours. Sa rédaction s'effectue d'abord dans les locaux du *Progrès* de Lyon ; mais la prudence nécessite plusieurs fois son déplacement. D'autres initiatives, complémentaires ou concurrentes, vont dans le même sens. Les communistes, avec *La Vie du Parti*, dispose de son bulletin, depuis août 1941. Surtout, en novembre 1943, les Mouvements unis de la Résistance créent leur propre bulletin d'informations, le *BIMUR*. Ces différentes « agences de presse » expriment ainsi l'essor de la propagande clandestine, mais aussi la diversité, pour ne pas dire la rivalité des sensibilités résistantes.

Même limitées à quatre ou six pages et sorties sur petits formats (270 x 210, le plus souvent), les feuilles clandestines exigent des moyens considérables. En 1944, un journal comme *Combat* consomme chaque mois trois tonnes de papier ! Or, le papier est contingenté et l'encre rare. Les Allemands sont très vigilants et contrôlent toute commande en grande quantité. Il faut alors s'engouffrer dans la brèche du marché noir, s'assurer des complicités à l'Office de répartition et, pour les imprimeurs résistants, jouer sur les surplus de commandes qui passeront inaperçues. La difficulté tient aussi au volume des exemplaires tirés, qui nécessite la mise en place d'imprimeries clandestines : celle d'André Bollier, installée dans une usine désaffectée de Villeurbanne, cache une machine de sept tonnes, un atelier de photogravure, et peut tirer 200 000 exemplaires de *Combat*, en août 1943. Une fois fabriqués, les journaux sortent discrètement des imprimeries, dans une voiture à bras ou dans la camionnette du boulanger. Ils parviennent aux membres de la Résistance par la poste, en petits paquets, sous une fausse étiquette, par le train, en valises non accompagnées, grâce à la complicité des cheminots. Une chaîne complexe s'organise jusqu'à l'affichage sur les murs des villes et la distribution dans les boîtes aux lettres, le métro, les vestiaires des usines, les files d'attente, chaque lecteur étant invité à faire circuler le journal le plus possible. *Défense de la France* organise même des commandos de diffuseurs, les « Volontaires pour la liberté », étudiants et lycéens qui, armés de feuilles clandestines, surgissent à la sortie d'un cours, dans le métro, dans un cinéma, et s'enfuient avant l'arrivée de la police.

Le risque est énorme, et la répression s'abat sur tous ceux qui, rédacteurs, imprimeurs, diffuseurs, voire simples lecteurs, composent la chaîne de la presse clandestine. Le code des otages du 30 septembre 1941 annonce l'arrestation prioritaire de ceux qui auront « collaboré à la distribution de tracts ». L'ordonnance allemande du 18 décembre 1942 précise : « quiconque aura confectionné ou distribué des tracts sans y être autorisé sera puni de la peine de travaux forcés, et les cas graves, de peine de mort ». Sur ce plan, police française et Gestapo agissent en étroite collaboration. Les imprimeurs paient au prix fort leur engagement, tel Eugène Pons. Arrêté, déporté, il meurt à Neuengamme. Les coups de filet se multiplient et frappent durement. Le 18 janvier 1944, par exemple, la Gestapo s'empare de l'imprimerie clandestine de *Défense de la France*, boulevard Raspail à Paris, arrête l'imprimeur et les ouvriers qui y travaillent, bientôt expédiés à Buchenwald et Ravensbruck.

L'urgence de l'action ne fait pas pour autant oublier aux animateurs des feuilles clandestines l'heure, prochaine, de la Libération. Ils souhaitent notamment inspirer la presse de la France de demain, et s'organisent dès septembre 1943 pour en dessiner les contours. Autour d'Altman et Bayet (*Franc-Tireur*), de

Pia (*Combat*), Salmon (*Défense de la France*), Texcier (*Libération-Nord*), Émilien Amaury (groupe de la rue de Lille) et quelques autres, se forge le noyau de la presse future. La Commission de la presse clandestine, bientôt baptisée Fédération nationale de la presse clandestine, ne se contente pas de préconiser une épuration intransigeante à l'égard des journaux de la Collaboration. Elle propose de faire table rase du passé, de rompre avec les pratiques qui ont amené au déshonneur, de refonder la presse sur des bases nouvelles : une presse rendue aux journalistes, interdite aux puissances financières, une presse de mission et de vérité.

« *Ici Londres* »

Si la presse de la Résistance reste avant tout constituée de feuilles clandestines, il convient de ne pas oublier les journaux de la France libre, comme *La France*, quotidien qui paraît à Londres dès le 27 juin 1940, sous la direction de Georges Gombault, ou *La Marseillaise* de François Quilici, hebdomadaire de la France combattante. Mais, bien sûr, ces deux titres représentent peu de chose par rapport aux émissions de la France libre diffusées sur les ondes de la BBC qui, tout à la fois attestent l'existence de la Résistance extérieure et créent un lien sensible avec les Français, clandestins actifs ou simples auditeurs.

Les Français libres prennent très vite conscience de la nécessité d'orchestrer une contre-propagande. L'adoption du symbole de la croix de Lorraine, en juillet 1940, sur la suggestion de Thierry d'Argenlieu, comme réplique à la croix gammée, en constitue une indication, tout comme l'affiche au liseré tricolore, composée de l'appel du général de Gaulle aux

Français. Tirée en juillet 1940 à 1000 exemplaires par Fallek, un imprimeur de Seawell Road, apposée à Londres les 3 et 4 août, elle sera reprise tout au long de la guerre sous différentes versions, et fleurira sur les murs de la France libérée. Sa célébrité sera telle que les Français finiront par croire que la formule « La France a perdu une bataille ! Mais la France n'a pas perdu la guerre », en exergue de l'affiche, ouvrait l'appel du 18 Juin 1940.

Pour la France libre, la radio constitue la première arme du combat politique : elle doit imposer de Gaulle aux Alliés, soutenir le moral des Français, fragiliser la confiance des Allemands. Dès le 19 juin 1940, la BBC diffuse « Ici la France », émission d'un quart d'heure, portée à trente minutes, programmée à 20 h 30, et bientôt confiée à Michel Saint-Denis (alias Jacques Duchesne). Le 6 septembre, elle devient « Les Français parlent aux Français ». Animée par une équipe de volontaires FFL, elle reste soumise à la censure britannique et aux directives de la BBC. De 1940 à 1944, sa structure ne varie guère. Aux nouvelles succèdent les cinq minutes d'« Honneur et Patrie » qui, par la voix de son porte-parole Maurice Schumann, exprime le point de vue officiel de la France libre (elle est la seule partie de l'émission non encadrée par la censure). Le général de Gaulle lui-même y intervient 67 fois. Puis viennent les commentaires politiques de Jacques Duchesne, Pierre Bourdan, Jean Marin, les chansons, sketches et slogans de Maurice Van Moppès, Jean Oberlé et Pierre Dac, mais aussi, dès lors que les échanges avec la Résistance intérieure s'intensifient, les fameux messages d'action codés qui frappent l'imagination des auditeurs.

Le ton de Radio-Londres tranche avec celui de Radio-Paris ou de Radio-Vichy, et d'abord parce qu'on entend y dire la vérité, y compris lorsque les nouvelles sont mauvaises. Comme l'observe Bourdan au micro, le 23 septembre 1942 : « Il vaut mieux que les Français se concentrent sur des certitudes que sur des espoirs immédiats, qui peuvent être déçus. » Radio-Londres dénonce la Collaboration, la Relève, le STO, les rafles antisémites de l'été 1942 et, s'appuyant sur des témoignages, révèle la politique d'extermination nazie. Le 8 juillet 1943, par exemple, Paul Bouchon explique :

> « Les Juifs venant de toutes les parties de l'Europe asservie sont peu à peu rassemblés et envoyés dans les ghettos de Varsovie, de Lvow ; ils y demeurent pendant un certain temps ; de là, ils partent "vers l'Est", selon l'expression officielle, c'est-à-dire, qu'en fait, ils partent pour des camps d'extermination, à Belzec, Treblinka, Sobibor, etc. Et, là, ils sont massacrés par groupes de mille à six mille, de différentes façons : asphyxiés aux gaz, brûlés vifs par de la vapeur ou électrocutés. »

Les émissions politiques tiennent souvent du spectacle. Pierre Dac, l'humoriste fondateur de *L'Os à moelle*, avant guerre, créateur de jeux loufoques sur le Poste Parisien, apporte beaucoup à l'équipe. Les refrains des réclames de naguère, les airs connus des ritournelles populaires, les parodies de chanson servent d'appui à une propagande aussi ludique qu'efficace. Oberlé détourne la *Curaracha* : « Radio-Paris ment (*bis*), Radio-Paris est allemand ». Van Moppès s'approprie Trénet, pour saluer l'échec du Blitz :

> « Boum ! Nous avons tenu, Boum !
> Tout' l'Angleterre dit Boum
> Lorsque les bombes font Boum-Boum ! »

S'il convient de ne pas surestimer l'écoute de Radio-Londres, il faut aussi éviter de la minimiser, surtout à mesure que le temps passe. Les Allemands et Vichy ne s'y trompent pas, du reste, qui renforcent le brouillage par l'accord de décembre 1941. Les lettres des auditeurs qui traversent la Manche constituent un indice d'écoute, de même que l'émission de

Jean Oltramare sur Radio-Paris, « Au rythme du temps », dont la forme s'inspire de celle des « Français parlent aux Français ». Mais il y a bien davantage, notamment lorsque les Français répondent aux consignes de la campagne des « V », comme «Victoire», en 1941. L'idée, lancée par l'animateur du programme belge, Victor de Lavelaye, est reprise par la France libre, le 22 mars. Du jour au lendemain, les murs et les pavés des villes françaises se couvrent de « V ». Bientôt, la contagion gagne la moitié de l'Europe. La propagande de Goebbels cherche à récupérer le mot d'ordre pour le lancement de la croisade européenne contre le bolchevisme, baptisée « Victoria » : un immense « V » est installé sur la tour Eiffel. C'est un échec : le V reste un symbole des alliés. D'autres campagnes suivent, comme celle dite « de la tortue », incitant les Français à « travailler lentement ». De même, la BBC est à l'origine de manifestations spectaculaires en France à des dates symboliques (1er mai, 11 novembre) : celle du 14 juillet 1942 est un succès, particulièrement en zone Sud.

La propagande collaborationniste cherche à endiguer le flot. Ses affiches stigmatisent le « Général Micro » aux ordres de la « juiverie américaine ». En vain ; comme le reconnaît le préfet régional de Marseille, dès 1942 : « Il ne nous est plus possible d'apposer par voies d'affiche, par la presse et même par la radio, des conseils contraires à ceux des agitateurs de Londres. » En 1944, Henriot, dans ses chroniques, apostrophe directement les hommes de Radio-Londres « montée, dit-il, par des fripouilles à l'usage des imbéciles »; un curieux dialogue s'engage avec Pierre Bourdan, qui rend coup pour coup. Pourchassant les auditeurs de la BBC, les Allemands, dans les temps qui précèdent le débarquement, en viennent à saisir les postes de TSF dans les départements de côte française, comme en Seine inférieure où sont confisqués 90 000 récepteurs.

La France libre a gagné la guerre des ondes, prolongée dans l'Empire, avec Radio-Brazzaville ou Radio-Alger, devenue Radio-France. Des Français participent aussi à la propagande radiophonique américaine, et singulièrement celle de *Voice of America*. Son bureau français est dirigé par Pierre Lazareff et Lewis Galantière (voir *Hélène et Pierre Lazareff*, p. 376) ; des intellectuels importants s'y expriment, comme le catholique Jacques Maritain et le syndicaliste Paul Vignaux.

Le 2 novembre 1944, Radio-Londres cesse définitivement d'émettre. La reconstruction de l'appareil médiatique a déjà commencé. Les circonstances mêmes de la Libération de Paris attestent que la Relève était prête. Le 18 août, par la voix de Paul Crénesse, la « Radiodiffusion de la Nation française » appelle la population à se soulever. Les ciné-reporters, sous la conduite d'Hervé Missir, tournent les images des combats et les présentent chaque jour dans les cinémas parisiens sous le titre *France libre actualités*. Les feuilles clandestines sortent au grand jour. Le 20 août, est créée l'Agence France Presse. Les collaborateurs, emportés dans les bagages des Allemands, tentent désespérément de se faire entendre. Hérold-Paquis anime Radio-Patrie, tandis que les doriotistes relancent *Le Petit Parisien*. Peine perdue. Le collaborationnisme n'a plus d'auditeurs ni de lecteurs. L'après-guerre commence.

CHAPITRE IV

LE LONG APRÈS-GUERRE DES MÉDIAS
(1944-1958)

La Libération sonne l'heure des comptes. Un consensus s'établit pour frapper tous ceux qui, par leur plume, leur micro, leur caméra, ont servi les intérêts des occupants et trahi la France. Mais les journalistes de la Résistance veulent aller au-delà de la condamnation des hommes et rebâtir entièrement l'appareil d'information. La rupture, non seulement avec les médias de Vichy mais également avec les pratiques d'avant guerre, sources de la trahison de 1940, est suscitée par l'État républicain qui préside à la reconstruction de l'édifice médiatique, avec le soutien des communistes, des socialistes, des démocrates-chrétiens, dominants dans le pays et dans la presse.

Toutefois, l'élan qui anime les médias de la Libération s'effrite bientôt, sous la pression des circonstances : leurs idéaux – l'État protecteur, l'engagement, l'exclusion des puissances d'argent – sont progressivement mis à mal par l'encadrement de la liberté d'expression sous l'effet des guerres de décolonisation, par la crise de la presse d'opinion, par le retour des grands intérêts économiques.

Reste que les années 1950 sont aussi celles d'une recomposition du monde des médias avec, notamment, le retour en force de la presse populaire, la naissance de la télévision ou la percée des radios périphériques.

Faire table rase : l'épuration et ses limites

Préparée de longue date par les instances de la presse clandestine, définie dans ses modalités par le *Cahier bleu* adressé aux commissaires de la République, aux préfets, aux Comités départementaux de la Libération (CDL), codifiée, enfin, par l'ordonnance d'Alger du 22 juin 1944 qui affirme la nécessité immédiate de supprimer les « journaux compromis », l'épuration de la presse est une priorité politique de la Résistance. La Libération venue, l'ordonnance du 30 septembre 1944 précise les conditions d'interdiction dans son article premier :

« Est et demeure interdite la publication :

1. De tous les journaux périodiques qui ont commencé à paraître après le 25 juin 1940 [*c'est-à-dire au-delà de l'armistice*].

2. De tous les journaux et périodiques qui, en existant antérieurement au 25 juin 1940, ont continué à paraître plus de quinze jours après l'armistice dans les territoires qui constituaient pendant l'occupation ennemie la zone Nord, et plus de quinze jours après le 11 novembre 1942 [*franchissement de la ligne de démarcation*] dans les territoires constituant la zone Sud. »

L'application de cette disposition du Gouvernement provisoire revient à interdire la quasi-totalité de la presse française, à rayer du paysage médiatique une partie de son histoire. La rudesse de la mesure fait de la France une exception parmi les pays occupés d'Europe occidentale. Le plus intéressant dans cette affaire, ce sont les dispositions concernant la zone Sud. Curieusement, on semble admettre que Vichy, jusqu'à novembre 1942, était encore la « France », ce qui pourra favoriser une certaine tolérance à l'égard des journalistes qui ont continué à travailler dans la presse à cette époque. La subtilité tient au délai de 15 jours avancé par l'ordonnance : il sauve *Le Figaro*, qui s'est sabordé à temps, mais condamne *Le Temps*, auquel le général de Gaulle n'a pas pardonné son ralliement à Pétain. On trouve pourtant, quand on le veut, certains arrangements. *La Montagne*, disparue en 1943, est repêchée pour services rendus à la Résistance. *La Croix* doit son salut, en février 1945, au ministre de l'Information démocrate-chrétien, Pierre-Henri Teitgen : à la veille des élections municipales, son parti, le MRP, a besoin du clergé. Quant à *La Dépêche de Toulouse*, elle est de retour en 1947 sous le titre *La Dépêche du Midi*, à la faveur du début de la guerre froide et de la nécessité pour les hommes au pouvoir, socialistes et MRP, de trouver des appuis au centre gauche.

Éliminer la presse tient du symbole et du pragmatisme. Certes, il s'agit de condamner la trahison. Mais il s'agit aussi de lier le sort des journaux à celui de Vichy, d'affirmer que la France s'engage dans une voie nouvelle, de permettre aux anciennes feuilles clandestines de retisser le maillage national de la presse, d'écarter les dirigeants historiques au profit de nouvelles élites. Dès lors, réquisitions et expropriations commencent. Partout en France, les sièges des journaux compromis sont saisis par les rédactions de la presse résistante. À Paris, le grand immeuble de *Paris-Soir*, rue du Louvre, est investi par *Ce soir*, *Libération*, *Front national*; à Tours, *La Nouvelle République* s'installe au siège de *La Dépêche*.

Après les titres, les hommes. Les journaux avaient été les vitrines de la collaboration et les journalistes les hérauts de l'Europe allemande. L'épuration, qu'elle soit pénale ou professionnelle, suscite de vives polémiques, les uns la jugeant trop sévère, les autres trop modérée. Les procès instruits contre les journalistes collaborateurs par les Cours de justice provoquent des prises d'armes dans la presse, entre ceux qui, dans la mouvance communiste (Claude Morgan dans *Les Lettres françaises*, Madeleine Jacob dans *Franc-Tireur*, le Comité national des écrivains), dénoncent la clé-

mence des tribunaux, et ceux qui, tel François
Mauriac dans *Le Figaro*, s'insurgent contre les allures
de vengeance que prennent certains jugements. Ce
dernier se heurte d'ailleurs à Camus qui, dans
Combat, réclame simplement la justice et invoque la
responsabilité de l'homme de plume. La controverse
est à son comble lorsque Mauriac tente de sauver la
tête de Béraud, le journaliste de *Gringoire*. « Grâce à
Dieu et pour notre honneur à tous, Henri Béraud n'a
pas trahi », écrit-il dans *Le Figaro* (4 janvier 1945).
Camus réplique aussitôt dans *Combat* : « Un pays qui
manque son épuration se prépare à manquer sa rénovation » (5 janvier 1945). En définitive, Béraud sera
gracié. Mais l'auteur de *L'Étranger* lui-même est gagné
par le trouble. Après mûre réflexion, il cède aux appels
de Mauriac et signe la pétition implorant la grâce de
Brasillach, finalement exécuté le 6 février 1945 ; bientôt, il en vient à critiquer les dérives de l'épuration.

Pour retentissantes qu'elles soient, les exécutions
restent rares (outre Brasillach, Luchaire, Chack,
Hérold-Paquis, Suarez, Ferdonnet), et la plupart des
condamnations à mort sont commuées en peines de
prison (Beauplan, Cousteau, Rebatet, Maurras,
notamment). Ce ne sont pas elles, en tout cas, qui
sont de nature à remodeler le paysage professionnel
des médias. Plus intéressante, à cet égard, est l'épuration interne conduite par le Commission nationale de
la carte d'identité professionnelle. Rétablie dans ses
droits, l'instance créée en 1936 se voit confier les pouvoirs d'un tribunal d'épuration professionnel, par l'ordonnance du 2 mars 1945. Nul ne peut y échapper,
car, désormais, l'obtention de la carte de journaliste
est obligatoire pour travailler dans la presse.
L'organisme est subdivisé en deux institutions désignées par le gouvernement, l'une de première instance, l'autre d'appel. Présidées par un magistrat, elles
sont formées à parité de directeurs de journaux et de
rédacteurs, issus des grands titres et organes profes-

sionnels de la Libération (comme Pascal Pia, patron
de *Combat*, ou Eugène Morel, leader du SNJ-CGT,
pour la commission ordinaire; Albert Bayet, de la
Fédération de la presse, ou André Sauger, pour la
Commission supérieure). Chaque candidat au précieux sésame doit remplir un questionnaire touffu sur
ses activités de 1940 à 1944, et accepter de se présenter devant ses pairs pour se justifier.

Pourtant, très vite, le tribunal professionnel mesure
les limites de son action. D'abord, afin d'éviter d'attirer
l'attention sur leur cas, les confrères les plus compromis
se sont bien gardés de déposer une demande de carte.
Ensuite, l'ordonnance prévoit que la Commission
n'exercera ses prérogatives d'épuration que jusqu'au
mois de juin 1946. Or, les six professionnels chargés
d'instruire les dossiers sont littéralement débordés par
les demandes : en un an, ils en examinent plus de
8 000 ! Autant dire que, pour l'essentiel, les juges s'en
tiennent à l'avis fourni par les directions régionales à
l'Information et n'auditionnent les candidats suspects
de défaillance patriotique que quelques minutes.
Impossible, dans ces conditions, de vérifier sérieusement l'argument du « double jeu » si souvent avancé.

En fait, aucune doctrine n'a été définie en matière
de sanction. Elle se dessine au fil des travaux : la peine
varie de trois mois à vingt ans de suspension. Le tribunal se montre clément à l'égard de ceux qui, ayant
charge de famille, ont repris une obscure besogne de
journaliste après la débâcle. En revanche, il frappe systématiquement les jeunes rédacteurs entrés dans la
profession durant l'Occupation. Les peines sont plus
sévères pour ceux qui ont assumé des responsabilités,
bénéficié de promotions, appartenu à un média stratégique pour l'occupant (radio, agence de presse) et,
surtout, qui ont été en contact direct avec l'ennemi,
notamment lors des conférences bihebdomadaires de
la Propaganda Staffel. Sévères, elles le sont particulièrement pour les rédacteurs des feuilles collaboration-

nistes parisiennes. Mais, pour ces dernières, la justice
a déjà abondamment frappé. Ne viennent se présenter
devant la Commission que les seconds couteaux, dont
la défense confine souvent au pitoyable. Or, bientôt,
des clivages percent au sein de la Commission. La critique née de la publication des premières sanctions,
tenues pour insuffisantes, se mue en polémique dès
lors que l'instance d'appel, saisie par les condamnés,
réduit la peine dans plus d'un cas sur deux.

Au bout du compte, environ 700 suspensions temporaires (sur 9 000 dossiers) sont prononcées. Pour
90 % d'entre elles, la peine n'excède guère les deux
ans ; dans un cas sur trois, elle ne dépasse pas les six
mois ; seuls 2 % des candidats sont interdits pour vingt
ans. Le bilan laisse un sentiment amer, d'autant que la
loi prévoit de faire courir la sanction à partir du
1er septembre 1944. Compte tenu des délais d'examen
des dossiers, les petites peines – les plus nombreuses –
ne trouvent donc aucune traduction pratique. En
revanche, les chômeurs ont bien du mal à se réinsérer.
Ce paradoxe pousse la Commission à exiger la publicité des condamnations et à imposer l'affichage, dans
les rédactions, des journalistes interdits. Mais bien des
patrons de presse résistent et s'opposent à cette initiative, moins en raison d'amitiés suspectes que du fait
de la nécessité de s'entourer de collaborateurs che-
vronnés (les secrétaires de rédaction, notamment !),
alors qu'afflue une masse de jeunes rédacteurs ayant,
pour toute expérience, un certificat de Résistance.

À partir de 1947, la nouvelle Commission de la
carte ne peut plus rejeter une candidature pour fait de
collaboration. Ceux qui ont eu la patience d'attendre
en sont récompensés, comme Henri Prété, homme
lige de Laval qui l'avait nommé à la tête de l'Office
français d'information, ou Antoine Piétri, ancien chef
de la censure de Vichy. Le fait passe quasi inaperçu ; la
colère est retombée. Au sein de la corporation, une
chape de silence s'abat bientôt sur la période de l'épu-

ration, laissant à beaucoup un goût d'inachevé, propre à nourrir rumeurs et insinuations. Pourtant, rares sont les professions qui peuvent se targuer d'avoir frappé d'indignité, même temporaire, le tiers ou le quart de leurs membres en exercice sous l'Occupation, comme ce fut le cas pour les journalistes.

La volonté d'assainissement vaut pour tous les secteurs médiatiques, à commencer par la radio. Une commission d'épuration y fonctionne dès octobre 1944, sous l'autorité du ministre de l'Information, Pierre-Henri Teitgen. 600 dossiers sont d'abord ouverts, 350 proposés à sanction. Le ministère tempère la sévérité des punitions qui portent tout de même sur 6 % des dossiers. Plus de 50 % des peines se traduisent par des interdictions définitives ou des révocations. Fonctionnaires, auteurs, interprètes de Radio-Paris, mais aussi membres des services politiques et des émissions d'information (44 % des épurés) sont principalement visés par les juges professionnels.

L'âge d'or de la presse engagée ?

Partout, dans les villes libérées, les feuilles clandestines paraissent au grand jour. Frustrés par quatre ans de propagande, les Français s'arrachent les journaux de la liberté. Jamais, depuis 1848, on n'avait connu une telle fièvre éditoriale et un tel engouement de la population pour la presse. Rien n'est plus facile que de créer un journal. Aucune mise de fond n'est nécessaire. Il suffit à une feuille de la Résistance de prouver qu'elle a publié trois numéros clandestins pour obtenir du papier et s'afficher dans les kiosques. Un même lecteur peut aisément se procurer plusieurs quotidiens, d'autant que la pagination restreinte (2 pages) et le format réduit (imposé en décembre 1944, en raison de la pénurie de papier) lui facilitent la tâche. Tous les tirages progressent par rapport à 1939. Mais si, au plus fort de la presse d'après guerre, au début 1946, les 28 quotidiens parisiens ont une diffusion supérieure de 8 % par rapport à l'avant guerre (4 760 000 d'exemplaires), les 175 titres de la presse régionale imposent définitivement la province comme l'espace premier du quotidien, avec 7 332 000 ventes, soit un gain de plus de 66 %, par rapport à 1939.

À Paris, la population retrouve les quotidiens interdits ou volontairement disparus au moment de l'armistice, *L'Humanité, Le Populaire, L'Aube*. Elle se familiarise avec *Défense de la France* (Philippe Viannay, Robert Salmon, Jean-Daniel Jurgensen, Maurice Félut, Pierre Lazareff…), devenu *France-Soir* en décembre 1944, avec *Combat* (Pascal Pia, Albert Camus, Georges Altschuler, Raymond Aron), *Franc-Tireur* (Georges Altman, Albert Bayet, Madeleine Jacob, André Sauger), *Front national* (Jacques Debû-Bridel), *Le Parisien libéré* (Émilien Amaury), *Le Monde* (Hubert Beuve-Méry), etc. En province, les grands titres s'appellent désormais *Ouest-France, La Voix du Nord, La Nouvelle République du Centre Ouest, Sud-Ouest, Nord-Matin*…

La reconstruction de la presse passe, pour les journalistes de la Résistance, par une refonte en profondeur de ses modes de fonctionnement, à commencer par la rupture des liens avec les milieux financiers. L'indépendance de l'information à l'égard de l'argent est la garantie que le journaliste pourra accomplir sa mission. C'est parce qu'il n'en était pas ainsi que la « presse pourrie » de 1940 s'est précipitée dans les bras de l'occupant et a trahi. Comme l'explique Camus : « L'appétit de l'argent et l'indifférence aux choses de la grandeur avaient opéré en même temps pour donner à la France une presse qui, à de rares exceptions près, n'avait d'autre but que de grandir la puissance de quelques-uns et d'autre effet que d'avilir la moralité de tous. Il n'a donc pas été difficile à cette presse de devenir ce qu'elle a été de 1940 à 1944, c'est-à-dire la honte du pays. » (*Combat*, 31 août 1944).

Les principaux tirages des quotidiens en décembre 1944[1]

Paris		Province	
L'Humanité	326 000	Ouest-France	300 000
Ce Soir	288 000	La Voix du Nord	300 000
France-Soir	264 000	Les Allobroges	227 000
Le Populaire	235 000	Nord-Matin	185 000
Le Parisien libéré	222 000	Sud-Ouest	180 000
Libération	196 000	La Nouvelle République du CO	180 000
Combat	185 000	La Marseillaise	180 000
Franc-Tireur	182 000	Le Provençal	180 000
Front national	172 000	L'Est républicain	150 000
Résistance	160 000	Le Progrès de Lyon	136 000
Le Monde	150 000	L'Union	120 000
L'Aube	148 000	Les Dernières Nouvelles d'Alsace	110 000

Un consensus semble de dégager dans le monde des journaux, des discussions s'engagent avec les pouvoirs publics pour donner à la presse un statut qui, garantissant son indépendance, complétant la loi de 1881 et le statut de 1935, la protégera contre le retour des « trusts ». La moralisation de la structure et de la gestion financière des entreprises de presse s'exprime alors selon différentes formes. Au *Monde*, en décembre 1944, on choisit de créer une SARL au capital de 200 000 francs, répartis en 200 parts entre neuf actionnaires, trois d'entre eux (Hubert Beuve-Méry, René Courtin, Christian Alfred Funck-Brentano) en détenant chacun 40[2]. À *La Nouvelle République du Centre Ouest*, on ranime la vieille loi de

---

1. D'après Jean Mottin, *Histoire politique de la presse, 1944-1949*, Paris, Bilans hebdomadaires, 1949.

2. Patrick Eveno, *Le Monde, 1944-1995. Histoire d'une entreprise de presse*, Paris, Le Monde Éditions, 1996.

1917 sur la société anonyme à participation ouvrière.
Le capital de 945 000 francs est divisé en 9 450 parts
égales ; un tiers est réservé au personnel en exercice,
qui est ainsi en mesure d'arbitrer un éventuel conflit
entre l'équipe dirigeante et les actionnaires extérieurs.

D'autres voies sur le chemin de la moralisation de la
presse sont explorées : ainsi en est-il de l'apprentissage
professionnel. Créé en janvier 1946 par Philippe
Viannay et Jacques Richet, le Centre de formation des
journalistes, patronné par la profession (Fédération de
la presse, SNJ-CGT), est d'abord une école destinée
aux jeunes stagiaires à qui l'on apprendra les valeurs
propres à la Résistance : le respect d'une information
au service de la nation.

Servir la nation par la presse n'est pas incompatible
avec l'engagement. Or, en raison même de leurs origines – les mouvements et partis de la Résistance –, les
journaux de la France libérée marquent le retour,
néanmoins éphémère, d'un journalisme d'idées qui
revêt bien des formes.

Une minutieuse étude de Jean Mottin, en 1949, établit que la part des quotidiens d'information, dominante avant guerre, est tombée à moins de 15 % en
1944[1]. Les journaux reflètent alors les rapports de
force politiques du pays. Avec 31 titres et près de 27 %
du tirage global, la presse communiste ou philo-
communiste représente la première puissance médiatique[2]. Suivent la presse socialiste ou socialisante (25
titres, 21 %) et la presse MRP (15 titres, 14 %). Ces
positions se traduisent également sur le plan syndical,
puisque le SNJ-CGT constitue la première force d'attraction syndicale chez les journalistes.

L'engagement revêt alors deux formes. La première, partisane, correspond au courant sartrien

---

1. Jean Mottin, *op. cit.*
2. Fin 1944, *L'Humanité* tire à 326 000 exemplaires, *Ce Soir* à
288 000, des hebdomadaires comme *Les Lettres françaises* ou
L'Avant-Garde à respectivement 135 000 et 125 000 exemplaires.

défini dans *Les Temps modernes* (octobre 1945), qui, chez les intellectuels, amène à se rapprocher du PCF et à écrire dans des journaux d'obédience communiste ou bienveillants à l'égard des communistes, des *Lettres françaises* à *Libération* ou *Franc-Tireur*. Mais il existe une autre composante qui conçoit l'engagement comme un retour aux sources pures et morales d'un journalisme civique soucieux de participer à la reconstruction démocratique : *Combat* en est le fer de lance. Le journal de Pascal Pia et Albert Camus, fin 1944, au moment de sa gloire, n'est que le onzième quotidien par le tirage (185 000), mais son rayonnement dépasse de beaucoup sa diffusion. Entendant implicitement exercer une sorte de magistère moral sur la presse, il se distingue à la fois par la qualité de ses collaborateurs (journalistes et intellectuels), et la rigueur de ses informations et de ses analyses.

L'originalité de l'engagement de *Combat* trouve son fondement dans une double rupture. Rupture, d'abord, avec un journalisme réduit à la simple information : il se définit comme un quotidien d'idées et entend bien peser sur l'action politique et les choix gouvernementaux, pour développer la démocratie en France et mettre en œuvre les idéaux de la Résistance. Mais *Combat* rompt aussi avec les journaux de près ou de loin inféodés aux partis, au nom de l'indépendance nécessaire. Le « journalisme critique[1] », le journalisme de vérité et de proposition, ennemi de la propagande, auquel prétend le quotidien ne peut s'exercer qu'en toute indépendance à l'égard des puissances d'argent et des partis qui suscitent, chez Camus et ses compagnons, une ample méfiance. L'engagement de *Combat* se fonde sur la conception d'une presse de journalistes intègres et maîtres de leur outil, à la fois conseillère exigeante et vigilante du pouvoir, et « guide auprès de l'opinion » (*Combat*, 20 septembre 1944). La morale

---

1. Albert Camus, *Combat*, 8 septembre 1944.

est le maître mot de l'engagement : moraliser la presse pour moraliser la politique, telle est la condition du journalisme civique que *Combat* appelle de ses vœux. Dès lors, le regard sur la responsabilité du Quatrième pouvoir n'est pas sans rappeler les conceptions développées autrefois par *La Lumière* de Georges Boris, voire *Vendredi*, dans l'entre-deux-guerres.

L'État, nouveau chef d'orchestre

Dans le contexte de la Libération et du rejet de Vichy, c'est sur l'action de l'État républicain que les hommes de médias comptent pour reconstruire l'appareil médiatique français.

Cette action, par l'arsenal des ordonnances de 1944 et 1945, est déterminante dans la relance de la presse écrite. C'est l'État qui définit les conditions et les règles. Le ministre de l'Information délivre les autorisations à paraître et maintient, jusqu'au 15 juin 1945, une censure préalable, justifiée par la situation de guerre. Surtout, il fixe les cadres d'une stricte égalité entre les titres : prix de vente unique, répartition du contingent de papier, format, périodicité. Le Gouvernement provisoire répond également au souhait des journalistes de la Résistance d'une plus grande transparence des entreprises de presse, en interdisant les « prête-noms » dans leur capital, en rendant publique l'identité des propriétaires et des actionnaires (ordonnance du 26 août 1944). Désormais, le « directeur de publication » remplace le gérant et, s'il anime un quotidien de plus de 10 000 exemplaires ou un hebdomadaire de plus de 50 000, il ne peut en aucun cas exercer une fonction industrielle ou commerciale qui lui rapporterait l'essentiel de ses revenus – ni diriger plus d'un quotidien.

L'État est même tenté d'aller au-delà de sa mission d'arbitre, comme le montre la naissance du *Monde*, en décembre 1944, voulue par le général de Gaulle. Le chef du gouvernement souhaite la création d'un journal de « référence », qui puisse refléter officieusement le point de vue du Quai d'Orsay, à la manière du *Temps* naguère. La sortie du *Monde*, sur le plan politique comme sur le plan financier, est préparée par le cabinet de De Gaulle et le ministère de l'Information. Sa direction échoit à Hubert Beuve-Méry, ancien correspondant du *Temps* en Tchécoslovaquie, qui avait rompu avec le quotidien après les accords de Munich. *Le Monde* s'installe au siège du *Temps*, rue des Italiens, en reprend les biens et les machines, ce qui explique la similitude typographique entre les deux journaux.

La même logique gouvernementale préside à l'étatisation des sources d'information. Créée le 20 août 1944, l'Agence France Presse récupère les locaux et l'outillage de l'OFI. L'ordonnance du 30 septembre la définit comme établissement public industriel et commercial. Administrée par un directeur général, nommé par décret, sous l'autorité du ministre de l'Information, son financement dépend de l'État. À l'autre bout de la chaîne, la distribution est également encadrée, après la mise sous séquestre des messageries Hachette qui, dans ce domaine, disposait d'un quasi-monopole. Aucun secteur de l'information ne laisse l'État indifférent, jusqu'aux actualités filmées, puisque *France libre actualités*, créé par des cinéastes résistants pour faire pièce au *Monde libre*, projeté par les Américains dans les territoires libérés, est étatisé en décembre 1944.

Mais c'est dans le domaine de la radio, puis de la télévision naissante, que l'État se fait le plus présent. La vague anticapitaliste qui caractérise le temps de la Libération favorise l'instauration du monopole, réclamé par les journalistes du secteur privé eux-mêmes. Après avoir réquisitionné tous les postes du territoire français, en novembre 1944, le gouvernement fait de la radiodiffusion une administration à budget annexe, sous tutelle du président du Conseil et du ministre de l'Information. Puis, par l'ordonnance du 23 mars 1945, il retire les autorisations d'émettre aux stations privées et instaure le monopole, là aussi sous l'autorité du ministre de l'Information. Les personnels de la radio accueillent la décision avec enthousiasme. Ils y voient la condition nécessaire à la diffusion d'une information de service public, objective, impartiale, nationale, garantie notamment par la présence de journalistes issus des grandes formations politiques qui reconstruisent le pays, socialistes, démocrates-chrétiens, communistes. Que la direction du journal parlé relève directement du ministre de l'Information, comme le prévoit l'ordonnance du 20 septembre 1945, ne choque personne : le gouvernement, seul, peut assurer les conditions d'une information réellement démocratique. Accessoirement, l'État a aussi récupéré les placements de Vichy dans Radio Monte-Carlo et Radio-Andorre, que la France, par le biais de la Société française de radiodiffusion (SOFIRA, puis SOFIRAD) détient respectivement à 80 et 97 %.

Dès lors, la Radiodiffusion française (RDF) diffuse deux programmes exclusifs sur tout le territoire métropolitain, le *Programme national* (à vocation culturelle) et le *Programme parisien* (plus populaire), auquel vient se joindre en 1947 *Paris-Inter*, chaîne musicale très confidentielle à ses débuts. Mais, pour les hommes de radio, l'instauration du monopole n'est qu'une étape vers la mise en forme d'un statut établissant la RDF en entreprise autonome vis-à-vis de l'État dans le domaine de la gestion financière et de la conduite de l'information. Les discussions sur le statut commencent, mêlant des intérêts contradictoires, à la fois politiques et catégoriels. Chacun a son avis sur la question : parlementaires, partis politiques, syndicats, industriels, journalistes de presse écrite, professions artistiques, publicitaires... Les personnels de radio eux-mêmes craignent de perdre leur qualité de fonctionnaire. La cacophonie politique aboutit à rejeter des projets bien avancés, en 1946 puis 1947; la rupture du tripartisme rend ensuite conflictuelle toute évocation d'un statut, serpent de mer de la IVe République[1].

La naissance discrète de la télévision

En février 1949, un décret confirme le monopole d'État sur l'audiovisuel et transforme la RDF en Radiodiffusion-Télévision française (RTF), attestant le lancement d'un nouveau média : la télévision. L'expérience initiale est conduite en avril 1931, lorsque René Barthélemy transmet la toute première image entre Montrouge et Malakoff. Mais les vrais débuts datent d'avril 1935, avec la première émission officielle diffusée depuis l'amphithéâtre du ministère des PTT, rue de Grenelle, sous l'égide du ministre lui-même, Georges Mandel. En 1938, le gouvernement annonce qu'il est prêt à couvrir la France d'un réseau télévisé. Toutefois, quand la guerre commence, on ne compte guère plus de 300 récepteurs. Pendant l'Occupation, le pays ne dispose que d'un seul émetteur qui alimente en images la rue Cognacq-Jay, foyer des soldats de la Wehrmacht en convalescence. Ce court intermède nazi permet à la télévision française de bénéficier de l'expérience allemande acquise depuis 1935, quand Goebbels avait amorcé la diffusion publique. Plusieurs techniciens restent en place; la structure des studios est similaire. Après la Libération, le démarrage n'a vraiment

---

1. Seize projets de loi sont rédigés au cours de la IVe République.

lieu qu'au printemps 1945 et le studio de la rue
Cognacq-Jay ne diffuse régulièrement des programmes
qu'à partir d'octobre 1947. Enfin, le 20 novembre
1948, le secrétaire d'État à l'Information, François
Mitterrand, fixe le standard français du 819 lignes qui,
espère-t-il, s'imposera aux autres pays européens, qui
ne disposent alors que du 625 lignes. Lourde erreur,
qui isole la télévision française : quatorze ans plus tard,
la France devra s'incliner et, au prix d'une conversion
coûteuse, adopter, à son tour, le 625 lignes. Pendant
quelques années, la télévision exploite deux définitions,
l'ancien 441 lignes et le nouveau 819 lignes : il faut
deux types d'émetteurs et de caméras, doubler les émissions et les tournages ; et, du coup, gonfler les cachets
des comédiens et des réalisateurs, ce qui est particulièrement onéreux[1] !

Ne nous y trompons pas : la télévision reste, en
1948, avec quelques centaines de postes, un média
très confidentiel. Phagocytée par la radio, elle n'a
aucun moyen, aucun public, aucun personnel, aucun
budget propre. Au début des années 1950, seuls 10 %
des Français peuvent recevoir ses émissions, tandis
que les émetteurs de province se mettent peu à peu en
place (Lille, 1950 ; Strasbourg, 1953 ; Lyon et
Marseille, 1954). Alors qu'en 1954 le Parlement lance
un vaste plan d'équipement du territoire, que les
sommes allouées à la télévision doublent en 1955
pour dépasser le milliard de francs, que l'État fixe à
1959 la date à laquelle elle devra subvenir à ses
besoins, seul un foyer sur cent dispose d'un téléviseur.
L'audience est dérisoire face au public de la radio, qui
rassemble 20 millions d'auditeurs. La grille des programmes s'étoffe néanmoins, et le temps de diffusion
hebdomadaire passe de 12 à 34 heures, entre 1947
et 1953. Dans ces conditions, créer un journal télévisé

---

1. Prévu en 1958, l'abandon du 441 lignes est accéléré par l'in-
cendie de l'émetteur de la tour Eiffel, en 1956.

ne relève pas de l'évidence, d'autant que, pour ses concepteurs, la télévision est d'abord un instrument de diffusion de la culture (du théâtre, notamment), voire de divertissement. Pourtant, un jeune journaliste de trente ans, Pierre Sabbagh, relève le défi, entouré d'une équipe restreinte. Le 2 octobre 1949, après les essais concluants de l'été précédent, le journal télévisé s'installe plusieurs soirs par semaine, puis chaque soir sur le petit écran, durant un quart d'heure, entre 21 heures et 21 h 15. Il ne le quittera plus. Très bientôt, même, on comptera trois éditions quotidiennes du journal (voir *Les Débuts du JT*, p. 354).

Les premiers déchirements

1947 est l'année des grands bouleversements politiques, celle des ruptures nées de la guerre froide, avec la dissidence communiste, la division syndicale, les conflits sociaux. Fermant la parenthèse des « années Libération », elle révèle la crise majeure de la presse quotidienne d'opinion. Si celle-ci s'atténue dès 1952, ses effets se font sentir bien au-delà. Ses causes sont multiples. Les patrons de presse évoquent, à juste titre, la hausse du prix du papier et des charges salariales de l'entreprise, en raison notamment des sureffectifs volontaires en ouvriers typographes, consentis à la Libération par les journaux pour saluer le service rendu par le monde de l'imprimerie à la Résistance. En riposte, on souligne l'incurie de la gestion, ce qui, en bien des cas, n'est pas faux. Mais les arguments des uns et des autres cachent une réalité plus profonde : la crise du lectorat. L'euphorie de 1944 est retombée. Les Français, lassés par les querelles partisanes, largement alimentées par la presse, souhaitent une autre information, plus diversifiée, et se détournent des titres politiques. En quelque sorte, ils renouent avec le cycle interrompu en 1940, en plébiscitant les quotidiens généralistes, comme *France-Soir* ou *Le Parisien libéré*.

Les premiers craquements se font sentir courant 1946, avec la disparition de quotidiens parisiens, comme *Dernière Paris* ou *Front national*. Le phénomène s'amplifie brusquement, alors que les grèves des ouvriers du livre se multiplient : en janvier 1946, janvier 1947, et surtout février-mars 1947 où les journaux désertent les kiosques durant trente et un jours (*Libération-Soir* ne s'en relève pas et disparaît en juin 1947). Les patrons de quotidiens se tournent alors vers les pouvoirs publics qui restent fermes sur le blocage des salaires et semblent se désengager de la presse. En février 1947, le gouvernement lève l'autorisation de paraître, et le président du Conseil, Paul Ramadier, affirme : « la grève de la presse est un conflit privé ». Pourtant, l'État est bien obligé de s'en mêler, d'autant que l'édifice mis en place à la Libération se fissure de partout, comme en témoignent les Messageries françaises de la presse, au bord de la banqueroute. Les quotidiens finissent par obtenir une augmentation du prix au numéro (de 2 à 4 francs) et, conjointement, un passage sur 4 pages. Mais cela ne suffit pas, et la hausse appelle la hausse : si bien qu'en 1950 le prix au numéro, vendu désormais 10 francs, a quintuplé en trois ans (en pouvoir d'achat, le prix est multiplié par 7,5). Surtout, les mesures d'urgence n'enrayent pas l'hémorragie des tirages et des titres. Les quotidiens d'opinion tombent les uns après les autres. *L'Aube* disparaît en 1951. La presse socialiste agonise, et *Le Populaire* ne tient plus qu'à un fil. Les journaux communistes paient le prix fort de la dissidence, à Paris (*Ce Soir*, 1953) comme en province (*La Gironde populaire* de Bordeaux, 1948 ; *L'Étincelle* de Pau, 1959 ; *La Marseillaise* de Châteauroux, 1950…).

Nombre et tirage (en milliers)
des quotidiens (1946-1958)

	1946		1948		1950		1952		1958	
Paris	28	5959	18	4450	16	3678	14	3412	13	4373
Province	175	9165	142	7859	126	7256	117	6188	110	7294
Total	203	15124	160	12309	142	10934	131	9600	123	11667

(nos calculs)

L'État finit par céder aux pressions des directeurs de journaux. Il leur accorde des subventions, directes, avec l'établissement progressif de fonds pour des achats de matériels d'imprimerie, des soutiens aux achats de papiers, et indirectes, avec des aides à la diffusion, en accord avec la SNCF ou La Poste. Et puis, il contribue à la mise en place des Nouvelles messageries de la presse parisienne, fondées sur un système coopératif. Le capital des NMPP est ainsi réparti : 51 % pour 5 coopératives formées par les journaux; 49 % pour Hachette. Un monopole, de fait, s'instaure. Mais la mesure atteste également le retour des intérêts privés dans les affaires de presse.

Bon gré, mal gré, on se plie à cette réalité dans les quotidiens : de l'argent des industriels et des annonceurs dépend l'existence même des journaux, alors que la France, en 1952, est tombée au 22e rang mondial pour le tirage des quotidiens! Début 1947, un accord intervient entre Blank, PDG de *France-Soir*, et Meunier du Houssoye, PDG de Hachette, ce dernier obtenant 50 % de *France-Soir*, *Elle*, *France-Dimanche*, *Record* contre une hausse du capital. L'année suivante, Hachette arrache un second accord qui lui assure le quasi-contrôle du plus grand quotidien du soir, ainsi que des intérêts dans *Paris-Presse*. Deux ans plus tard, le groupe de Jean Prouvost rachète la moitié des actions du *Figaro*; seule l'autorité de Pierre Brisson préserve l'indépendance de la rédaction. En 1951, l'industriel Marcel Boussac acquiert 74 % du capital de *l'Aurore*. Pour la presse parisienne, ce n'est qu'un début. En province, la concentration va bon train. Robert Hersant construit les bases de son empire. Fondateur de *L'Auto-Journal*, en 1950, il achète en 1953 un bi-hebdomadaire de Beauvais, *La Semaine de l'Oise*, qui, sous le titre *Oise-Matin*, devient quotidien. Et puis, au printemps 1957, il commence à mettre la main sur une série de titres locaux en difficulté, dans le centre de la France : *Le Courrier du Centre* (Limoges), *L'Éclair du Berry* (Châteauroux), *La Gazette du Périgord* (Périgueux), etc. Tous ces journaux, et d'autres, reparaissent avec un sous-titre commun, « Centre Presse ». Centre Presse, qui poursuit son expansion régionale, finit par rayonner sur 10 départements, avec 7 éditions imprimées.

Ce phénomène, accompagné du retour en force de la publicité (20 à 30 % des recettes des journaux dans les années 1950), souligne cruellement la faillite des idéaux de la Résistance. Alors que les effectifs de la profession stagnent (autour de 6 500 titulaires de la carte), que de nombreux jeunes résistants préfèrent quitter la presse ou sont chassés par la crise, que les cadres de l'ancienne presse, l'orage passé, reviennent en force, beaucoup s'interrogent sur ce qu'il reste de l'esprit des feuilles de 1944. L'unité syndicale des journalistes autour de la CGT explose en 1948 : la majorité d'entre eux choisissent de renouer avec l'indépendance, en refondant le SNJ, héritier de l'organisation de Bourdon. Et puis, le statut de la presse, si désiré, tant promis, prend des allures de mirage. Comme un symbole, Albert Camus rompt avec *Combat*, au mois de mai 1947, lorsque Henri Smadja prend 50 % des parts de la SARL. Incarnation de l'exigence d'une presse morale, l'écrivain refuse, néanmoins, d'admettre qu'une page est tournée. En 1951 encore, il affirme : « Nous referons *Combat*, ou l'équivalent, un jour, quand la situation sera stabilisée[1]. »

---

1. « Caliban », août 1951, in Albert Camus, *Essais*, Paris, Gallimard, 1990, p. 1565.

Les derniers des justes

Que reste-t-il, alors, dans la presse, des engagements de la Libération incarnés par Albert Camus ? On peut en trouver le prolongement dans la nouvelle génération des hebdomadaires politiques, dits de la « nouvelle gauche », comme *France-Observateur* ou *L'Express*, d'une certaine manière aussi à *Témoignage chrétien*. *France-Observateur* naît en 1954. Issu de *L'Observateur*, paru pour la première fois en avril 1950, il est animé par Claude Bourdet, Roger Stéphane, Hector de Galard, venus de *Combat*, auxquels se joint notamment Gilles Martinet. Quant à *L'Express*, il apparaît en mai 1953. Le projet est fondé autour d'un homme, Pierre Mendès France, que les animateurs de *L'Express*, Jean-Jacques Servan-Schreiber et Françoise Giroud, aspirent à porter au pouvoir pour en finir avec l'incurie de la IVe République.

Les équipes de ces hebdomadaires sont dominées par une génération d'hommes et de femmes, à la fois trop jeunes pour avoir travaillé (sinon pas du tout, du moins longuement) dans la presse d'avant guerre, et nés en politique avec la Résistance. Fixés sur une ligne de rénovation de la vie politique, ils puisent leur modèle dans les journaux de la Libération, s'inspirent de leurs principes et souvent de leur fonctionnement. De manière caractéristique, Jean-Jacques Servan-Schreiber, le patron de *L'Express*, fait tout pour obtenir la collaboration de Camus (usant notamment de l'amitié de l'écrivain avec Jean Daniel), symbole de *Combat* et du journalisme moral.

Ces titres refusent le journalisme de parti, trop manichéen à leurs yeux, mais non le journalisme d'idées, fondé sur la vérité de l'information. Leur engagement est à la fois civique et professionnel. Ce type de presse reste cependant marginal en termes de tirages. En 1958, *L'Express* tire à 157 000 exemplaires (25e hebdomadaire français), *France-Observateur* à 72 000 (40e) et *Témoignage chrétien* à 58 000. Mais il pèse considérablement dans le débat public, à la fois comme laboratoire d'idées des forces politiques (de gauche essentiellement), et comme sentinelle de la démocratie. On le voit clairement à propos de la dénonciation des exactions militaires et de la torture en Algérie. Ici, l'engagement des journalistes précède celui des intellectuels. Après *L'Humanité*, qui signale, fin 1954, les premiers cas de torture, *L'Express*, *France-Observateur*, *Témoignage chrétien* publient de nombreuses informations dans le courant de 1955. Claude Bourdet, dans *France-Observateur*, écrit, en février 1955, un article retentissant : « Votre Gestapo algérienne ». *L'Express* est en pointe dans les affaires Audin et Boumendjel, tandis que Robert Barrat, Claude Krief, Jean Daniel multiplient les reportages sur les atrocités de l'armée. Le 29 décembre, à son initiative, l'hebdomadaire fait paraître une série de photographies extraites d'un film de reportage américain (de la Fox-Movietone), montrant l'exécution sommaire d'un Algérien par un gendarme, quelques mois plus tôt ; il fait si grand bruit que le gouvernement est obligé de s'expliquer.

On ajoutera la proximité du quotidien *Le Monde* avec les titres précédents. Son directeur, Beuve-Méry, défend une ligne objectiviste de l'information, fondée sur un socle moral. Lorsqu'il confond volontairement « objectivité » et « honnêteté » du journaliste, il se place sur le plan de l'engagement moral. Éthique politique et éthique professionnelle se mêlent pour rejeter les extrémismes (la fin ne justifie jamais les moyens). Mais c'est également l'engagement moral, nourri de l'idéal missionnaire du journalisme français, qui conduit *Le Monde* à joindre sa voix à celle des titres déjà évoqués, pour condamner les guerres de décolonisation et les exactions militaires, à prendre le risque, aussi, de publier le rapport de la Commission de sauvegarde des droits et des libertés individuels en Algérie (14 décembre 1957).

Il est encore un domaine d'héritage de l'esprit de la Libération qu'il convient de ne pas négliger : le nouveau statut de l'Agence France Presse, adopté en janvier 1957, au terme d'un long processus de négociations avec la presse. Dégagée de la tutelle de l'État, elle devient un « organisme autonome doté de la personnalité civile ». Un conseil d'administration gère les aspects financiers et administratifs, mais un conseil supérieur est mis en place, porteur d'une mission d'intérêt général clairement énoncée : « L'Agence de presse ne peut en aucune circonstance tenir compte d'influences ou de considérations de nature à compromettre l'exactitude et l'objectivité de l'information ; elle ne doit en aucune circonstance passer sous le contrôle de droit ou de fait d'un groupement idéologique, politique ou économique. » À tous les échelons, les professionnels de l'information sont présents, représentants de la presse écrite et de l'audiovisuel. Du coup, l'AFP n'est ni publique ni privée. Financièrement autonome, elle a conquis son indépendance. Certes, mais l'État, représenté dans ses instances par les délégués du gouvernement ou de l'audiovisuel public, est néanmoins un client essentiel, par le biais des multiples abonnements institutionnels.

L'État et la tentation du contrôle

L'un des grands enjeux du long après-guerre, difficilement perçu en 1945, réside dans l'accoutumance de l'État, et plus généralement des acteurs politiques, aux méthodes de contrôle des opinions publiques. La censure administrative reste ainsi en vigueur en

France, sous des formes et des prétextes variés, jusqu'au milieu des années 1960. Elle s'exerce, dès mai 1945, quand le silence est imposé aux journaux sur la répression sanglante de la manifestation algérienne de Sétif : *L'Humanité* se voit alors interdire la publication de photographies montrant les corps des victimes. Le même phénomène se reproduit à propos des massacres de Madagascar, en 1947. Quant à la guerre d'Indochine, ses débuts sont à peine couverts. L'encadrement des médias par l'État ne pose guère problème, tant que l'unanimisme d'après-guerre domine. Les choses se compliquent avec la guerre froide et les fractures politiques qu'elle engendre.

Le consensus peut encore s'opérer sur certains dossiers sensibles qui touchent, par exemple, à la morale publique, comme l'indique le vote de la loi sur les publications destinées à la jeunesse, en juillet 1949. Protégeant les mineurs de la pornographie et de la violence, elle établit l'autorisation préalable, réglemente le contenu et la vente aux moins de dix-huit ans, établit une censure permanente exercée par une commission de surveillance composée de parents, d'enfants et de représentants des pouvoirs publics. Le contrôle est d'autant plus aisément accepté que la loi comporte des arrière-pensées protectionnistes : il s'agit d'endiguer la vague des publications américaines. Mais, en matière politique, et singulièrement dans le contexte de la guerre d'Algérie, il n'est plus question d'unanimité. Or, les pouvoirs spéciaux obtenus par Guy Mollet en mars 1956 ouvrent la voie à l'instauration de formes de censure en Algérie, mais aussi en métropole.

Parler de censure à la radio au début des années 1950 serait bien excessif, même si le journal parlé est l'objet d'une surveillance étroite. Dès 1946, le ministre de l'Information, Gaston Defferre, a placé à sa tête un homme sûr, Vital Gayman, ancien communiste devenu compagnon de route des socialistes. Respecté par son équipe, sa loyauté à l'égard du gouvernement – quel qu'il soit – et l'instabilité ministérielle chronique lui permettent de traverser la IVe République sans encombre.

Dès 1947-1948, communistes et gaullistes sont écartés de l'information. Mais là n'est peut-être pas l'essentiel. En mars 1949, les journalistes de la RTF obtiennent un statut protecteur, donnant à une commission paritaire de larges compétences. Aux termes de son article 5, ils s'engagent à faire preuve de « neutralité », en vertu de la diversité des auditeurs, et de l'impact de l'information diffusée. Or, radio d'État et rattachement à la fonction publique obligent, les journalistes finissent par confondre « service public » et « voix de la France » : au journal parlé, leurs propos sont nourris de textes et de communiqués gouvernementaux, lus sans commentaires, en toute « impartialité ». Ils pratiquent l'autocensure, évitant d'évoquer les sujets fâcheux de la vie politique, Thorez et le PCF d'un côté, de Gaulle et le RPF de l'autre. Habitudes et pratiques préparent les journalistes à un contrôle plus étroit au moment de la guerre d'Algérie. L'époque n'est pas à l'audace : les hommes d'information prennent un minimum de risques dans la présentation des nouvelles et s'appliquent à relayer la politique gouvernementale. Ils veillent notamment à ne pas irriter le pouvoir par l'emploi d'un vocabulaire sensible : ainsi le « rebelle » algérien n'est-il pas un « nationaliste », mais un « fanatique », un « bandit », un « tueur ».

Que la radiodiffusion soit un instrument gouvernemental ne fait guère de doutes ; lorsque Mendès France décide, en 1954, de s'adresser chaque semaine aux Français par la voie des ondes, il ne demande l'autorisation à personne. Mais il serait faux d'affirmer que l'opposition n'a pas accès au micro. D'abord, la répartition du temps d'antenne lors des campagnes électorales est soigneusement définie et respectée. Ensuite, des espaces d'expressions contradictoires existent. La « Tribune de Paris », table ronde de journalistes politiques diffusée une fois par semaine sur le Programme national, accueille les représentants de toutes les tendances, communistes et gaullistes y compris. Enfin, les ministres font un usage modéré de la radio.

Il reste néanmoins des déséquilibres flagrants, par exemple lorsque, en 1951, le mouvement anticommuniste Paix et Liberté, dirigé par le député radical Jean-Paul David, secrètement financé par le ministère de l'Intérieur, prolonge ses campagnes d'affiches par une chronique quotidienne sur les ondes d'État. La radio d'État se transforme brusquement en outil de propagande d'une faction. Le directeur de la radio à la Libération, Jean Guignebert, avoue ne plus reconnaître le projet de la Résistance :

> « Progressivement, cette radio de la nation que nous avions fait naître des décombres vichyssois est devenue la radio du Gouvernement et du seul Gouvernement. Dans tous les domaines, l'intervention du pouvoir se fait chaque jour plus sensible. On essaie – de temps en temps – de sauver les apparences mais, en fait, seule la politique gouvernementale est proposée aux auditeurs, seules sont diffusées les nouvelles qui semblent l'expliquer ou la justifier alors que sont escamotées celles qui pourraient en gêner l'impudent développement[1]. »

La charge n'est pas isolée. En 1952, les journalistes FO adoptent même une motion contre la mainmise gouvernementale sur l'information. Mais, mis à part les exclus, communistes et gaullistes, l'indignation est mesurée, car l'opposition politique n'a guère intérêt à critiquer un mode de fonctionnement qui lui sera utile, une fois revenue au pouvoir.

La télévision est un autre cas de figure, en raison de sa faible audience. Les hommes politiques l'ignorent

---

1. *Radio-Liberté*, 4 février 1951, cité par Christian Brochand, *Histoire de la radio et de la télévision en France*, t. II : 1944-1974, Paris, La Documentation française, 1994, p. 72.

jusqu'en décembre 1953, date de la laborieuse élection de René Coty à la présidence de la République. Les caméras de la télévision ne quittent pas Versailles, d'où Claude Darget retransmet les débats, sans rien dissimuler des tractations ou des manœuvres. On ne compte guère plus de 60 000 postes – déclarés – dans le pays, ce qui établit le public potentiel à 250 000 personnes ; mais l'effet télévisuel est désastreux pour les représentants de la nation. Un peu moins d'un an plus tard, Pierre Corval, journaliste de radio et grand résistant lié au MRP, crée la première émission politique, *Face à l'opinion* (rebaptisée *Faisons le point* en 1955). Reprenant le modèle américain de *Meet the Press*, une personnalité politique y est interrogée par un groupe de journalistes. Or, non seulement les hommes de l'opposition frappent par leur absence, mais les interviewers font preuve d'une déférence à l'égard de leurs invités qui suscite ironie ou irritation dans une partie de la presse. Mendès France et Edgar Faure ne négligent pas le petit écran, et les hommes politiques se familiarisent avec lui, à l'occasion de la campagne officielle radiotélévisée pour les législatives de janvier 1956. Précisément, le vrai tournant du contrôle est pris en 1956, lorsque le socialiste Guy Mollet, leader de la coalition victorieuse, s'installe à Matignon. Le nouveau président du Conseil s'applique à surveiller l'information à la télévision, et y intervient en personne à plusieurs reprises. Dès le 6 mars 1956, il est interviewé, en compagnie de ses ministres Robert Lacoste et Christian Pineau.

Informer, entre Alger et Paris

Contrairement à une légende tenace, le « JT » ne fait pas silence sur les « événements d'Algérie » ; malgré son manque de moyens, il les évoque dès l'origine, reportages à l'appui. Mais ce qu'il dit et montre est désormais scruté par le pouvoir politique. Ses journalistes accompagnent Guy Mollet à Alger en février 1956, couvrent l'arrivée de Robert Lacoste en Algérie, neuf mois plus tard, tendent complaisamment le micro vers les représentants des autorités françaises qui prennent largement le temps de s'exprimer. Sous Mollet, le journal télévisé devient la « voix de la France » et, pour s'en assurer, en juin 1956, le journal télévisé est rattaché directement à la direction de l'information que contrôle Vital Gayman. La pression se fait plus forte. Ainsi, en novembre 1956, Jacques Sallebert est-il rappelé d'urgence à Paris. En pleine crise de Suez, il a osé inviter dans sa chronique « À vous Londres » le député travailliste Kenneth Younger, vivement opposé à l'expédition conduite par Mollet et Eden.

Mais le président du Conseil va plus loin. Contrairement à beaucoup d'hommes politiques, habitués à la radio mais maladroits devant les caméras, Mollet « passe » bien à la télévision. Il y est à l'aise, ce qui donne sans doute l'idée à ses conseillers et à Bleustein-Blanchet, familier des médias audiovisuels américains, de suggérer au chef du gouvernement le montage d'une vaste opération de communication qui consistera en une série d'entretiens télévisés avec Pierre Sabbagh, groupés sous le titre *Face à la vérité*. Il s'agira à la fois d'expliquer l'action gouvernementale, de répondre aux inquiétudes des Français, et de combler le déficit de popularité de Guy Mollet. Mendès France avait la radio, explique Bleustein-Blanchet ; Mollet fera de cet instrument moderne qu'est la télévision son outil de communication[1]. La première interview a lieu le 18 juin 1956, en direct de Matignon : le président du Conseil a bénéficié des

---

1. Marcel Bleustein-Blanchet, *La Rage de convaincre*, Paris, Robert Laffont, 1970, p. 350-353.

conseils éclairés de Pierre Sabbagh lui-même. Dans cette émission très scénarisée et théâtralisée, où questions et réponses ont été préparées, Mollet se donne l'image d'un homme simple et accessible, tout en justifiant fermement sa politique, notamment en Algérie. L'émission est suivie d'une dizaine d'autres, toujours dans le bureau de Guy Mollet, où Sabbagh se fait le porte-parole des téléspectateurs, invités à poser des questions par courrier au président du Conseil. Qu'il s'exerce par la surveillance ou la séduction, le contrôle étatique sur la télévision ne se relâche plus. Les « coups de fil » des ministres au directeur de la RTF, pour lui rappeler ses devoirs à l'égard du gouvernement, se banalisent, et la pression sur les esprits libres se renforce, à la faveur de la guerre d'Algérie. Ainsi, en janvier 1958, les propos tenus par Max-Pol Fouchet, dans *Le Fil de la vie*, sur la politique algérienne, provoquent l'ire du président du Conseil, Félix Gaillard. Plutôt que de se soumettre à la censure préalable de ses papiers, le journaliste décide de saborder son émission.

L'encadrement s'exerce toujours au nom de « l'intérêt national », et l'argument vaut, à la fin des années 1950, pour justifier les entraves à la liberté d'informer de la presse. Difficile avant les pouvoirs spéciaux de mars 1956, le travail des reporters en Algérie devient périlleux au-delà. À Alger, les « envoyés spéciaux permanents » sont, la plupart du temps, confinés dans leur chambre d'hôtel, à attendre le bon vouloir des militaires. Pour suivre les combats, les journalistes sont accompagnés par des officiers de presse qui limitent les possibilités de prise de vue et conduisent généralement avec retard les journalistes sur les terrains d'opération. Dans les villes, il suffit à la police et au procureur d'ordonner des perquisitions pour saisir des matériels, au prétexte qu'ils pourraient servir à des complices de la subversion algérienne. Les permis de séjour et les autorisations de se rendre en Algérie sont ôtés aux journalistes étrangers jugés indésirables,

et même un collaborateur de l'agence Magnum
comme Sergio Lorrain est contraint de quitter la
France pour avoir effectué un reportage exclusif
auprès de l'Armée de libération nationale. Du coup,
l'image est amplement contrôlée par les militaires qui,
grâce à l'Établissement cinématographique et photographique des armées (ECPA), fournit la presse et le
cinéma en clichés et en films.

Pour la presse, la liberté d'expression sur l'Algérie a
un coût : la saisie, forme douloureuse de censure qui
frappe les finances du journal. « La presse est hors
la loi », s'insurge Claude Bourdet dans *France-
Observateur* du 6 mars 1958, qui publie un article de
Sartre sur la torture : le numéro est aussitôt saisi. Les
journaux qui osent mettre en cause le rôle politique de
l'armée, évoquer les exactions militaires, donner la
parole au FLN ou prétendre que l'Armée de libération nationale est une force, prennent le risque de la
sanction brutale. Rien qu'en 1958, le nombre des saisies s'élève à 111 (32 en métropole, 79 en Algérie),
affectant notamment la presse communiste, *L'Express*
et *France-Observateur* (comme le 27 février 1958 où le
journal publie des extraits du livre d'Henri Alleg, *La
Question*, avec ce titre provocateur : « Le gouvernement a-t-il peur de l'armée ? »). *Témoignage chrétien* est
saisi 69 fois en Algérie du début de la guerre à
mars 1958[1], *Le Monde*, 37 fois rien qu'en 1958 (il est
régulièrement stoppé à son entrée en Algérie). À cette
forme de répression, s'ajoutent les poursuites contre
les journalistes de *L'Express* et de *France-Observateur*,
tels : Roger Stéphane, qui couche quelques nuits à la
Santé en avril 1955 ; Robert Barrat (septembre 1955)
et Claude Bourdet (avril 1956), qui subissent un sort

---

1. Christophe Barthélemy, « Les saisies de journaux en 1958 », in
Laurent Gervereau, Jean-Pierre Rioux et Benjamin Stora (dir.), *La
France en guerre d'Algérie, novembre 1954-juillet 1962*, Paris, BDIC,
1992, p. 122-126.

identique pour « atteinte au moral de l'armée »; Jean-Jacques Servan-Schreiber, poursuivi en 1957 pour les mêmes raisons, après avoir publié en feuilletons dans *L'Express* son livre témoignage, *Lieutenant en Algérie*[1]. Mais la répression ne s'arrête ni à ces titres ni à ces hommes. Elle est pourtant plus claire et mieux acceptée pendant la crise de 1958. La censure (« préventive », dit le ministre) est provisoirement rétablie le 25 mai, chaque journal est supervisé par un censeur qui examine les morasses avant parution; plus de risque, alors, d'interdiction après tirage.

Le retour au pouvoir de De Gaulle ne met pas fin à cette situation, bien au contraire. La censure est levée, mais reste la saisie administrative, sur ordre préfectoral. La moyenne annuelle des saisies en Algérie, qui, entre 1954 et le 13 mai 1958, s'élevait à 32, passe à 69 entre cette dernière date et juin 1962. Rien qu'entre juillet et septembre 1958 *Le Canard enchaîné* est saisi 7 fois, *L'Express* 5 fois. La guerre d'Algérie tourne, néanmoins, la dernière grande page de l'histoire de la censure de presse en France. Seuls quelques scandales agitent occasionnellement l'opinion.

Médias populaires et popularité des médias

Les années 1930 avaient dessiné les contours des grands médias populaires; les années 1950 assoient leur hégémonie. La recherche du plus large public commande les stratégies médiatiques. Les journaux qui se vendent, les stations qu'on écoute misent sur la plus large diversité de l'information et attirent les lecteurs ou les auditeurs par des pages ou des programmes ludiques. Dans le secteur privé, dont la

---

1. Le tribunal militaire finit par prononcer un non-lieu.

survie dépend du marché publicitaire, la démarche
relève de la réalité économique. Mais le secteur d'État
lui-même, soucieux de retenir le public, comme dans
le cas de la radio, ou aspirant à le conquérir, à l'instar
de la télévision, se mettent au diapason du précédent.

Comme *Paris-Soir* d'avant guerre dont il est l'héritier, et grâce à l'expérience et au talent de son patron,
Pierre Lazareff, *France-Soir* est le modèle de la réussite populaire. Au milieu des années 1950, il franchit
le cap du million d'exemplaires. Comme *Paris-Soir*
naguère, dont il reprend les recettes, *France-Soir* fonde
son succès, non sur le grand reportage – pourtant bien
présent –, comme feignent souvent de le croire
Lazareff et son équipe, mais avant tout sur le fait
divers, le sport, le divertissement, la mode, le tiercé,
les petites annonces classées, l'image et les titres spectaculaires. Il suffit de constater qu'au moment du
Tour de France ses ventes grimpent brusquement de
150 000 exemplaires pour comprendre les ressorts
d'un succès. Lazareff cherche en permanence à varier
le contenu de son journal pour satisfaire son lecteur,
allant, par exemple, chercher dans la presse américaine, qu'il connaît bien, le modèle des romans populaires adaptés sous forme de bandes dessinées à
épisodes (*Chéri-Bibi*, *Le crime ne paie pas...*); genre
aussitôt repris par ses concurrents. *France-Soir*,
d'ailleurs, n'est pas un cas isolé : le grand quotidien
du matin dirigé par Claude Bellanger, *Le Parisien
libéré*, s'approche des 800 000 exemplaires en 1958.

Dans l'ensemble, la presse populaire des années
1950 n'innove guère. Les tentatives pour renouveler
les maquettes et y introduire de la couleur ne donnent
pas toujours satisfaction, faute d'outils techniques
performants (*Le Parisien libéré*, 1955; *L'Aurore*, 1956).
En 1957, néanmoins, la maison Del Duca, qui vient
de racheter le moribond *Franc-Tireur*, perdu dans ses
querelles politiques internes, lance le quotidien *Paris-
Jour*, qui atteint bientôt les 200 000 exemplaires.

Inspiré des tabloïds britanniques, il adopte le demi-format jusqu'ici réservé aux hebdomadaires, comme *L'Express*. La politique y tient une place modeste, au regard des crimes, de la vie des vedettes, des comics américains, des courses ou des événements sportifs, ou des pin-up peu vêtues !

Le sport passionne les Français. Lancé en février 1946, *L'Équipe* succède à *L'Auto*, interdit. Après une période difficile, le quotidien s'impose dans les kiosques, exploitant les techniques anciennes consistant à valoriser des événements à retentissement international. Le championnat du monde de boxe gagné par Marcel Cerdan, en septembre 1948, propulse le journal à 800 000 exemplaires. *L'Équipe*, qui assume désormais l'organisation du Tour de France, fait vibrer le pays avec le duel italien Coppi-Bartali ou les exploits de Louison Bobet, premier triple vainqueur de la « Grande Boucle », sur les pentes de l'Izoard. En 1957, une autre idée germe : créer une coupe d'Europe des clubs champions. Le football aura ainsi une actualité régulière, plus passionnante encore que le championnat national où Reims et le Racing Club de Paris se livrent une lutte sévère. Le journal parle des athlètes, leur donne la parole, les montre, en fait des stars (voir *L'Équipe ou les joies du sport*, p. 362).

En 1955, Pierre Lazareff, à qui l'on demande de dresser le catalogue des événements importants pour le public parisien depuis la Libération, répond, dans l'ordre : le couronnement d'Elizabeth, le déclenchement de la guerre de Corée, la mort de Staline[1]. Le 2 juin 1953, l'accession au trône de la nouvelle reine d'Angleterre est un événement considérable pour la presse, la radio, mais plus encore pour la télévision. Les journalistes du JT (Debouzy, Darget, Lalou, Tchernia) arrivent en nombre à Londres. Rejoignant

---

1. René Pucheu, *Le Journal, les mythes et les hommes*, Paris, Les Éditions Ouvrières, 1962, p. 38.

Sallebert, correspondant permanent, ils couvrent la cérémonie en direct. Le retentissement est considérable. Les Parisiens suivent les images dans les cafés, devant les vitrines des magasins, au cinéma Le Marignan qui retransmet le reportage télévisé. En une journée, cinq mille récepteurs sont vendus dans la capitale. La télévision se donne en spectacle et contribue à sa popularité.

L'écho de tels événements concourt également à l'essor des pages ou des numéros des hebdomadaires populaires illustrés consacrés aux célébrités et grands de ce monde (*Paris-Match*), à la popularité d'une presse spécialisée dans ce domaine (*Jours de France*), voire à la reconversion de titres généralistes en journaux « *people* », comme *Ici-Paris* ou *France-Dimanche*. À la fin des années 1950, ces hebdomadaires battent des records d'audience. En 1958, *Paris-Match*, lancé par Prouvost neuf ans auparavant, tire à 1,8 million d'exemplaires, *France-Dimanche* à 805 000, *Ici-Paris* à 736 000, *Jours de France* à 497 000. Jouant sur la fibre émotionnelle, ces journaux relatent la vie privée, la gloire fabuleuse, les joies intenses ou les destins tragiques des têtes couronnées et des stars du show-business qu'ils suivent au fil des numéros : Margaret, Grace de Monaco, l'Agha Khan, le Shah d'Iran et sa femme Farah, Fabiola, mais aussi Cerdan, Piaf ou Brigitte Bardot. Cette presse remet au goût du jour des techniques anciennes de la presse populaire du XIXᵉ siècle, fondées sur le récit, l'identification, la leçon morale (l'argent ou la gloire ne font pas le bonheur…). Même les hommes politiques sont amenés à dévoiler une part de leur vie privée. Le 2 janvier 1954, par exemple, le nouveau président de la République, René Coty, fait la une de *Paris-Match* qui propose aux lecteurs de pénétrer dans « son intimité ». On le voit ainsi en maillot de bain, en vacances avec sa fille, ou posant sur son tourne-disque un microsillon de Beethoven offert par ses petits-enfants à Noël. On découvre surtout sa femme. La présidente Germaine Coty, que *Paris-Match* surnomme « la mamie des Français », est une épouse comme les autres, qui sert à dîner à son mari, confectionne elle-même ses gâteaux ou fait l'honneur de sa maison à ses hôtes. Distance et proximité se conjuguent dans un reportage tout en images, caractéristique de la presse populaire de l'époque.

La presse féminine exploite aussi abondamment le filon de la vie des vedettes, à l'instar de *Elle*, fondé en 1945 par Hélène Gordon-Lazareff, et qui dépasse chaque semaine les 700 000 exemplaires. Au seuil des années 1960, les journaux féminins atteignent, en tirage cumulé, 16 millions d'exemplaires. Divers, ils mêlent les publications de qualité, comme *Elle*, « le magazine le plus chargé de féminité possible », selon sa propre définition, les journaux de mode populaires et la presse du cœur, qui privilégie le roman d'amour, l'horoscope et le roman-photo (apparu dans *Festival*, en 1949). *Nous deux* (créé en 1946), avec 1,3 million d'exemplaires chaque semaine, en est le leader incontesté. La lecture de ces journaux est marquée par une différenciation sociale très forte : le lectorat de *Elle* n'est composé qu'à 20 % d'ouvrières, contre 56 % dans le cas de *Nous deux*, ce qui fait de la presse féminine un enjeu politique. Ainsi, en 1951, est constituée une Association pour la dignité de la presse féminine française. Regroupant des intellectuels communistes et chrétiens (Elsa Triolet, Madeleine Renaud, Louis Leprince-Ringuet, Pierre Benoît...), elle entend enrayer la vague des « magazines du cœur, opium des femmes », qui abrutissent les gens du peuple. Sa cible est toute trouvée : Cino Del Duca qui, avec *Confidences*, *Intimité*, *Modes de Paris*, est devenu le spécialiste de ce type de presse.

L'identité collective des journaux est bien connue car, à la fin des années 1950, sont conduites les premières enquêtes sur les lectorats. L'initiative en revient aux annonceurs, soucieux de mesurer la rentabilité de leurs investissements dans la presse, qui représente la moitié du marché publicitaire. Déjà, en 1946, le vieil Office de justification des tirages (créé en 1922) avait été transformé en Office de justification de la diffusion, plus précis parce qu'il comptabilise les exemplaires vendus et détaille leurs lieux de distribution. Or, en 1957, est fondé le Centre d'études des supports de publicité qui, dès cette année-là, mène une enquête auprès d'un échantillon de lecteurs d'une dizaine de journaux, dont on mesure le profil socioprofessionnel, les moyens financiers, les goûts, les habitudes de consommation. Les annonceurs peuvent mieux cibler leurs investissements. Ils découvrent, alors, que le mot « public » se satisfait mal du singulier. Pour l'heure, la publicité s'adapte à la presse existante[1]. Mais le temps n'est pas loin où les journaux pourront apparaître d'abord comme des supports de publicité.

Si la presse, hebdomadaire surtout, est en mesure de viser un segment du lectorat, la radio, elle, s'adresse à tout le monde. Alors que les stations d'État plongent dans une certaine somnolence, Radio-Luxembourg, dont l'antenne s'élève dans le ciel de Junglinster (Grand Duché) et les studios sont installés à Paris, rue Bayard, est la radio la plus écoutée au milieu des années 1950. En 1954, 41 % des auditeurs affirment la préférer au Poste Parisien (25 %) ou à Paris-Inter et au Poste national (9 %)[2]. Reconstituée en novembre 1945 par un consortium composé notamment de Havas, Paribas et de la Compagnie des compteurs, elle mise sur le divertissement et, sous la conduite de son directeur des programmes, Louis Merlin, reprend les recettes qui ont fait leurs preuves dans les années 1930 : le feuilleton populaire (*La Famille Duranton*), les émissions comiques, les

1. En 1958, 70 % des recettes du *Figaro* proviennent de la publicité.
2. *Bulletin mensuel de statistiques de l'INSEE*, supplément trimestriel, juillet-septembre 1954.

variétés (*Reine d'un jour*), les jeux radiophoniques patronnés par des marques commerciales comme Dubonnet (le « jeu du Bonnet », animé par Zappy Max). Ces programmes plaisent à l'ouvrier comme à l'intellectuel qui demandent toujours plus de chansons et de gaieté, et se détournent de la musique classique ou de la poésie[1].

Populaire, Europe n°1 le devient aussi en 1955, bouleversant la stabilité de l'espace des ondes. Si ses studios sont installés à deux pas des Champs-Élysées, rue François-Ier, son émetteur est implanté en Sarre. Son fondateur, Charles Michelson, en donne la direction à Louis Merlin. Le transfuge de Radio-Luxembourg imprime à Europe n°1 (dont il trouve le nom !) un ton radicalement nouveau et volontairement opposé à son principal concurrent. Fin connaisseur des États-Unis, Merlin adopte la formule *music and news*, bâtissant une vraie grille de programmes, substituant le meneur de jeu au speaker, valorisant le direct, l'échange chaleureux et spontané, la complicité avec l'auditeur. Dépoussiéré par Maurice Siegel, Pierre Sabbagh, Claude Terrien, le journal parlé privilégie le direct, le vivant, l'immédiat : de jeunes reporters sont envoyés, munis de leur magnétophone portatif Nagra, partout où il se passe quelque chose. Des flashes spéciaux peuvent interrompre les programmes, si l'actualité l'exige. Et, désormais, les nouvelles sont présentées au micro par le journaliste qui les a rédigées. La rédaction d'Europe n°1 forge sa réputation pendant la crise de Budapest et la guerre d'Algérie. Terrien ose évoquer la torture au micro, et Georges Fillioud, en février 1958, est le seul à parler du bombardement de Sakhiet par les Français. Rajeunissant l'information, Europe n°1 renouvelle aussi les genres populaires, avec les jeux ou les feuilletons, comme le loufoque *Signé Furax* (Francis

---

1. *Ibid.*

Blanche, Pierre Dac). Mais elle montre aussi la puissance et la popularité des ondes en conduisant de vastes opérations de solidarité, dans le cadre de *Vous êtes formidables*, créé en 1956 par Jean Antoine et Pierre Bellemare. Le 14 août, ce dernier lance un appel de dons en faveur des familles de mineurs victimes d'une catastrophe à Marcinelle, en Belgique. Pierre Bellemarre mobilise onze automobilistes bénévoles originaires de onze villes différentes qui, renonçant à leurs vacances sur le littoral atlantique, traverseront la France pour se rendre sur le lieu du sinistre. En chemin, ils passeront de ville en ville, pour récolter de l'argent. Leur périple est vécu en direct par les auditeurs que l'animateur sait tenir en haleine. Au bout de quatre jours, l'opération a rapporté 46 millions de francs. Face à la déferlante des « périphériques », la radio d'État, et singulièrement le Poste Parisien, résolument populaire, cherche à réagir et à s'adapter, en mettant davantage l'accent sur les variétés (*L'École des vedettes*), les émissions de chansonniers (*Le Grenier de Montmartre*) et le music-hall, le sport, la chanson : en 1957, rebaptisée France I, Paris-Inter, la chaîne musicale, devient le pilier de la Radiodiffusion nationale. Mais les chaînes du secteur publique peinent à convaincre.

Informer, cultiver, divertir

Pendant ce temps, sous la conduite de Jean d'Arcy, arrivé à la direction des programmes en 1952, la télévision forge les instruments qui, dans la décennie suivante, la transformeront en grand média populaire. Elle est un spectacle, et la clé de son originalité par rapport au cinéma passe par le direct, selon d'Arcy. Elle est également une fenêtre sur le monde ; aussi encourage-t-il les échanges dans le cadre de l'Eurovision, inaugurée en septembre 1952. Tout est mis en œuvre pour souligner les prouesses techniques dont est capable la télévision, à commencer par des reportages en direct. En témoignent les opérations baptisées *En direct de*, qui, le dimanche après-midi, transportent les téléspectateurs au fond d'un puits de mine à Lens (1955) ou les fait plonger au Planier, à la recherche d'une épave de navire sombré au large de Marseille (1957). À la même époque, le public assiste à la première opération à cœur ouvert, en direct (1957).

Les programmes se diversifient, fidèles au triptyque du service public : informer, cultiver, divertir. Les magazines culturels (*Lectures pour tous*, de Pierre Desgraupes et Pierre Dumayet, *À vous de juger*, de François Chalais), les séries d'information et de reportage (*À la découverte des Français, État d'urgence, Le Magazine des explorateurs*), les émissions de vie pratique (*Le Magazine féminin*) cohabitent avec le sport, le cinéma, le théâtre, les variétés. Le cyclisme, le football, le rugby, le catch sont plébiscités par le public. En 1955, alors que la télévision retransmet les Vingt-quatre heures du Mans, une voiture sort de la piste et se désintègre : Jean Jacques Rebuffat se précipite sur l'accident, filme le drame qui, grâce à sa caméra, fait le tour du monde. Avec le *Tribunal de l'histoire* (1956), devenu *La caméra explore le temps*, d'André Castelot, Alain Decaux et Stellio Lorenzi, la télévision conjugue exploit technique et vulgarisation culturelle. Les dramatiques historiques, diffusées en direct depuis les décors de Cognacq-Jay puis des Buttes-Chaumont, après une très lourde préparation, mettent en péril les comédiens qui évoluent au milieu d'un pesant dispositif technique. Elles contribuent à la légende de la télévision, et singulièrement à celle des réalisateurs qui, tels Marcel Bluwal ou Pierre Cardinal, inventent la « dramatique ». En 1955, *L'Assassin du métro*, avec Jean-Louis Trintignant, est projeté en direct depuis les entrailles du métropolitain; ce « policier » préfigure les *Cinq dernières minutes* de Claude Loursais qui s'installe sur le petit écran, en 1958. La télévision conquiert aussi sa renommée populaire grâce au divertissement, notamment le music-hall et le cirque (*Music-hall*, devenu *La Piste aux étoiles* en 1952, de Gilles Margaritis). Dès 1952, elle propose plusieurs émissions de ce type, dont *Trente-six chandelles* de Jean Nohain et *La Joie de vivre* d'Henri Spade, émissions publiques présentées depuis l'Alhambra et, pour la seconde, retransmises à la radio. Les vedettes du moment, Maurice Chevalier, Édith Piaf ou Yves Montand, y attirent le public. Déjà, les animateurs célèbres de la radio rejoignent le petit écran, tel Pierre Bellemare, présentateur de *Télé-Match*, en 1958.

À cette date, le chemin de la conquête du public semble encore long : seuls 8 % des foyers sont équipés en téléviseurs, dont le parc ne dépasse pas le million de récepteurs. Toutefois, le chiffre est trompeur, tant l'écoute de la télévision est collective. On la regarde dans les lieux publics, chez un parent, un ami, un voisin, voire dans le cadre de télés-clubs ruraux, tels qu'ils se développent dès 1950, notamment dans l'Aisne, à l'initiative de Roger Louis. En 1955, on en compte cent quatre-vingts, qui remplacent les vieux ciné-clubs, et sont autant d'espaces d'échange et de commentaires. Des enquêtes y sont menées. Qu'aime-t-on à la télévision ? Le journal télévisé, les variétés, le sport, les films. En revanche, le public des campagnes se détourne des magazines culturels, et particulièrement de *Lectures pour tous*, émission hebdomadaire qui, lancée en 1953, reçoit des écrivains. « Le titre *Lectures pour tous* ne correspond nullement aux résultats obtenus dans le public des télés-clubs », peut-on lire dans une enquête commandée par l'UNESCO[1].

---

1. Joffre Dumazedier, *Télévision et éducation populaire. Les télé-clubs en France*, Paris, UNESCO, 1955, p. 91.

Certes, mais cette dernière émission est caractéristique de la manière dont la télévision joue un rôle de miroir déformant de la culture. Qui invite-t-on ? Beaucoup de monde en vérité. Qui revient ? Ceux qui « passent bien » à l'écran ; ceux qui ont compris le mode de fonctionnement d'un média en voie d'hégémonie : Jean Dutourd, Roger Vailland, Henri Troyat, Françoise Mallet-Joris, Gilbert Cesbron. Au fond, la télévision d'alors cherche à rencontrer le peuple en maquillant la culture des élites.

CHAPITRE V

GRANDEUR GAULLISTE
ET CONSOMMATION DE MASSE (1958-1968)

La crise ouverte le 13 mai 1958 par la création du Comité de salut public dirigé par le général Massu à Alger pousse la IVᵉ République à sa fin. Le général de Gaulle revient aux affaires le 1ᵉʳ juin 1958. Les circonstances dramatiques de son retour et la mission qu'il a reçue du peuple et de ses représentants – établir la stabilité politique et mettre fin à la guerre d'Algérie – justifient un encadrement provisoire de la presse. Mais le projet gaullien va plus loin en matière d'audiovisuel public, qu'il s'agit d'abord de conquérir puis de placer au service de l'action gouvernementale pour soutenir la politique de grandeur de la France. La télévision, en pleine expansion dans les années 1960, est donc l'objet de sollicitations insistantes de la part du pouvoir.

Les médias non gouvernementaux, eux, se situent dans une autre perspective. Prenant acte des mutations socio-économiques des années 1960, ils doivent tenir compte des aspirations nouvelles des consommateurs, qui sont aussi des lecteurs ou des auditeurs. Viser la masse des catégories sociales à bas revenus ne suffit plus. Il faut cibler plus finement le public et s'appliquer notamment à capter les couches moyennes en pleine ascension, dont les besoins diversifiés attirent les annonceurs. Du coup, les médias revêtent de plus en plus l'allure de « supports de publicité », ce qui ne manque pas d'inquiéter nombre d'intellectuels, préoccupés des dérives commerciales de la presse.

Finalement, les contradictions entre le cadre politique autoritaire et les aspirations sociales nouvellement nées de l'expansion débouchent sur la crise de mai 1968, qui place les médias au premier plan du débat public, et met notamment en cause le fonctionnement de l'audiovisuel.

Le monopole gaullien des années algériennes

Le paysage médiatique du début de la Ve République fixe une large partie de ses caractères dans le contexte très particulier des années algériennes, quand le général de Gaulle semble le seul à pouvoir sortir le pays de la guerre et de la crise politique. Comme le rappellent invariablement élections et sondages, une nette majorité des Français approuve les options du chef de l'État : l'installation d'un pouvoir exécutif efficace qui rassure l'opinion, après l'incurie de la IVe République ; la décolonisation en Algérie, ressentie comme une nécessité ; la politique d'indépendance nationale, vécue avec fierté ; la politique économique de modernisation, jugée d'autant plus positive que la dévaluation de 1958 produit son plein effet, etc. L'opposition au Général, laminée par le suffrage universel, hétéroclite dans ses composantes (de l'extrême gauche à l'extrême droite), paralysée par l'affaire algérienne, semble attendre que l'orage passe. Bref, le gouvernement a les mains libres pour conduire ses réformes, sous la conduite du Premier ministre, Michel Debré.

En 1958, la France entre dans l'ère de la personnalisation du pouvoir. Son exercice dépend, dans une large mesure, de la « possibilité de créer de vastes communautés d'adhésion autour de certaines valeurs ou certaines options, et susciter, le moment venu, des consentements collectifs [1] ». Pour y parvenir, le Général

---

1. Gilbert Cohen-Sehat, « Une politique de l'information », *La Nef*, mai 1966.

doit disposer d'instruments d'information propres à peser massivement sur l'opinion. Lorsque de Gaulle revient aux affaires, il hérite d'une situation qu'il a lui-même contribuée à bâtir en 1944, lorsqu'il était chef du Gouvernement provisoire : le monopole sur les médias audiovisuels. Durant quatre ans, l'homme du 18 Juin a pu personnellement mesurer l'impact formidable des ondes, au temps où, au micro de la BBC, il appelait les Français à résister à l'occupant. Plus tard, à l'époque du RPF, le Général a compris combien fragile était la propagande d'un parti face à des consignes gouvernementales intimant à la radio d'État le silence sur ses activités. Il n'en a pas conclu à la nécessité de la libéralisation ou du pluralisme. Bien au contraire. Pour de Gaulle, devenu président de la République, les médias du monopole ont une mission de service public à remplir, qui se confond avec le service de l'État. L'hôte de l'Élysée, premier serviteur et garant de l'intégrité de l'État, agit pour la grandeur de la France, et en son nom. Il revient alors à la radio comme à la télévision publiques de relayer son action, de se faire, aux yeux du monde extérieur, « la voix de la France ».

Il en résulte, pour Michel Debré, une feuille de route consistant à asseoir et à étendre le monopole d'État sur l'audiovisuel : organiser et rationaliser ce qui existe ; l'élargir, si possible. Radio et télévision publiques doivent au gouvernement Debré, en matière de statut, deux décisions essentielles, longtemps retardées sous la IVe République. D'une part, l'ordonnance du 4 février 1959 définit juridiquement le monopole de la RTF, établissement public à caractère industriel et commercial, doté d'un budget autonome. Néanmoins, son indépendance est réduite. Elle demeure sous l'autorité du ministre de l'Information, et son directeur comme ses adjoints sont nommés en conseil des ministres, qui veille à désigner des individus politiquement sûrs. L'ordonnance de 1959 retire, au passage, des pouvoirs de contrôle budgétaire au Parlement ; le sénateur

André Diligent doit livrer un ardent combat pour qu'ils lui soient rendus. Debré a tranché pour le maintien d'un strict contrôle, alors que le rapport Chavanon, directeur général de la RTF, penchait pour une plus grande libéralisation. D'autre part, le gouvernement fait adopter un statut du personnel, complété le 7 novembre 1960 par un statut spécifique des journalistes du monopole. Si le premier atténue le mouvement revendicatif, le second fragilise les journalistes qui, en cas de conflit avec la direction, ne peuvent plus recourir à l'arbitrage de la commission paritaire. Mais, en matière de structure, l'opération la plus importante est la prise de contrôle par la SOFIRAD de la société holding Images et sons, grâce à laquelle l'État français s'assure, en 1959, plus de 35 % du capital d'Europe n°1. Ainsi Europe n°1, qui dispose d'une longueur d'ondes officielle et ne risque plus de coupure de câble, ménage l'avenir. Quant à l'État, qui détenait déjà 5/6e du capital de Radio Monte-Carlo, il s'assure un contrôle sur la radio reçue en France, auquel n'échappe guère que Radio-Luxembourg. Les journalistes d'Europe n°1, mécontents, ont très bien compris les effets possibles d'une telle opération : la mise sous tutelle de l'information par le gouvernement, à l'instar de ce qui se passe sur les ondes de la RTF.

La guerre d'Algérie cristallise cette crainte. En plein putsch des généraux, en avril 1961, Debré adresse à Louis Terrenoire, le ministre de l'Information, une note éloquente à ce sujet. Visant une nouvelle erronée selon laquelle le gouvernement armerait l'UNR, le parti gaulliste, Debré s'insurge contre une « information » qui, à la radio, serait insuffisamment « dirigée ». Et il ajoute : « Je ne peux que vous exprimer ma tristesse et ma colère devant une telle incapacité de la radio à être simplement : sereine, nationale, gaulliste[1]. » En bien des cir-

---

1. FNSP, Archives Michel Debré, 2 DE 22, Lettre de Michel Debré à Louis Terrenoire, 24 avril 1961.

constances, il intervient auprès de Terrenoire pour lui demander de conduire à la RTF un « effort de propagande et d'information autour de la politique du général de Gaulle[1] ». De ce point de vue, le gouvernement ne fait guère de différence entre les médias d'État et les radios périphériques, à commencer par Europe n°1 : Maurice Siegel, directeur des services d'information de la station, et Claude Terrien, son célèbre éditorialiste, sont régulièrement convoqués à Matignon pour être rappelés à l'ordre[2].

Les griefs de Debré ne s'arrêtent d'ailleurs pas à la lecture des événements d'Algérie. En juin 1961, alors que le monde paysan manifeste, le Premier ministre est invité dans les studios d'Europe n°1 pour présenter les axes de sa politique agricole. L'interview est conduite sans complaisance par Guy Thomas. Debré sort furieux de la rue François-Ier. Quelques jours plus tard, le journaliste présente une chronique que le Premier ministre assimile à un « appel à la révolte » des campagnes. Aussitôt, il écrit à Terrenoire : « le spécialiste agricole d'Europe n°1 doit être révoqué aujourd'hui même[3] ». Siegel et Terrien tiennent bon ; Guy Thomas est simplement invité à modérer ses propos. Mais l'affaire est révélatrice d'une conception des médias qui, dépendant de l'État, par le financement ou les autorisations d'émettre, lui doivent obéissance.

Ce qui est vrai pour la radio périphérique l'est bien davantage pour la RTF. En 1959, le nouveau gouvernement est décidé à rompre avec la IVe République, en éradiquant l'influence socialiste, réelle, et la présence communiste, plus fantasmatique. Le décret de novembre 1960 sur le statut des journalistes de radio et de télévision affirme : « Les journalistes exerçant leur

---

1. *Ibid.*, Note de Michel Debré à Louis Terrenoire, 9 août 1960.
2. Voir Maurice Siegel, *Vingt ans ça suffit! Dans les coulisses d'Europe n°1*, Paris, Plon, 1975, p. 93 sq.
3. FNSP, Archives Michel Debré, 2 DE 22, Note de Michel Debré à Louis Terrenoire, 31 juillet 1961.

profession à la Radiodiffusion-télévision française tiennent pour règle [...] le respect démocratique de l'objectivité et de la liberté d'expression ; le devoir d'information impartiale. » Certes, mais, dans les faits, c'est autre chose. Debré impose des hommes sûrs, à commencer par les directeurs de l'information, à l'instar d'André-Marie Gérard, qui déclare : « Un journaliste doit être un journaliste français, avant d'être un journaliste objectif[1]. » La cascade des notes et des coups de téléphone, du Premier ministre au ministre de l'Information, du ministre de l'Information au directeur de la RTF, de ce dernier aux responsables des journaux, soumet les journalistes à une pression constante. La censure existe à la radio, comme en attestent deux événements de septembre 1960 : la suspension de *La Tribune des journalistes parlementaires* et l'ostracisme subi par les signataires du manifeste des 121 (justifiant l'insoumission en Algérie), artistes et producteurs désormais interdits d'antenne. Elle pèse aussi sur la télévision, comme en témoigne l'éviction de Claude Darget du journal télévisé, en juin 1960, pour des commentaires jugés sarcastiques sur l'échec des pourparlers de Melun avec le GRPA. Néanmoins, le contrôle tient davantage de l'autocensure que de la censure. Les responsables de l'information, fidèles du pouvoir, veillent au grain, craignant eux-mêmes pour leur poste. Les journalistes savent ce qu'il faut dire et ce qu'il convient de taire, ou quelle préséance donner aux nouvelles. Aucune émission, d'ailleurs, n'est vraiment à l'abri de l'ire gouvernementale, pas même la *Boîte à sel*, cabaret de chansonniers produit par Pierre Tchernia, animé par Jacques Grello et Robert Rocca, qui préfère disparaître de la grille des programmes en novembre 1960, plutôt que de se soumettre à la censure préalable que prétend imposer le ministre de l'Information.

---

1. Cité par René Bernard, « La censure au journal télévisé », *La Nef*, octobre-décembre 1961, p. 67.

Il est pourtant un espace télévisuel où l'information s'exprime plus librement : le magazine *Cinq colonnes à la une*, créé en janvier 1959 par Pierre Desgraupes, Pierre Dumayet, Pierre Lazareff et réalisé par Igor Barrère. Lazareff ne cache pas son admiration pour le Général. En 1960, il prépare même la sortie d'un hebdomadaire gaulliste, financé par le groupe Hachette qui, finalement, ne voit jamais le jour. Le patron de *France-Soir* a surtout trois atouts : d'abord, la confiance du Général; ensuite, un budget autonome pour son émission qui la rend indépendante du secteur de l'Information; enfin, l'équipe de grands reporters de son quotidien, comme Henri de Turenne ou Philippe Labro (voir *Philippe Labro*, p. 374). Le magazine, davantage ouvert sur l'actualité mondiale que sur les événements nationaux, évoque néanmoins régulièrement la guerre d'Algérie ou les problèmes en Afrique noire. Regardé avec envie par les hommes du JT, *Cinq colonnes à la une* n'est pourtant pas à l'abri de tout contrôle, et les émissions sont visionnées par des représentants ministériels avant diffusion.

De Gaulle est soucieux de contrôler les médias audiovisuels, parce qu'il est persuadé que la presse écrite lui est hostile. Son jugement est sans doute excessif. Que la presse condamne unanimement les atteintes à sa liberté à l'automne 1960, alors que *France-Soir* est saisi, ne surprend guère. Mais, y compris avec des nuances, les quotidiens influents soutiennent la politique en Algérie. Certains prennent des risques, comme *Le Figaro*, qui se coupe d'une partie de son lectorat favorable à l'Algérie française. Quant au *Monde*, antigaulliste au temps du RPF, il appelle à voter « oui » au référendum de septembre 1958 (même si, le même jour, il donne la parole à Mendès France, qui opte pour le « non »). S'il regrette les hésitations de De Gaulle, il l'appuie dans le processus d'indépendance, ce qui lui vaut la haine de l'OAS qui organise des attentats en 1962 contre son rédacteur en chef,

Jacques Fauvet, et contre d'autres journalistes du quotidien. Alain Peyrefitte, dans ses mémoires, raconte même qu'il fit publier par *Le Monde*, sous forme de brochure, et grâce aux fonds secrets du gouvernement, sa série d'articles parus à la une du journal, pendant l'été 1961[1].

Il reste que de Gaulle a des relations difficiles avec les journalistes, qu'il ne respecte guère. En témoigne la forme même de ses fameuses conférences de presse. La méfiance pousse le Général et ses collaborateurs à écarter tout risque de débordement ou tout piège. Les questions sont préalablement soumises, et le Président choisit celles qui lui conviennent, distribuant la parole en public avec une fausse spontanéité. Le ballet des demandes se développe en fonction des objectifs du chef de l'État qui, au besoin, répond à des questions que nul ne lui a posées. Le rituel des conférences de presse, de même que les déjeuners à l'Élysée, s'organisent selon des modalités quasi monarchiques, qui font la joie des chroniqueurs et dessinateurs du *Canard enchaîné* (*La Cour*, d'André Ribaud et Moisan, 1959). Les élus du moment sont remarqués par le volume de questions qu'ils sont autorisés à poser et la fréquentation de la table gaullienne ; les disgraciés, par l'indifférence du Général à leur égard.

Quand de Gaulle parle dans une conférence de presse, il exprime le point de vue de la France. Il est donc naturel que radio et télévision publiques délivrent à l'opinion son message en direct. De janvier 1959 à la fin de la guerre d'Algérie, six conférences de presse sont ainsi retransmises. Auditeurs et téléspectateurs prennent l'habitude d'entendre et de voir régulièrement le général de Gaulle. Les médias d'État couvrent avec zèle ses « tournées des popotes » ou ses voyages en province, et font chaque semaine de

---

1. Alain Peyrefitte, *C'était de Gaulle*, Paris, Fayard, 1995, p. 81-82.

longs comptes rendus des conseils des ministres. Omniprésent dans les journaux parlés ou télévisés, le président de la République prend aussi l'habitude d'allocutions solennelles radiotélévisées, pour présenter ses vœux aux Français, annoncer une grande décision ou appeler l'opinion à se mobiliser : il intervient dix-neuf fois de cette manière, de 1959 à 1962. Aux moments les plus graves, il revêt l'uniforme de général, comme le 23 avril 1961, alors que la République est menacée par les officiers putschistes. Il appelle alors les Français à ne pas obéir au « quarteron de généraux en retraite ». Grâce aux ondes, il est entendu en Algérie et les hommes du contingent résistent à leurs supérieurs.

Familier de la radio, de Gaulle s'applique à domestiquer la télévision. Un studio spécial est même installé à l'Élysée. Il apprend à maîtriser l'instrument, à parler aux Français « les yeux dans les yeux, sans papier et sans lunettes[1] ». De Gaulle à la télévision, dans les ors élyséens, c'est l'image du pouvoir en majesté. Face à lui, l'opposition ne dispose d'aucun espace d'expression dans les médias publics. Néanmoins, longtemps silencieuse, elle se réveille, dès lors que la guerre d'Algérie prend fin et que la France renoue avec des conditions politiques plus habituelles, ce qui n'est pas sans conséquences sur la redistribution de l'espace médiatique.

L' « intolérable » contrôle du secteur public

Ne surestimons pas l'influence de la télévision en 1962. Même si, depuis 1959, le taux d'équipement des ménages est passé de moins de 9 % à plus de

---

1. Charles de Gaulle, *Mémoires d'espoir. Le renouveau, 1958-1962*, Paris, Plon, 1970, p. 302.

23 %, et le nombre potentiel des téléspectateurs de trois à douze millions, la radio reste le média qui compte politiquement. Les 19 octobre et 7 novembre 1962, dans le cadre du référendum, de Gaulle prononce deux allocutions radiotélévisées. Lors de la première, 16 % des Français le voient à la télévision, 53 % l'entendent à la radio ; la seconde fois, le rapport est de 25 % et 41 %[1]. Mais, au-delà de 1962, le taux d'équipement en récepteurs connaît la croissance la plus rapide de l'histoire de la télévision, pour atteindre 62 % en 1968 (soit plus de neuf millions de postes) ; facteur qui contribue à faire du petit écran un enjeu politique de premier plan.

La fin de la guerre d'Algérie ne modifie en rien la vision gaullienne des médias audiovisuels, et singulièrement de la télévision, définie par le Général, en 1963, comme « un instrument magnifique de soutien à l'esprit public ». Toutefois, pour le monde journalistique comme pour le monde politique, le carcan gouvernemental sur le monopole devient de plus en plus intolérable. Le rôle de l'information radiotélévisée surgit brusquement dans le débat démocratique, à l'occasion des élections de l'automne 1962. Entre les deux tours du scrutin législatif, le rédacteur en chef du JT, Max Petit, modifie un reportage de Gilbert Lauzun dans un sens favorable au pouvoir. Le 17 octobre, au nom du principe de la liberté d'information, éclate la première grève des journalistes de la télévision, à l'appel du tout nouveau Syndicat des journalistes de radio et de télévision (SJRT). Le gouvernement réagit avec brutalité : Georges Penchenier, Joseph Pasteur et Michel Péricard sont licenciés. De tels incidents entretiennent la crainte et nourrissent l'autocensure au journal télévisé, de plus en plus morne.

Toutefois, les élections de 1962 ont un autre effet. La campagne officielle permet aux représentants des

---

1. IFOP, *Sondages*, 3, 1963.

partis, et notamment aux opposants à de Gaulle, de se succéder sur le petit écran. Ce n'est pas la première campagne officielle télévisée ; mais son écho lui donne désormais une importance particulière. Le scrutin législatif promeut la télévision « au rang de facteur de décision politique », écrivent les analystes Claude Neuschwander et René Rémond[1]. La liberté des émissions officielles tranche de manière brutale avec les propos sous contrôle tenus, à la même époque, dans les journaux télévisés. Sirius (Beuve-Méry), dans *Le Monde* du 27 novembre 1962, évoque l'« illustre propagande » subie par les Français à la télévision durant la préparation du scrutin, et les journaux constatent que le débat démocratique a lieu ailleurs que dans les médias publics, notamment à Europe n°1, remarquée pour les face-à-face qui ont opposé Michel Debré et Guy Mollet, au moment du référendum, ou Alexandre Sanguinetti et Jean-Marie Le Pen, à l'occasion des législatives. Bref, émerge l'idée dans la presse écrite et dans les forces de l'opposition que le triomphe de De Gaulle sur les partis s'explique d'abord par le rôle de la télévision, aux ordres du pouvoir gaulliste. Il ne s'agit pas de mettre en cause le monopole, mais de contester son usage partisan. Sirius s'y emploie méthodiquement, répondant, dans *Le Monde*, à chaque conférence de presse ou allocution radiotélévisée du chef de l'État. Et, désormais, les interdictions d'émissions à la télévision sont suivies d'amples campagnes de protestation dans les journaux.

Si une partie de la presse et les leaders de gauche s'indignent de la conception gaullienne du service public, le mouvement d'opinion pour réclamer la libéralisation des ondes et du petit écran reste encore bien limité. Le gouvernement, sans donner de gages à ses

---

1. Claude Neuschwander, René Rémond, « Télévision et comportement politique », *Revue française de sciences politiques*, juin 1963.

détracteurs, cherche les voies d'un contrôle effectif, le plus discret possible. C'est l'une des tâches essentielles du nouveau secrétaire d'État et bientôt ministre de l'Information, Alain Peyrefitte. Lorsqu'il arrive à son ministère, en avril 1962, son prédécesseur, Christian de La Malène, lui présente une batterie de boutons de sonnette : « Celui-ci, c'est pour faire venir l'huissier, cet autre votre chef de cabinet, et ceux-là le directeur de la RTF, le directeur des journaux parlés et télévisés, le directeur des programmes de la télévision, le directeur des programmes de la radio… ». Et il ajoute : « Tous les jours vers cinq heures, vous appellerez pour arrêter les grandes lignes du journal du soir, à la radio et à la télévision. Vous pourrez aussi à tout moment leur donner des instructions par téléphone intérieur. Ne quittez pas votre bureau avant une heure et demie et huit heures et demie. Après le journal télévisé, vos collègues vous appelleront pour vous reprocher ce qui leur aura déplu… »[1].

Peyrefitte ne change pas les mœurs ; il les modernise et les rationalise. Il décide ainsi de modifier la formule du JT, en donnant plus de place aux images, présentées comme plus « objectives » que les commentaires. Le 20 avril 1963, il est sur le plateau du 20 heures, face à Léon Zitrone qui justifie ainsi sa présence : « Nous avons demandé au ministre de l'Information Alain Peyrefitte de venir inaugurer cette nouvelle formule dont il a pris lui-même l'initiative. » En juillet, il crée le Service de liaisons interministérielles pour l'information (SLII), chargé de centraliser les exigences des différents ministères en matière d'information à la RTF et de donner chaque matin des consignes formelles aux responsables de la radio et de la télévision, convoqués au ministère de l'Information. La surveillance est prolongée par les sondages commandés à l'IFOP par le gouvernement. Officiellement, il s'agit de mesurer

---

1. Alain Peyrefitte, *Le Mal français*, Paris, Plon, 1976, p. 69.

l'efficacité de l'information. En fait le faisceau de questions – « faut-il plus ou moins de ministres au JT ? » – vise à déterminer les meilleurs moyens pour faire adhérer l'opinion publique au gaullisme.

La grande affaire du ministère Peyrefitte reste la transformation de la RTF en Office de radiotélévision française (ORTF). Longtemps retardé, le statut de l'ORTF est voté le 27 juin 1964[1]. Un rapport confidentiel de l'automne 1963, rédigé par le ministère de l'Information, nous en donne la clé. Il part d'un constat : 82 % des téléspectateurs estiment que le JT « est trop orienté par le gouvernement ». Il ne s'agit pas de rompre tout lien entre le pouvoir et la radiotélévision, mais « au contraire, de rendre ces liens d'autant plus efficaces qu'ils seront plus discrets, et qu'ils permettront à l'État de faire sentir sa volonté dans les domaines essentiels, sans le compromettre dans les innombrables détails de la marche d'un établissement qui sera de plus en plus exposé à la pleine lumière de l'actualité, renforcée par l'attention critique du public et de la presse ». Et d'ajouter : le statut « se propose de renverser le rapport actuel des apparences et de la réalité : à l'apparence autoritaire et à la réalité anarchique, il s'agit de substituer une apparence libérale et une réalité autoritaire. Il ne faut pas oublier qu'en matière d'information, les apparences sont essentielles. L'objet de la réforme doit donc être, en définitive, de mieux servir les intérêts de l'État[2]. »

Le statut de l'ORTF consacre la toute-puissance apparente de son directeur général (nommé en conseil des ministres), assisté d'un conseil d'administration. Les médias ne sont plus sous l'autorité, mais sous la tutelle du ministre de l'Information. Les chaînes de radio se transforment (France-Inter, station généra-

---

1. Le décret d'application date du 22 juillet 1964.
2. FNSP, AMD, 2 DE 8, Commentaires sur le projet de statut de la RTF, rapport confidentiel, octobre 1963.

liste, France-Culture et France-Musique, sur modulation de fréquence); l'information régionale se développe. Mais, dans les faits, le contrôle se poursuit. « Nous avons connu une pression comme jamais je n'avais pu l'imaginer », expliquera plus tard Édouard Sablier, directeur politique du 20 heures. Celle-ci ne se traduit pas par les coups de téléphone du temps de Debré, mais par le verrouillage administratif conçu par Peyrefitte qui, à tous les échelons, dispose des hommes liges du pouvoir. Les journalistes, régis par un nouveau statut en juillet 1964, restent bien isolés à l'ORTF, nourrie de tous les corporatismes. En 1965, ils ne sont que 500, alors qu'à eux seuls les orchestres de l'Office (qui compte au total 11 000 agents) emploient quasiment autant de personnes : 256 musiciens et 120 choristes.

Or, cette stabilité apparente est brusquement mise en cause par la première élection présidentielle au suffrage universel de la Ve République. Soudain, en décembre 1965, la personnalisation du pouvoir s'étend à l'opposition, qui se trouve des champions : François Mitterrand, Jean Lecanuet, Jean-Louis Tixier-Vignancour. Leurs visages reproduits sur des milliers d'affiches apposés sur les murs des villes et des villages deviennent familiers aux Français. Grâce à la campagne officielle, réglementée par un texte de 1964, les adversaires de De Gaulle disposent chacun de deux heures d'antenne dans les médias publics. Leur présence est d'autant plus remarquée que le Général refuse de se livrer à l'exercice. Les sondages, l'autre grande nouveauté du scrutin, soulignent le succès des émissions qui font le plein des téléspectateurs : une personne sur deux déclare avoir regardé les premières interventions [1]; la proportion monte à 64 % en région parisienne, où les foyers sont mieux

---

1. Sondage SOFRES pour *L'Express*, 29 novembre-5 décembre 1965.

équipés[1]. À l'occasion de l'élection, la maison Locatel loue à Paris 65 % de téléviseurs de plus qu'en temps normal. À leur tour, les leaders de l'opposition apprivoisent le petit écran. Les Français, qui abandonnent la radio pour suivre la campagne à la télévision, découvrent qu'il existe des opposants à de Gaulle de grand talent, comme Mitterrand ou Lecanuet. Ce dernier, qui se présente comme le « Kennedy français », est considéré par toute la presse comme le plus « télégénique ». Inconnu au début de la campagne, il rassemble près de 16 % des suffrages et contribue à créer la surprise : la mise en ballottage du Président sortant qui, entre les deux tours, ne boude plus la campagne télévisée et participe avec Michel Droit à des entretiens d'un surprenant dynamisme.

L'élection de 1965 résonne comme un coup de tonnerre et révèle l'importance politique de la télévision. Chacun se persuade que le petit écran est à l'origine du ballottage de De Gaulle. À gauche, où la campagne a révélé un leader, Mitterrand, la stricte égalité du temps de parole et la rigoureuse objectivité de l'information sont considérées comme les conditions essentielles de l'alternance au pouvoir. La stratégie du gouvernement consiste, au contraire, à resserrer le contrôle, tout en donnant l'apparence d'un plus grand respect de l'opposition. Ainsi se développent, à partir de 1965, magazines d'information et émissions politiques. Lancés au moment de la présidentielle, mais sur la récente deuxième chaîne, fort peu regardée, *Zoom*, d'Alain de Sédouy et André Harris, et *Caméra III*, d'Henri de Turenne et Philippe Labro, peuvent poursuivre leur expérience. Surtout, en janvier 1966, est créé *Face-à-face*, produit par Jean Farran – gaulliste patenté – et réalisé par Igor Barrère. Présentée par ses promoteurs comme une « controverse » entre une personnalité et

---

1. Sondage du Centre d'information civique, 23 et 24 novembre (*Le Monde*, 25 novembre 1965).

des journalistes de sensibilités différentes, voire opposées, à celles de l'invité, l'émission a le louable dessein d'éviter l'interview de complaisance. Cependant, rude pour les adversaires du pouvoir, elle se fait douce pour les proches du Général, à tel point que cet écart de traitement déclenche de vives polémiques dans la presse. Il reste que la nouvelle émission suscite l'intérêt de deux tiers des téléspectateurs[1]. *Face-à-face*, arrêté en septembre 1966 avec le départ de Farran pour Radio-Luxembourg, reprend le mois suivant sous le titre *En direct avec*. Le 13 novembre 1967, l'émission se transforme en duel politique – le premier dans l'histoire de la télévision –, qui oppose Michel Debré, alors ministre des Finances, et le socialiste Gaston Defferre. Est-ce trop risqué pour le pouvoir? Sans doute puisque, dès le mois de décembre, le magazine mensuel reprend le dispositif de *Face-à-face* et écarte le débat au profit de l'interview. D'autres émissions d'information voient le jour en 1967, confiées à des journalistes proches du gaullisme, comme *Séance tenante* (Éliane Victor, Jean-Louis Guillaud) ou *Tel Quel* (Pierre Charpy, Henri Marque). La démocratisation politique de l'ORTF a donc ses limites.

La liberté d'expression bafouée est un des thèmes sur lesquels Mitterrand insiste périodiquement. Dans *Le Coup d'État permanent*, en 1965, il dénonce la tendance à l'accaparement de la parole et se gausse des poursuites pour « offense au président de la République ». À propos du sieur Vicari, condamné pour avoir crié « Hou hou » sur le passage de la voiture présidentielle, il note ironiquement : « Les honnêtes gens sauront qu'un pays capable de punir "hou hou" de mille francs d'amende est un pays défendu contre l'anarchie, contre le terrorisme, contre le régicide, bref contre l'antigaullisme et surtout contre cet antigaullisme spontané, exclamatif et impudique qui ose se

---

1. Sondage IFOP, janvier 1966, *Sondages*, 1, 1966.

livrer à d'intolérables débordements au beau milieu de la voie publique[1]. » En 1967, Mitterrand proteste contre les dérives du pouvoir personnel, quand de Gaulle, le 4 mars, à la veille du premier tour des élections législatives, s'adresse aux Français dans une allocution radiodiffusée, alors que la campagne est officiellement close depuis la veille, à minuit. Le 23 avril 1968, enfin, le groupe parlementaire de la Fédération de la gauche démocratique et socialiste (FGDS), conduite par Mitterrand, dépose à l'Assemblée nationale une motion de censure – rejetée – sur la politique « antidémocratique du gouvernement dans le domaine de l'information et notamment l'utilisation abusive des moyens audiovisuels ».

Les appels de la gauche ne semblent guère mobiliser l'opinion, pas plus que les scandales d'État, comme en témoigne la disparition, en 1965, du militant marocain Mehdi Ben Barka, sur laquelle enquêtent, pour *L'Express*, Jacques Derogy et Jean-François Kahn. L'homme a été enlevé en plein Saint-Germain-des-Prés, avec la complicité des services secrets français, pour être assassiné par les séides du général Oufkir, le chef des services secrets marocains. L'opinion suit un temps l'affaire, mais ne s'offusque guère que les responsabilités françaises ne soient pas mieux mises à jour, lors du procès de 1967. Sans doute est-elle distraite de ces drames par la « société du spectacle[2] ».

---

1. François Mitterrand, *Le Coup d'État permanent*, Paris, Plon, 1965, p. 155.
2. Guy Debord, *La Société du spectacle*, Paris, Buchet-Chastel, 1967.

« Grand public »

Il faut « des grands sujets pour tous », affirme Albert Ollivier, directeur des programmes télévisés en 1959. « La télévision doit être populaire et audacieuse, le contraire d'un art bourgeois », renchérit Robert Bordaz, directeur général de la RTF, en 1962. Et, lorsqu'il prend en charge la direction du petit écran en 1964, Claude Contamine se fixe pour but la construction d'une « télévision grand public ». Le cas de la télévision, en pleine expansion dans les années 1960, est caractéristique du nouveau concept qui s'imposera dans les médias avec la fortune que l'on sait. Le « grand public », censé lier la masse des lecteurs, des auditeurs, des téléspectateurs et la qualité des contenus les plus divers, se substitue à la vieille notion de « populaire », qui prend brusquement une connotation péjorative. Le concept se fonde sur les transformations socio-économiques considérables qui affectent le pays, marquées par une croissance de la consommation sans précédent, mais aussi sur un discours idéologique concluant à l'homogénéisation de la société. En amont, la démocratisation de la consommation est notamment assurée par le développement des grandes surfaces, super puis hypermarchés (essor lui-même encouragé par le pouvoir politique), qui prétendent lutter contre la vie chère et permettre à tous d'avoir accès aux produits jusque-là réservés aux élites sociales[1]. En aval, les médias, secteur public en tête, forgent des programmes qui affichent leur volonté de s'adresser à tous. Au fond, grande distribution et médias appliquent une même logique, nourrie

----

1. Édouard Leclerc (qui a ouvert sa première boutique en 1949) développe ses supermarchés dans les années 1960. Auchan crée son premier magasin à Roubaix, en 1961. Carrefour lance son premier hypermarché en 1963, à Sainte-Geneviève-des-Bois.

et appuyée par les enquêtes d'opinion qui se multiplient : il convient de répondre aux légitimes demandes du « grand public ». Les consommateurs de produits commerciaux ou de biens culturels constituent un marché qu'il faut connaître au plus près. Du coup, les bons médias ne sont pas forcément ceux qui véhiculent un message, mais ceux qui savent attirer l'œil sur des produits consommables.

Dans ce cadre, la télévision joue un rôle de premier plan. À la fin de la décennie, la possession d'un récepteur n'est plus un critère de discrimination sociale majeure : en 1968, plus de 67 % des foyers ouvriers ont un téléviseur, contre 74 % des familles de cadres supérieurs et professions libérales. La différence se fait maintenant sur la qualité matérielle du poste, souvent trop vétuste pour recevoir la seconde chaîne (qui naît en 1964), ou qu'il faut nécessairement renouveler pour recevoir la couleur (1967) ; pour la grande majorité des Français, l'image en couleurs reste longtemps un luxe.

Désormais, la télévision contribue à structurer les modes de vie et à nourrir l'univers mental des Français. Les émissions diffusées la veille offrent un fonds commun de références qui alimentent les conversations, suscitent des débats parfois animés sur les lieux de travail, les dîners en ville ou au café du commerce. Speakerines, présentateurs du journal (les plus populaires s'appellent Léon Zitrone ou Georges de Caunes), journalistes sportifs ou animateurs de variétés font les couvertures des magazines, à commencer par les hebdomadaires de programme, dont l'audience croît de manière spectaculaire : près de 2,5 millions d'exemplaires pour *Télé 7 Jours*, en 1968 ; 1,5 million pour *Télé-Poche*. « La télévision a-t-elle changé votre vie ? » interroge un sondage de 1965 pour le Service de la recherche de l'ORTF. Oui, répondent 59 % des personnes interrogées, notamment parce qu'elle a supprimé l'ennui (61 %) et fait

disparaître les anciens loisirs (24 %). Doit-on déplorer
ce dernier trait ? Certainement non, car la télévision
est une fenêtre sur le monde (93 %), qui sort les
femmes de leur isolement (80 %) et ouvre l'esprit des
enfants (86 %).

La télévision, source de connaissance de la planète ?
Avec *Cinq colonnes à la une*, dont les grands reporters
sillonnent le monde, et les émissions en Mondiovision
(1962), elle donne effectivement l'impression d'abolir
les distances. Le 25 novembre 1963, la retransmission
par satellite[1] permet aux Français de suivre en direct
les obsèques de Kennedy et de partager la douleur du
peuple américain. En février 1968, elle fixe les regards
du monde sur la France, qui organise les Jeux olympiques à Grenoble. La télévision joue sur l'ouverture
planétaire, mais aussi sur la proximité géographique,
par le développement des actualités régionales ou par
les combats ludiques qui flattent l'orgueil des provinces (*Intervilles*, de Guy Lux et Pierre Brive, 1962).
Elle prend aussi en compte la diversification de la
demande sociale en matière d'information, en faisant
appel à des spécialistes des sciences (François de
Closets) ou de l'économie (Emmanuel de la Taille)
qui rendent accessibles des nouvelles jusque-là réser-
vées à un petit cercle d'initiés.

Les programmes de la télévision s'emploient à
réunir chaque soir le grand public, en forgeant leur
propre spectacle, nourri de magazines (*Dim Dam
Dom*), de variétés (*Palmarès des chansons*), de feuilletons, qui consacrent souvent les romans populaires en
vogue dans la grande presse du XIXe siècle (comme
Rocambole de Ponson du Terrail, *Belphégor* d'Arthur
Bernède ou *Lagardère* de Paul Féval), ou de dramatiques (cent quarante en 1967) montées par les réalisateurs de l'« école des Buttes-Chaumont » (Marcel
Bluwal, Jean Prat, Marcel Cravenne), qui adaptent

---

1. Les premiers satellites s'appellent *Telstar* et *Syncom*.

des œuvres classiques ou des textes spécifiquement écrits pour le petit écran. Signes de leur succès, les émissions de la télévision suscitent des controverses dans la presse. Les intellectuels en brocardent l'insignifiance ou la vulgarité. Ils montrent du doigt les jeux qui abêtissent, les variétés indigentes ou répétitives. Déjà se fait jour une nostalgie pour la télévision de D'Arcy, alors que le direct s'efface devant les émissions enregistrées.

L'arrivée des séries policières anglo-saxonnes bon marché inquiète : *Destination danger* (1961), *L'Homme invisible* (1962), *Au nom de la loi* (1963), *Les Incorruptibles* (1964), *Chapeau melon et bottes de cuir* ou *Mission impossible* (1967). Mais, au-delà des polémiques, les enquêtes d'audience révèlent que le téléspectateur de la fin des années 1960, en raison même d'un nombre de chaînes restreint, regarde tout, ou presque, à la télévision. Fidèle du commissaire Bourrel (*Les Cinq Dernières Minutes*) ou de Pierre Bellemare (*La Tête et les Jambes*), familier de *La Caméra invisible* ou du « Tournoi des cinq nations », il est capable, un jour, de rire en assistant à une pièce de boulevard (*Au théâtre ce soir*, créé par Pierre Sabbagh en 1966), et de s'émouvoir le lendemain en regardant l'adaptation d'une œuvre de Sartre, de Molière ou de Clavel[1].

La télévision continue d'étonner et de fasciner. Elle reste un spectacle. C'est, d'ailleurs, en partant de cette idée que les producteurs de *Cinq colonnes à la une* fondent leur réussite. Les équipes qui parcourent le monde sont ainsi fréquemment accompagnées d'un réalisateur qui s'applique à mettre en scène les acteurs et à cultiver l'émotion des images et des sons, capturés grâce à sa caméra portable. Le magazine renoue avec la tradition du grand reportage et du reporter-explorateur. L'actualité en images confine à l'aven-

---

1. *Les Perses* d'Eschyle (1961), *Huis clos* de Sartre (1964) ou *Dom Juan* de Molière (1964) ont marqué l'histoire de la télévision.

ture. Le journaliste entraîne le téléspectateur sur le terrain périlleux des conflits de la planète, comme Roger Louis au Congo, en 1960 et 1961. Toujours à l'écran, micro en main souvent, employant un langage accessible à tous, il fait pénétrer l'événement dans les foyers et rend sensibles les conditions de son enquête. Le montage des reportages lui-même, fruit d'un long processus nourri de projections collectives et de discussions parfois vives, est conçu pour les rendre à la fois précis, haletants et pédagogiques. Les séquences de *Cinq colonnes* sont autant de récits où l'information est perçue au travers des hommes, célèbres ou anonymes, dont le reporter s'attache à recueillir le témoignage. Mais le magazine ne s'en tient pas aux seuls reportages lointains. Varié, comme doit l'être un journal grand public selon Lazareff, il met en scène les héros du moment, dans de longues interviews-séquences où vedettes du cinéma, de la chanson ou du sport livrent leurs confidences au téléspectateur, tels Brigitte Bardot, Gilbert Bécaud ou le patineur Alain Calmat. Du coup, *Cinq colonnes* se place au plein cœur du système médiatique qui bâtit et alimente la légende de la star ou de l'idole.

La télévision s'adresse à tous les publics, et notamment aux jeunes générations, pour lesquelles elle conçoit des programmes qui ont l'assentiment de toute la famille. Conscients que l'enfance constitue un important potentiel de consommateurs, le monde des affaires exploite le succès des émissions, en lançant des produits dérivés ou des journaux qui nourrissent l'identification des jeunes téléspectateurs à leurs héros préférés. Dans les années 1960, les garçons de sept à dix ans veulent tous ressembler à Thierry la Fronde et s'arrachent les statuettes en plastique ou la panoplie du personnage campé par Jean-Claude Drouot. La logique s'applique aussi aux plus petits. À la veille de Noël 1963, un an après la première diffusion de *Bonne nuit les petits*, les parents se ruent dans les magasins pour se procurer les poupées en tissu de Pimprenelle et Nicolas, les jouets en caoutchouc, le disque de l'émission, de sorte que les rayons sont vite dévalisés. Parallèlement sort *Le Journal de Nounours*, qui dépasse rapidement les 400 000 exemplaires.

Génération « *Salut des copains* » ?

Mais ce qui compte désormais, c'est la masse des adolescents de la France du baby-boom, qui affirme une identité culturelle en rupture avec celle des adultes, notamment à travers la musique, influencée par les modes anglo-saxonnes, rock, yéyé ou twist, elles-mêmes portées par la vogue du 45 tours bon marché[1]. En voie d'indépendance et disposant de capacités d'achat accrues, les jeunes intéressent au premier chef les médias, les publicitaires, le monde commercial. Comme l'affirme *L'Information des affaires* : « leur pouvoir d'achat personnel, évalué à 5 milliards de francs actuels, en fait une nouvelle classe de consommateurs avisés, que tout producteur, tout commerçant doit s'efforcer de séduire » (13 janvier 1966). Il n'est donc pas étonnant que le premier média à l'avoir compris soit une radio privée, Europe n°1. En 1959, ses animateurs Franck Ténot et Daniel Filipacchi lancent *Salut les copains – SLC –*, diffusé chaque jour après 17 heures, dont le succès est foudroyant (voir *Daniel Filipacchi*, p. 371). Grâce au transistor, en pleine expansion[2], qui permet l'écoute individuelle et libère de la tutelle parentale, la radio devient le premier média des quinze à vingt ans. 62 % des jeunes affir-

---

1. Rien qu'au premier semestre 1963, sont vendus 5 millions de 45 tours.
2. En 1960, sont vendus 1,5 million de postes à transistors.

ment l'écouter quotidiennement en 1966, et l'audience s'élève à 67 % dans les villes de moins de 20 000 habitants, fixant ainsi les conditions du désenclavement culturel[1]. Or, lorsqu'on leur demande quelle est leur émission préférée dans le large choix offert par les ondes, un jeune sur trois répond : *Salut les copains*. L'engouement est tel qu'en juillet 1962 les producteurs du magazine décident de lancer un mensuel portant le même nom, qui, un an plus tard, atteint le million d'exemplaires. Du coup, en 1964, Daniel Filipacchi fait paraître un magazine spécifiquement destiné aux filles, auditrices les plus assidues : *Mademoiselle âge tendre* (500 000 exemplaires). Tous les autres titres pour jeunes, et notamment ceux des réseaux catholiques, les plus solides sur le marché, comme *Rallye-jeunesse*, sont submergés. Le PCF lui-même essaie de capter l'attention de la jeunesse « yéyé », en publiant en 1963 *Nous les garçons et les filles*, qui ne trouve pas son public. La masse des quinze à vingt ans ne s'intéresse pas à la politique. Si, au milieu des années 1960, ils sont encore 45 % à lire chaque jour un quotidien, seuls 16 % d'entre eux s'informent des nouvelles politiques, préférant le sport (32 % des garçons) ou les faits divers (24 % des filles)[2]. En revanche, le petit écran arrive à séduire les jeunes, en leur proposant l'équivalent télévisuel de *SLC* : *Âge tendre et tête de bois*, animé par Albert Raisner (1961).

Avec *SLC* triomphent les « tubes » et le monde des « idoles » : Johnny Hallyday, Sylvie Vartan, Sheila, Sandie Shaw, Richard Anthony, Claude François... Lien sensible entre la vedette et ses admirateurs, émission et journal donnent aux adolescents le sentiment de s'approprier une partie de la vie de leur idole (reportages, interviews, photos...), de partager la même émotion, d'appartenir à la même communauté.

---

1. IFOP, *Sondages*, 4, 1967.
2. *Ibid.*

Le « fan » naît alors, il appelle son idole par son prénom, la tutoie, couvre sa chambre de son image, croit tout savoir sur sa vie. Il la choisit comme modèle, d'où la nécessité pour les équipes qui entourent la star (producteur et agents artistiques) de garder le contrôle sur son image, de la rendre positive. Dans les interviews, Johnny Hallyday, par exemple, apparaît comme un gentil garçon aux ambitions très ordinaires. Son premier grand rôle au cinéma dans *D'où viens-tu Johnny ?* (1963) le montre s'opposant à des trafiquants de drogue. L'image doit aussi susciter le rêve et l'identification : le mariage entre Johnny Hallyday et Sylvie Vartan (1965), fort médiatisé, a les allures d'un conte de fées. Cette vision moralisante et rassurante du monde de la variété qu'orchestre méthodiquement la machine naissante du show-business, présentée à la jeunesse comme un modèle social, domine la presse qui lui est destinée. Il existe pourtant des magazines qui proposent une autre conception de la musique, comme *Rock et Folk*. Lancé en 1966, le mensuel suit de près la création anglo-saxonne, et troque la vie des vedettes et les posters en couleurs contre des articles de fond, de la bande dessinée ou de la science-fiction. Certes, son tirage n'excède pas quelques dizaines de milliers d'exemplaires, mais sa présence témoigne de la pluralité de la « culture jeune ».

Sur un plan plus général, il faut noter l'existence d'une presse qui, s'adressant en priorité aux jeunes, s'en prend avec violence et humour, à l'abêtissement et au conformisme de la société de consommation, à l'hypocrisie morale des journaux « grand public », aux tabous (sexuels, notamment) de la France gaullienne. Lancé en septembre 1960 par Cavanna, *Hara-Kiri* en constitue l'expression la plus corrosive. « Assez d'être traités en enfants arriérés », s'exclame Cavanna dans son premier éditorial. « Assez de niaiserie, assez d'érotisme par procuration [...]. Vous qui en avez assez du frelaté, vous qui cherchez la fraîcheur, achetez notre

Hara-Kiri. » Souvent saisi pour outrage aux bonnes mœurs (les romans-photos de Georges Bernier, alias le professeur Choron, sont un choc), l'hebdomadaire, qui plafonne à quelques dizaines de milliers d'exemplaires, accompagne, à sa manière, l'essor de cercles artistiques alternatifs qui, à l'instar de l'*Internationale situationniste* de Guy Debord ou du mouvement « Panique » (Topor, Arabal, Jodorowsky) secouent les certitudes du gaullisme triomphant.

Publicité et logique de séduction

La poussée de la consommation de masse fait sauter les derniers verrous qui, en France, ont longtemps retardé l'expansion du marché publicitaire. De 1957 à 1967, le volume des investissements publicitaires passe de 137 à 279 milliards de francs. Les grands annonceurs s'appellent, alors, Unilever, Rhodiaceta, Procter et Gamble, Cadum-Palmolive ou L'Oréal-Scad. Néanmoins, en 1964, la France n'arrive encore qu'au treizième rang mondial pour le volume des dépenses publicitaires par habitant (77 F), ce qui la situe très loin des États-Unis (419 F) ou de la RFA (220 F), et au niveau de la Belgique ou de la Nouvelle-Zélande.

La mutation est en cours. Un effort de rationalisation du secteur se développe, sous la conduite des annonceurs et des publicitaires, destiné à mieux connaître les besoins et l'acte d'achat des consommateurs, et à orienter les investissements. Les enquêtes du CESP sur les supports de presse donnent leur pleine mesure dans les années 1960. Les multiples questions posées à de vastes échantillons de population permettent à la fois de déterminer les caractères de l'audience d'un média, et de cerner les comportements de consommation des lecteurs, les réponses fournissant de précieuses indications aux annonceurs et leur évitant d'improductives dépenses.

Quelques indicateurs de consommation des lecteurs de magazines en 1960 [1] (critère retenu : le foyer)

	Ensemble des Français	L'Express	Paris-Match	Elle	Confidences
Budget annuel (F.) en alimentation	322 500	696 000	369 000	537 000	473 000
en vêtements masculins	33 200	69 200	49 100	63 000	34 800
en vêtements féminins	34 800	80 500	46 300	67 500	31 500
en linge de maison	8 000	15 400	11 300	12 200	9 300
Possèdent (%) une voiture	31	54	42	45	21
un vélomoteur	28	15	23	17	32
une machine à laver	26	36	30	36	33
un aspirateur	29	71	44	56	28
un réfrigérateur	29	60	40	48	30
un électrophone	19	54	29	13	20
un téléviseur	12	22	15	21	12
Livres achetés/an	4,5	22	10	12	11
Prennent des vacances (%) d'été	37	81	54	70	40
d'hiver	5	23	10	15	4
Ont moins de 70 000 F de revenus/an	47	19	36	31	50

Les mécanismes d'identification des consommateurs sont prolongés, dans les années 1960, par l'introduction de méthodes venues des États-Unis : études de marché, media planning (stratégies d'achat d'espace), études de motivation, confiées à des sociétés privées

---

1. CESP, Enquête qualitative sur 14 périodiques, 1960.

comme la Société d'études de la communication, distribution et publicité (SECODIP), créée en 1969[1]. Désormais, l'enquête publicitaire s'efforce de cerner la psychologie du consommateur, ses motivations; elle permet aussi de tester l'efficacité des matériels publicitaires et des messages, et de contrôler le rendement des campagnes. Fondées sur l'observation de panels de consommateurs, les études de motivation, promues dans les années 1950 aux États-Unis par Ernst Dichter[2], sont introduites en France par des publicitaires comme Marcel Bleustein-Blanchet, le patron de Publicis, alors première agence de publicité. Pour Dichter, tous les actes répondent à des motivations plus ou moins profondes, qu'il classe par ordre d'importance, partant des motivations essentielles comme la nourriture ou la reproduction, et allant jusqu'aux motifs superficiels, culturels notamment. Les actes d'achat et le choix des produits sont analysés selon cette grille. Il faut découvrir à quels mobiles psychiques (conscients ou non) la consommation d'un produit est associée, puis corriger ou renforcer les tendances observables. Ainsi, vendre une voiture est plus facile en stimulant le désir par l'image, tant il est vrai que, pour l'acheteur, la voiture est naturellement sexuée… Du coup, la production publicitaire se trouve légitimée par une théorie psychologique qui, sur le plan pratique, oriente les formes du message, fondées sur une recherche combinant les signes, les symboles et l'image, dont le poids grandit. Dessin et gags visuels (dont les spécialistes sont Savignac et Villemot) s'effacent devant la photographie mise en scène pour séduire le consommateur.

Dès lors, la profession publicitaire change. Le temps où, répondant à une commande, l'affichiste créait seul,

---

1. La SECODIP est elle-même le fruit de la fusion de la STAFCO et de la CECODIS.
2. Ernst Dichter, *La Stratégie du désir*, Paris, Fayard, 1961.

ou presque, est bien révolu. Le renforcement de la légitimité et l'extension de la sphère d'action de la publicité suscitent la multiplication de petites agences, à côté des deux géants que sont Havas et Publicis, depuis la fin de la guerre. En 1962, selon l'INSEE, on en compte déjà plus de 4 500 (37 % d'entre elles n'emploient aucun salarié). En fait, seules 2 000 sociétés peuvent être considérées comme de véritables agences, et une poignée d'entre elles dominent le marché : en 1967, les dix premières agences captent, à elles seules, près de 50 % du chiffre d'affaires total des agences. Roux-Séguéla-Cayzac (RSC, auquel s'ajoute plus tard le « G » de Goudard), fondée en 1968, est bientôt de celles-là. Certaines choisissent un créneau, comme l'agence Berger-Vauconssant, qui mise sur l'institutionnel. Des sociétés américaines ouvrent des succursales comme DDB. À l'inverse, Publicis et Havas pénètrent les marchés étrangers, en s'appuyant sur les clients internationaux.

Les huit mille personnes qui, à la fin des années 1960, constituent les effectifs des agences publicitaires se répartissent en quatre grands secteurs : gestion, création, distribution, édition. Le chef de publicité, qui a en charge un budget, assure les liaisons et la transmission des informations entre le client et les différents services de l'agence avec lesquels il organise la campagne. La cellule de création élabore les messages. Annonces, films, affiches sont réalisés par des équipes de graphistes, d'esthéticiens, de dessinateurs et de concepteurs-rédacteurs qui dégagent les arguments et mettent en forme les textes qui serviront de base à la campagne. L'équipe de distribution sélectionne les médias et, à l'intérieur de chacun d'entre eux, les supports capables de véhiculer les messages dans les meilleures conditions. Les responsables médias, naguère nommés « acheteurs d'espace », disposent de renseignements très variés sur les divers supports, les caractéristiques de leur audience, leurs particularités, les conditions d'insertion (procédés d'impression, tarifs). Réunis dans des modèles informatiques, tous ces éléments permettent de faire coïncider, dans les meilleures conditions, les cibles de clientèle choisies et les supports susceptibles de les atteindre. Enfin, les techniciens de l'édition assurent aux documents produits les conditions optimales de leur reproduction avant impression. Ces disciplines, appliquées à tous les niveaux de l'agence, s'enseignent dans une nouvelle génération d'écoles, comme l'École supérieure de publicité (1962) ou l'Institut des hautes études publicitaires (1963). Grâce à Bleustein-Blanchet, la publicité gagne ses lettres de noblesse, en pénétrant à l'Université, avec la création, en Sorbonne, du Centre d'études littéraires supérieures appliquées, le CELSA (1965).

Répartition des budgets publicitaires (1967) [1] (%)

Presse écrite	47,3
Affichage	6,2
Radio	5,2
Cinéma	1
Télévision	0,3
Total médias	**60**
Hors-médias	**40**

Traditionnellement, la presse écrite est la principale bénéficiaire des investissements publicitaires : elle en absorbe environ 40 %, ce qui n'est pas énorme, comparé aux autres grands pays industrialisés. En France, la part de l'affichage et du hors-médias (publicité directe : prospectus, catalogues, promotion sur les lieux de vente, etc.) a toujours été plus importante qu'ailleurs. La presse écrite ne peut prétendre survivre sans le recours aux annonceurs. Un quotidien à grand tirage (250 000 exemplaires) trouve son équilibre lorsque les ressources publicitaires tournent aux alentours de 40 %. Certains

---

1. Enquête IREP.

titres, s'adressant à un public à hauts revenus, attirent davantage que d'autres les annonceurs, comme *Le Figaro* (70 %). Toutefois, les quotidiens, dont l'audience ne progresse guère[1], sont beaucoup moins intéressants que les magazines. Leur développement brutal témoignent des transformations dans les modes de vie et la diversification de la demande des lecteurs. Entre 1960 et 1968, leur diffusion totale passe de 27,6 millions à 43,1 millions d'exemplaires (49 % d'hebdomadaires ; 51 % de mensuels). Une telle situation nourrit l'appétit des annonceurs qui, à leur tour, déterminent la mutation des magazines, comme l'atteste l'apparition des *newsmagazines*, et singulièrement le premier d'entre eux, *L'Express*, qui vise une clientèle de cadres (voir *L'Express*, p. 365). Du coup, le journal devient un produit.

Si les annonceurs favorisent l'essor de supports éditoriaux s'adressant à des segments de population bien identifiés, ils s'attachent aussi à investir dans les médias susceptibles de toucher la plus large clientèle. Aussi piaffent-ils d'impatience devant la télévision qui leur ferme longtemps ses portes, alors qu'au Royaume-Uni, où domine le secteur public, le petit écran représente déjà près de 19 % du budget publicitaire en 1961. Le gouvernement gaulliste est prêt à leur donner satisfaction, mais les parlementaires de gauche et une partie des élus de droite rejettent la publicité à la télévision. L'argument moral sur les risques d'une « marchandisation » du monopole retarde la décision. Les patrons de journaux, eux, qui craignent pour les finances déjà fragiles des quotidiens, font pression sur la représentation nationale pour l'éviter. Les professionnels du spectacle s'y opposent également farouchement. Le gouvernement

---

1. En 1968, le tirage total des quotidiens est de l'ordre de 12,5 millions d'exemplaires (4,5 millions à Paris, 8 en province). *Quest-France*, avec environ 650 000 exemplaires, demeure le premier quotidien régional.

agit alors prudemment. Dans un premier temps, il autorise les messages « d'intérêt public ». Dans les années 1960, les téléspectateurs se familiarisent avec des films d'entreprises nationales (EDF, SNCF) ou de groupements collectifs qui vantent ainsi les mérites des pruneaux ou des petits pois. Mais le grand sujet de polémique reste la publicité de « marque ». Le débat rebondit à propos de la « publicité clandestine » sur le petit écran. Les annonceurs ont très vite compris tout le bénéfice qu'ils pouvaient tirer des lots offerts à l'occasion de jeux télévisés ou des images diffusées au moment des reportages sportifs : comment la caméra pourrait-elle dissimuler l'origine d'une automobile donnée à un heureux gagnant ou les panneaux commerciaux dans un vélodrome ou un stade de football ? L'introduction de la publicité de marque à la télévision relève donc, aux yeux de certains de ses promoteurs, d'une démarche d'éclaircissement et de moralisation. Les Français, du reste, y sont prêts. Deux sur trois (64 %) l'approuvent, y voyant le moyen d'éviter une hausse de la redevance[1]. Le pouvoir politique franchit le pas et, le 1er octobre 1968, les premiers spots font leur apparition : le lait Régilait, le fromage Boursin, les postes Schneider, le beurre Virlux, les tricots Bel... L'ouverture est, cependant, strictement réglementée : sont interdits de publicité à la télévision les secteurs de la distribution, de la vente par correspondance, de la presse, de l'édition littéraire et musicale, du spectacle vivant et du cinéma, du tabac et des boissons alcooliques et les publicités pour enfants. La part de la télévision dans le marché publicitaire gagne, alors, lentement. Après un départ en flèche, elle stagne autour de 7,5 % au début des années 1970, ne bouleversant pas les grands équilibres (43 % pour la presse écrite en 1973).

---

1. L'enquête de 1968 confirme, sur ce point, celle de 1964 (IFOP, *Sondages*, 2, 1968).

La publicité n'est plus un tabou dans la seconde moitié des années 1960, à tel point qu'elle touche même la politique. En 1965, lors de l'élection présidentielle, les professionnels de la publicité font leur entrée dans la conception des campagnes électorales. À cette occasion, le candidat Jean Lecanuet fait appel à Michel Bongrand pour le sortir de l'anonymat. Le directeur de l'agence Services et méthodes, remarqué pour avoir introduit en France les produits James Bond, bâtit une campagne à l'américaine fondée sur le déploiement de relations publiques, elle-même inspirée, dans la forme, par l'expérience de la campagne de Kennedy, en 1960. S'il ne conçoit pas les fameuses affiches électorales qui montrent Lecanuet tout sourires (son surnom est « dents blanches », comme le slogan du dentifrice Colgate), c'est lui qui en orchestre la diffusion. Deux ans plus tard, pour les législatives de 1967, les gaullistes, si critiques, deux ans auparavant, pour des procédés vendant un homme politique comme une savonnette ou une pâte dentifrice, engagent Bongrand pour leurs images de campagne. L'âge du marketing politique et des conseillers en communication commence.

Le capital contre la liberté ?

Comment les journalistes vivent-ils le bouleversement des médias ? En fait, le redimensionnement économique de la presse et les mutations internes qui s'amorcent dans la profession nourrissent, chez une partie d'entre eux, encore attachés au modèle des journaux d'après guerre, un réel trouble identitaire. Dans les années 1960, la profession amorce son développement. Longtemps stagnants, ses effectifs augmentent de plus d'un tiers entre 1960 et 1968, passant d'un peu plus de 8 000 à près de 12 000 membres. Une enquête conduite en 1964 par la Commission de la carte fixe les grands traits sociologiques du journalisme français[1]. Les femmes n'y figurent toujours qu'en minorité : à peine plus de 14 %. La disproportion est particulièrement flagrante si l'on observe les catégories d'emploi. Certaines fonctions semblent presque interdites aux femmes. Les grands reporters ne représentent qu'1,2 % de la profession, les reporters photographes et les cameramen, 6,7 % ; or, les femmes sont quasiment absentes de ces catégories (6 % et 1 %). En revanche, leur proportion s'élève à 88 % chez les sténographes de presse, 45 % chez les rédacteurs « rewriters » ou traducteurs, 23 % chez les maquettistes. Elles sont aussi nettement majoritaires dans la presse féminine (67 %), la presse enfantine (50 %), et constituent une forte minorité dans les journaux spécialisés en « vie pratique » (47 %) ou s'adressant aux jeunes et aux adolescents (40 %). L'âge moyen des journalistes se situe aux alentours de quarante ans, et les tranches d'âge inférieures à quarante-cinq ans sont relativement plus nombreuses que dans l'ensemble de la population active française. Essentiellement issus de milieux sociaux plutôt aisés – cadres supérieurs (48,5 %), cadres moyens et techniciens (38,5 %) –, plus d'un tiers d'entre eux ont entrepris ou achevé des études supérieures, en lettres et droit principalement (17,7 % ont obtenu un diplôme). Enfin, plus de la moitié résident dans la capitale (55 %).

Ces premiers traits semblent indiquer une stabilité du profil de la profession. Néanmoins, on note quelques signes de changement. D'abord, si la presse quotidienne régionale rassemble un journaliste sur trois (34 %), les quotidiens parisiens n'en groupent guère qu'un peu plus d'un sur dix (12 %). Surtout, on relève les catégories montantes, typiques des muta-

---

1. CCIJP, Enquête statistique et sociologique, 1966.

tions médiatiques des années 1960 : 28,5 % des journalistes travaillent désormais pour les hebdomadaires
et mensuels parisiens, 9,3 % pour la radio et la télévision (9,3 %). Le temps de la puissance des rédactions
de la capitale est terminé. *France-Soir*, avec son million d'exemplaires quotidien et sa rédaction de trois
cents membres[1], est le navire-amiral d'une flottille qui
ne compte plus que treize ou quatorze titres, deux fois
moins qu'en 1946. Il n'est donc pas étonnant que les
journalistes qui ont connu le temps glorieux de la
Libération s'émeuvent des changements en cours.

Ces changements s'expriment notamment par une
concentration croissante de la presse. Au début de
1965, cinq groupes dominent le marché. L'éditeur
Hachette, dont on sait le rôle qu'il joue dans les
NMPP, contrôle *France-Soir*, *Paris-Presse*, *le Journal du
dimanche*, *France-Dimanche*, *Elle*, *Sport et vie*, *Le
Nouveau Candide*, et 50 % des actions de *Télé 7 Jours*,
auxquels on doit ajouter la dizaine de titres des
groupes associés, Réalités et Opéra-Mundi. Le Groupe
Emilien Amaury possède dix journaux (dont *Le
Parisien libéré* et *Marie-France*), deux imprimeries,
l'Office de publicité générale, Inter-Régie ; Amaury lui-
même siège au conseil d'administration de *L'Équipe*.
Le groupe Prouvost-Béghin (*Paris-Match*, *Marie-
Claire*) détient 92 % des parts du *Figaro* et du *Figaro littéraire*, 50 % de celles de *Télé 7 Jours* (sans compter la
participation à Radio-Télé-Luxembourg, en constante
augmentation). Le groupe Hersant contrôle vingt-cinq
titres (six quotidiens de province, comme *Oise-Matin*

---

1. En 1965, la rédaction de *France-Soir* compte 305 journalistes : 48 rédacteurs en chef, chefs de service, chefs de rubriques ;
60 rédacteurs d'information ; 34 secrétaires de rédaction ; 8 critiques ; 37 reporters et grands reporters ; 20 rewriters ; 13 correspondants étrangers ; 6 correspondants en province ; 12 envoyés
spéciaux ; 25 rédacteurs sportifs ; 26 rédacteurs de rubriques. À la
même époque, on dénombre 172 journalistes au *Figaro*, 123 au
Parisien libéré.

ou *Centre-Presse*), et une série de publications techniques et de loisirs : *Auto-Journal, Nautisme, Revue de la Chasse, Tricot*, etc.). Enfin, doté de plusieurs imprimeries, d'une maison d'édition, de Mondial-Presse, de Del Duca Films, le groupe de Cino Del Duca domine *Paris-Jour, TV-France, Télépoche, La Vie des métiers* et huit autres publications relevant de la presse du cœur ou de l'enfance (de *Nous deux* à *L'Intrépide*).

La logique publicitaire nourrit le processus de concentration, notamment en province, provoquant parfois d'étonnants rapprochements entre concurrents. En juillet 1966, par exemple, *Ouest-France* (Rennes) conclut avec *Le Télégramme* (Brest) et deux quotidiens nantais, *Presse-Océan* et *L'Éclair*, un accord de pool publicitaire qui offre aux annonceurs un support commun de 840 000 exemplaires. D'autres contrats de couplage publicitaire suivent dans d'autres régions. L'année suivante, une nouvelle étape est franchie par deux groupes puissants et néanmoins rivaux : *Le Progrès* de Lyon et *Le Dauphiné libéré* de Grenoble[1]. Ensemble, ils créent Entreprise de presse n°1, qui contrôle une série de sociétés communes : une régie publicitaire, une société d'impression, une centrale rédactionnelle (AIGLES : Agence d'informations générales, locales, économiques et sportives), qui fournit la même copie aux journaux des deux groupes. Le regroupement des moyens commerciaux techniques et rédactionnels entraîne une compression des effectifs, chez les ouvriers comme chez les journalistes, qui suscite la colère des salariés.

La concentration de la presse est la cible des syndicats de journalistes qui y voient une entrave potentielle à l'indépendance professionnelle. Les rédactions

---

1. Le Progrès possède *La Tribune de Saint-Étienne, Le Petit Mâconnais, Le Méridional de Marseille* ; *Le Dauphiné libéré* contrôle *La Dernière Heure lyonnaise, L'Écho Liberté, La Dépêche de Saint-Étienne*.

elles-mêmes réagissent souvent violemment lorsque les tractations en cours autour du capital du journal les écarte de toute consultation ou remettent en cause les équilibres négociés. L'illustre l'exemple du *Figaro*, dont les journalistes, soucieux de garder leur indépendance, se groupent en société de rédacteurs pour résister à Prouvost puis à Hersant (voir *Le Figaro*, p. 368). Le cas, qui témoigne de la méfiance des professionnels à l'égard du capital, n'est pas isolé à la fin des années 1960. Un peu partout en France, émergent des sociétés de rédacteurs (*Ouest-France, L'Alsace, Les Échos*…). En décembre 1967, les dix-sept organisations existantes se rassemblent même en Fédération française des sociétés de journalistes avec, à sa tête, Jean Schwoebel, animateur de la société du *Monde*. L'année suivante, il publie *La Presse, le pouvoir et l'argent*, où il dénonce la concentration et les périls que font peser sur la mission du journaliste des intérêts financiers. « Certes, explique-t-il, la production et la diffusion des informations sont […] des activités industrielles et commerciales qui, de ce fait, ne peuvent pas méconnaître les lois de l'économie et les impératifs techniques. Il n'en reste pas moins que les entreprises et services d'information assurent une mission d'intérêt public[1]. » Il poursuit : « Victimes directes et premières de cette concentration, les journalistes qui, jusqu'à présent, ne se posaient guère de problèmes quant à l'étendue de leurs responsabilités et aux dures exigences de leur mission, se voient contraints d'y penser. Leurs intérêts matériels et moraux sont étroitement solidaires. » Aussi les journalistes sont-ils désormais décidés « à remettre en cause des structures qui ne garantissent plus au public des informations à la fois sûres et complètes[2] ». Les socié-

---

1. Jean Schwoebel, *La Presse, le pouvoir et l'argent*, Paris, Seuil, 1968, p. 16.
2. *Ibid.*, p. 17.

tés de rédacteurs ont le vent en poupe, et parviennent à réunir une trentaine de groupements en 1969. Mais le mouvement, qui apparaît comme l'ultime manifestation collective de l'idéal de la presse de la Résistance, et ne rassemble, au mieux que 20 % de la profession, cède au début des années 1970. Désormais, le capitalisme de presse est un fait que vont admettre la plupart des journalistes.

La presse écrite en 1968 :
le printemps de l'engagement ?

« L'année 1968, je la salue avec sérénité », conclut le général de Gaulle, en présentant ses vœux aux Français, le 31 décembre 1967. Quelque temps plus tard, le 15 mars 1968, Pierre Viansson-Ponté titre un éditorial, resté célèbre : « La France s'ennuie... ». Pas plus que les hommes politiques, les médias n'ont vu venir la crise qui secoue la France en mai-juin 1968. Pourtant, ils y jouent un rôle non négligeable, comme observateurs, mais aussi comme acteurs.

Le 15 mai, *Combat* publie un encadré où il explique que, dès les premiers jours, il a « soutenu et compris » la révolte étudiante. Il y affirme aussi son intention de continuer la lutte quotidienne « pour une révolution inséparable d'une nouvelle société ». 1968 sonne, pour un certain nombre de titres, comme un printemps de l'engagement. *Le Nouvel Observateur*, par exemple, appuie la contestation en marche, et fait paraître, le 29 mai, un entretien de Jean-Paul Sartre avec Daniel Cohn-Bendit, intitulé : « L'imagination au pouvoir ». *L'Humanité*, méfiante à l'égard d'un mouvement étudiant que les communistes ne contrôlent pas, dénonçant, par la plume de Georges Marchais, les « faux révolutionnaires à démasquer » (3 mai 1968), efface ses réserves dès lors que la crise sociale succède à la crise universitaire. À vrai dire, peu de journaux soutiennent ouvertement le gouvernement, à part *Le Parisien libéré*, *France-Soir* ou *Le Figaro*, qui constituent un môle de résistance à la déferlante antigaulliste. Tandis que *France-Soir* multiplie les titres qui soulignent le désordre provoqué par les « provocateurs » et la paralysie du pays nés des manifestations et des grèves, *Le Figaro* s'en prend aux « agitateurs » assimilés à des délinquants : « Étudiants, ces jeunes ? Ils relèvent de la correctionnelle plutôt que de l'Université. » *Le Monde*, depuis longtemps critique à l'égard du président de la République, se prononce pour le départ de De Gaulle, Beuve-Méry avouant redouter pour la France « l'obstination d'un homme incapable de se retirer à temps, en renonçant pour lui et pour elle à la démesure de ses rêves » (26-27 mai 1968). Les appréciations divergentes de la crise se lisent dans les titres des quotidiens. Au lendemain des violents affrontements de la rue Gay-Lussac entre les étudiants et la police, *France-Soir* annonce « DÉSOLATION AU QUARTIER LATIN, après les assauts sur les barricades entre étudiants et policiers. Très nombreux blessés. 400 arrestations », alors que *Le Monde* préfère : « NUIT DRAMATIQUE AU QUARTIER LATIN. Les négociations tardives avec les étudiants ayant échoué, la police prend d'assaut soixante barricades. La CGT, la CFDT et la FEN lancent un appel à la grève générale. 367 blessés, 460 interpellations, 188 voitures endommagées. »

Les journalistes de presse écrite, engagés ou non, sont aussi des salariés. Vont-ils, alors, prendre le train de la grève en marche et transformer les salles de rédaction en assemblées générales ? Non, car les revendications internes, bien réelles, sont subordonnées à l'impératif de l'information. Les journalistes entendent accomplir leur mission en continuant d'informer les Français, ce qui n'exclut pas de vives discussions sur le sens de la ligne éditoriale. Les ouvriers de la composition et l'imprimerie, eux, ne se situent pas dans la même perspective. Au plus fort de la crise, ils tentent même localement d'imposer un droit de regard sur le contenu des informations publiées. À plusieurs reprises, ils refusent d'imprimer tel ou tel titre, ou telle ou telle nouvelle, imposent l'insertion d'un communiqué, ou contraignent le quotidien à paraître avec des « blancs », voire des caches sur certaines photographies jugées dévalorisantes pour les grévistes. Parfois, à Paris comme en province, les journaux préfèrent ne pas sortir plutôt que se soumettre aux exigences syndicales. C'est le cas du *Parisien libéré*, qui prétend titrer « Premiers signes de reprise ». Les ouvriers s'y opposent : l'édition du 24 mai, décide la direction, ne sera pas distribuée dans les kiosques.

L'une des singularités de 1968 en matière de presse écrite est le brusque essor, à côté des journaux ayant pignon sur rue, de feuilles de contestation qui accompagnent le développement du mouvement étudiant et circulent dans les manifestations, comme *Les Cahiers de mai*, de Daniel Anselme, *Action*, conjointement publié par l'UNEF, les Comités d'action lycéens et le SNES-Sup (30 000 à 40 000 exemplaires), ou *Pavé*, d'inspiration trotskiste. Ces journaux sont souvent abondamment illustrés de dessins. La caricature est, en effet, un support privilégié des idées et des slogans de 1968. Un journal comme *L'Enragé*, publié avec le soutien de Jean-Jacques Pauvert, en fournit le meilleur des exemples. Sous la conduite du dessinateur Siné, il ranime la tradition des hebdomadaires anarchistes entièrement illustrés du début du siècle, comme *L'Assiette au beurre*. Siné n'en est pas à son coup d'essai. L'ancien collaborateur de *L'Express* a publié en 1962-1963 *Siné-Massacre*, dont les charges graphiques attaquaient si violemment les institutions et la société gaulliennes que ses neuf numéros furent, tour à tour, interdits. En 1968, il récidive donc avec *L'Enragé*, qui révèle une nouvelle génération de dessinateurs, lassée des vicissitudes de la vie parlementaire et du conformisme des caricatures de leurs aînés, dont les chefs de file – souvent familiers de *Hara-Kiri* – sont Gébé, Cabu, Topor, Willem, Reiser ou Wolinski. Du 24 mai au 25 novembre, *L'Enragé* publie 12 numéros, tous aussi virulents, et souvent objets de poursuites. La couverture du numéro 2, en forme de faire-part frappé d'une croix de Lorraine, titre : « Crève Général », et celle du numéro 4, signée Willem, montre un de Gaulle grabataire qui, amputé des deux jambes, tente de s'appuyer sur des béquilles en forme du « S » de « SS ». Plus généralement, l'image est un média essentiel du mouvement de mai 1968, comme l'attestent les affiches de l'atelier populaire de sérigraphie de l'École des beaux-arts ou du groupe Grapus des Arts déco, qui déclinent les slogans contestataires. Reproduites en grand nombre, apposées sur les murs des villes, elles affirment, par exemple : « Nous sommes tous des Juifs et des Allemands », avec le portrait de Daniel Cohn-Bendit (expulsé de France), ou : « La chienlit, c'est lui », avec la silhouette de De Gaulle, bras levés, en ombre chinoise. Elles montrent Hitler se cachant derrière le masque du Général ou stigmatisent le CRS qui s'apprête à frapper de sa matraque, armé d'un bouclier marqué des lettres « SS ».

« Libérez l'ORTF ! »

Une des principales séries d'affiches sérigraphiques vise la télévision. L'une d'elles figure un CRS casqué et armé, au micro de l'« ORTF », avec ce slogan : « La police vous parle tous les soirs à 20 h ». Car, si la presse et la radio ne sont pas épargnées par les manifestants, la télévision est, à leurs yeux, le symbole de l'aliénation des masses, du mensonge d'État, de la

« dictature » gaulliste. Au cœur de toutes les critiques
figure le journal télévisé. Peu de temps avant les événements du printemps, un sondage révèle un avis partagé des téléspectateurs à l'égard de l'orientation de
l'information télévisée : 39 % la jugent objective, 35 %
pensent le contraire (26 % ne se prononcent pas)[1].
Certains journalistes rejoignent l'opinion des plus critiques : la crise qui se développe à l'ORTF dès les premiers jours de mai va libérer leur parole et fixer une
partie du débat politique autour de l'indépendance de
l'information sur le service public.

Patron de l'information à la télévision, le gaulliste
Jean-Louis Guillaud ne cache pas son hostilité à ce
qu'il considère comme une « tentative révolutionnaire ». Dans les premiers jours de mai, les reporters
et cameramen du journal télévisé, qui ont souvent
couvert les conflits aux quatre coins du monde, ne
sont pas autorisés à porter leurs micros et leurs caméras au cœur d'un événement qui se déroule en plein
Paris. Paradoxalement, les images des actualités cinématographiques rendent mieux compte des manifestations que la télévision ; du moins, au début. Dans les
premiers jours de mai, les informations filmées donnent une vision bon enfant des étudiants grévistes.
Elles soulignent le folklore des cortèges et critiquent
la violence de la répression. Mais, dans un second
temps, les reportages changent, attaquant les manifestants, décrits comme des enfants assoiffés d'une violence « qui ne résout rien[2] ». Une séquence montrant
l'évacuation du théâtre de l'Odéon, occupé un mois
durant, laisse voir un père giflant son fils qui invecti-
vait les CRS depuis sa fenêtre. Commentaire : « Dans
l'immeuble d'en face, un père énergique gifle son fils,
par trop désapprobateur[3]. »

---

1. Sondage IFOP, 22-29 avril 1968, *Sondages*, 2, 1968.
2. Forum des images, *Éclair Journal*, juin 1968.
3. *Ibid.*

Alors que la crise se noue, le journal télévisé, ne pouvant taire sa réalité, s'applique à ignorer les motifs des grèves et à n'évoquer que ses conséquences néfastes pour la vie quotidienne, comme les carences d'approvisionnement dans les magasins, la paralysie des moyens de transport ou les files d'attente devant les stations d'essence. Le 10 mai, au moment où le Quartier latin connaît sa grande nuit d'émeute, le magazine *Panorama*, consacré au mouvement étudiant, est interdit. Le lendemain, marqué par une allocation radiotélévisée du Premier ministre Georges Pompidou (« le gouvernement doit défendre la République »), les producteurs de *Cinq colonnes*, *Zoom*, *Caméra III*[1] publient un communiqué où ils s'engagent à suspendre l'ensemble de leurs émissions, s'ils sont empêchés de traiter librement les événements. Le soir même, *Panorama* est diffusé, mais tronqué et censuré. Il faut attendre le 14 mai pour que *Zoom*, programmé sur la seconde chaîne, propose un reportage complet sur la crise avec les points de vue des étudiants. L'émission est suivie d'un débat avec Jacques Sauvageot (UNEF), Olivier Castro (Mouvement du 22 mars), Alain Geismar (SNES-Sup), Pierre Juquin (PCF), David Rousset (journaliste et gaulliste de gauche), André Fanton (député UD V^e) et le recteur Capelle. La partie débat est imposée par les producteurs à la direction, qui en accepte le principe, à condition qu'il soit diffusé en différé. Pendant toute l'émission, réalisateurs et journalistes surveillent les opérations, prêts à bondir au moindre signe de coupure. Deux jours plus tard, la télévision propose, en direct cette fois, un débat où Jean Ferniot (*France-Soir*), Pierre Charpy (*Paris-Presse*) et Michel Bassi (*Le Figaro*) interrogent Geismar, Sauvageot et Cohn-Bendit. L'expérience est sans lendemain.

---

1. Igor Barrère, Roger Bénamou, Pierre Desgraupes, Pierre Dumayet, André Harris, Philippe Labro, Pierre Lazareff, Alain de Sédouy, Henri de Turenne.

Le ton monte à l'ORTF. Tour à tour, personnel administratif, réalisateurs, producteurs, journalistes se mettent en grève, ces derniers créant un « Comité des Dix » chargé d'organiser le mouvement (parmi lesquels Emmanuel de la Taille, François de Closets, Maurice Werther et Jean Lanzi). Ils rédigent un cahier des charges qui exige l'objectivité et l'exactitude de l'information, et la possibilité pour les principales tendances de pensée et les grands courants d'opinion de pouvoir s'exprimer à l'ORTF ; autrement dit, ils réclament que se traduise dans les faits ce que la loi de juin 1964 définit dans le texte. Le mouvement prend de l'ampleur, mais le journal télévisé résiste, grâce à un dernier carré fidèle à la direction.

La chape de plomb qui pèse sur l'information des chaînes et stations d'État tranche avec la liberté de ton des radios périphériques. Leurs reporters ont, avec les voitures munies de radiotéléphones, les motos émettrices, les magnétophones Nagra, les moyens de faire vivre en direct aux auditeurs, minute par minute, le déroulement des manifestations. Les journalistes de France-Inter essaient bien de couvrir les événements, mais leur direction, obéissant aux pressions du ministre de l'Information, les en dissuadent : la grève à l'ORTF déclenchée, seuls les journalistes fidèles au pouvoir continuent de s'exprimer, et ne quittent plus les studios de la « Maison ronde ».

En revanche, les rédactions de RTL et d'Europe n°1 dépêchent leurs équipes de reporters, qui se glissent au cœur des cortèges et témoignent des affrontements entre policiers et étudiants. La seconde, par exemple, envoie sur place une douzaine de journalistes, vétérans de la guerre d'Algérie (Julien Besançon, Fernand Choisel), reporters (Bernard Soulé) ou débutants (Gilles Schneider), qui se relaient à l'antenne. Les journalistes vivent la violence des événements, partagent l'agression des gaz lacrymogènes, subissent parfois la matraque des CRS, et ont donc tendance à orienter leurs commentaires dans un sens favorable aux manifestants. Il faut toute la poigne du patron de l'information, Jacques Paoli, pour tenir ses reporters, prompts à courir au feu. Les radios s'impliquent dans l'action. Le 10 mai, par exemple, RTL organise en direct une négociation entre Alain Geismar et le vice-recteur Chalin. Jean-Pierre Farkas, le rédacteur en chef, voyant que le dialogue n'aboutit pas, interrompt la transmission, quand Geismar veut profiter de son passage à l'antenne pour donner des consignes. Ici, le média ne suit pas l'événement : il prétend y imprimer sa marque, l'orienter, puis le tailler, selon ses vues. Farkas était d'accord pour annoncer la bonne nouvelle de la réconciliation ; mais il refuse de servir d'instrument de combat.

Le pouvoir finit par réagir. Sous prétexte que les retransmissions des radioreporters brouillent les fréquences des hôpitaux, des ambulances et de la police et renseignent les manifestants, les journalistes se voient interdire l'usage des voitures et motos émettrices. Les émissions en direct ne cessent pas pour autant, les reporters restant en liaison avec leurs studios grâce aux cabines téléphoniques ou aux postes des particuliers, domiciliés sur le parcours des manifestations. Comme l'observe Danièle Heyman dans *L'Express* (3 juin 1968) : « Depuis le 6 mai, le transistor est devenu le cordon ombilical qui relie la France à sa révolution. La télévision, muselée ou presque, a pour l'instant renversé le régime de l'image. Le pouvoir est à la parole. Et dans le domaine de l'information, les radios périphériques, grâce à leur souplesse, à leur mobilité, grâce aussi à une certaine liberté, ont affirmé leur puissance et, dans l'ensemble, assumé leurs responsabilités. »

Le 30 mai, c'est à la radio que le général de Gaulle s'exprime pour affirmer que la « République n'abdiquera pas ». Il choisit sa vieille compagne pour rejeter toute abdication et annoncer la reprise en main :

« Dans les circonstances présentes, je ne me retirerai
pas. J'ai un mandat du peuple, je le remplirai. Je ne
changerai pas le Premier ministre [...]. Je dissous
aujourd'hui l'Assemblée nationale. » Au Quartier latin
comme dans les usines occupées, les grévistes, le transistor collé à l'oreille, attendaient l'annonce de sa
démission. Amère désillusion. L'homme du 18 Juin
est de retour : ferme, la voix dramatise la situation, là
où l'image aurait montré un Président vieilli. Son
appel mobilise le soir même les troupes gaullistes qui
rassemblent 300 000 personnes sur les Champs-Élysées. Le lendemain, dans la presse, les drapeaux trico-
lores ont remplacé les drapeaux rouges, et les visages
d'André Malraux, de François Mauriac, de Michel
Debré, de Maurice Schumann en tête de cortège,
ceux des grévistes d'hier.

La conjoncture se retourne. Le 4 juin, en application
du plan Stentor, l'armée occupe la quasi-totalité des
émetteurs de l'ORTF. Ce jour-là, plusieurs dizaines
d'écrivains et de cinéastes publient un manifeste appe-
lant au boycott d'une télévision et d'une radio contrôlées par la police et l'armée[1]. Puis est déclenchée
l'« opération Jéricho ». Chaque jour, des cortèges de
journalistes, de comédiens, d'intellectuels, d'ensei-
gnants, d'ouvriers ou d'étudiants défilent alternative-
ment autour de la Maison de l'ORTF, pour faire
tomber les murs de la soumission. Mais l'entretien
radiotélévisé du 7 juin entre le général de Gaulle et
Michel Droit indique qu'une page se tourne. Bientôt,
les sanctions tombent. Le 28 juin, sous prétexte d'une
refonte des programmes télévisés, les magazines d'information, *Zoom*, *Cinq colonnes à la une*, *Tel Quel*, *Séance*

---

1. Parmi eux : Simone de Beauvoir, Marguerite Duras, Jean
Guéhenno, Paul Guimard, Jacques Prévert, Nathalie Sarraute,
Françoise Sagan, Jean-Paul Sartre, Philippe Sollers, Claude Berry,
Luis Buñuel, Costa-Gavras, Jean-Luc Godard, Alain Resnais,
François Truffaut, Jacques Rivette, Louis Malle, Hervé Bazin, etc.

tenante, sont supprimés. Même *Intervilles* est touché. Puis viennent les mesures individuelles : trente et un journalistes de télévision, vingt-trois journalistes de radio sont licenciés; d'autres sont mis en « congé spécial », en retraite anticipée ou mutés. « Après la grève, l'épuration », écrit Claude Angéli dans *Le Nouvel Observateur* (3 juillet 1968). De nouveau, l'autocensure s'impose d'elle-même.

Il reste que la crise de 1968 a placé la liberté d'informer au cœur du débat médiatique. Plus généralement, elle a hissé au premier plan la revendication sociale de la liberté de parole et de la possibilité, pour tous, d'accéder aux médias. En un sens, la formule d'Andy Warhol, selon laquelle chaque individu aurait un jour son quart d'heure de célébrité, est devenue un programme civique. Désormais, les médias devraient partager leur temps d'antenne entre les auditeurs. La lutte des classes s'est déplacée du terrain strictement économique vers celui des médias.

CHAPITRE VI

LA MÉDIATISATION
ENTRE ÉTAT ET MARCHÉ (1968-1989)

Le 25 avril 1969, le général de Gaulle s'adresse une dernière fois aux Français, par la voie de la télévision et de la radio, pour les convaincre de voter « oui » au référendum prévu deux jours plus tard sur la régionalisation et la rénovation du Sénat. Mais l'opinion le désavoue, et c'est par un communiqué de deux lignes, rédigées à la main, et remis à l'AFP par son attaché de presse Pierre-Louis Blanc, qu'il annonce sa démission le 28 avril : « Je cesse d'exercer mes fonctions de président de la République. Cette décision prend effet à midi. » Le 16 mai, l'ancien Premier ministre Georges Pompidou annonce sa candidature à l'Élysée devant les caméras et les micros de l'ORTF. Le slogan de sa campagne, « Le changement dans la continuité », est révélateur de ses intentions vis-à-vis du monopole audiovisuel : une plus grande liberté de parole, mais pas de bouleversements, ni en matière de structures, ni en matière de prérogatives étatiques. Aussi le mouvement de libéralisation à l'ORTF conduit par son Premier ministre, Jacques Chaban-Delmas, ne survit-il pas au départ de ce dernier, en 1972.

Pourtant, l'aspiration profonde à la démocratisation de la parole, révélée par la crise de 1968, loin de s'affaiblir, se renforce dans les années 1970. L'ouverture menée par Valéry Giscard d'Estaing, puis amplifiée par François Mitterrand, aboutit aux craquements puis à l'explosion du monopole. La libéralisation politique se double d'une libéralisation économique, avec l'apparition d'un double secteur audiovisuel, public et privé, d'abord à la radio, ensuite à la télévision. La création de la première chaîne privée en 1984, Canal +, puis la privatisation de la chaîne publique à la plus forte audience, TF1, en 1987, en constituent les plus sensibles manifestations. Du coup, le paysage médiatique français s'en trouve bouleversé. Les lois du marché, désormais, commandent – parfois brutalement – l'évolution de la presse écrite, de la radio et de la télévision. La concurrence est une donnée que plus personne ne conteste. La publicité est une nécessité admise par tous. L'audience est un instrument qui oriente les contenus et nécessite qu'on la mesure le plus finement possible. Et l'ouverture des moyens de communication audiovisuels au secteur privé aiguise l'appétit de groupes financiers, français mais aussi internationaux, qui s'emploient à diversifier leurs activités dans le domaine florissant des médias. Observé à la loupe, le public profite de l'offre nouvelle et fait ses choix, de telle sorte que sa composition semble de plus en plus segmentée.

Prologue : valse-hésitation

« Quand je vous regarde, je ne doute pas de votre sincérité, mais quand je regarde votre majorité, je doute de votre réussite. » La déclaration de Mitterrand à l'adresse de Chaban-Delmas, le 16 septembre 1969, au moment où il présente son programme réformateur pour l'avènement d'une « nouvelle société », paraît prémonitoire, notamment en ce qui concerne l'ORTF. Soucieux d'accorder une plus grande autonomie à l'Office, le nouveau Premier ministre prend deux mesures spectaculaires. D'abord, il supprime la fonction de ministre de l'Information. Ensuite, il nomme Pierre Desgraupes, réputé pour son esprit d'indépendance, à la tête de l'information de la pre-

mière chaîne. Aussitôt, ce dernier s'entoure de professionnels reconnus, venus de la presse écrite et des
radios périphériques, comme Étienne Mougeotte,
Philippe Gildas, Olivier Todd, Joseph Pasteur ou
François-Henri de Virieu.

La libéralisation est en marche. Même Sartre, qui a
toujours refusé d'être interviewé à la télévision du
temps de De Gaulle, accorde un entretien à
Information première, parce que, dit-il, il éprouve de
l'estime pour Desgraupes. Une partie des Français
croit à la volonté de démocratiser la télévision. À l'automne 1969, une majorité relative (45 %) fait
confiance au gouvernement de Chaban-Delmas
« pour donner plus d'indépendance à l'ORTF », et
37 % des téléspectateurs (contre 38 %) considèrent
que, « depuis quelques semaines », le journal télévisé
est « plus objectif ». L'idée même que l'information de
l'audiovisuel public du temps de De Gaulle était
muselée ne fait plus guère de doutes. La liberté des
journalistes « était limitée », admettent 70 % des sondés en avril 1970[1]. Mai 68 et Chaban-Delmas sont
passés par là...

Si Pompidou, comme son prédécesseur, use des
conférences de presse ou des allocutions radiotélévisées, et s'invite périodiquement à la télévision pour des
« causeries au coin du feu » avec un journaliste acquis
à sa cause[2], les hommes de l'opposition ont les moyens
de lui répondre grâce aux émissions politiques créées
sur les deux chaînes. À partir de février 1970 est ainsi
proposée chaque mois *À armes égales*, produite par
Alain Duhamel (*L'Express*) et Michel Bassi (*Le Figaro*),
qui instaure le duel politique à la télévision : la bipola-
risation de la vie politique française, en effet, favorise
les débats frontaux droite/gauche. Ministres et leaders

---

1. Sondages IFOP, octobre 1969, décembre 1969, avril 1970,
Sondages, 1 2, 1970.
2. Par exemple Jean Ferniot, le 24 juin 1971.

politiques s'y succèdent. Alexandre Sanguinetti, responsable gaulliste renommé pour ses qualités de jou-
teur, et François Mitterrand, chef de file de la gauche,
participent chacun trois fois à l'émission, et se retrouvent même face à face, en janvier 1973. *À armes égales*
donne du spectacle. De ce point de vue, l'émission du
13 décembre 1971, opposant Maurice Clavel à Jean
Royer sur le thème des « mœurs » en France, frappe les
esprits. Selon le principe du magazine, chaque invité
présente un court film tourné par un réalisateur de son
choix. Estimant que le sien a été coupé, Clavel quitte
le plateau avec fracas, en s'exclamant : « Messieurs les
censeurs, bonsoir ! » Néanmoins, les débuts du septennat de Pompidou sont indéniablement marqués par un
relâchement de la pression politique sur l'ORTF,
même si l'autocontrainte ne disparaît pas totalement.
Le contrôle, à cette époque, a plutôt tendance à se
déplacer sur le terrain moral, comme en témoigne le
sabordage de l'émission culturelle de Michel Polac,
Post-Scriptum. En octobre 1971, il y évoque l'inceste, à
propos de la sortie du film de Louis Malle, *Le Souffle
au cœur*, puis consacre un débat à « l'homme, la
femme, le couple ». Furieuse, la direction veut imposer
qu'il soumette préalablement les sommaires de son
magazine : le journaliste refuse et s'en va.

L'étau se resserre brutalement sur l'information. À
l'approche des élections de mars 1973, qui s'annoncent
difficiles pour la droite, les pressions des leaders gaullistes sont fortes pour pousser au départ et Chaban-
Delmas et Desgraupes. La télévision est « domestiquée
par les adversaires de la liberté », s'indigne René
Tomasini, secrétaire général de l'UDR. Prenant prétexte de la couverture par le JT du désastreux voyage de
Pompidou en Alsace, la direction de la première chaîne
renvoie Desgraupes, quelques jours avant que le
Premier ministre ne le suive dans la disgrâce
(juillet 1972). Jacqueline Baudrier, gaulliste fidèle,
parmi les « épurateurs » de l'ORTF en mai 1968,

ancienne responsable de l'information sur la deuxième chaîne, le remplace. La reprise en main est à l'ordre du jour. Philippe Malaud, hostile aux réformes de la « nouvelle société », est nommé secrétaire d'État à l'Information, auprès du nouveau Premier ministre, Pierre Messmer. Et le 21 septembre, dans une conférence de presse, Pompidou, qui n'a jamais cru à la nécessaire libéralisation de l'ORTF, explique : « Le journaliste de télévision n'est pas tout à fait un journaliste comme les autres. Il a des responsabilités. Qu'on le veuille ou non, la télévision est considérée comme la voix de la France, et par les Français et par l'étranger. Et cela impose une certaine réserve. » Deux mois plus tard, dans une nouvelle conférence de presse, il dénonce la subjectivité de l'information télévisée, accusée d'assombrir la situation réelle du pays. Les plus sourds des journalistes de l'ORTF ont bien compris le message. L'autocensure gaullienne est de retour.

L'élan Desgraupes, toutefois, ne peut être complètement coupé. Les Français veulent entendre parler politique de manière contradictoire à la télévision. En mars 1973, ils sont 71 % à suivre régulièrement les émissions officielles de campagne télévisée[1]. Aussi *À armes égales*, interrompue au printemps 1973, a-t-elle une suite avec *Les Trois Vérités*, sur la première chaîne, et *Actuel 2*, diffusée chaque semaine sur la deuxième. Le duel politique est devenu un genre si familier qu'il s'impose, plus que le débat Nixon-Kennedy en 1960, comme modèle à la première confrontation radiotélévisée de deux finalistes à l'élection présidentielle de 1974. Le 10 mai, sous le regard des journalistes Jacqueline Baudrier et Alain Duhamel, réduits à compter le temps de parole, Valéry Giscard d'Estaing et François Mitterrand, au coude à coude dans les sondages, échangent leurs arguments durant une heure et demie. L'événement, considérable, inimaginable sept

---

1. IFOP, *Sondages*, 1, 1973.

ans plus tôt, abondamment commenté par toute la presse, retient vingt-trois millions de téléspectateurs. Son succès est tel qu'il est désormais ritualisé : 1981, 1988, 1995 ; 2002 fait exception, Jacques Chirac refusant d'être confronté à Jean-Marie Le Pen. Bref, avant même l'arrivée de Valéry Giscard d'Estaing à l'Élysée, le débat démocratique existe à l'ORTF.

Le nouveau président de la République tient, en matière d'information audiovisuelle, à marquer ses distances d'avec Georges Pompidou. Le 8 janvier 1975, il déclare : « Les organismes de radio et de télévision ne sont pas la voix de la France. Les journalistes de télévision sont des journalistes comme les autres. » Pendant la campagne, il s'est engagé à maintenir le monopole, tout en accordant l'autonomie nécessaire aux chaînes. Rompre le « cordon ombilical » qui relie l'audiovisuel public au gouvernement devient un thème récurrent du débat politique. À peine arrivé à l'Élysée, Giscard d'Estaing choisit de modifier la loi sur le statut de l'audiovisuel. En août 1974, l'ORTF éclate en sept sociétés autonomes. D'abord, quatre sociétés de programme : Télévision française 1 (TF1), Antenne 2 (A2) et France Régions 3 (FR3 ; la troisième chaîne, qui a commencé à émettre le 1er janvier 1973, récupère les rédactions régionales), et Radio-France, qui regroupe les ondes d'État. Ensuite, deux sociétés prestataires de service : Télédiffusion France (TDF), en charge de la gestion et de la réception des images et des ondes (émetteurs, satellites), et l'Institut national audiovisuel (INA), qui assure les tâches de recherche et de conservation documentaire. Enfin, la Société de production (SFP) fabrique les émissions et met à disposition les moyens nécessaires à leur élaboration.

Apparemment, le monopole est sauf, et Giscard d'Estaing a désavoué certains de ses proches qui, comme Denis Baudouin, patron de la SOFIRAD, l'incitaient à privatiser la troisième chaîne. Toutefois, derrière le dispositif visant à rationaliser la machine audiovisuelle, se cache la possibilité d'une privatisation ultérieure, pièce par pièce, que rendait impossible le monolithe ORTF. Apparemment aussi, l'autonomie des sociétés, clairement affirmée par le chef de l'État, doit assurer la liberté et le pluralisme de l'information. Rien n'est moins sûr, pourtant. D'abord, la réforme de 1974 entraîne la renégociation des conventions collectives de l'ex-ORTF, dans un sens nettement moins favorable aux journalistes, et la grève qu'elle suscite permet de licencier 190 d'entre eux, dont 170 membres du SNJ. Ensuite, si l'esprit d'ouverture est marqué par la nomination à la tête des chaînes de personnalités indépendantes, comme le sociologue Jean Cazeneuve, à TF1, ou Marcel Jullian, à A2, on constate que le pouvoir politique s'empresse de leur adjoindre des hommes sûrs, comme Jean-Louis Guillaud, ex-conseiller de Pompidou pour l'ORTF, pour le premier, Xavier Larère ou Maurice Ulrich, pour le second. Les patrons de chaîne sont sous contrôle. Quant aux directeurs de l'information, au professionnalisme reconnu, Henri Marque puis Patrice Duhamel sur TF1, Jean-Pierre Elkabbach sur A2 ou Jean-Marie Cavada sur FR3, ils ne sont pas, loin de là, des ennemis du pouvoir.

Le temps n'est plus aux coups de fil ou aux conférences quotidiennes. Mais le pouvoir, quoi qu'il en dise, et quoi qu'en disent les responsables de l'information, n'a pas renoncé à tout contrôle, y compris en dehors du monopole. En 1976, Maurice Siegel, accusé de ne pas savoir « tenir » ses éditorialistes, est écarté d'Europe n°1, sous la pression du Premier ministre, Jacques Chirac. Deux ans plus tard, à l'expiration du mandat de Claude Roussel, l'Élysée parvient à imposer Roger Bouzinac à la tête de l'AFP. En 1979, Jean Farran, jugé trop proche de Chirac, désormais opposant du Président, doit renoncer à la direction de RTL. De même, des amis du pouvoir sont placés à la direction de RMC (Michel Bassi), de l'agence Havas (Yves Cannac) ou de la SOFIRAD (Xavier Gouyou-Beauchamp).

Le président de la République est un invité assidu de la télévision, où il inaugure les interviews à plusieurs journalistes et entretient la tradition des conférences de presse. L'opposition a, semble-t-il, tout loisir de s'exprimer, notamment lors d'émissions politiques à 20 h 30, suivies en moyenne par un téléspectateur sur cinq, comme *Cartes sur table* (1977-1981), sur A2, où Alain Duhamel et Jean-Pierre Elkabbach interrogent un homme politique. En moins de quatre ans, Marchais y vient six fois, Mitterrand quatre, Rocard trois. Mais une observation fine des journaux télévisés, comme celle conduite par le Comité pour le respect au droit à l'information radiotélévisée, donne une impression différente. En janvier 1976, par exemple, la majorité s'exprime 52 fois au JT de TF1, contre 16 pour l'opposition. Sur A2, l'écart est moindre, mais le rapport s'établit à 27 contre 13[1]. Dénoncé par la gauche, le déséquilibre du temps de parole n'est pas tout à fait fantasmatique.

Il ne faut pas contrarier le pouvoir, comme l'illustre l'affaire des « diamants de Bokassa ». Le 10 octobre 1979, *Le Canard enchaîné* révèle l'affaire qui va empoisonner la fin du septennat de Giscard d'Estaing. Seuls, dans l'audiovisuel, Europe 1 (nom de la station depuis 1969) et RTL osent, ce matin-là, en parler, et encore, avec discrétion. L'AFP ne dit rien. Il faut attendre la réaction tardive de l'Élysée, en soirée, pour que les bouches s'ouvrent. Contre l'avis des responsables de l'information de TF1, le présentateur du JT, Roger Gicquel, l'évoque à 20 heures. Le lendemain, Claude Sérillon, qui veut faire sa revue de presse quotidienne au 13 heures sur l'affaire, est interdit d'antenne par Jean-Pierre Elkabbach. L'affaire des

---

1. Cité par Roland Cayrol, *La Nouvelle Communication politique*, Paris, Larousse, 1986, p. 41.

diamants est longtemps un tabou, à la télévision, à la radio, et même parfois dans la presse, où le thème, qui sert les intérêts de la gauche, n'est repris que dans *Le Monde*, *Libération*, *Le Matin de Paris* et *L'Humanité*.

Malgré les bonnes intentions affichées par le Président, l'image de l'information que Chaban-Delmas s'était appliqué à redresser entre 1969 à 1972 paraît singulièrement dégradée en 1981. France-Inter n'est guère mise en cause. En revanche, les chaînes de télévision, et singulièrement celle qui se distingue par l'audience et par ses émissions politiques, Antenne 2, sont l'objet de critiques virulentes de l'opinion de gauche. Le 10 mai 1981 au soir, place de la Bastille, les partisans du Président élu, François Mitterrand, conspuent les présentateurs de la soirée électorale sur A2, Étienne Mougeotte (directeur de l'Information sur Europe 1) et surtout Jean-Pierre Elkabbach, devenu, aux yeux de ses détracteurs, le symbole de la télévision servile.

Le sentiment que l'audiovisuel public est « à la botte » accélère, à la fin des années 1970, le phénomène des « radios pirates », ou « radios libres » de la bande FM, d'autant que le matériel technique permet désormais, sans trop de difficulté, de contourner le monopole. Ces radios expriment, à l'origine, les aspirations politiques des minorités, gauchistes, anarchistes, libertaires, écologistes. Dès 1964, apparaît Radio Caroline, qui émet depuis un cargo britannique. Brouillée, interdite, elle survit par intermittence. L'action isolée des francstireurs des années 1960 se propage dans la décennie suivante. Le 20 mars 1977, entre les deux tours des municipales, l'écologiste Brice Lalonde présente les « radios vertes » sur le plateau de TF1. Le 13 mai 1977, Radio Verte émet pour la première fois depuis l'appartement de l'écrivain Jean-Edern Hallier, où sont notamment réunis Brice Lalonde, Antoine Lefébure et Pierre Viansson-Ponté, journaliste du *Monde*. Les ondes sont vite brouillées, mais le journal télévisé et la presse en parlent. Le mouvement est lancé. Les radios pirates gagnent la province (Radio Cornouailles 101, en Bretagne; Radio-Calamine, dans le Nord...). Proche des giscardiens, Radio Fil bleu (Montpellier), saisie, décide de porter plainte contre TDF. Certes, elle n'obtient pas gain de cause, mais elle-même est relaxée par le tribunal censé la condamner, de telle sorte que le gouvernement est contraint de faire voter une loi interdisant les émissions sans autorisation. Pour autant, le mouvement ne s'essouffle pas : on compte déjà quatre-vingts radios libres au printemps 1978. Elles deviennent parfois des outils de combat syndical, comme à Longwy où les ouvriers de la sidérurgie en grève créent Lorraine Cœur d'acier. Pour protester contre l'absence de pluralisme à l'ORTF, le Parti socialiste lui-même se place dans l'illégalité. Le 29 juin 1979, depuis son siège parisien, est diffusée la première émission de Radio Riposte, vite brouillée. La police saisit le matériel, pénétrant de force dans les locaux du PS, brisant les portes à coups de hache, bousculant les députés et sénateurs socialistes qui s'y trouvent. Mitterrand, premier secrétaire du PS, est poursuivi, et la presse se demande même s'il pourra se présenter à l'élection présidentielle.

Lorsqu'il arrive au pouvoir, le monopole ne paraît plus inaltérable. Les « radioteurs » sont organisés, notamment au sein de la Fédération nationale des radios libres, à vocation non commerciale. Reste au gouvernement de Pierre Mauroy à leur fournir un statut légal, et à entériner, ainsi, la fin du monopole.

Acte I : la fin du monopole

En 1981, la 94e des 110 propositions du candidat Mitterrand affirme : « La télévision et la radio seront décentralisées et pluralistes. Les radios locales pourront librement s'implanter dans le cadre du service public. Leur cahier des charges sera établi par les collectivités locales. Sera créé un conseil national de l'audiovisuel où les représentants de l'État seront minoritaires[1]. » Dès lors, la victoire de Mitterrand produit un immense espoir chez les professionnels, les syndicalistes, les animateurs de radio. L'un des premiers gros dossiers qui, en matière de médias, attend le nouveau pouvoir, est précisément celui des radios libres. Au Parti socialiste, beaucoup restent attachés au monopole, à commencer par Gaston Defferre, le ministre de l'Intérieur. Le Premier ministre, Pierre Mauroy, l'est aussi. En 1979, il désapprouvait Radio Riposte, allant jusqu'à déclarer : « Comment peut-on à la fois diffuser une émission en toute illégalité et réaffirmer notre attachement au monopole[2] ? » Mais ce sont les partisans de la libéralisation, ceux qui font évoluer le vocabulaire, substituant la notion de « service public » à celle de « monopole », qui triomphent dans le climat de changement qui caractérise le printemps 1981. François Mitterrand, assisté d'André Rousselet, son directeur de cabinet, pèse en ce sens, contre l'avis de Pierre Mauroy et de Georges Fillioud, ancien journaliste, devenu ministre de la Communication, qui tentent de freiner l'élan réformateur.

Les premiers mois de l'alternance voient spontanément se multiplier les radios libres. En septembre 1981, on en dénombre déjà trois cent cinquante, aux caractères les plus divers. Elles vont de l'extrême gauche (Radio libertaire) à l'extrême droite (Radio Solidarité). Les unes sont interactives (Ici et maintenant, Carbone 14), les autres confessionnelles (Radio Notre-Dame) ; d'autres encore reflètent la vie

---

1. François Mitterrand, *Politique II, 1977-1981,* Paris, Fayard, 1981, p. 322-323.

2. *Le Monde,* 2-3 août 1979, cité par Agnès Chauveau, « La politique de l'audiovisuel », in Serge Berstein et al. (dir.), *François Mitterrand. Les années du changement, 1981-1984,* Actes du colloque de 1999, Paris, Perrin, 2001, p. 910-932.

d'un quartier (Aligre) ou diffusent les musiques les plus variées (Radio-Classique, Latina). L'anarchie règne : celles qui possèdent des émetteurs puissants brouillent les retransmissions des stations qui ont pignon sur rue. Certains se saisissent de la bande FM pour se faire la guerre. Les trotskistes de Lutte ouvrière créent ainsi Bulle sur 89.3, dont le rôle se réduit à diffuser en boucle le Boléro de Ravel, dans le seul but de parasiter les émissions de Radio libertaire, installée sur 89.5. Mais le phénomène s'accompagne aussi d'une grande liberté de parole. Les émissions des radios libres tournent souvent à d'interminables discussions auxquelles participent activement les auditeurs au téléphone.

Pour Mitterrand, il faut à la fois respecter ses engagements, mettre fin au désordre, affirmer l'autorité du Législateur. Pendant quelques mois, le brouillage persiste. Pourtant, le 9 novembre 1981, une loi provisoire autorise enfin les dérogations au monopole. Elle légalise les radios associatives, locales et indépendantes, mais interdit la publicité et les canaux commerciaux, dont Mauroy, hostile aux « radios-fric[1] », ne veut pas. Encore faut-il organiser la bande FM, en attribuant des fréquences et en faisant respecter un cahier des charges. La démarche s'inscrit alors dans un projet plus vaste sur la communication audiovisuelle, qui, redéfinissant les rapports entre la radio, la télévision et l'État, fait l'objet de la loi du 29 juillet 1982.

« Il n'y aura pas de chasse aux sorcières » dans l'audiovisuel public, déclare Georges Fillioud à son arrivée au ministère de la Communication. Certes, mais la pression de la base socialiste (congrès de Valence) pousse à écarter des responsables, symboles de l'ancien pouvoir, comme Jean-Pierre Elkabbach, contraint de quitter la télévision. On change aussi les présidents de chaînes : Pierre Desgraupes est ainsi

---

1. Déclaration sur France-Inter, 21 septembre 1981.

nommé PDG d'Antenne 2, et Michèle Cotta, proche de Mitterrand, prend la direction de Radio-France. Les ministres du nouveau gouvernement ont, comme leurs prédécesseurs, la tentation de s'immiscer dans l'information télévisée. Mais la loi du 29 juillet 1982 met un terme à leurs velléités interventionnistes. L'article 1 fixe le cadre : « la communication audiovisuelle est libre », ce qui clôt l'histoire du monopole de programmation. Elle crée plusieurs sociétés nouvelles, dont Radio France Internationale (RFI), et développe les stations régionales de Radio-France, dans un souci de décentralisation.

Elle fonde surtout la Haute Autorité de communication audiovisuelle (HACA), dont la composition, conformément aux vœux de Mitterrand, est calquée sur celle du Conseil constitutionnel : neuf membres, nommés, à parité, par le chef de l'État, le président de l'Assemblée nationale et le président du Sénat, ce qui garantit aux socialistes, qui tiennent l'Élysée et le Palais-Bourbon, un avantage certain. Michèle Cotta, choisie par Mitterrand, en prend la présidence, assistée notamment de Paul Guimard, Stéphane Hessel, Daniel Karlin, Gabriel de Broglie. Dans l'ensemble, chacun reconnaît le professionnalisme et l'indépendance des personnalités désignées. Il revient désormais à la HACA de délivrer les autorisations des radios et télévisions sur voie hertzienne ou câblée, de veiller au respect de leur cahier des charges, de nommer aussi les responsables et certains administrateurs des sociétés audiovisuelles publiques. Ses premiers choix, comme celui de Pierre Desgraupes, confirmé à la tête d'Antenne 2, ou de l'historien Jean-Noël Jeanneney, à la direction de Radio-France, ne provoquent nul remous. L'attribution des fréquences, en revanche, est plus contestée. Il faut trancher parmi des centaines de dossiers, regrouper parfois plusieurs radios sur le même canal, ce qui est source d'irritation. Radio-Classique, par exemple, trouve dégradant de partager sa fréquence avec Latina et Radio-Montmartre. Quoi qu'il en soit, fin 1984, 1 240 radios associatives se répartissent sur 1 010 canaux.

L'organe de régulation a bien du mal à faire respecter son autorité. Certaines radios, comme au temps glorieux des années 1920, transgressent délibérément leurs engagements, en augmentant la puissance de leur émetteur (ce qui parasite la station voisine), ou en introduisant de la publicité commerciale, comme NRJ (Paris) ou RFM (Yvelines). La Haute Autorité suspend provisoirement les radios contrevenantes (comme La Voix du Lézard, en janvier 1984), mais les sanctions sont sans effet. De plus, le pouvoir politique continue d'agir sans la consulter. Ainsi, en juin 1984, il fait voter une loi autorisant la publicité de marque sur les stations de la bande FM, réclamée notamment par la presse de gauche (*Le Matin*, *Libération*). « Nous avons ouvert les studios aux marchands de la communication de masse », s'indigne le socialiste Didier Motchane, dans les colonnes du *Monde*.

La voie est ouverte pour les radios commerciales, appuyées sur de gros moyens financiers : la page des « radios libres » se tourne. De manière symbolique, NRJ, qui organise une manifestation de rue en décembre 1984 contre les menaces de suspension lancées par la Haute Autorité, obtient gain de cause : il n'y aura pas de poursuites. Et, dans les sondages, les Français plébiscitent déjà les radios commerciales, dont la programmation est amplement fondée sur la musique de variété anglo-saxonne. La logique de la privatisation des ondes se renforce en 1986 lorsque, comme le souhaite Mitterrand, l'État se retire du capital d'Europe 1 : la SOFIRAD cède ses parts à Hachette, qui nomme Franck Ténot président du groupe Europe 1 Communication.

Acte II : l'ouverture de la télévision au privé

La conversion du gouvernement socialiste aux radios commerciales annonce des changements plus fondamentaux encore, en matière de télévision cette fois. Sur ce dossier, comme sur le précédent, la Haute Autorité n'est pas consultée. Tout se décide à l'Élysée. Dès 1982, André Rousselet, qui vient d'être nommé à la tête d'Havas, grâce à Mitterrand, travaille à la création d'une chaîne privée à péage, consacrée au cinéma. Le montage financier s'opère dans le plus grand secret : le capital sera partagé entre Havas (25 %), la CGE (21,6 %), L'Oréal (7 %), la Société générale (6,5 %), Nobel Finimo (groupe CCF; 6,5 %), la Caisse des dépôts (5,7 %), d'autres institutionnels (3 %), tandis que le public et le personnel seront associés à hauteur de 21,4 et 3,4 %. L'affaire est révélée à l'automne 1983, lorsque tout est décidé. Peu choquée par le procédé, l'opinion approuve largement la suppression du monopole et l'arrivée de chaînes privées[1]. Ainsi naît Canal +, qui débute ses émissions le 4 novembre 1984. Concession du service public, par convention entre l'État et Havas, la nouvelle chaîne, dirigée par André Rousselet, dispose d'un cahier des charges fort peu contraignant. Elle peut diffuser des films après un an d'exploitation (contre trois, pour ses concurrentes); en contrepartie, elle fonde une filiale, destinée à financer la production cinématographique, qui apaise le monde artistique en émoi. Les débuts sont difficiles : aussi, limitée à l'origine, la publicité y est-elle pleinement autorisée en mars 1985.

Deux mois auparavant, Mitterrand a annoncé qu'il y aurait, d'ici peu, deux autres chaînes privées sur le

---

1. Selon un sondage SOFRES pour *L'Expansion* (7-12 décembre 1983), 63 % des Français, contre 21 %, approuvent l'autorisation de chaînes privées.

réseau hertzien, la première généraliste, la seconde consacrée à la musique. En novembre 1985, apparaît La Cinq, confiée à un trio d'hommes d'affaires composé de Jean Riboud, très proche de Mitterrand, Jérôme Seydoux, qui a soutenu la presse de gauche, et de Silvio Berlusconi, ami du président du Conseil socialiste italien, Bettino Craxi. Prise sans concertation, la décision est strictement politique. Dès son lancement, la chaîne est en butte à l'hostilité de l'opposition, au point que Jacques Chirac, alors maire de Paris, tente d'empêcher l'installation des nouveaux émetteurs nécessaires sur la tour Eiffel : une loi est votée pour l'y contraindre. Surtout, les intellectuels et les artistes manifestent leur indignation devant une chaîne commerciale qui interrompt ses programmes toutes les vingt minutes pour diffuser des écrans publicitaires, remplit sa grille de séries américaines et de variétés au goût douteux, puisées directement dans le catalogue de la Fininvest de Berlusconi, et offre des salaires mirobolants aux journalistes et animateurs du service public pour les attirer sur La Cinq. Quant à l'autre chaîne, TV6, à vocation musicale, nourrie de clips destinés aux jeunes, elle revient à un consortium composé de Publicis, Gaumont et NRJ. Ses émissions débutent en janvier 1986. À cette époque, le monopole est déjà un souvenir, d'autant que naissent les premières chaînes diffusées par câble ou satellite, reflets de la vie locale (Cergy Local, 1985 ; Paris Première, 1986), et bientôt expressions d'intérêts commerciaux misant sur des publics ciblés : jeunes (Canal J, 1986), cinéphiles (Ciné-Cinémas, 1988), amateurs de sport (Eurosport, 1989).

Le retour de la droite aux affaires, en 1986, renforce la logique libérale. Elle annonce aussi la revanche politique et la chasse aux sorcières. Jacques Chirac et son gouvernement commencent par s'attaquer à la HACA, remplacée par la Commission nationale de la communication et des libertés (CNCL), dont la struc-

ture est complexe : aux six personnalités nommées à
parité par le chef de l'État et les présidents des deux
chambres, s'ajoutent les membres désignés par le
Conseil d'État, la Cour de cassation, la Cour des
comptes, l'Académie française, et trois cooptations.
Les nominations sont sources de polémique, notamment celle de Michel Droit, collaborateur du groupe
Hersant, qui est désigné par l'Académie française. À
peine installée, la CNCL désavoue tous les présidents
de l'audiovisuel et nomme à leur place des hommes
issus des grands corps de l'État, tous affiliés à la
droite. Rapidement discréditée, la nouvelle instance
de régulation obéit aux consignes gouvernementales.
Réattribuant les chaînes en février 1987, elle confie La
Cinq pour dix ans à un consortium dominé par
Robert Hersant, nommé PDG, et Silvio Berlusconi
(25 % du capital chacun). Sur le sixième canal s'installe Métropole 6 (M6). Dirigée par Jean Drucker, ses
principaux actionnaires sont la CLT (25 %) et la
Lyonnaise des eaux (25 %) que conduit Jérôme
Monod, proche du RPR.

Le cas de TF1 éclaire tout autant le fatal dysfonc-
tionnement du personnel politique en matière de télévision, au milieu des années 1980. La gauche avait
préféré créer des chaînes à sa dévotion plutôt que de
privatiser les chaînes publiques. La droite choisit la
privatisation. FR3 est écartée d'emblée, car son
audience est jugée trop faible pour attirer des investisseurs. Restent TF1 et Antenne 2 qui, depuis le début
des années 1980, se livrent à une concurrence de programmation et d'information. La première, longtemps
en perte de vitesse, est redressée par Hervé Bourges,
qui en prend la direction en 1983. Trois ans plus tard,
les deux chaînes publiques ont une audience quasi
égale ; TF1 reste néanmoins déficitaire. Le 14 mai
1986, François Léotard, nouveau ministre de tutelle,
annonce la privatisation de TF1. La vente de cette
dernière, la plus grosse machine de la télévision, évi-

tera à l'État d'en éponger les dettes et empêchera son rachat par la gauche, si celle-ci triomphe en 1988. L'appel d'offre est fixé à 4,5 milliards de francs, avec une cession à un groupe de repreneurs qui devra payer 75 % du prix pour contrôler 50 % des actions; le reste est vendu en Bourse, tandis que 10 % du capital revient aux salariés. Très vite, il apparaît que seuls deux groupes ont la capacité financière et la volonté de s'impliquer dans le rachat : d'un côté, Bouygues SA, de l'autre Lagardère-Hachette, dont on dit qu'il a les faveurs du Premier ministre. La CNCL auditionne Francis Bouygues et Jean-Luc Lagardère, lors de séances publiques télévisées. Chacun s'entoure de professionnels reconnus, comme Étienne Mougeotte pour le premier, et Christine Ockrent pour le second. Finalement, contre toute attente, Bouygues emporte la décision de la CNCL, le 6 février 1987. Il nomme Patrick Le Lay et Étienne Mougeotte, PDG et directeur de l'antenne de TF1[1].

En un an, TF1 devance Antenne 2 de 15 points. Sa grille change fortement et le temps d'antenne s'accroît. La diffusion commence à 7 heures du matin (contre 11 heures, en 1986), et s'achève tard dans la nuit. En 1991, la chaîne émet 24 heures sur 24. Sa réussite attire les annonceurs : entre 1986 et 1993, le temps consacré à la publicité triple, passant de 206 à 690 heures (4 % et 7,9 % du temps d'antenne)[2].

Le calcul de la droite se révèle juste. Certes, revenue au pouvoir en 1988, après la réélection de François Mitterrand, la gauche supprime la contestée CNCL et, par la loi du 17 janvier 1989, la remplace par une nouvelle instance de régulation, le Conseil supérieur

----

1. Parmi les actionnaires : la GMF (5,5 %), les Éditions mondiales (2 %), Maxwell Media SA (2 %), Bernard Tapie (1,7 %), Worms et Cie (1,2 %), Banque IndoSuez SA (1,2 %), etc.
2. Il est de 389 heures en 1989 (5,2 % du temps d'antenne) et de 540 heures en 1991 (6,2 %). D'après Régine Chaniac, *La Télévision de 1983 à 1993*, Paris, La Documentation française-INA, 1994.

de l'audiovisuel (CSA). Pour les nominations, elle retrouve le dispositif de la HACA, et Jacques Bouthet en prend la présidence. Ses pouvoirs sont étendus, notamment en matière de sanctions, et le régime des autorisations est remplacé par un mécanisme de conventions contractuelles. La loi du 1er février 1994 renforcera encore son autorité sur les sociétés publiques qu'elle pourra sanctionner.

Mais la gauche ne modifie pas le statut de TF1, qui sert avant tout son propriétaire, dont elle accroît le prestige et la puissance. Difficile d'émettre sur la chaîne la moindre critique à l'encontre de Bouygues. Certains, tel Michel Polac, l'apprennent à leurs dépens. Depuis 1981, avec *Droit de réponse*, émission de débat et d'actualité diffusée le samedi soir sur TF1, il symbolise la liberté de parole, nouvelle à la télévision. Provocatrice, nourrie d'échanges souvent brutaux entre les invités, voire d'incidents allant jusqu'au pugilat, l'émission traite de tous les dossiers et scandales du moment. Grâce à la palette graphique, des caricaturistes en ponctuent le déroulement de croquis corrosifs. Bouygues, en arrivant à TF1, s'est engagé à laisser Polac libre de ses propos. Le journaliste le prend au mot. Le 19 septembre 1987, il évoque sans détours l'entreprise Bouygues, qui s'apprête à construire le pont de l'île de Ré, malgré l'annulation de la déclaration d'utilité publique. Un dessin de Wiaz (*Le Nouvel Observateur*) met le feu aux poudres : « Une maison de maçon, un pont de maçon, une télé de m... ». C'en est trop pour le propriétaire de TF1 : Polac est renvoyé.

La réussite de TF1 tranche avec l'insuccès de La Cinq qui, malgré ses vedettes, et une couverture remarquée de la révolution roumaine de 1989 par son journal télévisé, présenté par Guillaume Durand, ne parvient pas à retenir le public. Hersant, qui ne peut espérer le moindre soutien gouvernemental, cède la place à un nouveau partenaire dont le rêve de télévision n'a pas été assouvi en 1987 : Jean-Luc Lagardère. Hachette acquiert 22 % du capital de la chaîne contre 430 millions de francs. Mais les efforts d'Yves Sabouret, nouveau PDG de La Cinq, pour redéployer la programmation sont vains. L'audience tombe, tandis que les dettes s'accumulent. Lagardère et Sabouret réclament au CSA un desserrement des contraintes, sans résultat. Berlusconi, qui cherche une issue dans l'augmentation du capital de la chaîne, essuie le refus du pouvoir. Les concurrents, Canal + et TF1, observent la situation avec appétit. Sans regret, le gouvernement laisse mourir La Cinq, qui disparaît en avril 1992. Tel est, dit-on, l'effet de la loi du marché qui s'impose désormais au secteur audiovisuel.

Pourtant, depuis 1981, l'audiovisuel n'a pas vraiment fonctionné comme un marché. Pour des raisons de stratégie politique, voire de réseaux d'amitiés, le pouvoir, de gauche ou de droite, a entretenu de constants déséquilibres et favorisé les opérateurs de son choix, sans considération pour le bon développement des médias télévisuels. Finalement, la libéralisation la plus marquante touche l'information, et les nouvelles normes politiques que garantissent les instances de régulation. Ainsi s'impose au journal télévisé la « règle des trois tiers » du temps de parole (un tiers pour le gouvernement ; un tiers pour la majorité ; un tiers pour l'opposition), qui fait l'objet d'une surveillance étroite et permet aux chaînes d'affirmer qu'elles respectent le pluralisme politique.

La presse au risque du marché

Dans la presse écrite, le libéralisme joue différemment. Du début des années 1970 à la fin des années 1980, le tirage global des quotidiens parisiens recule d'environ 16 %, et, en 1989, se situe à moins de 3 millions d'exemplaires, répartis entre onze titres seulement. Les journaux d'opinion poursuivent leur déclin séculaire. Ce n'est pas là que se situe la nouveauté, mais dans les lourdes difficultés qui, désormais, atteignent les quotidiens d'information générale, à l'instar de ses plus beaux fleurons, *France-Soir* et *Le Parisien libéré*. Entre 1968 et 1988, le tirage du premier passe de 1 million à 300 000 exemplaires, celui du second – secoué, il est vrai par un conflit social – de 757 000 à 382 000. À *France-Soir*, les premiers signes d'essoufflement apparaissent avant la mort de Lazareff (1972), qui provoque une grave crise de succession. Lorsqu'en juillet 1976 Hachette vend le quotidien à Paul Winckler, qui le cède un mois plus tard à Robert Hersant, le titre est déjà tombé à moins de 700 000 exemplaires. Les années 1970 sont meurtrières pour les quotidiens de la capitale. En 1972, *Paris-Jour* disparaît. Deux ans plus tard, *Combat*, symbole des journaux de la Libération, que n'a pu sauver son nouveau directeur Jean-Pierre Farkas, se retire dans l'indifférence générale : « Silence on coule ! » clame avec amertume son ultime une, le 21 août 1974. En 1977, *J'informe*, le nouveau quotidien lancé par l'ancien ministre centriste Joseph Fontanet pour concurrencer *Le Monde*, renonce après 77 numéros. D'autres titres connaissent d'épineux problèmes financiers. La populaire *Aurore*, par exemple, perd plus du quart de ses lecteurs, de 1968 à 1978, date à laquelle Hersant la rachète à Boussac pour la fondre dans *Le Figaro*.

Les efforts d'adaptation des journaux semblent sans effet. L'introduction de la couleur, la constante refonte des maquettes, l'augmentation de la pagination (dix-neuf pages, en moyenne, en 1970 ; trente-huit au seuil des années 1990), souvent liée, du reste, à l'adoption des demi-formats ou formats tabloïds, n'y font rien. Le lecteur marque une distance qui s'accentue au fil des ans : seuls quatre Français sur dix achètent un quotidien tous les jours, en 1988. Les personnes âgées, les retraités, les agriculteurs, les ruraux et les citadins des villes de moins de 20 000 âmes restent fidèles à une pratique qu'ignorent de plus en plus les jeunes, les ouvriers et professions intermédiaires, les habitants des grandes métropoles, et singulièrement de la région parisienne[1]. C'est dire que la presse de province résiste mieux que les journaux nationaux : elle compte davantage d'abonnés, essentiels pour les prévisions budgétaires (22,6 % contre 11,9 % en 1986), et déplore beaucoup moins d'invendus, lourds pour les finances d'un journal (11,3 % contre 26,1 %). En effet, l'une des plaies pour un quotidien de la capitale est le défaut d'assiduité de son lecteur, qui achète le journal un jour, mais pas le lendemain, se montre fidèle durant les périodes riches en événements (électorales, notamment), mais s'éloigne, une fois leur actualité passée (attitude très caractéristique du public le plus jeune).

Du coup, au début des années 1980, tous les comptes des quotidiens parisiens sont dans le rouge, exception faite du *Figaro* et des *Échos*. Les journaux sont alors entraînés dans la spirale infernale de l'augmentation du prix au numéro, nécessaire pour faire face aux dépenses, mais dissuasive pour le lecteur. De 1968 à 1988, le prix moyen passe de 0,50 F à 4,50 F, soit une hausse, en francs constants, de 45,4 %. À la mévente, s'ajoute la croissance des coûts de fabrication. Les professionnels invoquent ainsi la hausse du prix du papier, qui bondit à la suite du choc pétrolier de 1973 et bouscule des budgets déjà fragiles (néanmoins, en monnaie constante, il recule de 22,3 %, entre 1968 et 1988). Les difficultés arrivent surtout au moment où les entreprises doivent se moderniser pour résister à la compétition économique. Afin de

---

1. Les communes rurales comptent 47 % de lecteurs réguliers, contre 31 % en banlieue parisienne.

proposer une meilleure qualité d'impression, les journaux investissent dans de nouvelles et onéreuses machines. En outre, la nécessaire informatisation, qui commence à se généraliser en province au début des années 1970 (*Le Provençal*, *Le Progrès*, *Sud-Ouest*), avant de gagner la capitale, grève sensiblement les finances des journaux. Dans ce contexte, les coûts salariaux sont ressentis d'autant plus vivement que les caisses se vident : en moyenne, les salaires et les charges représentent 25 % des dépenses d'un quotidien. Dès lors, le patronat souhaite avoir les mains libres pour licencier parmi le personnel de fabrication et revenir sur des dispositions sociales coûteuses, héritées de la Libération. Pour y parvenir, il doit attaquer de front le tout-puissant Syndicat du livre CGT qui, en 1948, a acquis le monopole d'embauche. Le risque est grand, et les patrons des quotidiens ont longtemps hésité devant les perspectives de grèves des ouvriers qui empêcheraient la sortie du journal, avec des conséquences financières catastrophiques. Mais, dans les années 1970, les impératifs de la modernisation ont raison des dernières hésitations, comme l'illustre le conflit au *Parisien libéré*, le plus long de l'histoire de la presse : vingt-neuf mois, au bout desquels le titre a perdu plus de deux lecteurs sur cinq.

En 1974, le quotidien d'Émilien Amaury est devenu un journal régional. À côté d'une édition nationale sur format tabloïd, paraissent vingt-deux éditions départementales sur grand format, en région parisienne et dans sa périphérie. L'érosion de la première contraste avec le dynamisme des secondes, à tel point qu'Amaury décide de transformer *Le Parisien libéré* en quotidien régional d'Île-de-France et d'abandonner l'édition nationale. Le redéploiement de l'activité suppose notamment une modernisation des moyens de fabrication, avec le passage à l'offset, et l'ouverture d'une nouvelle imprimerie à Saint-Ouen. Devenu quotidien régional, le journal dépendrait de la convention

collective de la presse de province, où le Syndicat du
livre ne dispose pas du monopole d'embauche.
Amaury annonce sa décision aux représentants
ouvriers en novembre 1974 et leur propose des négociations, qui visent à revoir les conditions de rémunération dans les ateliers de fabrication. Très vite, c'est
l'impasse. À partir de mars 1975, se multiplient les
grèves et les manifestations, soutenues par les travailleurs du livre des autres quotidiens parisiens. Le
patron du *Parisien* décide alors de passer en force. Le
21 mai, il fait imprimer son journal en Belgique. Des
commandos de la CGT perturbent sa diffusion en
France, en s'attaquant aux camionnettes qui l'achemi-
nent sur les lieux de vente et en détruisant les exemplaires qu'elles transportent. La direction parvient à
faire paraître le journal en offset à Saint-Ouen, mais les
employés des NMPP refusent de le distribuer.
Finalement, le conflit trouve son issue en juillet 1977
(six mois après le décès accidentel d'Amaury), au
terme d'un accord global entre le Syndicat de la presse
parisienne et la Fédération française des travailleurs du
livre. Autrement dit : ce qui est conclu pour le *Parisien
libéré* l'est pour l'ensemble des personnels de l'imprimerie. Contre une augmentation des salaires, la CGT
renonce à son monopole d'embauche, accepte la
modernisation de la fabrication, qui entraîne la suppression de mille trois cents emplois sur trois ans, et
une série d'acquis comme la rémunération à la tâche,
remplacée par la mensualisation horaire (sur la base de
trente-six heures). Le patronat parisien a donc réussi à
briser le monopole du livre. L'heure est à la reconversion des ateliers qui passent de la « composition
chaude » à la « composition froide ». L'époque de la
fonte sur caractères de plomb et des ouvriers laisse lentement la place à celle de la fabrication sur écran et des
techniciens, moins nombreux que les premiers.

L'une des raisons majeures avancées par les professionnels pour expliquer les difficultés de la presse

quotidienne est l'insuffisance des investissements publicitaires. La publicité commande le volume du journal lui-même : sa pagination grossit à l'approche de Noël, lorsque les annonceurs se disputent la clientèle ; elle s'amaigrit pendant les vacances d'été, où les Français lisent peu leur quotidien habituel et les annonceurs attendent les achats de rentrée. Globalement, l'investissement publicitaire progresse dans la presse de 40,4 % en valeur constante, de 1977 à 1987. Mais son augmentation est quatre à cinq fois plus rapide pour la télévision (+187,7 %), qui capte désormais 20 % des sommes engagées. Surtout, le faible essor du marché publicitaire dans la presse ne bénéficie pas aux quotidiens : entre 1973 et 1989 la part des quotidiens parisiens passe de 11,7 % à 7,4 %, celle des quotidiens régionaux de 20,2 % à 11,8 %. Tous les titres, du reste, ne sont pas logés à la même enseigne. Si, en 1988, *Le Figaro* réalise 70 % de ses recettes en publicité et *Le Monde*, 45 %, le chiffre tombe à 11,5 % pour *L'Humanité*, et même 8 % pour *La Croix*, journaux qui, avec 100 000 exemplaires, ne survivent que grâce au fonds d'aide à la presse, prévu par l'État pour garantir le pluralisme des titres.

Répartition des investissements publicitaires par médias en Europe en 1987 (en %) [1]

	Quotidiens	Périodiques	Télévision	Radio	Cinéma	Affichage
France	20,9	36,5	22	7,4	1,1	12,1
RFA	45,9	35,5	10,2	3,9	1,1	3,4
Italie	20,8	19	50,9	0,3	0,3	5,3
Grande-Bretagne	42,3	19,2	32,4	1,9	0,4	3,8

Bref, la progression de la publicité profite essentiellement aux hebdomadaires et mensuels qui permet-

---

1. Source : *IREP*.

tent aux annonceurs de bien cerner leur cible. Ces publications sont des produits qui séduisent les intérêts financiers, comme le montre, en 1977, la vente de *L'Express* à James Goldsmith (voir *L'Express*, p. 365). L'investissement publicitaire dans les médias bénéficie aussi aux « gratuits » qui absorbent 9,7 % de son volume, en 1989. Le phénomène des gratuits, feuilles d'annonces pour l'essentiel, n'est pas neuf : le tout premier, *Tam Tam*, est né en 1835. Mais, relancé dans les villes de province au début des années 1960 (les premiers apparaissent en 1963 : *Le Carillon*, au Mans, *Hebdo Saint-Étienne*), il connaît une solide expansion dans la décennie suivante, en particulier grâce à la recomposition des marchés publicitaires de proximité. Bientôt, Paris lui-même est conquis (*Paris boum boum*, 1982). Les commerçants locaux ou de quartier y achètent des espaces, et le public y trouve des informations de service, des petites annonces, des jeux, l'horoscope, les programmes de télévision, etc. À la fin des années 1980, les gratuits, distribués dans les boîtes aux lettres, sur les lieux publics (cafés, gares), les boutiques et supermarchés, représentent 400 titres pour 40 millions d'exemplaires. Le succès est tel que les quotidiens de province sont parfois amenés à créer leur propre gratuit pour conserver le marché des annonceurs locaux. De véritables groupes de presse finissent par structurer le marché de ces journaux. Fondé en 1968, *Aix-Hebdo* dispose bientôt d'une quinzaine de titres en Provence-Côte d'Azur, avant de se lancer à la conquête d'autres régions, où il rachète ses concurrents, un à un. En 1989, possédant sa propre imprimerie et son propre réseau de distribution, le groupe aixois, qui contrôle une quarantaine de publications, adopte pour nom SPIR Communication et fait son entrée en Bourse. À cette époque, le marché des gratuits, dont le chiffre d'affaires avoisine les 4 milliards de francs, est dominé par le groupe Comareg (Compagnie pour les marchés régionaux), qui associe Havas (52 %), le groupe Paul Dini (35 %) et la Compagnie de Suez (13 %).

Quel journal prétendrait échapper aux logiques du marché ? *Le Canard enchaîné* et *Charlie-Hebdo,* créé en 1971 après la censure mortelle de *Hara-Kiri,* sont les rares publications à afficher leur refus de la publicité, condition, à leurs yeux, d'une stricte indépendance : mais si le premier peut compter sur un lectorat fidèle, le second est obligé de renoncer, après dix ans de parution. Même l'anticonformiste *Libération* finit, au seuil des années 1980, par se plier aux contraintes de l'entreprise libérale, en faisant appel aux capitaux privés, pour éviter au journal sa disparition (voir *Libération,* p. 379).

L'affirmation des groupes multimédias

Alors que la presse renonce à résister aux mécanismes du marché, le pouvoir socialiste, poussé par les syndicats de journalistes, se fourvoie dans une loi anti-concentration qui produit l'effet inverse du but recherché. Lorsque Mitterrand arrive à l'Élysée, la concentration de la presse en province est si avancée que le pluralisme n'est plus assuré que dans 19 départements. Ailleurs, les quotidiens régionaux sont en position de monopole. La profession s'en prend particulièrement à Robert Hersant, le patron de la Socpresse, qui a bâti son empire sur les quotidiens de province, avant de s'attaquer aux journaux parisiens. Elle le poursuit pour violation de l'ordonnance du 26 août 1944 qui limite le contrôle des titres par un seul homme. Le candidat socialiste s'est engagé, dans son programme, à la faire respecter. Mais le Président élu ne semble guère pressé d'entreprendre une démarche qui transformerait Hersant en victime et de faire appliquer un texte que les juristes estiment ambigu et obsolète. L'affaire rebondit lorsque le « Papivore » s'apprête à acquérir *Le Midi libre* et *Le Dauphiné libéré*, début 1983. On est à la veille des élections municipales, qui s'annoncent difficiles pour la gauche. Alors que le virage de la rigueur économique est mal compris dans l'opinion, la presse de Robert Hersant tire à boulets rouges sur le gouvernement. La base socialiste réclame une contre-offensive : ce sera la loi anti-concentration.

Cette loi, ni le Président, ni le garde des Sceaux, Robert Badinter, ni même le Premier ministre, Pierre Mauroy, ne la souhaitent vraiment. Or elle arrive dans une atmosphère où toutes les initiatives des socialistes se retournent contre eux, à tel point que, censée conforter la liberté d'expression, cette loi va être ressentie comme un texte liberticide ! Le 24 novembre 1983, au moment où le projet est présenté sur le bureau de l'Assemblée nationale, *Le Figaro* titre : « Presse : le bâillon ». Hersant prend sa plume – fait rarissime – pour signer un éditorial intitulé : « La vocation totalitaire ». La loi, amendée par les députés, limite, à Paris et en province, les possibilités d'acquisition et de contrôle de plusieurs titres de presse par un seul individu. Elle indique notamment qu'une même personne peut posséder ou contrôler au maximum 3 quotidiens nationaux, à condition que leur diffusion totale n'excède pas 15 % de la diffusion totale de ce type de presse. Or, à lui seul, *Le Figaro* représente 16 % de la diffusion des quotidiens de la capitale. S'y ajoute une série d'autres dispositions, parmi lesquelles la transparence de la propriété (interdiction de l'usage du « prête-nom »). La loi anti-concentration est finalement adoptée le 5 juillet 1984, au terme d'un marathon parlementaire. Mais, le 11 octobre, le Conseil constitutionnel annule ses dispositions rétroactives. Le paradoxe est total. Alors que la loi visait à réduire l'empire Hersant, celui-ci se trouve légalement renforcé. Le patron du *Figaro* obtient même un droit exorbitant : celui d'être le seul, en France, à pouvoir posséder directement ou indirectement 19 quotidiens. En fait, la loi ne sera jamais appliquée. Le gouvernement Chirac l'enterre en en faisant voter une autre. Promulguée en août 1986, elle prend le contre-pied de la précédente. Loin de la freiner, le nouveau texte favorise la dynamique de la concentration, en relevant notamment le seuil d'interdiction à 30 % de la diffusion totale et en laissant quasiment libre l'acquisition de la presse périodique.

Au-delà de son échec, la loi de 1984 frappe par son obsolescence. Ni les gouvernants, ni la plupart des responsables politiques, ni, surtout, les plus ardents défenseurs du pluralisme chez les journalistes ne semblent percevoir les changements économiques et financiers qui secouent le monde des médias. Se focaliser sur les seuls quotidiens, alors qu'émergent les groupes multimédias aux dimensions internationales, revient à appliquer aux années 1980 des questions caractéristiques des deux décennies précédentes, à isoler la presse écrite du monde médiatique à laquelle elle est organiquement reliée. Déjà, en 1978, s'est implanté en France le groupe Prisma, d'Axel Ganz, qui mise sur la vigueur de la presse magazine, épargnée par les dispositions anti-trust. Intégré au sein de la fondation Bertelsman, de Reinhard Mohn, qui détient le formidable groupe de presse allemand Grüner + Jahr, son succès initial est dû au mensuel *Géo* (1979). Mais ce sont les lancements de magazines destinés aux femmes, comme *Prima*, en 1982 (qui dépasse bientôt le million d'exemplaires), ou *Femme actuelle*, en 1984, puis de *Télé-Loisir*, en 1986, ou de *Voici*, en 1988, qui assurent sa réussite en France.

La privatisation de l'audiovisuel donne naissance à de puissants groupes multimédias français et attire les capitaux de sociétés étrangères qui cherchent à diversifier leur activité et leur implantation. En 1989, le groupe Hachette affiche un chiffre d'affaires supérieur à 25 milliards de francs. Il contrôle des maillons essentiels de la chaîne médiatique, déployant ses intérêts dans l'édition (Hachette, Livre de poche, Grasset), la distribution (NMPP, Relais H), la presse écrite (32,6 % du groupe *Parisien-L'Équipe*; quotidiens régionaux : *Les Dernières Nouvelles d'Alsace*, *Le Provençal*, *L'Écho républicain*; neuf hebdomadaires : *Le Journal du dimanche*, *Elle*, *France-Dimanche*, *Télé 7 Jours*, *Le Journal de Mickey*, etc.; seize mensuels : *Max*, *Onze*, *Parents*, *Vital*, *Première*...), la télévision (La Cinq, Canal J), la radio (Europe 1 Communication, Europe 2, Régie n°1), la production (Channel 80, Hachette, Télé Hachette, Top n° 1, Ph. Dussart), et même le spectacle. Par ailleurs, le groupe est parti à la conquête du marché étranger, proposant onze éditions de *Elle* (parfois en association avec des partenaires) et sept mensuels, dont, aux États-Unis, *Woman's Day*. À côté d'Hachette, le groupe Hersant, avec 7 milliards de chiffre d'affaires, fait figure de nain. Pourtant, lui aussi a cherché ou cherche à diversifier ses activités, en s'intéressant à l'audiovisuel (s'il abandonne La Cinq, il conserve le réseau Fun, sur la bande FM). Entré dans le capital d'Hachette fin 1980, le groupe Filipacchi ne représente que 1,6 milliard de francs. Mais, bien implanté dans le domaine de la production (Film Office, Vidéo 7) ou de la radio (Skyrock), il contrôle des périodiques importants, comme *Pariscope*, *Photo* ou *Lui*, et surtout *Paris-Match*, acheté à Prouvost en 1975[1]. Si bien que de la fusion en 1997 d'Hachette et de Filipacchi, naîtra le premier éditeur français, et bientôt mondial, du magazine. D'autres groupes multimédias sont présents sur le marché français à la fin des années 1980, qu'ils soient français (Amaury, Bayard-Presse, Éditions mondiales, Havas, Publicis,

---

1. Dans les faits, c'est lui qui dirige le secteur « presse » d'Hachette, et notamment *Elle*, depuis 1981.

UGC) ou étrangers (luxembourgeois, comme la CLT, ou britannique, comme Maxwell Communication Corp., par exemple). Bref, sans enfreindre la loi anti-trust sur la presse, les empires se bâtissent et se partagent le marché des médias.

La « tyrannie de l'audimat »

« Le cancer de la concurrence ». La formule-choc, lancée en 1973 par le producteur de télévision Jean-Christophe Averty, vise les conditions nouvelles du développement du petit écran, à une époque où la privatisation est encore lointaine. Elle brocarde ce que les uns considèrent comme la saine émulation entre la première et la deuxième chaîne, et ce que les autres appellent la « guerre des chaînes ». Elle correspond aux tentatives des responsables de la télévision pour attirer le public et, déjà, les annonceurs. Une nouvelle culture s'impose dans le fonctionnement interne des chaînes, celle du secret. On ne doit rien divulguer de la future programmation et, au contraire, exploitant la moindre indiscrétion, être capable de réagir vite en diffusant un film réputé faire de l'audience, le soir où la chaîne d'en face présente une émission annoncée comme un événement. La facilité contre la création : c'est à cela que conduit la logique de la concurrence, selon Averty. Déjà, le carrefour de 20 h 30, qui installe le téléspectateur devant une chaîne pour la soirée, est source de tension. La publicité y bénéficie du plus fort taux d'écoute. C'est pourquoi le JT de 20 heures revêt une importance stratégique. Pour fidéliser le téléspectateur sur *Information première*, Desgraupes, s'inspirant du modèle fourni aux États-Unis par Walter Cronkite (CBS News), invente le « présentateur unique », formule inaugurée le 15 novembre 1971 par Joseph Pasteur.

Quelques années plus tard, l'éclatement de l'ORTF renforce les tendances observées. Le présentateur du JT, non seulement se hisse au rang de vedette, mais donne sa couleur et son identité à l'information de la chaîne. Dès 1975 sur TF1, le « 13 heures » (plus de sept millions de téléspectateurs) est le journal d'Yves Mourousi, le « 20 heures » (près de dix millions), celui de Roger Gicquel. Plus largement, la concurrence est admise comme une évidence, car les ressources d'une chaîne sont commandées par l'audience. À la fois, elle oriente les investissements budgétaires, et pèse dans la répartition du produit de la redevance entre les sociétés publiques. Tous les coups semblent permis. En septembre 1975, par exemple, le président d'Antenne 2 décide de raccourcir la durée du JT, de le ramener à vingt minutes, alors que celui de Roger Gicquel en fait vingt-sept. Ainsi la deuxième chaîne pourra-t-elle entamer son programme de soirée avant TF1 qui, publiquement, dénonce un procédé déloyal[1]. Les directeurs de chaînes ont désormais les yeux quotidiennement rivés sur les mesures d'audience. Or, les sondages, conduits par le Centre d'études de l'opinion (CEO) et le CESP sont tenus secrets, ce qui ne manque pas de provoquer des polémiques.

Ce qui est vrai de la télévision l'est aussi de la radio. Au milieu des années 1970, le taux d'audience des trois grandes stations (RTL, Europe 1, France Inter) est à peu près équivalent. Les habitudes d'écoute changent, sous l'effet, notamment, de l'hégémonie du petit écran, qui mobilise les soirées des Français. Aussi les radios misent-elles sur les tranches horaires du matin (7-9 heures), nourries d'information, sous forme de nouvelles et de chroniques, et sur les journalistes qui dominent la séquence matinale : en 1975, Alain Duhamel et Jean-Pierre Joulin font figure de moteurs dans la campagne publicitaire lancée par Europe 1. C'est là, entre

---

1. Interview de Roger Gicquel, *Presse actualité*, décembre 1975.

7 et 9 heures, que se concentre la plus forte densité de publicité sur la station (15 minutes par heure) et où les messages coûtent le plus cher (10 800 F pour trente secondes, en 1978). L'audience, confondue avec la confiance faite à la station, est présentée comme le critère d'excellence des radios. Elle suppose un lien sensible et affectif entre l'auditeur et la station : la plupart des campagnes de promotion de RTL, qui finit par dominer ses rivales au début des années 1980, sont fondées sur cette idée. Or, pour conquérir le public, il faut se distinguer. Une radio est un produit auquel ses responsables s'appliquent à donner une image, qui a valeur de slogan. L'auditeur doit immédiatement l'identifier par le ton, l'habillage sonore ou la voix de ceux qui interviennent au micro. Autrefois, les ondes fabriquaient leurs vedettes. Désormais, elles empruntent à la télévision les stars qui personnalisent l'antenne, comme Michel Drucker ou Philippe Bouvard, sur RTL (voir *Michel Drucker*, p. 357).

Que l'audience influence les contenus des radios commerciales n'est un secret pour personne. En revanche, les responsables des chaînes publiques refusent de l'avouer. Pourtant, la sophistication des mesures d'écoute au début des années 1980, avec la naissance de l'audimat (voir *Audimat*, p. 351) indique une attention toujours plus vive aux souhaits des téléspectateurs.

Plusieurs années avant l'apparition des chaînes privées et la vente de TF1 à Francis Bouygues, la « tyrannie de l'audimat » est devenue un thème familier des médias : la programmation serait commandée par l'audience, ce qui condamnerait la production culturelle. La télévision publique, oubliant un élément clé de sa mission (informer, divertir, mais aussi cultiver), verserait dans le divertissement le plus vulgaire et le film américain bon marché. Les chiffres donneraient raison aux plus critiques. Ainsi, entre 1974 et 1983, la part des variétés dans le temps de diffusion, toutes chaînes confondues, est passée de 5,6 à 18,2 %, et celle des séries et feuilletons, de plus en plus puisés dans le vivier américain (comme *Dallas*, 1981), de 1,2 à 7,9 %[1]. La télévision a renoncé à une partie de sa propre production, pour s'adresser à des organismes privés, et à des genres qui avaient fait sa réputation, comme les dramatiques et les émissions culturelles. En 1983, les retransmissions de théâtre et de musique ne représentent déjà plus que 1,3 % de l'offre d'écoute. Les magazines culturels, hebdomadaires ou mensuels sont réservés aux deuxièmes parties de soirée. Même le magazine littéraire grand public créé en 1975 par Bernard Pivot sur Antenne 2, *Apostrophes*, voit sa programmation reculer de plus en plus tard dans la soirée (voir *Bernard Pivot*, p. 390). Il faut bien dire qu'un responsable de télévision, soucieux d'équilibrer le budget de sa chaîne, est tenté de se laisser guider par la « tyrannie de l'audimat ».

En matière de création, l'audace ne paie pas. En 1986, par exemple, TF1, encore publique, diffuse le film *Inspecteur la bavure*, la série *Starsky et Hutch* et un téléfilm en plusieurs volets signé Claude Santelli, *Maupassant*. La première émission coûte à la chaîne 900 000 F pour 52 % d'audience ; la deuxième 70 000 F par épisode pour près de 28 % d'audience ; la troisième 3 085 000 F (pour le seul premier volet), avec une écoute de 30 % à peine ; soit, respectivement 17 308, 2 555 et 103 524 F par point d'audience ! Rien d'étonnant, alors, à ce que les scrupules sautent avec TF1 privatisée, soucieuse de garantir aux annonceurs le plus fort écho à leurs messages, tout en comprimant les dépenses. Ainsi, en 1989, la part des séries et feuilletons sur TF1 grimpe à 30,1 % de l'offre, alors qu'elle s'établissait à 9,6 % en 1983[2], et celle des jeux

1. D'après CNCL, *Douze ans de télévision, 1974-1986*, Paris, La Documentation française, 1987, et *La Télévision de 1983 à 1993*, Paris, SJTI-INA, 1994.
2. Sur La Cinq, elle atteint même 42,6 %.

à 8 %[1]. Avec 44 % de parts de marché, son choix semble lui donner raison. Encouragée par ses premiers résultats, TF1 se lance dans le développement des jeux et variétés. Là aussi, la réussite est au rendez-vous : en 1991, le divertissement s'élève à 13,8 % du temps de l'offre, mais à 27,1 % du temps d'écoute[2]. Du coup, les chaînes publiques l'imitent, en accompagnant leur geste d'un discours de dénégation. Mais Antenne 2 a beau affirmer qu'elle ne renoncera ni à la création ni à la qualité, les statistiques parlent d'elles-mêmes : en 1989, les feuilletons et séries s'élèvent à 20,2 % de son temps de diffusion. À cette date, la publicité de marque sur A2 représente 56,7 % de ses ressources, alors que la part de la redevance s'établit à 33,4 %.

Le public en tranches

Le temps consacré par chaque Français au petit écran a considérablement augmenté dans le courant des années 1980. En 1988, il est en moyenne de vingt heures hebdomadaires ; 36 % la regardent chaque jour, contre 20 % quinze ans plus tôt. À cette époque, le taux d'équipement par foyer se monte à 94,3 % (81,7 % en récepteurs couleur). Allumer son poste est devenu un réflexe chez beaucoup de téléspectateurs, de retour chez eux après une journée de travail. Toutefois, les enquêtes révèlent aussi des comportements souvent tranchés. Les 16 % de gros consommateurs (plus de trente heures d'écoute hebdomadaires), dont la part a tendance à croître, se comptent surtout parmi les femmes, les personnes âgées, les retraités, les

---

1. Sources Médiamétric, *La Télévision de 1983 à 1993*, op. cit.
2. *Ibid.*

inactifs, les citadins de villes petites et moyennes, les Français peu diplômés. Ce sont eux qui plébiscitent une programmation nourrie de feuilletons, de séries américaines et de variétés. Les faibles consommateurs (moins de dix heures d'écoute hebdomadaires) rassemblent des catégories plus variées, qui n'ont pas le temps de regarder la télévision, préfèrent visionner une cassette vidéo (25 % des Français possèdent un magnétoscope en 1988) ou se consacrer à d'autres loisirs. Les plus réfractaires à la télévision composent alors un groupe socialement très typé, parisien, cadre supérieur, fort diplômé, bien représenté chez les 25-39 ans, qui a le temps et les moyens de lire ou d'aller au cinéma, au théâtre, au musée.

Fréquence de lecture et d'écoute[1] (en %)

	1973	1981	1988	1997
Presse quotidienne				
tous les jours ou presque	55	46	43	36
plusieurs fois par semaine	8	10	12	11
jamais ou pratiquement jamais	23	29	21	27
Radio				
tous les jours ou presque	72	72	66	69
plusieurs fois par semaine	12	11	15	12
jamais ou pratiquement jamais	5	7	7	7
durée moyenne hebdomadaire	17 h	16 h	18 h	15 h
Télévision				
tous les jours ou presque	65	69	73	77
jamais ou pratiquement jamais	9	13	11	9
plusieurs fois par semaine	6	4	5	6
durée moyenne hebdomadaire	16 h	16 h	20 h	21 h

----

1. Population de 15 ans et plus. D'après les chiffres de : Olivier Donnat et Denis Cogneau, *Les Pratiques culturelles des Français, 1973-1989*, Paris, La Découverte-La Documentation française, 1990 ; Olivier Donnat, *Les Pratiques culturelles des Français. Enquête*

Par ailleurs, l'attitude du téléspectateur face au petit écran change. Le temps où il restait installé toute une soirée devant la même chaîne est révolu. Le développement de l'offre et l'usage de la télécommande bouleversent son comportement. En 1988, 45 % des téléspectateurs avouent être des « zappeurs » : un quart d'entre eux, souvent jeunes et appartenant aux catégories sociales élevées, affirment même suivre plusieurs programmes simultanément. Une telle situation est un casse-tête pour les annonceurs : seuls 29 % des téléspectateurs disent regarder l'écran publicitaire, alors que 65 % en profitent pour changer de chaîne, discuter, faire autre chose[1].

La puissance de la télévision en matière d'information a eu raison, en janvier 1976, des actualités cinématographiques Pathé et, quatre ans plus tard, du Magazine Gaumont. À la fin des années 1980, elle est aux commandes du dispositif médiatique. Elle a créé son propre univers, relayé par la radio et la presse écrite, qui en observent les mécanismes et les mœurs, parfois dans des pages ou des émissions spéciales. Son omniprésence est attestée par la vitalité des magazines de programmes, qui représentent plus de 9 millions d'exemplaires chaque semaine. Avec *Télé 7 Jours* (3 millions d'exemplaires), détenu par Bouygues, TF1 dispose d'un relais de première importance. Plus d'un Français sur deux (51 %), en 1988, affirme lire un magazine de télévision, contre 28 % un magazine féminin, 17 % un hebdomadaire de fin de semaine (*Le Figaro magazine*, *Paris-Match*, *France-Soir magazine*, *VSD*, *L'Humanité-Dimanche*), 16 % un mensuel de loisirs, 15 % un newsmagazine (*L'Express*, *Le Point*, *Le Nouvel Observateur*, *L'Événement du jeudi*), 10 % un

1997, Paris, La Documentation française, 1998. De nombreuses références chiffrées, dans ce qui suit, en sont tirées.
1. Sondage SOFRES pour *Télérama* et *Communication & Business*, janvier 1988.

magazine de décoration ou un périodique culturel
(*Lire*, *Le Monde de la musique*, *Première*...), 9 % une
revue scientifique. Le succès de la presse de programmes est tel que les groupes multimédias se lancent, en 1987, dans la diffusion de suppléments
gratuits : le groupe Hersant propose *TV Magazine* aux
acheteurs de ses vingt quotidiens, et le groupe
Hachette, *TV Hebdo*.

Considéré au singulier, le public existe-t-il? Les
chaînes privées en doutent. Révélée par les enquêtes
sociologiques, la sectorisation des publics entre dans
la stratégie des chaînes, au seuil des années 1990 :
M6, par exemple, déploie une programmation,
notamment musicale, qui vise les adolescents et les
jeunes adultes. Première à être entrée massivement
dans l'ère de l'audiovisuel commercial, la radio a pu
mesurer les transformations dans la structuration de
l'auditoire. Thématiques, les stations de la bande FM
ont contribué à la fois à cristalliser certains publics
peu familiers des ondes et à rompre avec la diversité
sociologique que caractérisait, jusqu'ici, l'écoute des
radios. Même si, en 1988, les auditeurs ont tendance
à écouter « un peu de tout » (43 %), deux usages spécifiques se dégagent, l'un « jeune », l'autre « cultivé ».
Grâce aux stations musicales, les jeunes, qui avaient
déserté la radio dans les années 1970, y reviennent de
manière si importante que les 15-19 ans constituent la
catégorie la plus fidèle : trois sur quatre l'écoutent
tous les jours. La radio est devenue – ou redevenue
(par référence aux années 1960) – leur média de pré-
dilection, davantage même que la télévision. Mais se
distingue aussi un usage cultivé de la radio, caractéristique des auditeurs – cadres supérieurs, professions
intellectuelles, citadins des grandes villes – qui l'écoutent beaucoup moins que la moyenne (moins de dix
heures). Cette catégorie recherche avant tout l'information politique et économique, et se branche sur la
première et seule station de nouvelles en continu :

France-Info, créée en 1987 par Radio-France. D'une certaine manière, le public de la station rejoint, dans son profil sociologique, le lectorat, très typé, des *news-magazines* (*L'Express*, *Le Nouvel Observateur*, *Le Point*, *L'Événement du jeudi*), dominé par les diplômés (41 %), les Parisiens (45 %), les 35-44 ans (20 %)[1].

Dans un autre secteur, la vigueur de la presse spécialisée grand public, singulièrement mensuelle (18 à 19 millions d'exemplaires), qui attire les investissements publicitaires, souligne les attentes diversifiées des lecteurs. Les journaux féminins en fournissent un exemple. Les titres généralistes existent toujours, renouvelés par des magazines qui prétendent donner de la femme une image moderne et émancipée (*Biba*, *Cosmopolitan*, *Glamour*...). Mais, à côté ou en complément, se développent des titres visant une clientèle féminine, dont on entend satisfaire les préoccupations propres. Largement diffusés, ils touchent à la famille et à l'enfant (*Enfants magazine* : 1,2 million d'exemplaires), à la décoration (*Art et décoration* : 4 millions d'exemplaires), à la santé (*Santé magazine* : 2 millions d'exemplaires), à la beauté (*Votre beauté, votre santé* : 1,8 million d'exemplaires), à la cuisine (*La Bonne Cuisine*, 1,6 million d'exemplaires), à la consommation (*Ça m'intéresse* : 2,3 millions d'exemplaires), etc.

Destinés à un segment de population, les mensuels proposent une large palette thématique : tourisme, loisirs, bricolage, voyage, gastronomie, sports d'initiés, études, sciences, photographie, vidéo, électronique, informatique, jeux, animaux, charmes, etc. Ce type de presse, qui cherche à répondre aux besoins de consommation d'une catégorie particulière de lecteurs, peut se décliner à l'infini. L'affinement de la segmentation débouche parfois sur le chaînage, c'est-à-dire la gamme de titres d'un même éditeur combinée pour suivre une clientèle dans son évolution. Le

---

1. D'après Olivier Donnat et Denis Cogneau, *op. cit.*

cas des publications de Bayard-Presse est typique à
cet égard, qui proposent un journal pour chaque âge :
tout-petits (*Popi*), enfants (*Astrapi*), jeunes adolescents (*Okapi*), lycéens (*Phosphore*), adultes (*Parents*),
retraités (*Notre temps* : plus d'1 million d'exemplaires
dont 86 % d'abonnés). Le magazine d'autrefois, qui
s'appliquait à traiter d'un peu de tout pour tous les
publics, a disparu, ou presque, victime des règles du
marché qui condamnent celui qui ne vise pas précisément sa cible. À la fin des années 1980, les modalités
nouvelles d'expansion du journal sont déjà bien en
place. Naguère encore reflet et véhicule de la culture
du plus grand nombre, il s'affirme toujours davantage
comme le relais et l'expression d'une culture de communautés aux dimensions variées, qui fondent leur
identité sur des goûts, des passions, des compétences
particulières.

CHAPITRE VII

LE RÈGNE DE LA COMMUNICATION

Condition de toute vie sociale, la communication de masse suppose la mise en commun de l'information, l'échange de messages significatifs, transmis à l'aide de mots ou de signes visuels, par le texte, la parole ou l'image. Les premiers théoriciens américains de la communication y voient, dans le monde des années 1940-1950, déchiré par les guerres et les totalitarismes, le fondement essentiel de la compréhension mutuelle entre les peuples, et la source primordiale du cheminement de l'humanité vers le progrès. Lourdement chargée d'idéologie, la communication rejoint l'idéal démocratique de la libre expression et de la diffusion universelle du savoir; naturellement juste et transparente, elle s'oppose avec fermeté aux mensonges de la propagande et à l'opacité de l'action des pouvoirs. La démocratisation des outils techniques permettant la circulation massive de l'information constitue la condition majeure de son épanouissement.

Fondée comme discipline des sciences sociales, la communication trouve bientôt sa traduction utilitariste. Elle pénètre la société française, à partir des années 1970, tandis que les grands affrontements idéologiques s'apaisent, que se multiplient les instruments d'essor des relations humaines, électroniques et informatiques, que sont de plus en plus volontiers acceptées les lois de l'offre et de la demande. Dans les années 1980-1990, la France est prise par une fièvre communicante, qui atteint l'individu (la diffusion des téléphones mobiles en est l'un des plus forts indices), mais aussi les acteurs sociaux. Communiquer prend alors, dans les faits, un sens particulier : faire connaître quelque chose ou quelqu'un et peser sur ses modes de représentation. Lorsque les entreprises, les institutions, les associations, les leaders politiques, les gouvernants communiquent, ils ne cherchent pas seulement à délivrer un message, mais s'efforcent également de forger une image d'eux-mêmes. Certes, ils veulent garantir à leur discours le meilleur écho, en recourant, pour sa diffusion, aux médias les plus massifs ou aux médias plus spécialisés, selon la cible visée. Mais ils désirent aussi séduire les opinions, pour mieux conquérir leur confiance. La communication parle à la fois à la raison et à l'affect : elle joue sur la crédibilité et la cohérence du message, et, en même temps, sur la sympathie et l'adhésion instinctive des publics pour celui qui l'émet. Elle suppose de comprendre leurs attentes, de saisir la manière la plus adaptée pour « faire passer » le message, d'où le recours aux enquêtes et sondages les plus pointus, mais aussi aux méthodes publicitaires. Bref, l'idéal égalitaire de la communication est devenu, dans la pratique, un mode de construction de l'image fondé sur la maîtrise des sciences sociales, des techniques de marketing et la connaissance aiguë des médias.

Vers le tout-publicitaire ?

Dans les années 1980-1990, les dernières réserves psychologiques de la société française à l'égard de la publicité s'effacent. À l'été 1981, un publicitaire crée même l'événement en communiquant sur lui-même. L'afficheur Avenir appose sur les murs des villes un placard 4 x 3, où une jeune femme annonce : « Le

2 septembre, j'enlève le haut. » À la date annoncée, la poitrine dénudée, elle clame : « Le 4 septembre, j'enlève le bas. » La troisième affiche la montre nue, de dos, avec ce slogan : « Avenir, l'afficheur qui tient ses promesses. » L'agence, qui vient de mener la première campagne *teasing* (c'est-à-dire déclinée en plusieurs volets), a réussi un coup d'éclat. Tous les médias en parlent, et le modèle, dont on apprend qu'elle se nomme Myriam, devient soudainement une vedette.

Une femme nue sur une affiche peut encore surprendre en 1981, mais ne soulève plus un tonnerre d'indignation. Or, les années 1990 conduisent à une inattendue surenchère dans la transgression et la provocation, et ce, dans des domaines fort différents. Ainsi, en 1991, Omo casse-t-il les codes de la communication des lessives en mettant en scène des singes, parlant un langage forgé pour l'occasion. La même année, Benetton débute une série de campagnes fondées sur la rupture des tabous, religieux ou sociaux. Ne figurant jamais le produit, refusant le slogan, se contentant d'inscrire la marque, l'annonceur joue sur l'image-choc, en exploitant parfois l'actualité la plus tragique. Il suscite d'abord la colère de l'Église en mettant en scène un prêtre et une religieuse qui s'embrassent amoureusement. Il récidive les deux années suivantes, notamment avec une affiche montrant le corps meurtri et le visage ravagé d'un malade atteint du SIDA, David Kirby, puis une autre présentant les vêtements maculés d'un jeune Croate, victime de la guerre en ex-Yougoslavie. Cette fois, c'en est trop. Des appels au boycott de la marque sont lancés. Une partie de la profession en arrive à réagir contre ce genre de campagne, qui risque de ruiner les efforts menés vers les consommateurs pour les convaincre des vertus de la publicité. Benetton finit par céder, rompant brutalement en 2000 sa collaboration avec l'auteur des clichés pour les affiches, le photographe Oliviero Toscani, qui venait de provoquer un nouveau scandale, aux États-Unis, en mettant en scène des condamnés à mort pour défendre la cause abolitionniste. Pour se racheter une conduite, l'industriel décide de glisser sur la vague de l'humanitaire. Toujours soucieux d'exploiter l'actualité, il lance en 2001 une campagne sur le thème de l'« Année internationale du bénévolat » que célèbre l'ONU. L'affiche éponyme, conçue par l'agence Fabrica pour cinquante pays, montre une jeune femme afghane, Sara Lawal, entourée des enfants handicapés dont elle s'occupe quotidiennement.

La publicité s'impose, en France, en se donnant une image, sinon de vertu, du moins de rigueur. L'autodiscipline est garantie par des organismes professionnels et le renforcement de la législation. Le Bureau de vérification de la publicité (BVP), créé en 1953, où sont représentés les annonceurs, les publicitaires, les supports, s'applique à rendre publiques ses « recommandations », et obtient, en 1992, de visionner les films publicitaires télévisés avant diffusion. Son action s'efforce notamment de moraliser la publicité, en faisant respecter les dispositions sur la « publicité trompeuse », définies à l'échelle de la Communauté européenne depuis 1984. Bon gré, mal gré, les professionnels se plient à la loi Évin de 1991 sur l'interdiction de la publicité en faveur de l'alcool et du tabac, ou à la loi Sapin de 1993 sur la « transparence » des contrats publicitaires. Certes, ils ne se satisfont pas totalement de l'ordonnance de 2001 – très limitative – sur la publicité comparative. Cependant, l'ensemble de ces mesures contribue à développer dans l'opinion publique l'idée que la publicité obéit à des règles. Les préjugés reculent. Son image elle-même devient largement positive. Selon un sondage de 1993, 70 % des Français ont une bonne opinion des publicitaires et 60 % estiment que la publicité est proche de la création artistique[1].

---

1. *Stratégies*, 4 juin 1993.

La rédemption de la publicité marchande passerait-elle par la culture ? On constate, en tout cas, que les plus illustres metteurs en scène n'hésitent plus, dans les années 1980-1990, à répondre aux sollicitations des annonceurs et des agences (Bertrand Blier, Luc Besson, Claude Miller, Jean-Paul Rappeneau, Pascal Thomas...), tandis que Jean-Paul Goude se forge, grâce aux spots pour Kodak (1985), Maggi (1986), Perrier (1991), etc., la réputation d'un grand artiste. La création publicitaire est désormais admise parmi les genres culturels contemporains. À l'instar du cinéma, elle a ses festivals et ses récompenses, à Cannes ou à Venise. À la reconnaissance profession-nelle s'ajoute l'engouement du public, comme en témoigne la pérennité de la « Nuit des publivores », lancée en 1981, ou du magazine Culturepub, créé en 1989 sur M6 par Christian Blachas, qui retient chaque semaine 1,5 à 2 millions de téléspectateurs. La stratégie artistique des agences n'aurait-elle pas ten-dance à se développer au détriment de l'efficacité du message ? On peut se le demander lorsqu'on sait que 49 % des Français contre 30 jugent que la publicité manipule plus qu'elle n'informe, tandis que près de trois sur quatre lui dénient toute influence sur l'acte d'achat[1].

Ces chiffres le confirment : attirer l'attention ne suf-fit pas ; il faut toucher individuellement le consomma-teur. Le message de masse, s'il permet la montée en puissance de la notoriété, n'assure pas à coup sûr l'achat. C'est pourquoi le volume du marketing direct (mailings, prospectus, éditions publicitaires...)[2] reste primordial dans la répartition du marché publicitaire (31,9 % en 2001), se situant bien avant la presse (15,2 %), la télévision (12,3 %), très loin devant l'af-

---

1. *Ibid.*
2. En 2003, Havas est le numéro 1 mondial pour le marketing direct.

fiche (5,1 %) ou la radio (2,8 %). Ses formes évoluent, du reste : envisagée dès les années 1920, la publicité par téléphone se généralise. Conjointement, la publicité télévisée se diversifie selon l'horaire et les programmes, pour mieux toucher des publics particuliers (personnes âgées, femmes au foyer, cadres supérieurs, tout-petits…), sans compter les télé-achats, dont la formule est lancée en France par Pierre Bellemare.

Que les Français l'avouent ou non aux sondeurs, les marques s'imposent dans les modes de vie et les moindres gestes des individus. De ce point de vue, les jeunes sont des cibles idéales. La marque et son logo nourrissent des comportements communautaires et des logiques d'identification propres à une classe d'âge. La publicité s'applique à proposer aux jeunes des codes et des signes de reconnaissance, fondés notamment sur le langage direct et anticonformiste (formes familières, tutoiement, humour), qu'elle leur emprunte parfois (langage de la rue) et qu'ils s'approprient ou se réapproprient immédiatement (Danette : « on r'met ça »). En cultivant l'image des athlètes de haut niveau (Michael Jordan, Zinedine Zidane) ou des personnalités du spectacle, les « marques-gourous », comme les appellent parfois les sociologues, établissent un même système de valeurs désigné par un modèle (ainsi, la performance) et porté par un message individualisé (« Just do it » : Nike). Les jeunes sont aussi les plus réceptifs à cette tendance nouvelle des années 1990 qui internationalise la publicité. Les mêmes campagnes (Coca-Cola, Levi's, Nike, IBM…) se déclinent, sur des thèmes, des slogans, des images identiques, d'un pays à l'autre. Le poids croissant des produits de haute technologie consolide la mondialisation des formes. Une multinationale comme L'Oréal peut faire défiler sur les écrans de tous les pays développés les mêmes top modèles, américains ou européens, venus délivrer un identique message.

Les tâches des publicitaires se diversifient dans les années 1990 et exigent des compétences toujours plus précises. Les professionnels se répartissent grossièrement en trois grands secteurs, au long de la chaîne de création. Les « stratèges » (planneur et media-planneur) définissent les fondements et le déroulement de la campagne, en assurent le suivi. Les « commerciaux » (directeur de clientèle, chef de publicité, acheteurs d'espaces...) prospectent les clients, négocient les contrats, ont la responsabilité du budget. Les « créatifs », enfin, définissent les messages (concepteur-rédacteur), les conçoivent graphiquement (directeur artistique), en assurent, grâce aux nouvelles technologies, la réalisation technique (infographiste), les mettent en page (maquettiste). Ces quelques cas, rapidement brossés, illustrent partiellement le renouvellement d'une profession qui, en 2000, compte 15 000 personnes, regroupées, pour plus de 70 % d'entre elles, dans des agences de moins de six salariés. Encore ne s'agit-il là que du cas des agences de publicité généralistes. Car le monde de l'entreprise publicitaire se spécialise et se segmente : agences de marketing, de communication, de distribution d'imprimés, de marketing téléphonique, etc.

Au début du XXIe siècle, quelques groupes publicitaires aux moyens financiers puissants contrôlent le marché (Havas, Publicis, TBWA, DDB-Needham, Mc Cann Erickson, BBDO...), dominé par les grands investisseurs de la distribution (Carrefour, Leclerc), de l'alimentation (Nestlé), des télécommunications (France Télécom, Cegetel-SFR) ou de l'automobile (Renault, Citroën, Peugeot)[1]. À elle seule, en 2000, l'entreprise France Télécom investit 353 millions

---

1. Marque d'une lente mutation, le niveau de l'investissement publicitaire dans le PNB, en France, est deux fois inférieur à celui des États-Unis ou la Grande-Bretagne (0,76 % contre 1,59 % et 1,53 % en 1999).

d'euros en publicité[1]. Or, les sommes colossales consacrées par les annonceurs à la publicité (29 milliards d'euros en 2000, contre 20 en 1992) s'inscrivent dans une stratégie plus large qui ne vise plus seulement à valoriser les produits fabriqués par l'entreprise, mais l'entreprise elle-même.

Naissance de la communication d'entreprise

Le destin des entreprises est amplement suspendu à leur capacité d'acquérir puis de maintenir une notoriété, d'établir puis d'entretenir la confiance de la clientèle. Médias et hommes de presse jouent, de ce point de vue, un rôle capital, celui de relais. Essentielle à leur développement, l'élaboration de l'image de marque des entreprises ne repose pas seulement sur la qualité des liens noués avec l'extérieur, mais aussi sur l'harmonie intérieure des relations sociales. L'image que l'entreprise souhaite donner d'elle-même, pour promouvoir ses produits, vaincre la concurrence, parfois démentir une rumeur, doit être le plus possible conforme à la réalité perçue par le personnel, qui en est le premier ambassadeur. D'où la nécessité d'une double information, l'une à usage externe, vers les médias, les institutions, les clients, l'autre à usage interne, vers les salariés. Tels sont les objectifs généraux de la communication dans l'entreprise.

Le mot même de « communication », appliqué à l'entreprise, s'affirme dans les années 1960. Mais la logique de communication s'impose aux entrepreneurs, bien avant qu'elle se traduise par l'apparition de services spécialisés. À la fin du XIXe siècle, de nom-

1. SECODIP 2000, Investissements publicitaires Grands médias.

breux établissements industriels, bancaires, commerciaux entretiennent des relations avec les médias. Les uns produisent des communiqués de presse, à l'image du Crédit lyonnais, qui se tourne vers le *Courrier de Lyon* pour annoncer sa naissance et attirer actionnaires et clients, en 1863. Les autres cherchent à séduire les journalistes en leur faisant visiter leurs installations, en les accueillant à la table du patron, parfois en leur versant des pots-de-vin, attendant, en retour, des articles élogieux. À cette époque, les entreprises prennent elles-mêmes en charge la définition de leur image, comme l'indiquent l'émergence des « organes-maison » diffusés auprès de la clientèle, des intermédiaires ou des personnels. *Le Devoir* de Jean-Baptiste Gaudin (1878) est sans doute le premier journal externe d'entreprise, et *Les Échos du Val de Loire*, de Léon Harmel (1906), la première feuille interne. Patron imprégné de catholicisme social, Harmel cherche à inculquer à ses ouvriers les valeurs chrétiennes et morales qui, selon lui, leur font tant défaut[1]. Presses interne et externe prennent vraiment leur essor dans l'entre-deux-guerres. La seconde, surtout, marque un net développement, avec l'introduction des méthodes de rationalisation et de division du travail (taylorisme, travail à la chaîne) : il s'agit alors de motiver le personnel, de l'unir, de lutter contre son instabilité chronique, de le former, de lui fournir des modèles (*Le Trait d'union Peugeot*, *Le Chevron* de Citroën...).

Une étape décisive est franchie dans les années 1950, avec l'apparition de départements de relations publiques (ou de services d'information), à l'instar de l'exemple américain. Le changement est de taille, puisqu'il suppose une réflexion d'ensemble sur les modes de communication et sur les publics auxquels

---

1 Catherine Malaval, *La Presse d'entreprise au XXᵉ siècle. Histoire d'un pouvoir*, Paris, Belin, 2001, p. 27. L'ouvrage est essentiel pour tous ces aspects.

l'information est destinée : presse, actionnaires, clients, fournisseurs, d'une part; cadres, employés, ouvriers, syndicats, d'autre part. Généralement, les responsables des relations publiques, chargés de concevoir les moyens d'informer et d'établir les rapports de confiance avec le public, sont attachés aux entreprises. Mais, très tôt, des professionnels travaillent en toute indépendance, offrant leurs services aux établissements. Les « conseils en relations publiques » se regroupent, forment en 1950 le « Club de la Maison de verre », fixent des règles déontologiques en 1954 (comme l'incompatibilité avec le journalisme et la publicité), créent, trois ans plus tard, le Syndicat national des conseils en relations publiques. À leur tour, les agences de publicité (Havas) fondent des départements spécifiques qui développent la profession. Au-delà, le responsable des relations publiques, qui finit par incarner l'entreprise et ses produits auprès des médias, des clients potentiels, des organisations institutionnelles, ne cesse d'accroître son pouvoir. Il est le lien physique avec l'extérieur, fait profiter son employeur d'un épais carnet d'adresses, prend l'initiative des grandes rencontres de promotion avec la presse, en assume la réussite ou l'échec. Son poste devient stratégiquement essentiel.

Mais l'émergence des « relations publiques » ne se traduit pas seulement par une rationalisation des rapports de l'entreprise avec l'extérieur. Elle se manifeste aussi par une nouvelle approche des liens internes, qui donne toute sa place à la presse. Les journaux destinés au personnel sont conçus comme des outils essentiels d'information, de participation, de formation, de culture d'entreprise. Dès les années 1950, les responsables des relations publiques ont pour tâche de les développer et de les adapter à la variété des lectorats. Les grands groupes (Esso, Péchiney) ont ainsi plusieurs publications. En 1967, la conférence générale de l'Organisation internationale du travail, qui se penche sur les « communications d'entreprise », fait de l'information interne un droit du salarié et un devoir du patron. La convergence des points de vue favorise le développement considérable de la presse spécialisée qui, fin 1970, représente 5 millions d'exemplaires mensuels.

Dans le même temps, toutes les grandes entreprises françaises dotent leurs directions spécialisées (direction commerciale, direction du personnel, direction financière) d'attachés de presse. Leur importance est telle qu'est créée, en 1961, la première École française des attachés de presse (de statut privé). Sociologiquement très féminisé, le métier consiste à établir des services de documentation, rédiger des dossiers et des communiqués de presse, organiser des conférences, tisser un lien permanent avec les médias, recueillir les informations qui y sont diffusées. Le rôle des services de presse est, en effet, fondamental pour crédibiliser les actions de communication. Les coupures de journaux témoignent de la présence de l'entreprise dans les médias, attestent aussi de l'influence du message qu'on a voulu leur délivrer, permettent d'affiner le positionnement du produit, voire de repérer les stratégies de la concurrence. Avec le temps, d'autres professionnels, issus d'agences spécialisées, viennent compléter le dispositif de communication des entreprises, comme le consultant en communication, qui aide les établissements dont l'image est déficiente ou mal définie, ou le chargé d'étude, qui s'applique à mesurer l'impact effectif des produits.

À la fin des années 1970, la communication s'impose comme une évidence. Ce qui est vrai pour les relations extérieures l'est aussi pour les liens internes dans l'entreprise. Les lois Auroux (1982) donnent même un cadre légal à l'information du personnel. Toutefois, le développement considérable de la communication, éclatée en deux ou plusieurs services, pose un problème d'efficacité et de rationalité. Les grandes entreprises décident en conséquence de créer un nouveau secteur chargé d'harmoniser les stratégies de mobilisation et de publicité, dans et hors l'entreprise : la direction de la communication. Parfois, la politique tient du regroupement, comme à la SEITA, en 1982. Communication interne et communication externe (relations publiques/relations presse) qui, jusque-là, constituaient deux services sans grande liaison entre eux, sont rassemblées au sein d'une direction de la communication. Disposant d'un budget de 600 000 francs, elle groupe quatorze personnes, commande des sondages d'opinion sur la perception de la société, mène des campagnes de notoriété, et tente de lutter contre la lente dégradation de l'image du tabac. Elle contrecarre de ce fait les campagnes de santé publique, elles-mêmes soutenues par les services de communication des ministères. Finalement, les « directions de la communication » s'affichent comme les vitrines des entreprises, créant même leur salon en 1988 (le Top Com, à Deauville). Elles font de la communication un idéal de vie, promouvant parfois, en interne, les techniques de la « communication relationnelle ».

Du lion d'or au maillot jaune

L'émergence de directions de la communication change la perspective. Bâtir une image devient impératif dans la stratégie de l'entreprise. Les agences de publicité sont appelées à la rescousse pour concevoir des éléments visuels ou des slogans qui définiront une ligne d'action. Ainsi, en 1978, le Crédit lyonnais choisit-il d'identifier sa marque à un petit lion fantaisiste, qui aidera à renouveler la perception d'une banque communément jugée vieillie, fonctionnarisée, peu innovante. L'objectif est aussi de se rapprocher du public jeune en créant un logo de complicité. Le choix même du lion est habile. Pourvu d'une connotation très positive – symbole de force et roi des animaux –, il est présenté sous une forme ludique qui lui donne naturellement l'allure d'une peluche. Son image est elle-même appuyée sur un nouveau logo qui, défini par une charte graphique simple et claire, favorise l'identification immédiate de la banque par le consommateur. Les employés eux-mêmes sont associés à la valorisation de l'image. Chaque année, après 1978, un lion d'or est remis aux salariés les plus méritants. Le petit animal orne désormais les publications internes; le personnel est invité à se mobiliser pour rendre plus amènes les relations nouées avec la clientèle. Le petit lion réalise une forme d'interface entre l'émulation des employés et le développement commercial. Le succès de cette logique est rendu possible par de vastes campagnes publicitaires qui contribuent à faire progressivement du Crédit lyonnais la première banque de dépôt française. Forte de sa bonne image, la banque prend position sur le marché des affaires, avec la réussite que l'on sait...

Derrière ce type de publicité institutionnelle se joue l'acquisition ou la préservation de parts de marché. La démarche se distingue cependant de la publicité directe. Un prospectus, un contact personnel avec le consommateur, voire une offre d'essai ont pour but de vendre un produit. Leur effet est immédiat. La communication, elle, prétend aller plus loin, pour améliorer la marque et l'image globale de l'entreprise. Deux stratégies sont alors privilégiées.

La première touche au dialogue entretenu avec les consommateurs. Le cas de La Poste l'illustre. En 1997, elle lance le magazine *La Poste et vous*. Après l'échec d'une mise en vente au prix de 5 francs, le nouveau titre est distribué gratuitement dans les agences à un million d'exemplaires. Trimestriel, en couleur, dépourvu de publicité, le magazine est conçu comme un outil d'information et de promotion, à une époque où La Poste doit faire face à la concurrence de plus en plus rude des transporteurs privés (comme UPS ou DHL). Le contenu varie entre information attractive et mise en valeur des produits. Après le sommaire et l'éditorial, qui souligne combien La Poste est en phase avec son temps, puis un portrait, vient l'importante rubrique « infoposte » dans laquelle sont proposés les « bons plans », services postaux et offres promotionnelles. Un épais dossier illustre la somme des services que La Poste peut rendre aux usagers pour faciliter leur vie quotidienne. Le journal comporte même un « courrier des lecteurs » qui atteste la volonté de l'entreprise d'adapter ses services aux demandes de la clientèle. Bref, La Poste, souvent critiquée, cherche, par l'établissement du dialogue, les plus sûrs moyens de créer vers elle un courant de sympathie (faut-il lier cette démarche à l'épée de Damoclès d'une privatisation?). Cette initiative est suivie par nombre d'entreprises qui conçoivent des journaux de contact avec les consommateurs.

L'autre stratégie consiste à bénéficier des retombées médiatiques d'une action individuelle ou collective ou d'un événement, que l'entreprise contribue à financer : le parrainage ou le sponsoring. Perçu, sinon comme un geste généreux et désintéressé, du moins comme une démarche utile, voire nécessaire, le sponsoring transforme confusément l'investissement en aide. Jouissant d'une image très positive et d'une audience considérable, exigeant aussi des budgets en constante croissance, le sport est le premier secteur qui attire les sponsors. La communication des annonceurs, équipementiers du sport ou entreprises industrielles classiques, draine vers les clubs, les équipes, les athlètes, les médias des sommes gigantesques. Ils tirent, alors, quotidiennement profit de la notoriété des sportifs qui, dans leur discours, rendent hommage à leurs parrains. Sans eux, expliquent les champions, leurs exploits seraient impossibles.

Le sponsoring, même si on ne le nomme pas encore ainsi à l'époque, apparaît assez tôt dans le sport. Peugeot est l'un des pionniers. En 1923, le fabricant d'automobiles, mais aussi de cycles, finance une équipe dans le Tour de France. Cinq ans plus tard, Jean-Pierre Peugeot est désigné président du club de football qu'il vient de créer, le FC Sochaux. Mais c'est à l'extrême fin des années 1960, et surtout dans les années 1970, que le phénomène s'amplifie, devenant un outil essentiel de la communication d'entreprise. Football, cyclisme, tennis, sport automobile attirent les sponsors. En 1968, Matra est le premier constructeur français en Formule 1 à signer un contrat avec un sponsor extrasportif. Ses voitures arborent le logo de Crio Tournesol, un produit détergent, ce qui suscite spontanément les sarcasmes des observateurs. Mais, à la fin des années 1970, le climat a changé. Convaincus par l'audience des courses automobiles à la télévision, les plus grands annonceurs de produits de consommation se ruent sur la F1 (Martini, Benetton, Europcar, Candy...). Le budget des écuries explose grâce aux restrictions légales à la publicité pour les alcools et les tabacs. Les sponsors, qui espèrent voir leur nom associé aux exploits des pilotes, investissent des sommes considérables. Quant aux pilotes eux-mêmes, soumis aux objectifs des caméras, ils se transforment en hommes-sandwichs : chaque centimètre carré des casques, des combinaisons, des casquettes sont mis à profit par les annonceurs.

L'utilité du sponsoring pour valoriser la marque devient une évidence. Depuis 1987, le Crédit lyonnais parraine le maillot jaune du Tour de France. En 1994, Jean Peyrelevade, son nouveau patron, décide de renouveler pour huit ans le contrat qui le lie aux organisateurs de l'épreuve, alors que la banque est moribonde. Le sacrifice est énorme : 35 millions de francs par an. Mais la course cycliste, très suivie, bénéficie d'une image très positive qui, espère-t-il, finira par rejaillir sur un établissement bancaire tourmenté par le scandale. À chaque étape, depuis le podium aux couleurs du Crédit lyonnais, le leader du classement général, qui arbore sur son maillot jaune le logo de la banque, brandit vers la foule et les caméras un lion en peluche, que chacun identifie aisément. Des millions de téléspectateurs, français mais aussi étrangers, suivent la scène en direct. En 2001, alors que débutent les négociations pour le renouvellement du contrat, l'atmosphère n'est plus la même. Entaché par les affaires de dopage, le Tour de France a perdu en crédibilité. Le Crédit Lyonnais hésite longuement, mais, devant la fermeté de l'audience télévisée, il décide de prolonger son engagement avec la société qui organise l'événement.

Les sponsors sont très attentifs aux effets de retour de leurs investissements. Selon une enquête de Médiamétrie, les marques des parrains des matchs de la Coupe du monde de football de 1998 sont apparues au total plus de 5 200 fois à la télévision (soit onze heures de diffusion), au cours des retransmissions. Selon l'organisme, 98 % des Français ont vu au moins une fois la marque de l'un des sponsors. Les sondeurs démontrent l'impact du sponsoring. En 1999, par exemple, CSA publie une enquête sur les « notoriétés spontanées des sponsors » pour les quatre sports qui recueillent les plus gros investissements. Pour le football, les marques les plus mémorisées sont Adidas (59 %), Nike (33 %) et Coca-Cola (18 %). Pour le tennis, Perrier arrive en tête avec 33 %, suivi de la BNP (25 %), Adidas (22 %), Peugeot (15 %) et Nike (14 %). Pour la Formule 1, les personnes interrogées citent, dans l'ordre, Marlboro (36 %), Elf (30 %), Peugeot (16 %), Renault et Michelin (11 %). Pour le cyclisme, sept marques dépassent les 10 % : Festina (46 %), le Crédit lyonnais (30 %), Cofidis

(26 %), le Crédit agricole (21 %), la Française des jeux (19 %), Champion (17 %), Casino (15 %), ce qui souligne l'importance médiatique du Tour de France. L'enquête accrédite aussi l'idée que les plus gros investisseurs sont les mieux identifiés.

Le sponsoring va bien au-delà du sport. La loi du 23 juillet 1987 sur le « mécénat[1] » ouvre la porte à une large gamme d'investissements. D'une part, elle favorise, par un système de déduction fiscale, la création de fondations et l'aide aux projets culturels, éducatifs, scientifiques, humanitaires, etc. D'autre part, elle introduit le « sponsoring télévisé » : les entreprises publiques et privées peuvent désormais, sous certaines conditions, financer directement des émissions, annoncer un programme, voire parrainer de petits films de deux ou trois minutes, sous forme de reportages ou de saynètes fictionnelles. Diffusés quotidiennement aux heures de grande écoute, ces films permettent d'associer la marque à une « bonne cause » (recherche médicale, préservation du patrimoine…). Bref, des outils de communication stratégiques sont mis à disposition, qui valorisent l'image « citoyenne » de l'entreprise.

Ces possibilités offertes par la loi ne remettent pas en cause l'importance du sport dans le financement global du sponsoring, qui, en 2002, représente 2,2 milliards d'euros. Néanmoins, si plus de deux entreprises sur trois déclarent faire du parrainage, si plus de 80 % d'entre elles affirment disposer d'une structure spécifique pour l'organiser[2], les doutes surgissent sur l'efficacité d'une communication reposant exclusivement sur le sport. Comment se distinguer auprès de consommateurs submergés par la multiplicité des marques et des logos qui peuplent les stades

---

1. Complétée en 1990 (loi sur la création de fondations) et en 2002 (loi sur les musées).
2. *Enquête parrainage 1998*, Paris, UDA, 1998.

ou les maillots des joueurs, transformés en « sapins de Noël » ? Les instruments d'enquête paraissent également mal adaptés, évaluant davantage la notoriété de la marque que l'image de l'entreprise et de ses produits. Certes, il est toujours plus difficile de mesurer le qualitatif que le quantitatif. Cette donnée favorise un redéploiement du sponsoring vers des secteurs moins fréquentés (santé, patrimoine, environnement, causes humanitaires sociales, notamment), mais auxquels l'opinion publique est très sensible. Émergent aussi de nouvelles formes de mécénat qui, touchant directement le « cœur de cible », se passent d'intermédiaires, génèrent des retombées médiatiques importantes et nourrissent une excellente image de marque. Ainsi Coca-Cola tente-t-il, en ce début de siècle, de toucher les 12-39 ans, en finançant un site Internet, talentbrut.com, qui promeut de jeunes artistes en quête de notoriété.

Au total, la communication d'entreprise a pris une telle ampleur que ses principes ont fini par coloniser la publicité elle-même. En témoigne le changement d'appellation d'une des principales organisations de défense de la profession : en 1988, l'Association des agences conseils en publicité (AACP), fondée seize ans plus tôt, devient l'Association des agences conseils en communication (AACC). Cette mue prend acte de la nouvelle stratégie des publicitaires qui se veulent des partenaires de longue durée pour les entreprises, leur apportant une expertise dans les campagnes de promotion, accompagnant leur service de presse en phase routinière et anticipant les chocs dans les conjonctures de crise. Publicis a développé une compétence spécifique dans ce domaine. Les logiques spectaculaires des médias nécessitent, en effet, toujours davantage d'intervention et de suivi afin d'éviter des réactions brutales de l'opinion. La fin des années 1990 est ainsi marquée par le développement d'un genre nouveau de la communication d'entreprise, la

« communication de crise », destinée à endiguer le tourbillon médiatique des rumeurs, les attaques contre la qualité des produits ou les charges contre le comportement peu citoyen des sociétés industrielles ou financières. Est-elle efficace ? Les affaires TotalFina-Elf (marée noire de l'*Erika*, en 2000, explosion de l'usine AZF de Toulouse, en 2002) ou la faillite frauduleuse d'Enron, en 2002, démontrent, en tout cas, que le discours tenu à la presse, sur les conseils des communicants, donne des résultats contrastés.

La politique saisie par la communication

Loin d'y échapper, la politique s'est emparée de la communication. La personnalisation de la vie publique, l'atténuation des clivages idéologiques, la possibilité de mesurer l'état de l'opinion en dehors des élections, grâce aux sondages, l'universalisation de la télévision contribuent à métamorphoser le tribun politique en communicateur. Désormais, l'image produite sur le public compte autant, sinon davantage, que l'argument développé. De manière caractéristique, les questions posées aux Français par les sondeurs sur les responsables politiques tiennent de moins en moins à l'action effective de ces derniers, évoquant de plus en plus leur personnalité. L'homme politique est-il sympathique, sincère, honnête, proche des préoccupations « des gens » ? Le discours le plus construit ne vaut rien, si son auteur ne parvient pas à établir un lien affectif avec le public, source de confiance. L'action est vaine, si elle ne retient pas l'attention des médias de masse, seuls capables de lui donner le plus large écho. En outre, l'homme politique adapte sa démarche aux attentes et aux perceptions de l'électorat, que révèlent périodiquement les enquêtes d'opinion. Séduire pour convaincre, adapter l'offre politique à la demande de l'opinion, cibler son public mais aussi établir des rapports privilégiés avec les médias s'affirment comme des règles élémentaires de la vie politique. Elles expliquent l'arrivée des conseillers en communication dans l'entourage des leaders, et l'institutionnalisation de la communication dans le fonctionnement des partis. Publicitaires, sondeurs, journalistes, universitaires parfois (comme Guy Carcassonne, Gérard Grunberg ou Roland Cayrol, proches de Michel Rocard) travaillent à la popularité de l'homme politique, à partir des années 1960.

D'abord marginale ou restreinte aux relations publiques, l'activité des publicitaires s'étend, dans les années 1970, à l'élaboration de slogans de campagne ou à la création de visuels. L'élection présidentielle de 1974 marque, à cet égard, un premier tournant. De longue date, le candidat centriste, ex-ministre des Finances, Valéry Giscard d'Estaing, s'est efforcé de soigner son image d'homme public moderne et d'attirer sur lui les caméras de télévision, en surprenant par un comportement inhabituel pour un homme politique. On l'a vu ainsi filmé en pull-over, regagner son bureau de la rue de Rivoli en métro ou à pied, jouer de l'accordéon ou participer à un match de football à Chamalières, dont il est le maire. En 1974, c'est lui qui propose la photographie qui sert de visuel à sa principale affiche, où on le voit en compagnie de sa fille, Jacinthe. C'est lui aussi qui, en vue du débat télévisé de l'entre-deux-tours, a forgé la « petite phrase » destinée à déstabiliser Mitterrand (« vous n'avez pas le monopole du cœur »), dont il sait qu'elle sera reprise par toute la presse du lendemain. Pour sa campagne, il sollicite Jacques Hintzy, de l'agence Havas-Conseil[1], qui, avec Jacques Fort, forme une petite cel-

---

1. Qui avait conseillé Pompidou, lors de sa campagne de 1969.

lule de communication, où se distinguent deux créatifs, Claude Akjaly et Ray Stollerman[1]. Élu, il s'entoure des conseils de Bernard Rideau, qui scrute pour lui les sondages. Le président de la République s'efforce, grâce à l'image télévisuelle, de conforter son assise publique en ouvrant à l'opinion une partie de son intimité. Il capte le regard des médias par des gestes spectaculaires (les dîners chez les Français ou les vœux en compagnie de son épouse Anne-Aymone). En 1977, dans le magazine *L'Événement*, sur TF1, il surprend en commentant, depuis le canapé de son salon, des reportages consacrés à la condition féminine.

À gauche, les socialistes, instinctivement, ne goûtent guère cette débauche de « politique-spectacle ». Pourtant, à leur tour, ils finissent par se convertir à la communication. Un premier pas est franchi en 1974 lorsque, chargé par Mitterrand de la conception de son matériel électoral, Claude Perdriel (directeur du *Nouvel Observateur*) fait tester les slogans de campagne par la SOFRES. Mais le vrai virage s'amorce en 1976. À quelques mois des élections municipales, poussé par le publicitaire Jean-Pierre Audour, Mitterrand fait appel à l'équipe de Jacques Séguéla (RSCG) pour concevoir une affiche 4 x 3 : « Le socialisme, une idée qui fait son chemin ». Il y paraît seul, en manteau et en écharpe, sur fond de plage landaise. L'année suivante, le PS transforme son « secrétariat à la Propagande » en « secrétariat à la Propagande et Communication politique ». Désormais, l'homme qui vise l'Élysée peaufine son image d'homme sage et de culture, et se rend à plusieurs reprises sur le plateau d'*Apostrophes*, où Bernard Pivot l'invite à converser avec des écrivains (Michel Tournier, Albert Cohen), avant de lui consacrer un numéro spécial où il évoque

---

1. En 1974, Michel Bongrand (agence TBWA) assiste Jacques Chaban-Delmas.

ses goûts littéraires (1979). Et puis, en 1981, alors que Mitterrand vient d'être élu président de la République, Jacques Séguéla se répand en interviews à la télévision et dans la presse pour expliquer comment l'idée de la « force tranquille » lui est venue, laissant supposer aux plus incrédules que l'image du leader du PS sur fond de clocher du village nivernais de Sermages n'est pas tout à fait étrangère à l'alternance politique. La communication triomphe.

Les années 1980 généralisent le recours aux gourous de la communication, tandis que le métier se structure : Thierry Saussez fonde même en 1982 une agence spécialisée en ce domaine, Image et Stratégie. Chacun a ses « communicants ». Jacques Chirac s'entoure des conseils de Jean-Michel Goudard et de Bernard Brochand qui, avec Séguéla (associé un bref moment au parcours du chef du RPR), conçoivent la première campagne de *teasing* politique, pour les législatives de 1986, sur le thème : « Vivement demain ». À Matignon, il fait venir Denis Baudoin, chargé de la communication à la mairie de Paris entre 1977 et 1984. À l'UDF, Bernard Krief et Jean-Pierre Raffarin assistent les leaders et les parlementaires. À l'Élysée, Mitterrand fait appel au publicitaire Claude Marti (TBWA), ancien conseiller de Michel Rocard, à Gérard Colé et Charles Salzmann, spécialistes des sondages, et aux hommes de RSCG, Jacques Pilhan et Séguéla. C'est une équipe de ce dernier qui, en 1988, conçoit le premier clip (ou vidéogramme) politique, pour la campagne télévisée de Mitterrand. Composé de huit cents photographies projetées à un rythme endiablé (1'18), il exploite la veine du bicentenaire de la Révolution française. Les images inscrivent l'action du Président candidat dans deux siècles d'histoire, avant de se conclure sur le visuel qui s'affiche sur tous les murs des villes : « La France unie ».

Les hommes de communication qui assistent le leader politique s'efforcent de contrôler les moindres aspects de son image. Aucune erreur n'est permise, particulièrement en période électorale. Le débat présidentiel de 1981, à la télévision, fait ainsi l'objet de négociations serrées. L'équipe du candidat socialiste impose que le réalisateur (Jean-Luc Léridon) soit entouré de deux professionnels choisis par les duellistes (Serge Moati pour Mitterrand, Alexandre Tarta pour Giscard d'Estaing) : ils décideront des changements de caméras, limiteront les plans possibles (plan moyen et gros plan), traqueront les plans de coupe ou de réaction qui valorisent les gestes et les mimiques de celui qui écoute et disqualifient les propos de celui qui parle. Reconduit à peu de choses près en 1988, le dispositif vise à mettre l'image sous tutelle.

La télévision est devenue l'atout maître de la communication politique ; le leader doit apprendre à la maîtriser et se soumettre à ses règles : clarté de l'exposé organisé autour de formules clés, mesure du ton et sang-froid, gestes signifiants, etc. Il doit aussi gérer ses apparitions dans le cadre de « plans-médias » définis par ses conseillers. Ainsi Mitterrand adapte-t-il son image aux formats télévisuels, comme l'atteste le véritable « show » de 1985 avec Yves Mourousi (*Ça nous intéresse, Monsieur le Président*). Poussés par les spécialistes, les hommes politiques cherchent à donner d'eux-mêmes une image plus humaine, d'abord en ouvrant leur sphère privée au public (*Questions à domicile*, sur A2), puis en se glissant dans des émissions de variétés aux heures de forte audience. Jacques Chirac (1984), François Léotard, Jack Lang, Lionel Jospin apparaissent dans les émissions de Patrick Sébastien ; Laurent Fabius répond aux questions de Patrick Sabatier dans *Si on se disait tout* (1990). À l'époque, la chose étonne ; de nos jours, elle est devenue presque banale.

Les années 1990 consolident les tendances observées. La télévision n'a plus de rival comme outil de communication. Les lois de 1990 et 1995 sur la moralisation du financement des activités politiques, qui plafonnent les budgets électoraux, condamnent l'affichage commercial, interdit dans les trois mois qui précèdent le scrutin[1]. Le rôle des conseillers en communication s'institutionnalise, en même temps qu'il se fait plus discret. De Jacques Pilhan à Claude Chirac, les conseillers du président de la République ne s'affichent guère devant les caméras, mais veillent, tactiquement, à la gestion de son image. Même le Parti communiste, longtemps hostile à la marchandisation des pratiques politiques, finit par succomber, à l'heure du déclin, aux sirènes de la communication, en ouvrant les portes de son siège, place du Colonel-Fabien, au couturier Prada, pour un défilé de mode très médiatisé (2000), ou en faisant appel à Frédéric Beigbeder, ex-publicitaire, pour la campagne présidentielle de Robert Hue (2002). L'influence des conseillers en communication, objet de controverses, est pourtant difficilement mesurable. Si elle explique, dans une certaine mesure, la maîtrise des outils médiatiques par les hommes politiques, elle ne peut renverser, ni même prévoir, les grands mouvements d'opinion, comme en témoigne la surprise provoquée par l'élection présidentielle de 2002.

Chroniques de la « santé » publique

L'information du citoyen est une condition essentielle de la démocratie, qui justifie l'existence de services spécifiques dépendant du gouvernement ou des autres organes de l'État. À l'origine, il s'agit, pour le pouvoir politique, de créer des structures favorisant le

---

1. En 1988, l'affiche commerciale représente 49 % du budget du candidat Mitterrand.

dialogue avec la presse, son information, son pluralisme, sa liberté aussi. En novembre 1947, un décret institue le Service juridique et technique de la presse (SJTP). Placé sous l'autorité du président du Conseil, il est notamment chargé d'étudier les « problèmes généraux intéressant la liberté de l'information ». Neuf ans plus tard, il se transforme en Service juridique et technique de l'information (SJTI) et, en 1975, ses compétences sont élargies aux questions relatives à l'audiovisuel[1]. Or, le 6 février 1976, est créée une structure distincte qui marque l'entrée de l'État dans l'âge de la communication. Le Service d'information et de diffusion (SID), devenu en janvier 1996 Service d'information du gouvernement (SIG), est directement rattaché au cabinet du Premier ministre. Il a pour mission de coordonner la communication gouvernementale.

Le SID/SIG est organisé en plusieurs départements, les uns chargés de l'information, les autres de la communication. Il assure des revues de presse quotidiennes, élabore des agendas prévisionnels, conçoit des dossiers de documentation sur l'activité ministérielle. Il a en charge les relations avec les médias et apporte aux différents services d'information de l'État une compétence technique. Il commande des sondages et des études qualitatives pour mesurer l'évolution de l'opinion face à l'action du pouvoir et rédige des notes de synthèse mensuelles sur les jugements et les attentes des Français. Ce « suivi de l'opinion » pèse sur la mise en œuvre des projets des différents ministères. L'organisme coordonne la communication gouvernementale, veille à ce que les actions des différentes administrations soient conformes à la ligne générale définie par le gouvernement, autorise, au

---

1. En 1995, le SJTI devient le Service juridique et technique de l'information et de la communication (SJTIC) et, en 2000, la Direction du développement des médias (DDM).

nom du Premier ministre, à conduire des campagnes de publicité ou de relations publiques. Il informe le citoyen grâce à des publications variées, rapports, guides et annuaires, bulletins périodiques comme *La Lettre du Gouvernement*. Enfin, le SIG a mis en place un important pôle de développement des techniques de communication, qui intègre à la communication gouvernementale les dernières évolutions technologiques (Internet, Intranet).

En outre, chaque ministère et établissement public est pourvu d'un appareil de communication, qui noue des relations étroites et suivies avec les médias, par le biais des attachés de presse. Ces cellules de communication qui, dans leur structure, se rapprochent de celles existant dans les entreprises, ont officiellement pour but d'informer les journalistes et les citoyens. Il reste que l'objectif est bien d'influencer le jugement et le comportement des Français à l'égard de la politique gouvernementale, autrement dit de rallier l'opinion publique en jouant sur l'information des médiateurs. La communication gouvernementale n'est, alors, pas exempte de toute tentation de manipulation, les ministères restant, en tout état de cause, maîtres du contenu comme du dosage de l'information fournie aux médias.

Or, l'opinion, sous l'effet de scandales qui mettent en cause la santé publique, depuis Tchernobyl (1987) jusqu'aux affaires du sang contaminé et de l'ESB (encéphalopathie spongiforme bovine), exige de ses gouvernants une plus grande transparence. Au milieu des années 1990, alors que la « maladie de la vache folle » fait la une des journaux, le pouvoir entend désormais anticiper les mouvements de l'opinion et les effets politiques de l'information livrée à la presse. Dans les années 1980, en effet, la gestion médiatique du dossier du sang contaminé par le virus du SIDA avait été un modèle d'opacité ; elle avait porté un rude coup à l'image des socialistes et ruiné la carrière de

Georgina Dufoix, ex-ministre des Affaires sociales. L'affaire aura occupé le devant de la scène durant une quinzaine d'années, déclenchant la constitution de la Cour de justice de la République (1993), la mise en examen de trois ministres pour complicité d'empoisonnement (1994), et un procès aboutissant finalement, en 1999, à deux relaxes (Laurent Fabius, Edmond Hervé) et une condamnation sans peine (Georgina Dufoix). L'une des premières conséquences du scandale est l'application à la santé publique du « principe de précaution », jusqu'ici réservé à l'environnement, selon la loi Barnier de février 1995 : « Le principe de précaution est le principe selon lequel l'absence de certitudes, compte tenu des connaissances scientifiques du moment, ne doit pas empêcher l'adoption de mesures proportionnées visant à prévenir un risque de dommages graves et irréversibles à l'environnement, à un coût économique acceptable. »

L'affaire de la « vache folle » fait l'objet d'une attention toute particulière du gouvernement qui use, en direction d'une opinion inquiète, des outils de communication de crise. Minimisant le rôle du ministère de la Santé, dont on craint les propos alarmistes, les gouvernements préfèrent valoriser celui du ministère de l'Agriculture, plus politique : ce dispositif permet d'afficher la complexité du problème (médical, économique, social, européen...), de contrôler un argumentaire qui s'adresse autant aux consommateurs qu'aux éleveurs, intermédiaires, commerçants, qui ménage la santé publique mais aussi l'avenir de la filière bovine. À peine en place, le ministre de l'Agriculture du gouvernement Jospin, Jean Glavany (1998-2002) est l'objet de toutes les sollicitations de la part des médias. Il se répand de plateaux de télévision en studios de radio, montrant qu'il ne fuit pas les interviews des journalistes. Presse écrite et presse audiovisuelle sont nourries quotidiennement d'informations. Jean Glavany cherche, certes, à rassurer, mais également à montrer qu'il pratique la transparence, agit sans tarder et avec méthode dans l'intérêt des citoyens, au risque même d'isoler la France face à ses partenaires européens (maintien de l'embargo du bœuf britannique). La tactique, qui joue sur la fibre nationale, est, par expérience, politiquement payante; les sondages le confirment. Le ministre cherche aussi à expliquer que, si les expertises guident les décisions, ces dernières relèvent, en dernier ressort, de la responsabilité politique. Entouré de conseillers en communication de l'agence Euro-RSCG, Jean Glavany tente d'endiguer la panique des Français (la presse parle de « psychose »), qui réduisent de manière significative leur consommation de viande. L'affaire glisse alors sur le terrain de la communication politique. La rivalité née de la cohabitation entre l'Élysée et Matignon pousse Jacques Chirac à exiger publiquement, en novembre 2000, l'interdiction des farines animales, alors que la mesure est déjà programmée par le gouvernement qui attend, pour l'annoncer, d'être sûr de son caractère opératoire. Mais, sur le fond, la « communication de crise » a fonctionné.

Les syndicats à l'épreuve de la « com »

Sous le label de communication sociale, les spécialistes regroupent les manières de communiquer d'organisations très diverses : syndicats, associations, groupements culturels. L'historien se trouve donc en présence de géants, parfois endormis, et de nains, souvent hyperactifs. Les syndicats se classent parmi les géants. Après mai 1968, leurs dirigeants imposent leur image dans les médias. Téléspectateurs, auditeurs, lecteurs connaissent Georges Séguy, le secrétaire général de la CGT, André Bergeron, celui de Force ouvrière, ou Edmond Maire, le leader de la CFDT. Pourtant, cette familiarité avec les caméras et les micros ne suffit pas à faire basculer les codes de représentation d'un monde syndical, marqué, dans l'action et le vocabulaire, par les luttes et les clivages ancestraux. Le passage à la communication intervient dans ce secteur sous la double pression de la crise de recrutement (désyndicalisation) et de la nécessité de séduire l'opinion. À partir de 1979, les syndicats entrent en concurrence, lors du capital scrutin des élections prud'homales qui fixent, pour quatre ans, les rapports de force. Les équilibres instaurés dans l'après-guerre sont rompus : les organisations doivent courir après les électeurs pour défendre ou accroître leurs positions. Or, la portée de ce virage est inégalement comprise par les grandes centrales.

La CFDT est la première à en saisir les effets, au début des années 1980. Elle possède en Edmond Maire un leader soucieux d'étendre son influence en sortant des méthodes traditionnelles de mobilisation. Proche du pouvoir socialiste, Maire s'interdit de jouer la contestation systématique pour gagner de l'audience. Il lui faut alors trouver de nouvelles ressources de sympathie. Forte des conseils de proches qui, tel Roland Cayrol, défendent les nouveaux modèles d'analyses issus de la communication, la CFDT construit une image forgée sur celle de son populaire secrétaire. En 1983, à la faveur des élections à la Sécurité sociale, elle devient la deuxième centrale syndicale, après la CGT. Cette réussite conduit la direction à accroître ses moyens d'action en matière de communication. Tandis que Cayrol fait tester l'image de la CFDT par sondages, Claude Neuschwander supervise sa publicité. Les journaux de la centrale, *CFDT Magazine* (mensuel, 400 000 exemplaires diffusés) et *Syndicalisme Hebdo* (destiné aux activistes avec 35 000 abonnés), sont modernisés et rassemblés au sein d'un secteur « information ». Edmond Maire dispose de son propre service de presse pour toucher les médias, bientôt composé d'une quinzaine de permanents. Pour les élections professionnelles de 1987, la centrale, pour la première fois, loue des espaces d'affichage commerciaux. Sûre du charisme de son leader, elle publie sa photo dans de multiples documents, nourrissant une personnalisation jusqu'ici étrangère au monde syndical. Or, les résultats électoraux traduisent une nouvelle poussée de la centrale. La conversion à la communication est définitive. En 1988, le secteur information, rebaptisé « communication », se voit attribuer pour tâche la formation des cadres aux nouvelles méthodes de persuasion. Il doit aussi rajeunir l'image du syndicat, à commencer par son logo. Pour la première fois dans l'histoire syndicale, la CFDT est représentée par un code unique, typographique et chromatique, préalablement testé auprès du public et réalisé par un cabinet privé, qui propose un gris foncé et un orange soutenu, symboliques de l'ancrage ouvrier et salarié, mais aussi de l'action.

La communication à la CFDT atteint sa vitesse de croisière lors des élections professionnelles de 1992, alors que Nicole Notat, après la parenthèse de Jean Kaspar, devient secrétaire générale du syndicat. Pour la première fois, une femme accède à la tête d'une centrale ouvrière. L'opinion éprouve de l'intérêt pour ce changement, mais pas encore de sympathie pour Nicole Notat. Aussi la CFDT décide-t-elle de commander une étude d'image et de position, utile à la fois pour préparer les élections et orienter le discours de son nouveau leader. Il en ressort que le syndicalisme reste fortement perçu comme un outil de défense des salariés, un moyen de gagner en sécurité et de tempérer les violences du marché du travail, et que l'opinion n'est pas très fixée sur la personnalité de la nouvelle secrétaire : d'où le choix du slogan unique « CFDT, l'efficacité à vos côtés », et l'effacement de l'image de Nicole Notat derrière le logo syndical. La secrétaire générale s'applique très efficacement à séduire les médias et apprend, comme un homme politique, à maîtriser l'outil télévisuel. À la CFDT, la collaboration avec les publicitaires et les prestataires de service extérieurs est devenue une évidence.

À la CGT, la mutation est plus tardive. Elle intervient, néanmoins, en 1992, lorsque la confédération décide de consulter une agence de publicité et réserve des espaces payants pour les élections. La même année, son secteur « information et propagande » est transformé en secteur de « communication » qui, à son tour, se lance dans un travail de formation. Sur une dizaine d'années, entre 3 000 et 4 000 militants, sur les 700 000 membres théoriques que comprend la centrale, apprennent à communiquer. Pourtant, à la base, la suspicion demeure. La communication est encore perçue comme un outil patronal, une machine à casser les idéologies plutôt qu'un ensemble de techniques utiles. Les dirigeants confédéraux, qui, eux, ont compris la nécessité des changements, doivent en tenir compte. L'affaiblissement de *La Vie ouvrière* (*VO*), qui parvient difficilement à s'adapter aux nouvelles règles de la direction, en constitue un important indice. Vieillie, perdant des lecteurs, la *VO* ne survit que grâce au numéro spécial « impôts ». Créé dans les années 1970, il écoule jusqu'à 2 millions d'exemplaires en période faste, attire les annonceurs, et, suprême paradoxe, n'est guère lu que par les cadres et un public occasionnel. La chute vertigineuse des ventes de la *VO* (120 000 exemplaires en 1985, contre 400 000 dans les années 1950) ne s'explique pas seulement par la désaffection des salariés à l'égard de l'action syndicale. En 1999, la moyenne des ventes dépasse à peine les 30 000 exemplaires et le déficit financier du magazine atteint 29 millions de francs. Aussi la direction de la CGT impose-t-elle une mutation brutale. En 2001, la *VO* devient la *NVO*, *La*

Nouvelle Vie ouvrière. Pour ce nouveau départ, la maquette est revue, le contenu révisé, l'équipe de direction profondément modifiée.

Malgré les réticences, le travail sur l'image de la centrale avance. Depuis 1992, la CGT commande des enquêtes à l'institut CSA et s'adresse à une agence publicitaire pour redresser son image. L'évolution est lente. Toutefois, le choix du nouveau et jeune leader Bernard Thibault, élu en 1999, manifeste bien le changement d'optique. La centrale le met en avant, en raison de la sympathie dont il bénéficie dans l'opinion, depuis les grèves très médiatisées de décembre 1995 qui ont révélé la personnalité de ce cheminot. Précisément, la véritable stratégie de la CGT, guidée en cela par ses conseils en communication, consiste, dans les années 1990, à gagner des points dans l'opinion à la faveur des crises. Les enquêtes montrent que les conflits sociaux les plus durs lui profitent. Parmi toutes les centrales syndicales, c'est à la CGT que les salariés font le plus confiance, en raison de cette image radicale. Le revers de la situation est que les périodes routinières lui sont néfastes : cette même image effraie des salariés redoutant d'être mal vus par leur hiérarchie si, d'aventure, ils adhéraient à la CGT. Ce décalage rend plus urgente encore une communication régulière qui dissocie l'image du syndicat des seules grèves et manifestations.

L'humanitaire, un métier de communication

Les mouvements associatifs français sont eux-mêmes gagnés par le vertige de la communication. Les puissantes campagnes d'appel à la générosité publique prouvent leur efficacité et forgent une pratique sociale du don inédite : de nos jours, environ cinq millions de donateurs réguliers versent 1,5 milliard d'euros chaque année. L'une des premières mobilisations de masse est provoquée par la guerre du Biafra (1967), marquée par une terrible famine. L'élan français et international est alors hâté par la vision d'images de reportage et l'appel à la générosité individuelle.

Dès cette époque, les associations caritatives comptent sur le soutien matériel des gens de médias pour assurer la promotion de leur cause. Là réside une des caractéristiques essentielles de la communication humanitaire. Elle suppose que les moyens soient réservés au traitement des catastrophes collectives. Dès lors, l'appel au bénévolat se situe à toutes les étapes de la chaîne médiatique ou publicitaire. En témoigne la pratique de l'association AIDES, créée en 1984, à l'initiative de Daniel Defert, pour lutter contre l'épidémie du SIDA. Son rôle essentiel est de sensibiliser l'opinion par le biais de campagnes d'information. À cette fin, les bénévoles de l'association nouent des relations régulières avec la presse en instaurant, dès 1985, un système de conférences publiques tenues au ministère de la Santé. Une ligne téléphonique est ouverte pour soutenir les malades et répondre aux interrogations nombreuses que se posent encore les jeunes sur le virus (le procédé garantit l'anonymat des correspondants). Cette action, appréciée par l'opinion, rapproche l'organisation des médias audiovisuels pour lesquels elle devient une source essentielle d'information et un véritable partenaire institutionnel, en 1986.

AIDES crée un embryon de service de communication qui élabore notamment les premières brochures de prévention à destination des toxico-dépendants. La montée en puissance des activités accomplies par les fédérations locales de l'association nécessite la création d'une lettre d'information, en mai 1987. À ce stade, en effet, l'association regroupe plusieurs milliers de bénévoles et entreprend de diffuser des informations internes et de poursuivre son action promotionnelle. De nouveaux partenariats lui offrent la possibilité de passer son message par l'audiovisuel. Ainsi France 2 réalise-t-elle un spot conçu par l'association en 1989, et sponsorisé par l'Agence française de lutte contre le SIDA (AFLS) et La Redoute. L'habitude est prise de ne pas financer en propre ce type d'actions coûteuses et de solliciter des passages gratuits sur les ondes ; d'où une difficulté pour obtenir des créneaux sur les antennes nationales aux horaires les plus profitables en matière publicitaire. L'obstacle est cependant contourné, à partir de 1993, par la mise en place d'événements médiatiques de masse. Le Sidaction en est la composante essentielle. Sa première édition a lieu le 7 avril 1994. Pour une association comme AIDES, l'acquisition de notoriété et le partenariat avec les pouvoirs publics renforcent la diffusion de l'information sur la maladie et permet de ralentir, un temps, le développement de l'épidémie. Cet effet vertueux tient aussi à l'action complémentaire des multiples associations de prévention. Act up, par exemple, par la virulence de son message, choque une opinion prompte à limiter les ravages de la maladie à des milieux marginaux, comme les homosexuels ou les prostituées. S'agissant du SIDA, la concurrence contenue explique sans doute la logique prioritaire du discours sur la maladie plutôt que sur l'association.

Dans d'autres secteurs de santé, il n'en va pas de même. Le cas typique est celui de la lutte contre le cancer où la concurrence avec la Ligue contre le cancer pousse l'Alliance des recherches sur le cancer (ARC), dirigée trente-quatre ans durant par Jacques Crozemarie, à privilégier les opérations de communication sur le financement direct des laboratoires : seuls 30 % des dons vont alors vers la recherche[1].

---

1. *Le Télégramme*, 17 mai 2000.

Fondamental, le journal de l'association, est ainsi tiré en 1993 à 13 millions d'exemplaires. Des spots télévisés mettent en scène Crozemarie lui-même. Or, le scandale déclenché en 1996 par la révélation des malversations dans la gestion de l'ARC (surfacturations, détournements de fonds…) conduit nombre de groupements humanitaires et caritatifs à rendre public leur budget et à préciser la répartition des dons entre l'action, la promotion et le fonctionnement.

Le panorama de la communication a ainsi connu, en trois décennies, une véritable explosion. Nulle institution ne semble aujourd'hui l'ignorer. S'est instauré un nouveau type de lien amplement fondé sur le visuel. La nouveauté ne réside pas dans cette manière forcenée de vouloir donner une forme lisible à des relations. Elle tient au fait que la finalité même de la démarche consiste à se montrer, ou, si l'on préfère, à être vu. Cet aspect formel engendre à son tour un changement de position par rapport aux instruments de communication. Longtemps effectués par des bénévoles dans les associations, voire des amateurs dans les entreprises, les petits canards ou les annonces promotionnelles ne sont plus désormais envisageables sans le recours à des experts.

La communication a ainsi permis la création de médias qui touchent désormais des milliers, voire des millions de spectateurs. Les publicitaires ont voulu grossir les budgets en prétendant améliorer les images. Ils ont poussé à l'extension du domaine communicant. Les journaux d'entreprises sont devenus des médias diffusant les informations d'un secteur limité mais avec une compétence qu'ils sont seuls à détenir. Il en va de même des journaux municipaux dont l'impact est fort sur les électeurs, en dépit même de la conscience que ces derniers ont du statut hybride de ces publications : entre propagande et information. Mais il existe des radios ou des télévisions qui relèvent d'un statut similaire. La télévision

locale Télé Toulouse (TLT) est ainsi un outil promo-
tionnel pour le maire et un miroir laudatif des actions
municipales. Il en va de même pour nombre de radios
locales, tendres aux pouvoirs publics. Chacun sait
désormais que communication ne rime pas obligatoi-
rement avec démocratie et information.

Un paradoxe apparaît : les médias issus de la communication sont parfois mieux informés que les
médias généralistes, mais ont pour fin d'agir sur les
consciences. Les supports de communication ne ris-
quent-ils pas d'influencer l'information et de faciliter
toutes les formes de manipulation? Ne remettent-ils
pas en cause la situation des journalistes et leur rapport avec le public? Inversement, doit-on nier les
effets positifs des stratégies de communication?
L'information peut-elle encore être une valeur souve-
raine? Autant de questions qui gagnent une acuité
nouvelle au moment où semble émerger, avec les systèmes de connexion universelle, la « société de l'information ».

CHAPITRE VIII

QUELLE SOCIÉTÉ DE L'INFORMATION?

Le tournant des années 1980-1990 place, au cœur du débat public, la question de l'information, dont le traitement subit la critique conjuguée des intellectuels, de l'opinion publique et des professionnels eux-mêmes. En mai-août 1990, la revue *Le Débat* pose la question : « Quels contre-pouvoirs au quatrième pouvoir? » Quatre mois plus tard, la revue *Esprit* s'interroge : « Où va le journalisme? » L'année suivante, Alain Woodrow publie *Information-manipulation*. Mais c'est en 1996-1997 que la polémique enfle, avec la parution de deux petits ouvrages au fort retentissement, *Sur la télévision*, de Pierre Bourdieu, et *Les Nouveaux Chiens de garde*, de Serge Halimi. Tandis que le premier réduit la télévision à un instrument de mise en conformité des auditoires avec les idéologies dominantes, le second dénonce l'hégémonie de quelques dizaines de journalistes qui, complices du pouvoir politique, soumis au pouvoir économique, pratiquent, sans vergogne, un journalisme de « révérence » et de « connivence ».

La rupture est flagrante. L'opinion semble prendre brutalement conscience de la surabondance de l'information et de ses dangers. Si le débat, qui suppose déterminante l'action des médias dans la formation de l'esprit collectif, prend soudain un relief particulier, c'est que deux événements, coup sur coup, en 1989 et 1991, ont souligné l'absence de tout contrôle de l'information par les professionnels. La révolution roumaine puis la guerre du Golfe, en effet, montrent que les journalistes se sont laissé prendre au jeu de la manipulation. Dès lors, l'ensemble des dysfonctionne-

ments du monde médiatique est dénoncé avec
constance. La perte de crédit de l'information nourrit
les analyses. Des sondages répétés en mesurent l'ampleur. Et, dans le vocabulaire des journalistes, le mot
« déontologie » se substitue à celui d'« objectivité »,
comme la condition d'un retour de confiance de la
part de l'opinion.

En dépit de ses éclats bruyants, le débat sur les
dérives de l'information ou les manquements moraux
des journalistes est loin d'être inédit. Il se posait déjà,
au moment de la première grande révolution de la
presse, voici plus d'un siècle. À cette époque, nul ne
comprenait la profondeur de la mutation des modes
de production et de circulation de l'information, qui
plaçait aussi le journaliste au centre du dispositif de
médiation. Or, de nos jours, le développement accéléré des nouvelles technologies, et singulièrement le
brusque essor de l'Internet, contribuent à totalement
redéfinir la place du journaliste dans le processus de
l'information, de telle sorte que son rôle de médiateur
est largement remis en cause.

Une profession précarisée

La profession connaît, dans les deux dernières
décennies du XXᵉ siècle, une croissance sans précédent. Le nombre des titulaires de la carte de journaliste augmente de plus de 10 % tous les cinq ans.
Début 2003, ils sont plus de 35 000, deux fois plus
que vingt ans auparavant. La gamme des métiers
s'élargit avec, par exemple, l'arrivée des journalistes-
reporters d'images (JRI) qui, grâce à un matériel nouveau, peuvent tout à la fois filmer, enregistrer le son et
conduire une interview. Les JRI représentent, en
1999, 2,9 % de la profession, c'est-à-dire quasiment

autant que les grands reporters (3,2 %) et un peu moins que les reporters-photographes (4,8 %)[1]. 45 % environ des journalistes ont un statut de « rédacteur-reporter » qui recouvre des tâches variées dans la presse écrite, à la radio, à la télévision, dans les agences, etc. La répartition des professionnels dans les différentes entreprises de presse atteste, d'ailleurs, la profonde mutation des médias. La presse quotidienne nationale ne regroupe plus que 7,4 % des effectifs en 1999, contre 10,3 % en 1983, la presse quotidienne régionale, 20,1 % contre 26,9 %. En revanche, la presse spécialisée, grand public et technique marque sa prépondérance, en rassemblant un journaliste sur trois, et la part de l'audiovisuel ne cesse d'augmenter. En 1983, les quotidiens de province employaient deux fois plus de journalistes que la radio et la télévision ; aujourd'hui, le second secteur a dépassé le premier.

**Répartition des journalistes
par entreprises de presse** (en %)

	1983	1990	1999
PQN	10,3	8,8	7,4
PQR	26,9	19,2	20,1
Presse magazine d'information générale		5,2	5,3
Presse spécialisée grand public		22,2	21
Presse spécialisée technique et professionnelle	42	13,3	11,7
Presse : autres		6,5	13,3
Radio		7,5	8,6
TV	13,7	9,5	12,3
Agences de presse	7,1	7,8	6,1
Télématique/Internet	-	-	0,2

1. Données avancées ici d'après IFP, *Les Journalistes français en 1990. Radiographie d'une profession*, SJTI, La Documentation française, 1991 ; V. Devillard et al., *Les Journalistes français à l'aube de l'an 2000. Profils et parcours*, Paris, Panthéon-Assas, 2001 ; Dominique Marchetti et Denis Ruellan, *Devenir journaliste. Sociologie de l'entrée sur le marché du travail*, Paris, DF-DDM-CRAP, 2001.

La profession s'est aussi féminisée. La part des femmes s'élève, en 1999, à 39 %[1], contre 33,2 % en 1990 et 25,1 % en 1983. Certes, en quelques dizaines d'années, la différence entre les sexes s'est atténuée. On trouve désormais des femmes à des postes de responsabilité : alors que le rapport hommes/femmes est de 1,6/1 pour l'ensemble de la profession, il est de 1,7/1 pour le poste de rédacteur en chef. Encore faut-il savoir à quel journal est rattachée la fonction. Exclues de l'animation des grands titres de la presse quotidienne, les femmes sont plus volontiers invitées à diriger les rédactions de la presse féminine ! En renonçant à leur vie personnelle et familiale, elles parviennent à devenir grand reporter. Cependant, certains métiers leur sont encore bien peu ouverts, comme celui de reporter-photographe (rapport : 4,9/1) ou de cameraman. Finalement, ces écarts se traduisent en termes de traitement : en 1999, chez les journalistes, le salaire médian s'établit à 18 250 francs pour un homme, contre 15 000 francs pour une femme, soit une différence d'environ 18 %. Ce qui représente cependant un écart moindre que chez les cadres supérieurs.

Les médias d'information attirent les jeunes, de plus en plus diplômés, d'origine sociale assez homogène (issus des classes moyennes supérieures), et recrutent dans une large gamme de formations : les journalistes titulaires d'un diplôme d'une école de journalisme reconnue ne représentent guère plus de 12 % de la profession, et, aujourd'hui encore, quatre journalistes sur cinq entrent dans la carrière sans ce précieux sésame. Le journalisme reste un espace ouvert. Il est attractif : pour y entrer et y rester, on est prêt à tous les sacrifices, à travailler longtemps pour un salaire indigent. La part des pigistes dans la profession a augmenté de 70 % depuis le début des

---

1. Rappelons qu'à cette date les femmes représentent, en France, 44,5 % de la population active.

années 1980, pour s'établir à 17,7 % début 2003.
L'ouverture de la télévision et de la radio au privé a
sans doute accentué un phénomène traditionnellement fort dans certains secteurs d'activité, comme la
photographie de presse (42,7 % de pigistes en 1999).
Or, les conditions matérielles du pigiste sont difficiles.
Son revenu moyen est inférieur de 43 % à celui d'un
salarié (10 700 francs, en 1999), et il n'est pas rare
qu'il ne touche que le SMIC.

Depuis la loi Cressard, votée en 1974, le pigiste
bénéficie des mêmes avantages que ceux des salariés.
Il reste que sa situation précaire le rend particulièrement fragile au sein des entreprises. Dans certaines
d'entre elles, magazines spécialisés (comme ceux du
groupe Prisma : *Gala*, *Voici*, *Capital*...) ou agences
audiovisuelles (qui tournent des sujets pour les télévisions : Capa, Point du jour...), la part des pigistes est
au moins égale à celle des permanents. Plus généralement, isolé, exclu des conférences de rédaction, le
pigiste, contraint de « placer son sujet » auprès des
journaux pour vivre, se plie plus volontiers que les
journalistes titulaires aux exigences de la direction.
Vulnérable, il accepte de traiter de sujets sensibles,
sans toujours avoir les moyens de recouper ses informations. Bref, la part croissante des pigistes n'est pas
sans poser des problèmes de déontologie, et le SNJ
dénonce régulièrement les conséquences néfastes du
recours à une main-d'œuvre fragile, obligée de trouver
des sujets « vendables » auprès des rédactions, et donc
souvent spectaculaires, acceptant de rédiger des
articles aux limites de la publicité (publi-rédactionnel)
ou des papiers complaisants qui plairont au patron de
presse, de censurer certaines de ses informations, etc.

L'écart de situation et de salaires entre les journalistes est une donnée structurelle de la profession. La
pyramide des rémunérations classe les télévisions
nationales, les quotidiens parisiens et les agences
mondiales (comme l'AFP) au sommet, avec un traite-

ment moyen de 22 000 francs, parfois plus, tandis que la base, avec 15 000-16 000 francs, parfois moins, est représentée par la presse magazine spécialisée, les radios locales, les journaux institutionnels. À cela s'ajoutent surtout des différences considérables suivant les postes occupés et, surtout, le prestige des journalistes. En 1986, Claude Imbert, Louis Pauwels, Albert du Roy, Philippe Tesson déclarent à Patrick et Philippe Chastenet gagner plus de 600 000 francs par an[1]. Jean-Marie Colombani, comme directeur du *Monde* (et donc comme chef d'entreprise), recevait en 2002 un salaire représentant vingt-cinq fois le SMIC. Ces inégalités s'inscrivent dans la longue durée. Déjà, à la fin du XIXᵉ siècle, les grandes plumes de la presse, tels Francisque Sarcey, Henry Fouquier, François Coppée, Georges Clemenceau, plus tard Jules Huret ou Gaston Leroux, disposaient d'un traitement dix fois supérieur à celui d'un rédacteur moyen. Dans les années 1930, Pierre Lazareff gagnait 30 000 francs comme rédacteur en chef de *Paris-Soir*, soit six fois plus que le minimum syndical prévu pour cette fonction. Ces faits suscitaient l'envie, la grogne parfois, mais ne s'exposaient guère sur la place publique.

La démocratisation de la société a conduit à une exigence de transparence qui rend désormais plus sensible la question des gros salaires, comme l'attestent périodiquement les numéros spéciaux des magazines d'information sur les rémunérations des patrons, des cadres ou des fonctionnaires. Or, à la fin des années 1980, la privatisation de la télévision, qui fait exploser le niveau des contrats des animateurs et journalistes les plus en vue, provoque de très fortes tensions dans la profession. Pour conserver les vedettes de l'information, les chaînes publiques consentent de lourds efforts financiers. En 1988, la révélation du salaire de

---

1. Patrick et Philippe Chastenet, *Les Divas de l'information. Voyage en classe médiatique*, Paris, Le Pré aux Clercs, 1986.

Christine Ockrent (120 000 francs mensuels) provoque ainsi une grève dans l'audiovisuel. Paul Amar, alors rédacteur en chef du service politique sur A2 qui, lui, touche cinq fois moins, claque la porte, en déclarant : « Je refuse ces mœurs dans une chaîne publique. »

L'élite très bien rémunérée n'a jamais représenté plus de 5 à 6 % de la profession. Mais les gros écarts de traitement deviennent soudain insupportables à la masse des journalistes et à une opinion prise à témoin, dès lors que sont mis en lumière les abus des privilégiés. L'immense majorité des professionnels, dont certains subissent la précarité, acceptent difficilement de se voir confondus avec les stars du journal télévisé, dont ils jugent indécent le niveau de revenus. La réelle crise d'identité de la profession de journaliste dans les années 1990 ne peut se comprendre sans cette référence à l'argent. Elle ne se pose pas seulement, en effet, en termes déontologiques. Le doute moral se nourrit d'indignation et de colère, quand le journaliste d'un quotidien de province compare sa fiche de salaire avec celle des vedettes dont parle la presse, et avec lesquelles il ne se trouve aucun point commun, ni dans le mode de vie ni dans la pratique professionnelle.

Les journalistes sont-ils indépendants ?

La question, posée chaque année aux Français par la SOFRES depuis la fin des années 1980, fournit invariablement la même réponse. Non, répond une large majorité des personnes interrogées, les journalistes ne sont pas indépendants, ni vis-à-vis des pressions du pouvoir et des partis, ni vis-à-vis des pressions de l'argent. Depuis fin 1987, en effet, l'institut de sondage mène une enquête, baptisée « baromètre de crédibilité des médias », publiée par *Lu*

Croix, en collaboration, d'abord avec la revue *Médiaspouvoirs*, puis de 1992 à 2002 avec *Télérama*, enfin, en 2003, avec *Le Point*. Est-ce parce qu'elle donnait un résultat toujours accablant pour les journalistes que la question de l'indépendance a brusquement disparu de la batterie des interrogations en 2003? Toujours est-il que la suspicion à l'égard de l'intégrité morale des hommes d'information est prégnante chez les Français. À dire vrai, la méfiance observée est largement partagée par les Européens, même si des nuances s'esquissent, comme l'indique une enquête publiée en 1997. Les Espagnols, les plus bienveillants à l'égard des journalistes, sont 47 % (contre 32 %) à estimer qu'ils ne sont pas indépendants à l'égard des partis politiques et du pouvoir, 44 % (contre 35 %) à déplorer leur manque de distance vis-à-vis des pressions de l'argent. Mais, en Grande-Bretagne, patrie de la liberté de la presse, les écarts sont plus grands, s'établissant respectivement à 58 % (contre 29 %), et à 58 % (contre 25 %). Les affaires de corruption en Italie ont fait monter la barre du désaveu à 66 % et 59 %[1].

L'indépendance, gage d'intégrité et de transparence de l'information, est une exigence démocratique. Le jugement unanime des Européens ne dédouane pas les journalistes français, mais souligne une perception désormais commune des modes de diffusion des nouvelles. Les spécificités nationales se sont progressivement effacées. Les pratiques professionnelles se sont aussi unifiées. Les modèles d'information se sont rapprochés, à mesure que les sources s'universalisaient. Au fond, la communauté du regard montre qu'une fusion s'est opérée dans la manière d'appréhender le fonctionnement démocratique et, partant, le rôle social du quatrième pouvoir. La critique des médias ne tient sans doute pas toujours suffisamment compte

---

1. Sondage SOFRES-*La Croix*, 31 janvier 1997.

de l'internationalisation des questions qui se posent à l'information, préférant, parfois dans un souci polémique, s'en tenir à une observation hexagonale qui permet, à l'occasion, d'épingler telle ou telle vedette du petit écran.

Sondage SOFRES-*La Croix*, « Les Français et les médias » (en %)

Croyez-vous que les journalistes sont indépendants, c'est-à-dire qu'ils résistent aux pressions des partis politiques, du pouvoir ou de l'argent?

	1988	1992	1995	1998	2001
Oui, ils sont indépendants					
- des pressions du pouvoir et des partis	27	33	28	32	33
- des pressions de l'argent			26	26	30
Non, ils ne sont pas indépendants					
- des pressions du pouvoir et des partis	59	57	62	59	55
- des pressions de l'argent			59	60	54

Le débat sur les médias est, cependant, souvent plus vif qu'ailleurs, en raison même des conditions dans lesquelles s'est construit le journalisme, en France. Les références à la « mission » de l'homme d'information, née du combat pour la liberté de la presse, qui fait de lui à la fois un médiateur et un éducateur, revêtent ici un caractère particulier. Il est assez symptomatique de constater que l'exemple du « bon » journalisme renvoie au modèle civique de la presse de la Libération, alors que, de nos jours, elle ne pèse plus guère, ni en termes de volume, ni en termes d'emploi. Le journalisme a suivi les évolutions de la société française, l'élargissement de ses goûts, les changements de ses modes de vie, l'apaisement de ses querelles. Le siècle écoulé en témoigne. En 1900, la violence des débats politiques soutenait une presse républicaine, socialiste ou nationaliste. En l'an 2000 les questions mercantiles, sportives et spectaculaires dominent l'opinion. L'information s'est adaptée aux demandes du consommateur.

La question de la dépendance des journalistes à l'égard des pouvoirs a gagné en intensité à mesure que la pression démocratique s'est accrue au cours du siècle. Il est vrai que des liens étroits unissent l'« élite des journalistes [1] » – quelques dizaines d'hommes, éditorialistes et interviewers patentés, qui circulent entre la presse écrite, la radio et la télévision – et le milieu politique. Des origines sociales communes, un parcours universitaire analogue, des amitiés anciennes forgées au temps où ils étaient étudiants, constituent le socle d'une complicité nourrie par les mêmes réseaux de sociabilité. L'activité professionnelle renforce la familiarité. Les journalistes sont amenés, parfois pendant plusieurs années, à suivre les mêmes hommes politiques. Ils les rencontrent régulièrement (déjeuners), suivent leurs conférences de presse, les interrogent lors d'émissions de télévision ou de radio et recueillent leurs confidences : certaines peuvent être rendues publiques ; d'autres, « off », doivent être tenues secrètes, mais font de celui qui les entend un observateur privilégié, reconnu et envié. Un mode de vie et des pratiques culturelles similaires (horaires, sorties, restaurants, lectures, langage, interlocuteurs, préoccupations, etc.) homogénéisent encore les deux milieux. Naissent des liens de confiance qui peuvent tourner à la connivence et aliéner l'indépendance du journaliste.

Sur un autre plan, les hommes d'information peuvent subir la pression des pouvoirs économiques pour taire certains faits ou scandales, celle des groupes financiers propriétaires des entreprises de médias qui les emploient, celle des annonceurs qui assurent une part déterminante des ressources des journaux, des stations ou des chaînes. Le développement de l'« esprit maison » n'est-il pas source de confusion et d'autocensure ? Qui peut mener une enquête critique sur la

---

1. Rémi Rieffel, *L'Élite des journalistes*, Paris, PUF, 1984.

concentration dans la presse, si son journal appartient à un grand groupe multimédia ? Certaines déclarations ne manquent pas, alors, de susciter des inquiétudes chez les observateurs les plus critiques à l'égard des médias, comme celle d'Alain Genestar. Interrogé en juillet 1999 par *L'Événement*, le directeur du *Journal du dimanche* (groupe Hachette Filipacchi Media) affirme ainsi : « Depuis dix-huit ans, je suis journaliste chez Hachette. J'aime travailler avec ceux qui y travaillent, je m'entends bien avec ses dirigeants. À une époque où les groupes internationaux de presse se développent à vitesse considérable, je souhaite à mon groupe une grande puissance[1]. » À cela, s'ajoute la question de la « corruption passive » des journalistes, bénéficiant, de la part des entreprises, de cadeaux et de largesses. La presse spécialisée, où les articles sur les produits « testés » confinent parfois à une troublante promotion, y est sans doute plus exposée que d'autres. Quant aux « ménages », ces prestations grassement payées aux journalistes vedettes, allant de l'animation de manifestations à la communication d'entreprises privées, ils renvoient à la fois à la connivence et à une dérive de la profession vers la communication.

Au-delà, l'agrégation du milieu journalistique aux réseaux politiques et économiques qui gouvernent la société française n'aurait-elle pas pour effet d'unifier les modes de pensée ? C'est ce que pensent des professionnels critiques, comme Serge Halimi. Les journalistes, explique-t-il, partagent la même vision du monde que les élites libérales, et la presse, écrite ou audiovisuelle, est devenue un instrument de stabilisation sociale.

À la fin du XIXe siècle, âge d'or de la presse d'opinion, monde politique et monde journalistique étaient

---

1. Cité par Serge Halimi, « À quand la transparence des médias ? Liberté de la presse, censures de l'argent », *Le Monde diplomatique*, août 2001.

tellement imbriqués que les aller-retour entre les cabinets ministériels et les salles de rédaction ne surpre-
naient personne. Chefs de partis et journalistes
fréquentaient les mêmes salons. Pour ces derniers, la
question n'était pas de savoir comment établir une
distance avec l'homme public, mais comment assurer
avec lui la plus grande proximité.

Le pouvoir politique a de longue date su nourrir les
liens avec des personnalités de la presse, voire alimenter la complicité avec quelques-uns. Le journalisme de
« révérence[1] » puise ses sources dans une histoire
ancienne. Au temps du gaullisme et de l'ORTF, les
interviewers, triés sur le volet, évitaient soigneusement
de poser les questions qui les auraient fâchés avec les
gouvernants. À l'époque de De Gaulle ou de
Pompidou, la presse indépendante ne se distinguait
guère en révélant au public les scandales politico-
financiers ou en s'indignant des dysfonctionnements
du régime démocratique.

La pression économique, elle, est aussi vieille que
l'apparition des financiers parmi les propriétaires de
journaux. L'histoire du *Matin*, des années 1890 aux
années 1940, s'identifie à celle de son directeur,
Maurice Bunau-Varilla, patron d'industrie du bâti-
ment, qui fit du quotidien un instrument au service de
ses intérêts économiques. Enfin la « corruption passive »
rappelle que la question de la « vénalité » de la presse
agite le milieu de la presse depuis le XIXe siècle. La
confusion entre information et publicité est, d'ailleurs,
attestée par la charte morale du SNJ qui, en 1918,
condamne les « articles de pure réclame commerciale
ou financière », laissant ainsi supposer qu'ils constituaient, alors, une véritable plaie pour la profession.

---

1. Serge Halimi, *Les Nouveaux Chiens de garde*, Paris, Liber,
1997.

Journalisme assis, journalisme debout

Les journalistes, de nos jours, ne sont sans doute pas moins dépendants qu'autrefois ou que naguère. Ils le sont même bien davantage. Mais le journalisme français a pris des habitudes que seuls le temps et la volonté permettront, peut-être, de défaire complètement. Ainsi en est-il de la confiance dans les sources institutionnelles et la faiblesse de l'investigation. Les dépêches d'agences (AFP, Reuters, Associated Press), les communiqués et dossiers de presse des entreprises, des organisations, des administrations, les rapports en tous genres fixent la nature et la hiérarchie de l'information. Délivrée aux journalistes, l'information fournie par les groupes, les entreprises, les gouvernements donne une vision unilatérale ; s'il n'y prend pas garde, le journaliste peut être pris au piège. Le cas extrême est celui où, privé de toute possibilité de vérifier les affirmations d'une source institutionnelle unique, et malgré tout contraint de jouer son rôle de médiateur, il finit par céder à la pression en les légitimant. L'exemple typique est celui de la guerre du Golfe, en 1991. Comme leurs confrères étrangers, les journalistes français, interdits de zone de combat, ne disposent que des informations données par l'état-major américain et des images tournées par des « pools » de cameramen choisis par ce dernier. Malgré mille précautions, comme l'emploi du conditionnel dans la diffusion des nouvelles ou des mentions telles que « images censurées » dans les reportages télévisés, les journalistes se plient à la version officielle, allant jusqu'à prendre à leur compte la sémantique subtilement construite par l'armée américaine qui parle de « guerre propre », de « frappes chirurgicales » et autres « dommages collatéraux ».

La manipulation en temps de guerre est bien connue en histoire. Néanmoins, en temps ordinaire, le recours aux sources institutionnelles se double d'un approvisionnement en information qui renforce la sédentarisation des rédactions, comme le montre l'évolution des médias audiovisuels. Ainsi les grands magazines d'information télévisée, à l'instar d'*Envoyé spécial*, sont-ils largement composés de reportages « clés en main », tournés par des agences audiovisuelles. Les JT sont nourris d'images achetées dans les grands circuits internationaux. Les rédactions puisent parmi les EVN (Eurovision News Exchange), bourse d'échange d'images des chaînes du monde entier. Elles se contentent de les sélectionner, parfois de les remonter et de les lisser par un commentaire. Ce « robinet à images » est à flux continu : on y trouve de tout, de l'évocation d'événements politiques des cinq continents aux nouvelles les plus anecdotiques, les plus exotiques, les plus dérisoires. Les JT sont également alimentés grâce aux accords noués avec des agences de presse ou des chaînes étrangères. TF1, France 2 ou M6 sont liées à Reuters, Associated Press Television, et aux réseaux américains, CNN et ABC. La venue des radios et des télévisions d'information continue sur la FM et le câble, conformes au modèle des stations et chaînes d'outre-Atlantique, a consolidé l'hégémonie des sources institutionnelles, comme le montrent les exemples de France-Info (créée en 1987) ou de BFM, de LCI (née en 1994) ou de ITV. Les dépêches d'agences et les images des banques internationales y constituent l'instrument premier de l'information. Dans certains cas, le journal, faute d'équipes de reporters, s'effectue exclusivement à l'aide d'un micro-ordinateur. Rivés à leur écran, des rédacteurs sédentaires sélectionnent inlassablement des images qu'ils montent et agrémentent d'un commentaire. Ce type d'information répond à un choix économique qui vise à comprimer les coûts. Ces chaînes recrutent des journalistes débutants, mal payés, travaillant parfois plus de dix heures par jour, dont elles exigent la polyvalence. Les rares reportages tournés le sont par des JRI, hommes-orchestres qui, souvent, montent eux-mêmes les images qui seront diffusées.

Dans ces conditions, l'enquête de terrain a bien du mal à trouver son espace, malgré l'exemple donné depuis les années 1980 par des journaux comme *Le Canard enchaîné*, *Le Monde* ou *Libération*. Au fond, le journalisme d'enquête a toujours, en France, vécu dans l'ombre du journalisme de commentaire. À cet égard, le modèle du grand reporter est bien un mythe. À quelques exceptions près, les noms de journalistes qui restent dans l'histoire sont ceux d'observateurs de l'actualité, politique surtout. Il est assez caractéristique de constater que les modèles de la profession, les plus connus et les mieux payés, sont d'abord les éditorialistes et chroniqueurs, journalistes sédentaires qui entretiennent la tradition d'une presse française de plume et de commentaire d'Alain Genestar à Philippe Tesson ou Claude Imbert, en passant par Catherine Nay, Christine Ockrent, Franz-Olivier Giesbert, Laurent Joffrin, Christine Clerc ou Serge July. Vedettes des journaux et des radios, ils sont lus et écoutés par leurs confrères, cités dans les revues de presse, invités sur les plateaux de télévision. On analyse leur discours, créant un curieux phénomène : le commentaire sur le commentaire...

L'essor de l'investigation dans la presse ne se développe pas sans provoquer de résistance. Pour s'imposer, l'enquête, brutale, repose quasi exclusivement sur la révélation, c'est-à-dire la mise à jour du scandale. Relevant davantage de la transgression journalistique que de la pratique habituelle, elle tourne vite à la campagne de presse. De rebondissement en rebondissement, elle donne, à tort ou à raison, l'impression de s'acharner sur un petit nombre d'individus. La virulence de cette exposition suscite de vives réactions psychologiques, les déversements d'invectives ne correspondant en rien à la défense de principes moraux, tournant, au contraire, au jeu de massacre. Ce climat pousse au tragique. L'ancien Premier ministre Pierre Bérégovoy, bousculé par son échec aux élections législatives et par l'ironie des journalistes sur le prêt généreux de Roger-Patrice Pelat, sans doute aussi déprimé par sa sortie du pouvoir, se suicide, le 1er mai 1993, entraînant une tonitruante déclaration du président de la République François Mitterrand, qui assimile les journalistes à « des chiens ». Une partie de la presse en vient même à rapprocher les circonstances de la mort de Bérégovoy de celles de Roger Salengro, en 1936. L'accusation de « lynchage médiatique » devient alors récurrente dans la vie publique.

Dans la course au leadership moral dans la société française, un bras de fer oppose la classe politique et les journalistes d'investigation, qui tentent, par la dénonciation des malversations, de provoquer des démissions ou la réaction de l'opinion contre les mauvais élus. Leur travail suppose qu'ils obtiennent des informations confidentielles sur la situation financière ou politique des responsables publics. Il leur est donc nécessaire de disposer d'alliés ou d'informateurs. Les professionnels reconnaissent généralement que les journalistes d'investigation « à la française » sont des reporters auxquels des tiers impliqués remettent les documents ou dossiers compromettants. De grands cabinets juridiques, au carrefour du monde de l'économie et de la politique, jouent les intermédiaires. La sortie des « affaires » est finalement moins le produit de la décision des journalistes que d'un milieu défendant des intérêts parfois explicites. Le dossier de la mairie de Paris ou celui du financement du Parti communiste sont ainsi lancés ou relancés par d'anciens complices. Les reporters qui reçoivent ces informations les complètent par des entretiens et par la documentation publique disponible sur le sujet. Il leur faut ensuite mettre en scène ces révélations, nouées en faisceau de présomptions, afin d'attirer toute l'attention du public.

Les scandales politico-financiers sont le lieu privilégié du journalisme d'investigation depuis les années 1990. Une collaboration opaque s'établit entre la presse, les policiers, les avocats ou les juges d'instruction, qui soupçonnent leur hiérarchie de parasiter leurs enquêtes pour protéger les intérêts politiques et économiques. Des éléments secrets des dossiers percent dans les journaux, nourris de procès verbaux d'audition. Cette forme de journalisme, qui viole le secret de l'instruction et bafoue la présomption d'innocence, se rapproche davantage d'un « journalisme de révélations » que d'un « journalisme d'enquête », tant il est vrai qu'il valorise des sources fournies par un informateur et minimise la contre-expertise de terrain.

L'effet du journalisme d'investigation « à la française », s'il peut, ponctuellement, faire bondir les ventes, est, finalement, désastreux dans l'opinion publique, qui le considère comme une menace pour la liberté de l'individu, et non, comme il serait légitime, une œuvre salvatrice pour la démocratie ! En octobre 1997, un sondage CSA souligne le jugement très sévère des Français à son égard. 77 % des personnes interrogées jugent « anormal » que la presse publie des informations malgré le secret de l'instruction, 79 % qu'elle divulgue le nom des personnes mises en cause au risque de porter atteinte à leur réputation, 78 % qu'elle publie des documents confidentiels[1]. Les plus jeunes sont aussi les plus intransigeants. Pour les Français, cette forme de journalisme rejoint, en fait, les violations de la vie privée. Là réside une différence essentielle avec les médias anglo-saxons. La sphère privée d'un homme public est sanctuarisée, même si elle peut, de près ou de loin, intéresser les affaires de l'État. Pendant des années, les journalistes ont volon-

---

1. Cité dans *Le Monde*, 7 octobre 1997.

tairement tu ce qu'ils savaient sur la fille de François
Mitterrand, Mazarine, comme ils s'étaient appliqués,
dans les années 1970, à ne rien dire de la maladie de
Georges Pompidou. On pourra y voir une manifestation de la « connivence » dénoncée par certains thuri-
féraires des médias, une marque de l'éthique
journalistique, comme l'avancent les intéressés, ou
de manière plus pragmatique, la volonté prudente
d'éviter, malgré la tentation, la maladresse qui les cou-
perait de l'opinion encore frileuse sur le sujet.

L'image-choc tue-t-elle l'image ?

Sur le fond, les règles de l'information n'ont pas
changé depuis la fin du XIXe siècle : maîtriser la vitesse
des nouvelles, en contrôler le flux et l'exactitude par la
vérification et le recoupement, notamment en allant
sur le terrain, hiérarchiser l'information, s'adresser à
un public, attirer son attention, expliquer, simplifier
au besoin, etc. Il y a un siècle, déjà, intellectuels et
journalistes, hostiles à l'essor de la grande presse
populaire, déploraient la surabondance et la rapidité
de l'information, sources de « dérapages » de la part de
journaux soucieux d'annoncer les premiers la nouvelle « exclusive » pour « griller » le concurrent, mais
aussi la tendance de la presse à cultiver l'émotion et le
sensationnalisme, à transformer l'information en
spectacle. Leur conclusion était sans appel : une
dégradation de l'information, nourrie par la commercialisation ou la « marchandisation » de la nouvelle
salissait tout[1]. Depuis bien longtemps, cette dernière
est un produit, dont la valeur dépend de la masse des

---

1. Voir Christian Delporte, *Les Journalistes en France, 1880-1950*,
Paris, Seuil, 1999.

lecteurs susceptibles de s'y intéresser. C'est en comprenant et en appliquant ce principe que *Paris-Soir* a conquis son hégémonie dans la presse quotidienne des années 1930.

Aujourd'hui, alors que triomphe l'image de télévision, que l'image elle-même est considérée comme la preuve de toute nouvelle, le débat s'est un peu déplacé. Il se situe à deux niveaux : la morale, et, plus largement, la fonction sociale de l'information dans une démocratie.

La controverse morale, très sensible dans l'opinion, est alimentée par les images sensationnalistes qui frappent les consciences collectives par leur violence ou portent atteinte à la vie privée des personnes. Le cas de la mort d'Omayra Sanchez illustre bien la dérive de l'information vers le spectaculaire. En novembre 1985, l'éruption du Nevado del Ruiz, en Colombie, provoque un torrent de boue qui engloutit la ville d'Armero. Au milieu des décombres, les sauveteurs découvrent une fillette de douze ans, accrochée à un madrier. Malgré leurs efforts, ils ne peuvent la dégager : elle meurt après deux jours de résistance. La télévision espagnole a filmé l'agonie d'Omayra ; Franck Fournier l'a photographiée : ses clichés font le tour de la planète. Les rédactions des chaînes françaises qui, comme leurs consœurs européennes, grâce aux EVN, disposent des images, s'interrogent : faut-il ou non les diffuser ? TF1 et A2 finissent par céder à la tentation. Seule Geneviève Guicheney, présentatrice du journal de FR3, refuse, estimant que des images voyeuristes ne constituent en rien une information. Présentée sans coupe, sans montage, la scène d'agonie, qui transgresse l'un des plus forts tabous (la mort d'un enfant), souligne qu'avant même sa privatisation la télévision est entrée dans une logique de concurrence et ne recule plus devant l'interdit moral pour attirer le public.

La recherche de l'image-choc constitue le moteur des hebdomadaires « *people* » illustrés. S'ils misent sur

l'actualité générale, leur difficulté est de se distinguer
de la télévision. Comme l'image fixe ne pourra jamais
exprimer la vie de l'image animée, il leur faut suren-
chérir dans le spectaculaire. Un magazine comme
Paris-Match, dont les ventes s'affaissent au début des
années 1990 (824 000 exemplaires diffusés en 1996,
contre 926 000 en 1982), y voit même la condition de
sa survie. Les photographes, pour vendre leurs clichés, sont donc contraints d'entrer dans la chasse au
scoop. Cette logique de l'exclusivité qui fait vendre
débouche parfois sur la manipulation du lecteur.
Ainsi, le dossier de *Paris-Match* consacré aux com-
mandos-suicides du Hamas, en mars 1996, s'ouvre
sur l'image d'un homme encagoulé et se poursuit par
deux photos d'une jeune Palestinienne subissant une
séance d'exorcisme. Comme l'a confirmé depuis
l'agence Gamma, celles-ci ont été prises deux ans
auparavant : la jeune fille, persuadée d'être envoûtée,
avait confié son sort au cheikh Abu Mussa. La cou-
tume, très ancienne, n'a rien à avoir avec le terrorisme. Qu'importe. La légende qui accompagne la
photo de la Palestinienne, le crâne enserré dans des
écouteurs, un Coran ouvert et plaqué sur le front,
trompe le lecteur : « Des écouteurs bombardent de
décibels l'apprentie kamikaze dont le front est recou-
vert par le Livre sacré. Paupières closes, elle reçoit
avec recueillement le message fanatique. »

Le rendez-vous people

Mais il est un autre type de presse « *people* » dont
l'intérêt porte sur la vie des stars, et qui a pour modèle
l'hebdomadaire *Voici*. Lancé en 1987 par Axel Ganz
au sein du groupe Prisma, il rencontre le succès au
début des années 1990 en devenant un « journal de

paparazzi ». Jusque-là, l'essor des magazines *people*, prospères dans le monde anglo-saxon, était freiné par la loi de juillet 1970 sur le respect de la vie privée. La transgresser, c'était risquer de coûteux procès. *Voici* fait alors un pari : le fruit des ventes et des ressources publicitaires permettra de constituer un « trésor de guerre » qui compensera les effets financiers de poursuites à répétition. Le magazine joue gros... et gagne. Les procès s'accumulent[1], mais les ventes s'envolent pour avoisiner les 800 000 exemplaires chaque semaine. Les vieux titres de la « presse à sensation », comme *France-Dimanche* ou *Ici Paris,* l'imitent et prennent le même virage ; d'autres s'installent sur le marché, comme *Allo!* (Prisma presse) ou *Oh là!* (d'origine espagnole). *Paris-Match*, quant à lui, devient, grâce à la solidité de ses finances, une manne pour les paparazzi.

Le point limite de la presse *people* est néanmoins atteint avec la mort de la princesse Diana, en août 1997, alors que les photographes qui la poursuivent sont accusés d'avoir une responsabilité dans son tragique accident. Plus largement, l'affaire alimente le débat, non seulement de l'atteinte à la vie privée, mais aussi du droit à l'image, dans le contexte d'une émotion planétaire (2 milliards de téléspectateurs regardent ses funérailles). Cette dernière question est précisée par les tribunaux dès le milieu des années 1990 : « Le droit à l'image est la prérogative reconnue à toute personne de s'opposer, à certaines conditions, à ce que des tiers non autorisés reproduisent et, *a fortiori*, diffusent son image[2]. » Il en résulte qu'un journaliste, un photographe, un cameraman doit obtenir de la personne représentée ou filmée son autorisation

---

1. Année record, *Voici* connaît 170 procès en 1997 (plus de 15 MF de dommages et intérêts)
2. CA Paris 1re ch., 23 mai 1995, D. 96, som. Com. 75, obs. Hassler.

expresse – c'est-à-dire par écrit – avant de prendre et de diffuser son image. La loi Guigou sur la présomption d'innocence, promulguée en 2000, renforce le contrôle sur l'image. Ainsi, diffuser la prise d'une personne menottée ou entravée, à la suite de son arrestation par les forces de l'ordre, ou lors de sa présentation devant l'autorité judiciaire, est considéré comme passible de poursuites devant les tribunaux.

L'affirmation du droit à l'image, des célébrités ou des particuliers, provoque la multiplication des procès contre les journaux, qui s'indignent de l'atteinte à la liberté de la presse, et contre les photographes, alors que le métier est fragilisé par la concentration des agences, les licenciements et les réorientations qu'elles supposent. Une à une, en effet, elles sont rachetées par des grands groupes : Gamma, par Hachette (1999), Sygma, par Corbis-Microsoft (2000). Toute cette évolution montre la prise de conscience collective de l'importance sociale de l'image qui, source de profit immédiat, fait dériver le « droit à l'image » vers un « droit sur l'image », dont les conséquences sont incertaines.

L'événement, comme si vous y étiez

L'autre niveau de critique des médias s'intéresse davantage aux modalités de l'information et s'interroge particulièrement sur l'évolution de la télévision. La période récente démontre ainsi que les notions de brièveté et d'instantanéité se sont peu à peu substituées à celle de vitesse. D'abord, à partir du postulat que le public, très sollicité par l'offre d'information, soumis à la rapidité de la vie moderne, se lasse des longues démonstrations, les articles des journaux sont raccourcis, de même que les formats des reportages ou la durée des interviews. Une bonne interview doit avoir du rythme, c'est-à-dire combiner des questions brèves et des réponses courtes. Aller à l'essentiel, schématiser tout en restant clair sont des règles absolues de l'interview qui s'appliquent au responsable politique, au scientifique comme à l'homme de la rue. Les modalités du langage de la publicité et de la communication s'imposent désormais au journalisme. Dans ces conditions, l'espace de l'analyse se réduit, ce qui, *de facto*, revient à nier la complexité des faits sociaux.

Ensuite, l'instantanéité est érigée en dogme de la bonne information. Il ne suffit plus d'évoquer un événement, il faut le faire vivre en direct. L'image télévisée à la fois devient l'instrument d'explication de l'information, et transforme le téléspectateur en témoin, voire, par effet d'identification, en acteur de l'événement. Étant admis qu'un média d'images ne peut informer si, précisément, il est privé d'images, les journaux télévisés cherchent, par tous les moyens, à éviter la situation de pénurie qui les fragiliserait face à la concurrence : d'où le recours aux banques d'images en continu et le renfort d'envoyés spéciaux sur le lieu de l'événement.

Or, l'urgence de l'actualité peut faire brusquement oublier les règles élémentaires de l'authentification et du recoupement de l'information. La nécessité de montrer des images ouvre la porte aux manipulations collectives, notamment lorsque l'information provient d'un canal incontrôlé. Dans ce cas, la réserve des rédactions prévaut généralement. Mais les scrupules peuvent voler en éclats, selon l'importance accordée à l'événement et l'attitude des chaînes concurrentes. Refuser de diffuser des images que la chaîne d'en face semble légitimer en les proposant au téléspectateur, c'est, à coup sûr, compromettre son audience. Ce raisonnement domine, précisément, en décembre 1989, au moment de la révolution roumaine, lorsque est découvert le « faux » charnier de Timisoara. « Ces images sont là pour prouver que 4 630 personnes sont mortes tuées par la police politique », affirme A2, le 22 décembre. Tous les médias se laissent prendre au jeu de la mise en scène ; or les quelques cadavres visibles à l'antenne ont été tout bonnement sortis d'une morgue d'hôpital et alignés pour tromper l'opinion internationale. L'affaire fait grand bruit, dissimulant d'autres manquements graves à la rigueur de l'information. Ainsi en est-il de la diffusion, en direct, du procès du couple Ceaucescu, dans des circonstances qui font honte à la justice démocratique. Les nouvelles autorités roumaines en relaient les images dans le monde entier. Les télévisions les diffusent et traduisent en simultané les propos des accusateurs et des accusés – les seuls filmés, en plan fixe. Pourtant, on ignore tout du lieu improvisé où se déroule l'interrogatoire ; on ne sait rien des juges ou de l'équipe de tournage. Les rédactions ont ouvert le robinet à images et laissent couler jusqu'à épuisement.

Depuis la révolution roumaine, la source des images est mieux contrôlée : on sait, au moins, d'où elles viennent, quelle chaîne les envoie. Mais, qu'un événement surgisse brutalement, et toutes les précautions élémentaires sont aussitôt balayées. La tragédie du 11 septembre 2001 montre les effets de l'instantanéité de l'information et de la nécessité d'occuper l'antenne face aux concurrents. Les chaînes de télévision se contentent de diffuser des images que les journalistes découvrent en même temps que les téléspectateurs, avant que les techniciens n'en montent les extraits les plus saisissants (les avions qui percutent les tours, leur effondrement, la foule affolée), proposés en boucle durant deux jours. Les nouvelles ne sont pas vérifiées, ce qui, par exemple, conduit à donner des informations, démenties quelques minutes ou heures plus tard, à annoncer, par exemple, le nombre de 20 000 morts, alors que rien n'étaie un semblable bilan.

Une des tendances affirmées de l'information télévisée est que l'image fait sens à condition d'être authentifiée par le témoignage. À vrai dire, la télévision n'a pas l'exclusivité d'une telle croyance. Quand un événement se produit, le réflexe du journaliste de radio, surtout s'il s'agit d'une station d'information en continu, est de se précipiter sur son téléphone et de débusquer le témoin qui expliquera comment les choses se sont passées. De nos jours, les reportages télévisés répondent à des critères qui jouent sur la fibre émotionnelle, la proximité, l'identification. Quel que soit le sujet, le même angle domine : la situation vécue d'un individu ou d'un groupe d'individus doit éclairer une information générale. Le cas d'une famille de Palestiniens anonymes permettra d'expliquer le conflit israélo-palestinien. Le drame d'une région subissant de plein fouet le chômage sera illustré par le cas d'un ouvrier licencié par une importante entreprise locale.

De loin en loin, le stéréotype se répète. Se contentant de mettre bout à bout des interviews de victimes, de témoins, d'acteurs, et de les lier par des bribes de commentaires, le journaliste, apparemment, s'efface et renonce à toute prétention d'analyse. Mieux : il semble en confier la responsabilité aux « experts », chefs d'entreprise, militaires, syndicalistes, universitaires, « psys », responsables d'associations, etc., qui viendront justifier le bien-fondé du reportage. Le témoin est là pour attester la vérité de l'information : c'est vrai, puisqu'il le dit ! Cependant, une part d'illusion demeure, car le journaliste reste maître des questions et de la sélection des réponses. Réduit à quelques secondes dans un reportage d'une minute trente, l'interview ou le « micro-trottoir » sert la démonstration du journaliste. Bref, le reportage n'analyse plus mais fournit à son auteur les moyens de valider une interprétation préalable de l'événement

Entre uniformisation et scoop

Prenons l'exemple de la guerre au Kosovo, en 1999[1]. Lorsque les journalistes partent sur place, plusieurs sentiments les habitent. Ils ont à cœur de faire oublier à l'opinion les dérapages déontologiques qui ont marqué, de la révolution roumaine à la guerre du Golfe, la couverture des grands événements internationaux. Le 25 mars, sur TF1, Patrick Poivre d'Arvor met d'ailleurs en garde : « Tout au long de ce conflit, nous serons confrontés en permanence à des bilans contradictoires et à une extrême difficulté de vérification. » Mais les envoyés spéciaux ont aussi à l'esprit la tragédie de Srebrenica et l'impuissance des Occidentaux à éviter les massacres. Même s'ils ne savent rien des réalités du terrain, ils ont une idée sur la nature du conflit, sur la légitimité de chaque camp et sont prêts à souscrire à la thèse du « génocide » kosovar. La tentation est alors grande d'aller valider sur place un récit de guerre nourri, jusque-là, de sources institutionnelles. Par ailleurs, alors que leurs déplacements sur le théâtre des opérations sont limités, les rédactions parisiennes, alimentées d'images par les télévisions étrangères les plus alarmistes, exigent de leurs reporters qu'ils interviennent à l'écran tous les jours.

Coincés à la frontière macédonienne, influencés par les informations de l'OTAN, tributaires de leurs traducteurs, les journalistes n'ont guère les moyens de fournir des informations fiables. De manière caractéristique, l'image de ce conflit sans combat est celle d'un journaliste qui intervient à l'antenne, tandis que défile la colonne des réfugiés, et auquel le présentateur

---

1. Voir l'article d'Élisabeth Lévy, source de polémique : « Kosovo : l'insoutenable légèreté de l'information », *Le Débat*, 109, mars-avril 2000.

demande de confirmer des nouvelles invérifiables. La pression est forte sur les envoyés spéciaux, dont les prudentes recensions ne paraissent pas assez spectaculaires au goût de leur hiérarchie. À Paris, les rédactions n'hésitent pas à reprendre à leur compte les informations dramatiques fournies par l'OTAN. Le 20 avril, sur TF1, Jean-Pierre Pernaut parle « de 100 000 à 500 000 personnes qui auraient été tuées, mais tout ça au conditionnel » : on sait, aujourd'hui, par les rapports du TPI en ex-Yougoslavie, que 2 108 cadavres ont été exhumés de la terre du Kosovo et 4 266 Kosovars albanais déclarés disparus par leurs proches. Quelque temps plus tard, le 31 mars, Jean-Pierre Pernaut, interrogeant Yvan Strurm, représentant du Haut Commissariat des Nations unies pour les réfugiés en Macédoine, lui lance : « Il existe sûrement des tensions entre les réfugiés et la population locale. » « Non, répond l'interlocuteur, les relations sont très chaleureuses au contraire. » La réponse déçoit. Aussi préfère-t-on les témoignages des réfugiés kosovars qui, évoquant leur calvaire, accréditent l'idée du génocide. Dans cette affaire, rares sont les voix discordantes. La presse écrite, cependant, se démarque parfois des médias audiovisuels, à l'instar de *Marianne* qui dénonce « l'otanisation » de l'information, ou de Franz-Olivier Giesbert qui, dans *Le Figaro magazine* du 17 avril 1999, s'en prend au « bourrage de crâne otanien ».

D'une manière plus générale, la nature comme la hiérarchie de l'information obéissent à une mécanique collective. Chaque média exploite les nouvelles de ses confrères et observe l'autre pour orienter ses propres choix. *Le Monde*, sur ce plan, a acquis une place essentielle. On l'attend fiévreusement dans les rédactions. La une du quotidien du soir pèse indéniablement sur les titres des JT de 20 heures puis, par effet de ricochet, sur le contenu des journaux du lendemain, en province notamment. L'observation des sondages n'est pas non plus étrangère à la sélection des nouvelles, comme en témoigne l'importance donnée au thème de l'insécurité pendant la campagne présidentielle de 2002. Cette façon de se recopier en cercle réduit l'actualité. Elle a également tendance à uniformiser les discours et, partant, à attester la véracité de l'information. Toutefois, le mimétisme, dans un système concurrentiel, ne bannit pas le scoop; bien au contraire. Or, là aussi, les règles de l'information peuvent être prises en défaut. Fin 2002-début 2003, le dossier tragicomique des bébés clonés par une secte fait figure de cas d'école. Toute la presse l'évoque abondamment, alors qu'aucun commencement de preuve n'est avancé. Chacun en parle au conditionnel, mais tous en parlent quand même. L'affaire est évoquée avec la dose d'indignation nécessaire, tout en donnant la parole aux « experts », et même ceux de la secte, qui se placent immédiatement sur le registre de la foi. L'opération de propagande va au-delà de ce qu'espéraient sans doute leurs promoteurs. Le 2 janvier 2003, au JT de 20 heures de France 2, David Pujadas interroge, en duplex, la présidente de CLONAID, relais pseudo-scientifique de la secte en question, et lui permet ainsi de s'adresser à plusieurs millions de Français. La séquence bénéficie d'une incrustation « en direct » qui souligne l'exclusivité de l'information. L'une des affirmations du présentateur est, à cet égard, éloquente. S'adressant à son interlocutrice, il lance : « Vous êtes passés maîtres dans l'art de faire monter le suspense. » À l'époque, on ne parle pas encore de sinistre canular.

Déontologie ou culture d'entreprise?

Dire que les médias restent inertes face aux éventuelles dérives de l'information serait tout à fait mensonger. Les premiers critiques du journalisme sont les journalistes eux-mêmes. Mais, comme l'observe Jean-Marie Charon, dans un rapport sur la déontologie de l'information remis en 1999 à Catherine Tasca, ministre de la Culture et de la Communication : « Les observateurs extérieurs constatent que les pétitions de principe n'ont donné lieu ni à la définition de principes déontologiques communs, ni à des lieux de réflexion réguliers intéressant toute la profession, ni à la mise en place d'instances permettant d'assurer le débat entre les journalistes et la société. Pire même, des erreurs et dérapages semblables se reproduisent régulièrement, sans que jamais leurs responsables donnent le sentiment d'avoir été sanctionnés. » Pourtant, depuis le début des années 1990, après la crise roumaine et de la guerre du Golfe, la réflexion est régulièrement alimentée par des rapports (comme ceux de Reporters sans frontières), des colloques, des conférences, des publications à l'initiative d'organisations professionnelles (comme le Syndicat de la presse quotidienne régionale ou les associations de journalistes catholiques).

En fait, la question déontologique se heurte à deux obstacles. Le premier consiste à la réduire aux problèmes purement moraux où la fonction de journaliste est prise en défaut (enrichissement, « ménages », relations avec le monde de la publicité, course au sensationnalisme, etc.), en laissant de côté tout ce qui relève de la construction même de l'information. Le second est la méfiance instinctive des journalistes à l'égard d'une codification contraignante de la profession et de l'intervention de l'État, considéré par nature liberticide. En 1982, les médias se sont unanimement élevés contre des projets prévoyant de donner à la Haute Autorité des compétences dans le domaine déontologique. Ils ont eu gain de cause et, aujourd'hui, le CSA, malgré les nouveaux moyens que lui offre la loi d'août 2000 sur la communication audiovisuelle, ne peut guère aller au-delà de recommandations en matière d'information. Toute remise en cause de la très libérale loi de 1881 est jugée intolérable, et l'État se borne à légiférer à la marge, comme en 1986, avec l'interdiction, pour toute entreprise éditrice et ses collaborateurs, « de recevoir ou de se faire promettre une somme d'argent, ou tout autre avantage, aux fins de travestir en information de la publicité financière ».

La déontologie relève toujours de la conscience individuelle, et la profession, pas plus qu'autrefois, n'est prête à se plier à un quelconque organe de régulation éthique, fût-il corporatif. La code du SNJ de 1918, révisé en 1938, et complété en 1971 par la charte de Munich, reste une référence collective qui s'impose sans contrainte. Néanmoins, un nouveau phénomène est apparu depuis le début des années 1990 : l'adoption de règles morales codifiées au sein des rédactions. Après *Ouest-France* et *Libération*, pionniers en la matière, d'autres journaux ont défini des chartes de rédaction : *L'Alsace*, *La Croix*, *Nord-Éclair*, *La Nouvelle République*, *L'Union*, etc. Depuis 1994, TF1 dispose de sa propre charte. Des textes semblables ont été rédigés à France 3 ou RFI. De telles démarches, qui lient patrons et journalistes autour d'une même « culture d'entreprise », montrent, néanmoins, leurs limites : les codes existent souvent là où les problèmes sont les moins aigus et mêlent fréquemment aux principes déontologiques des éléments purement techniques, allant jusqu'à préciser le corps du titre de l'éditorial ou le caractère des échos.

Au-delà, d'autres initiatives ont été prises, comme la formation systématique et régulière au droit à l'information ou à la déontologie (France 2, France 3, Radio-France, *Libération*, *Le Dauphiné libéré*). Ont également émergé des structures de réflexion, d'échange et de maîtrise des contenus : « comité de rédaction » et réunions quotidiennes des chefs de service au *Monde* ; rencontres périodiques entre la direction de la rédaction et les syndicats ou la société des rédactions à France 2 ; réunions des cadres de la rédaction à TF1. Par ailleurs, s'inspirant des expériences nord-américaines, certains journaux ont créé une fonction spécifique, celle du médiateur, relais entre la rédaction et les usagers. *Le Monde* a montré l'exemple en 1994, avant RFI, France 2 et France 3, en 1998. Et, dans les écoles de journalisme, la déontologie est désormais un élément reconnu de la formation professionnelle.

Néanmoins, ces initiatives restent souvent très en retrait par rapport à d'autres pays européens (conseils de presse) et sont généralement amorcées par la direction des journaux. Elles ne règlent donc pas toutes les questions, laissant notamment en suspens celle des rapports avec le public, peu associé à la réflexion, si ce n'est par les biais des rares médiateurs.

La face cachée du monde... de la presse

Au fond, le contrôle le plus efficace sur la déontologie professionnelle ne serait-il pas celui qu'exercent les journalistes sur leurs confrères ? La méthode est vieille comme la presse. Au XIXe siècle ou à la Belle Époque, quand on parlait de « polémiques » entre les journaux, il s'agissait bien souvent de cela. Déjà, d'anciens collaborateurs de quotidiens publiaient des livres pour dénoncer les méthodes de leurs ex-patrons. En 1908, par exemple, François-Irénée Mouthon avait fait paraître un terrible réquisitoire contre le tout-puissant directeur du *Matin*, Bunau-Varilla, où, preuves à l'appui, il stigmatisait ses pratiques : *Du bluff au chantage*. Si le récent ouvrage de Pierre Péan et de Philippe Cohen, *La Face cachée du Monde. Du contre-pouvoir aux abus de pouvoir*, publié en février 2003, se situe sur un autre plan, il relève d'une tradition du livre à charge. Il montre, en tout cas, qu'aucun média n'est plus à l'abri de la critique, fût-il l'organe de référence de l'information.

L'ouvrage pose deux problèmes récurrents de l'histoire de la presse écrite. Le premier est celui de la pérennité du « journalisme civique » longtemps incarné par le quotidien de Beuve-Méry, et qu'aurait trahi Jean-Marie Colombani, avec la nouvelle formule du *Monde* lancée début 1995 : « Rendez-nous notre journal ! », lancent les auteurs. Le second, qui lui est très lié, est celui de l'expansion économique de l'entreprise, des alliances, voire des complaisances ou des dérives et, partant, de la mise en cause de la ligne morale d'un quotidien qui a toujours proclamé son indépendance à l'égard de tous les pouvoirs, garantie par une organisation du capital assurant à la rédaction le contrôle financier.

Pour Beuve-Méry, l'« objectivité » ne se confondait pas avec la « neutralité ». Si *Le Monde* n'a jamais eu de « ligne politique », il s'est toujours, sous Sirius ou Jacques Fauvet, distingué par des prises de position, notamment hostiles à de Gaulle ou favorables à Mitterrand (1965, 1981). En 1994, lorsque Jean-Marie Colombani en prend la direction, *Le Monde* est au bord de la faillite : en 1995, année de l'élection présidentielle, il joue sa survie. Se montre-t-il alors complaisant pour Édouard Balladur comme le prétendent Cohen et Péan ? Ou réagit-il comme l'ensemble des médias et l'opinion publique qui voient déjà le Premier ministre à l'Élysée ? La question, ici, est, peut-être, celle du conformisme de la presse qui, pour assurer sa diffusion – ou sa relance –, doit éviter le décalage avec son lectorat potentiel. Le suivisme des journaux conduit, parfois, à de spectaculaires retournements. Fin 1995, lorsque Alain Juppé présente son plan de réforme des retraites, les quotidiens, quasi unanimement, applaudissent un programme de « modernisation » de la vie sociale. En décembre, des millions de travailleurs du secteur public défilent dans les rues, et les journaux révisent brusquement leur premier jugement ; les manifestants sont aussi des lecteurs.

Le Monde applique les classiques recettes de la presse pour attirer le public : changements de maquette, scoops, gros titres, actualité *people* parfois. On peut toujours le lui reprocher et préférer la grisaille immuable du journal officiel ; mais en huit ans la diffusion s'est accrue de 15 %, pour dépasser les 420 000 exemplaires. Les lecteurs ont tranché.

En 1994, *Le Monde* change ses statuts. D'une SARL, l'entreprise se transforme en société anonyme à directoire et conseil de surveillance, refondation nécessaire pour sa recapitalisation. Dans un environnement concurrentiel, les nouveaux dirigeants choisissent la stratégie du groupe qui, à partir de janvier 2002, entre dans une phase de développement (contrôle de titres, jeu d'alliances, cotation en Bourse…). Aujourd'hui, le groupe *Le Monde* est une arborescence complexe. Si l'on s'en tient exclusivement aux journaux, le quotidien contrôle *Le Monde 2*, *Le Monde diplomatique*, *Le Monde de l'éducation*, *Les Cahiers du cinéma*, *Courrier international*, *Manière de voir*, le groupe Midi libre (*Midi libre*, *L'Indépendant*), sans compter les participations minoritaires : 30 % des titres de la Vie Catholique (*Télérama*, *La Vie catholique*), 6 % du *Nouvel Observateur*, etc. L'expansion est impressionnante, mais *Le Monde* reste un nain face aux géants, Lagardère et Socpresse. Jean-Marie Colombani est-il un « mini-Murdoch » ? Plus simplement, le journal a pris acte de la logique de marché, misant sur l'expansion et la rupture de l'isolement pour garantir la pérennité du titre éponyme. Ce schéma économique libéral engendre nécessairement l'affairisme et, partant, les contradictions, comme le montre le cas du gratuit *20 minutes* : les intérêts économiques du journal poussent la filiale imprimerie du *Monde* à l'accueillir comme un client, alors même que les journalistes en contestent l'existence dans les colonnes du quotidien ! Le paradoxe séculaire de la presse surgit, qui oppose deux logiques divergentes, celle du chef d'entreprise et celle de l'homme d'information.

Au fond, la polémique autour du *Monde* pose plusieurs questions à l'historien. D'abord, celle de la place et de la fonction du journal dans l'univers médiatique. Le dernier quotidien du soir est le dépositaire d'un modèle de journalisme qui a forgé les représentations collectives de la profession durant plus de deux siècles. De ce fait, il constitue une sorte de sanctuaire moral et une source universelle d'information des journalistes : s'il est devenu un « hypermédia », comme l'écrivent Cohen et Péan, c'est que la presse écrite, la radio, la télévision acceptent librement son influence. Il en résulte que le quotidien devrait se comporter comme une manière de « chevalier blanc » des médias. L'habit est bien trop grand pour lui. Le débat sur la moralité du *Monde*, aujourd'hui contestée avec nuance ou délectation par plusieurs de ses concurrents, n'évite-t-il pas à la profession de se poser les vraies interrogations sur l'indépendance et le pluralisme de la presse ? Pourquoi en est-on arrivé à une situation où le nombre des quotidiens nationaux est deux fois et demie moindre qu'il y a cinquante ou soixante ans ? Pourquoi un journal comme *Libération*, qui a accepté la structure d'entreprise mais non l'intégration à un trust financier, est-il menacé de disparaître ? Comment, dans quel but, avec quels effets les groupes financiers sont-ils devenus les maîtres des médias ? La concentration est-elle une bonne nouvelle pour la liberté de la presse ou un danger pour la démocratie ? Les médias peuvent-ils échapper à la logique libérale ? Et puis, interrogation majeure : si le journal est une entreprise, l'information est-elle un produit comme un autre ?

Les Français auraient-ils les médias qu'ils méritent ?

Un média n'existe pas sans un public. Le public fait largement les médias tels qu'ils sont. En France, la règle a prévalu. La fin du monopole de l'audiovisuel, loin d'y mettre un terme, l'a renforcée.

Les enquêtes annuelles de la SOFRES sont, à cet égard, révélatrices. Elles demandent aux Français sondés d'exprimer leur degré de confiance à l'égard des grands types de médias et de dire si, selon eux, les choses se sont passées comme la presse les écrit, la radio les énonce, la télévision les montre. Passons sur l'ambiguïté d'une question qui érige le public en critique de l'information, alors qu'il n'a aucun moyen d'en maîtriser le processus. Le résultat des sondages manifeste davantage un comportement qu'un jugement, comme l'indique le regard porté sur la télévision. Malgré les variations de la cote de confiance au gré des années et des événements, les réponses fournies sur les différentes chaînes reflètent fidèlement la distribution de l'audience : TF1 bénéficie de la meilleure image, devant France 2 et France 3 (les trois chaînes disposant de 32-33 %, 19-20 % et environ 17 % de parts d'audience, début 2003). Un écart se creuse, du reste, entre l'attitude des téléspectateurs et celle des analystes ou des professionnels. Régulièrement critiquée, soupçonnée des plus fortes dérives par les seconds, l'information de TF1 garde la confiance inaltérable des premiers.

L'image même du journalisme, chez les Français, paraît contradictoire. Volontiers critiques à l'égard de la profession en général, leur jugement change lorsqu'on les interroge sur les différents métiers qui la composent. L'image est invariablement positive. Surtout, ils plébiscitent des catégories de journalistes pour qui l'approche de l'information est fondamentalement différente : ceux qui relèvent du mythe (les grands reporters : 87 %) ; ceux qu'ils entendent ou

voient quotidiennement et qui symbolisent de plus en
plus à leurs yeux l'ensemble d'une profession (les présentateurs du journal parlé, 82 %, ou télévisé, 77 %)[1] ;
dans un cas, des hommes de terrain, conformes à la
tradition de mission du journalisme et anonymes ;
dans l'autre, des journalistes sédentaires, starifiés par
l'effet du média audiovisuel.

Sondage SOFRES-*La Croix*
« Les Français et les médias »

À propos des informations, vous pensez que les choses se sont passées à peu près comme le média le raconte ou le montre...

	1988	1992	1995	1999	2003
OUI					
journal	56	50	51	58	44
radio	62	54	55	63	55
télévision	65	49	54	58	45
NON					
journal	38	43	45	38	51
radio	28	34	37	31	40
télévision	32	48	45	40	53

Plus précisément, à quelle chaîne de télévision faites-vous le plus
confiance comme source d'information ?

	1988	1992	1995	1999	2003
TF1	33	39	37	38	40
A2 (France 2)	39	29	24	21	21
FR3	4	11	16	14	14
La 5	6	-	-	-	
Arte		1	6	8	10
M6	0	4	6	5	4
Une autre		-	1	1	
Aucune	12	11	16	9	6

L'évolution de la répartition des médias au cours de
la dernière décennie du XXe siècle et au début du XXIe

---

1. Sondage IPSOS-ESJ-*Le Point*, septembre 2000.

ne modifie guère les tendances observées dans les
années 1980 et conforte les comportements des
Français à l'égard des modes d'information. Si la diffusion globale de la presse écrite reste quasiment la
même entre 1990 et 2000 (aux alentours de 7 millions
d'exemplaires), le nombre de titres augmente, passant
de 2 912 à 3 936[1]. La presse quotidienne continue à
reculer, les journaux nationaux (10 titres en 2000;
2,2 millions d'exemplaires : – 20,2 %) résistant moins
bien que les journaux régionaux (56 titres contre 62;
6,7 millions d'exemplaires : – 4,2 %). Au bout de
trente ans d'existence, *Libération* est désormais dans
une situation périlleuse. Début 2003, sa diffusion en
kiosque dépasse de peu les 100 000 exemplaires. Pour
justifier ce déclin, son patron, Serge July, invoque
volontiers la concurrence des gratuits, nouveau phénomène apparu début 2002, à Paris et à Marseille.

La nouveauté ne réside pas dans l'existence même
de ces titres gratuits, mais dans leur structure et leur
volonté de conquérir le marché de l'actualité. Si
Marseille plus appartient à *La Provence* (Hachette
Filipacchi Médias), *Métro* et *20 minutes* dépendent,
l'un d'un groupe suédois (Métro International SA),
l'autre d'un groupe norvégien (Shibsted ASA). Le
premier, lancé à Stockholm en 1995, a essaimé dans
treize pays européens avant de pénétrer en France.
Diffusé en région parisienne à 450 000 exemplaires,
20 minutes (le temps estimé de la lecture) est un quotidien, support de publicité qui, nourri de dépêches
AFP mises en page, allie nouvelles nationales, information de proximité et publicité. Négation de tout
journalisme, le gratuit d'actualité menace-t-il une
presse quotidienne déjà mal en point? Il est trop tôt
pour le dire. En tout cas, sa percée souligne sans
doute qu'une partie du public s'est détournée des

---

1. *Tableaux statistiques de la presse, édition 2002*, Paris, DDM-La
Documentation française, 2002.

quotidiens, non par indifférence à l'égard d'un mode d'information, mais simplement en raison de leur coût. Aujourd'hui, la lecture d'un quotidien national est une pratique élitiste : près d'un tiers des diplômés lisent au moins deux fois par semaine une telle publication, contre 5 % chez les non-diplômés[1].

Le succès de la presse spécialisée grand public ne se dément pas. Son tirage global ne croît pas de manière très significative de 1990 à 2000 : 1,8 million à 2 millions. Mais, couvrant toujours de nouveaux secteurs d'intérêt des lecteurs, le nombre de titres double quasiment (de 818 à 1 526). À elle seule, la presse de loisirs occupe plus de la moitié du marché (de 436 à 879 titres). La diffusion des magazines *people* se tasse. Toutefois, en 2001, à eux quatre, *Voici*, *France-Dimanche*, *Ici Paris* et *Gala* vendent, chaque semaine, 2 millions d'exemplaires, et *Paris-Match*, 740 000, raison pour laquelle *VSD*, acquis par Prisma-presse en 1996, penche vers cette formule. La presse féminine, elle, ne progresse plus. Elle demeure néanmoins toujours très attractive pour les annonceurs. Aussi les groupes multimédias continuent-ils à miser sur son succès. Le groupe Hachette Filipacchi Médias (HFM) contrôle soixante-dix titres féminins, dont les leaders, comme *Elle* et *Marie-Claire*[2]. Le groupe Prisma possède le premier hebdomadaire féminin, *Femme actuelle*, dont l'audience est estimée à plus de 8 millions de lectrices (et de lecteurs !). Mais, la nouveauté, dans le secteur des magazines grand public, est sans doute le développement des trimestriels qui indiquent une mutation amorcée dans le rythme de lecture. En dix ans, leur nombre double, et parfois triple, selon le domaine : de 148 à 425 pour la presse de loisirs, de 15 à 54 pour la presse féminine, de 19 à 60 pour la presse sportive.

---

1. *INSEE-Première*, 753, décembre 2000.
2. Le groupe Marie-Claire est devenu une filiale d'HFM en 2001.

Loisirs, divertissement, proximité demeurent des valeurs sûres des médias. Elles favorisent le succès des stations musicales de la bande FM au détriment des radios généralistes. En 2002, selon Médiamétrie, NRJ, avec plus de 32 % d'audience cumulée, et Nostalgie, avec près de 30 %, sont les radios françaises les plus importantes par leur rayonnement, avant RTL (29 %), Europe 1 (27 %) et France-Info (26 %). Ces valeurs sous-tendent aussi l'ascension des chaînes télévisées thématiques, encore contenue par le nombre d'abonnés au câble et au satellite. En 2002, ce sont néanmoins plus de 5,3 millions de Français qui ont accès à ces chaînes. La part d'audience des chaînes hertziennes ne cesse de se réduire, tandis que celle des canaux à abonnement croît rapidement : 1,5 % en 1990 ; 4,6 % en 1999 ; 8,5 % en 2001 ; 11 % début 2003. Prenant acte de cet essor nouveau, Médiamétrie a constitué un instrument de mesure audimétrique spécifique, MédiaCabSat, qui observe plus de soixante-dix chaînes. Même si, dans la vague de janvier-juin 2002, certains programmes se détachent légèrement, comme RTL 9 (2,9 %), Disneychannel (2,5 %), ou Cinestar 1, Canal J, Eurosport autour de 2 %, ce qui domine est l'éclatement du public et l'individualisation des comportements. Les potentialités d'expansion du réseau câblé et satellitaire expliquent les alliances conclues entre les grands groupes, au moment de la naissance des bouquets numériques. À CanalSatellite, créé en 1992, qui unit Canal + et Lagardère, s'oppose TPS, né en 1996, avec pour actionnaires principaux TF1, M6, la Lyonnaise des eaux et France Télévision. En ce domaine, le projet de Télévision numérique diffusée par voie terrestre (TNT), lancé en 2001 sous le contrôle du CSA, s'avère économiquement capital pour les sociétés audiovisuelles et les groupes multimédias.

L'alliance financière n'efface évidemment pas la concurrence entre les chaînes hertziennes. La nécessité

de séduire les annonceurs promeut de nouveaux programmes, de nature à retenir un public avide de divertissement et d'émotions. La fiction ne suffisant pas, les
chaînes se tournent vers les téléréalités, jeux interactifs
qui associent le téléspectateur et font un triomphe aux
États-Unis comme en Europe. En mai 2001, M6, qui
vise les jeunes, lance Loft Story. L'émission bat des
records d'audience, retenant jusqu'à 7,7 millions de
Français. Toute la presse en parle, jusqu'au très sérieux
Monde qui, cédant à l'effet de mode, fait sa une sur le
« phénomène Loft Story ». Les vainqueurs de l'émission, désignés par le public au terme du processus
d'élimination, deviennent les vedettes des journaux
people. M6 assoit son audience (10 % aujourd'hui) et
récidive en 2002 avec « Loft Story 2 » qui, le 11 avril,
permet à la chaîne de réaliser le meilleur audimat de
son histoire (8,2 millions de téléspectateurs, soit
37,5 % de parts de marché). Cette réussite suscite irritation et convoitise dans la chaîne commerciale
concurrente, TF1, qui, après avoir critiqué l'évolution
vers la « trash TV » (la « télé-poubelle »), verse dans la
surenchère en multipliant les téléréalités.

Les formes les plus spectaculaires du divertissement, qui jouent sur l'ambiguïté entre le réel et la fiction, caractérisent sans doute l'évolution récente de la
télévision française. Peu de choses, désormais, la distinguent des télévisions étrangères, européennes ou
anglo-saxonnes. Pour comprendre la place du petit
écran dans la société française, il est vain de s'attacher
à la seule information : il faut en saisir tous les aspects.
C'est le sens du rapport sur la violence à la télévision,
remis, fin 2002, par Blandine Kriegel au ministère de
la Culture, et qui préconise, notamment, l'interdiction
des programmes pornographiques. Cependant, la
télévision est un tout. Si l'on estime qu'elle forge les
esprits, pourquoi ne pas se préoccuper de l'influence
d'émissions de divertissement ou de jeux qui, sous
couvert de l'amusement collectif, se nourrissent des

drames personnels ou prônent la délation ? Or, il faut savoir que la télévision représente aujourd'hui la principale activité de temps libre des Français (32 %), bien avant les loisirs à domicile (24 %), les sorties (16 %), ou les activités avec les enfants (5 %)[1]. C'est dire son importance sociale.

Que reste-t-il, alors, de l'« exception culturelle » de la France dans les médias audiovisuels ? Au bout de dix ans d'histoire, la chaîne culturelle franco-allemande Arte ne dépasse guère 3 à 4 % d'audience, en 2002. La Cinquième, « chaîne du savoir », créée en 1994, intégrée en 2000 à France-Télévisions sous le nom de France 5 et qui partage le canal hertzien de la précédente, n'atteint pas, en journée, malgré la moindre concurrence, les 5 %. Les programmes culturels poursuivent leur lent déclin. Pourtant, le succès inattendu de certaines émissions indique que le public peut se lasser d'une télévision uniformément divertissante. Le 7 janvier 2003, le documentaire *L'Odyssée de l'espèce*, sur l'apparition de l'homme, diffusé sur France 3, réunit près de 9 millions de personnes et surpasse le film de TF1, *Les Sous-Doués*, qui n'en rassemble que 7,4 millions. Le souhait des Français, exprimé dans les sondages, de voir programmer davantage de documentaires à la télévision pourra-t-il renverser les préjugés des programmateurs routiniers ?

Internet, révolution numérique : la fin du journalisme ?

Dans l'histoire récente des médias, le fait nouveau est sans doute la percée d'Internet, au tournant du siècle. Ouvert aux entreprises en 1991 puis au public

1. Sondage IPSOS-SNPTV, novembre 2002.

en 1993, son essor est d'abord lent. En 1999, le taux d'équipement des ménages français ne dépasse pas 7 %, alors que près d'un foyer sur quatre (23 %) possède un micro-ordinateur. À cette époque, la France est très en retard sur des pays pionniers, comme le Danemark (33 %), les États-Unis (26 %) ou la Finlande (22 %). Le Premier ministre, Lionel Jospin, décide, pour y remédier, de lancer, en janvier 1998, le Programme d'action gouvernemental pour la société de l'information. Le PAGSI doit combler le retard de la France en matière de développement d'Internet et des réseaux, mais aussi prévenir le creusement du fossé numérique et adapter le flux des informations aux exigences d'une société de droit. La démocratisation des nouvelles technologies est à l'ordre du jour. L'action de l'État cherche notamment à en favoriser l'accès et l'usage à l'école, dans les espaces et les entreprises publics, tout en leur donnant une place essentielle dans la formation professionnelle. À partir de 2001, il s'efforce d'orienter l'équipement du territoire en réseau haut débit.

Fin 2002, 6,2 millions de foyers (soit un quart, au total) peuvent se connecter : la marge de progression est encore importante, puisque 39 % d'entre eux sont équipés en micro-ordinateur. Mais, en fait, si l'on tient compte de l'accès professionnel, les chiffres s'élèvent brusquement. Ainsi, en décembre 2002, une enquête estime à près de 19 millions le nombre de Français qui se sont connectés à Internet au cours du mois précédent, soit un taux d'environ 35 %[1]. Des différences sociales importantes apparaissent néanmoins face au réseau, dont la pratique demeure réservée aux citadins des grandes villes (50 % des usagers résident dans des villes de plus de 100 000 habitants) et aux générations des 15-34 ans (57 %)[2]. De là découlent

_____

1. Source : Médiamétrie.
2. Enquête IPSOS, 8 février 2002.

de fermes inégalités dans l'accès à l'information, pour des raisons qui touchent à la fois au coût, à l'avancée du réseau (qui tient à l'écart des zones rurales) et à la maîtrise de l'outil. Aujourd'hui, 42 % des Français sont convaincus qu'Internet restera réservé à une partie de la population[1].

Pour les internautes, le Web est, avant tout, une vaste source d'information (38 %), un moyen d'échange et de communication (30 %), mais en aucun cas un instrument d'achat. La gigantesque masse de connaissances de la toile et les modalités de son fonctionnement posent au monde de l'information classique un véritable défi. La presse s'est intéressée très tôt à Internet. Les magazines d'information générale et de loisirs ont, les premiers, disposé de leur serveur, à l'instar de celui de *Elle*, constitué en novembre 1995. Un à un, les journaux ont ouvert leur site et délégué une équipe à son entretien (plus de 1 900 sites de publications sont aujourd'hui recensés). Mais la présence ne fait pas tout, et les différents titres n'ont pas encore réussi à clairement se positionner par rapport à leur édition papier. Alors que les quotidiens ont des budgets fragiles, Internet suppose un investissement lourd pour un résultat faible en termes d'audience, qui rend les journaux en ligne très dépendants des annonceurs. Les télévisions et les radios sont toutes entrées sur la toile au point que le paysage virtuel reproduit l'offre de média (environ cent cinquante sites correspondant aux chaînes du câble). Elles cherchent, par ce biais, à mieux cerner leur public et à le maintenir en attente des émissions proposées sur les ondes. Parallèlement se sont multipliés les sites d'information de service, qui relèvent davantage de la communication que de la stricte information.

L'ensemble de ces opérateurs tablent sur le fait qu'un jour prochain il existera un média unique

---

1. *Ibid.*

relayant commodément la télévision et l'ordinateur sur ce que nous considérons comme un téléphone à écran. Ce média digital universel interactif pourra être tenu dans sa poche et emporté partout, bouleversant les habitudes de communication et l'idée même d'un relais journalistique.

Pour l'heure, là n'est sans doute pas le plus important. Un autre problème se fait jour, en effet : les journalistes sont de plus en plus dépendants, pour leurs sources, des informations en ligne. En février 2002, une enquête menée par Hopscotch, société européenne de conseil en communication, affirme que le Web est devenu la première source des journalistes et que le principal espace consulté est celui des sites des entreprises. Internet aurait donc pour effet de renforcer la dépendance à l'égard des sources institutionnelles, d'autant que les boîtes aux lettres électroniques des journalistes ne désemplissent pas en messages de toutes sortes adressés par des attachés de presse zélés. Les professionnels, s'ils n'y prennent pas garde, peuvent aussi être victimes de la surinformation, de la fausse information ou de son instantanéité. Internet est le lieu de toutes les rumeurs les moins contrôlées. Certains s'y laissent prendre. En 1996, Pierre Salinger se ridiculise dans *Paris-Match* en affirmant que l'avion de la TWA qui a sombré au large de Long Island a été abattu par missile de l'US Navy, démonstration bâtie à partir d'une documentation fantaisiste trouvée sur le Net. L'année suivante, *France-Soir* publie en couverture, et dans les mêmes circonstances, une photographie censée représenter l'accident de Diana. Plus généralement, la dilution de l'information rend difficile l'exploitation de pages dont on ne peut vérifier l'origine et où l'on trouve des documents de deuxième ou troisième main. Or, les sites se copient les uns les autres.

Mais, pour les journalistes, il y a plus grave encore. Les nouvelles technologies remettent en cause leur rôle de médiateurs. Il n'est, d'ailleurs, nul besoin d'Internet pour cela. Ainsi, les caméras numériques, de plus en plus perfectionnées, font de chacun un reporter en puissance : ce qui est devenu un réflexe aux États-Unis gagne désormais la France. Le 11 septembre l'a bien montré : les images tournées par des anonymes ont permis aux chaînes de télévision de montrer l'impact des avions-suicides sur les Twin Towers sous tous les angles ! Avec Internet, les journalistes ne sont plus les détenteurs exclusifs des sources d'information et ne peuvent plus revendiquer leur qualité d'intermédiaire entre le public et les émetteurs de l'information. À l'imitation du modèle américain, se développent les blogues (ou weblogues), véritables journaux en ligne conçus par des amateurs éclairés qui court-circuitent la chaîne habituelle journaliste-éditeur-annonceur. La gratuité des nouvelles renforce le processus : un internaute peut, désormais, prendre connaissance d'une dépêche d'agence aussi rapidement qu'un journaliste. La chose est d'autant plus inquiétante pour les professionnels que l'évolution des modes d'information a tendu souvent à les transformer en porte-micro, en porte-plume ou en porte-caméra, recueillant des témoignages et transmettant des faits, le plus vite possible. Or, la vocation du journaliste ne se borne pas à « transmettre » mais, preuve à l'appui, à expliquer et à garantir le mieux possible l'exactitude de l'information.

Les hommes d'information sont donc amenés à redéfinir leur fonction et leur éthique face aux nouvelles technologies. Sinon, ils courent trois grands risques. Le premier est la manipulation. Les communicants des organisations et entreprises, publiques et privées, s'efforcent, désormais, de produire une information spécialement adaptée aux besoins des journalistes, si bien faite qu'elle les dissuade d'aller la vérifier. Le deuxième est l'uniformisation. La tentation est grande de reprendre les informations fournies par les confrères, étrangers surtout, et de se contenter de les mettre en forme. Le troisième péril est la dépossession. L'explosion des nouvelles alternatives rend nécessaires de nouveaux processus de vérification et de validation. Leurs définitions sont actuellement aux mains des États et des experts en nouvelles technologies. Les journalistes doivent y imposer leur point de vue, s'ils veulent éviter que la communication ne se substitue à l'information. Ils bénéficient face à ce défi d'un atout essentiel, la lente construction d'une habitude sociale de lecture et l'audience maintenue de leurs supports qui ont conçu les sites d'information les plus consultés sur Internet (en France : TF1, M6, *Le Monde*…)[1].

Cependant, si l'avenir des médias est assuré, rien n'indique que le journalisme soit éternel. Déjà, à l'aube du XXe siècle, certains annonçaient son extinction prochaine. L'utopie technicienne poussait à imaginer un monde où les hommes, reliés entre eux grâce à la machine, aux « conduits électriques », aux « images à distance », accéderaient librement, instantanément, aux mêmes informations planétaires. Alors, expliquaient-ils, « ce sera beau, le journalisme se sera si bien perfectionné qu'il n'y aura plus de journalisme. Il aura cessé d'être la langue indispensable. Le *ceci tuera cela* du poète aura trouvé une application de plus. »[2] Le XXe siècle a montré qu'ils se trompaient. Qu'en sera-t-il au XXIe siècle ?

---

1. Les revues constituent souvent la base d'une information différente en structurant une collectivité qui bientôt alimente un site ou une maison d'édition, tels *Alternatives économiques* ou *Passages*.
2. Eugène Dubief, *Le Journalisme*, Paris, Hachette, 1992, p. 86.

GLOSSAIRE CRITIQUE

Audimat/Médiamat

L'audience d'un média oriente les investissements publicitaires. C'est pourquoi les annonceurs ont encouragé la création d'instruments de mesure, dans la presse écrite d'abord (Office de justification des tirages, en 1922, devenu, en 1946, l'Office de justification de la diffusion), dans les médias audiovisuels, ensuite. Pour les journaux, la radio, la télévision, la mesure d'audience est un moyen d'attirer l'annonceur.

Dès 1961, l'IFOP-ETMAR élargit ses enquêtes d'audience, de la radio vers la télévision. En 1968, la publicité pénètre sur le petit écran. Aussitôt, le Centre d'étude des supports publicitaires (CESP) conduit des sondages d'écoute à destination des annonceurs. S'il sait utiliser la technique des panels pour analyser les lectorats des journaux et même des enquêtes sur les publics de la radio depuis 1949, il ne possède pas encore de technologie fiable pour tester le média télévisuel. Avec l'éclatement de l'ORTF, en 1974, et l'autonomie des chaînes qui en résulte, un mot s'impose à la télévision : la concurrence. Désormais, en effet, une partie de la dotation budgétaire de l'État (redevance) et le volume des ressources publicitaires, toujours plus indispensables au bon fonctionnement des chaînes, dépendent de l'audience. La tentation est grande d'user de l'instrument de mesure, non seulement pour vendre du temps d'antenne, mais aussi pour concevoir des programmes exclusivement fondés sur l'écoute attendue. Tandis que le Centre d'étude de l'opinion (CEO), lié au gouvernement, réalise des enquêtes auprès des téléspectateurs pour avoir leur avis sur la télévision, le CESP affine ses outils qui lui permettent de mesurer l'audience des chaînes par tranches horaires et de cerner l'identité des téléspectateurs.

Or, une étape décisive est franchie en 1981, lorsque le CEO confie à la SECODIP (Société d'études de la consommation, distribution et publicité) la mise en place et la gestion d'un panel audimétrique. Un certain nombre de foyers sont équipés d'un système qui rend compte du fonctionnement du téléviseur. L'audimat est né. Ses résultats restent strictement confidentiels, mais ses effets sur la nature de la programmation sont déjà mesurables, nourrissant la colère des producteurs d'émissions culturelles, toujours plus marginalisées dans les grilles des chaînes.

La privatisation de la télévision, qui suppose la concurrence entre le secteur public et le secteur privé, mais aussi la rivalité au sein de ce dernier, renforce le poids d'un dispositif qui évolue. On le souhaite plus performant, mais aussi plus transparent : les enquêtes sont bientôt rendues publiques. En juin 1985, le CEO se transforme en société privée, sous le nom de Médiamétrie. Jacqueline Aglietta en prend la direction. L'année suivante, l'écoute des radios est mesurée quotidiennement auprès de 55 000 auditeurs (qui deviendront 75 000 en 1990). En 1987, le médiamat remplace l'audimat : l'audience de la télévision est désormais captée individuellement, grâce au système du « bouton poussoir » ; deux ans plus tard, 2 300 foyers sont équipés de tels audimètres (élargi à 3 150, en 2001). Chaque membre de la famille dispose d'une touche personnelle, qui permet à un ordinateur central d'établir le comportement individuel de chaque téléspectateur et de suivre sa navigation d'une chaîne à l'autre. En 1994, Médiamétrie crée encore Audicâble (audience du câble) qui, en 1998, devient Audicabsat (audience des abonnés à CanalSatellite, TPS et au service de base d'un réseau câblé), et, en 2000, MediaCabSat (350 foyers).

Plus personne, aujourd'hui, ne conteste sérieusement que l'audience oriente la programmation des chaînes. Pourtant, la machine qui la mesure, conçue avant tout pour les publicitaires, comporte bien des failles. Ainsi, les audimètres ne peuvent garantir l'attention réelle du téléspectateur au programme ou l'écran commercial, ni même sa présence devant le récepteur! Bref, si sophistiqué soit-il, l'outil électronique ne dispense jamais de l'enquête classique qui, souvent, contredit les résultats de Médiamétrie.

Marcel Bleustein-Blanchet (1906-1996)

Sans conteste, la publicité française au xxᵉ siècle se confond avec la figure de cet homme-orchestre, qui, dès l'entre-deux-guerres, donna ses lettres de noblesse à ce qu'on appelait encore avec mépris la « réclame ». Lui-même fut le meilleur narrateur de ses exploits dans les livres qu'il publia dans les années 1960-1980 (*Les Mémoires d'un lion*, 1988).

Ses débuts modestes dans la boutique paternelle lui permettent de rencontrer ceux qui deviennent ses premiers clients, quand il entreprend de vendre des espaces publicitaires. Le jeune Bleustein n'a pas vingt et un ans lorsque, en 1927, il crée l'agence Publicis, qui va devenir le navire amiral de la publicité en France. Il déborde d'invention et comprend les potentialités des instruments de communication modernes, à commencer par la radio. Pour elle, il imagine les premiers *jingle*, et surtout les slogans chantés, aisés à mémoriser, qui établissent précocement un lien entre écoute et conditionnement. À la fin des années 1920, les Antennes de Publicis ont déjà à ferme la publicité d'une trentaine de radios, à Paris et en province, et constituent, de fait, la première centrale d'achat d'espace. Ses bénéfices lui permettent de racheter, en 1935, une petite station qui végète, Radio LL, aussitôt rebaptisée Radio Cité qui, nourrie de programmes populaires, occupe rapidement une place centrale sur les ondes parisiennes.

Ce statut de bailleur de fonds médiatique lui permet de nouer des relations au plus haut niveau politique. Il est patriote, antifasciste, et subit les charges antisémites de l'extrême droite. Il joue brièvement les conseillers politiques à la veille de la Seconde Guerre mondiale puis, pendant l'Occupation, entre dans la clandestinité, sous le nom de Blanchet. Ses états de service lui valent la sympathie des gaullistes, et le désir de rappeler son passé combattant le décide à garder ses deux noms, après 1945. Il continue de fréquenter le pouvoir, au point de conseiller des dirigeants politiques comme Guy Mollet en 1956, le général de Gaulle en 1958 et, plus tard, son ami Jacques Chaban-Delmas.

Conseiller en communication avant l'heure, Bleustein-Blanchet comprend aussi très tôt l'immense territoire que la télévision réserve à la publicité : aussi son agence est-elle présente dans les tout premiers spots publicitaires que le petit écran diffuse, à partir de 1968. Publicis devient un empire, qui double progressivement Havas. La concurrence est rude. Les deux agences se livrent à une course de vitesse dans la conquête des grands marchés mondiaux et de clients multinationaux pour le marché français.

Mais Marcel Bleustein-Blanchet se vit aussi comme une âme généreuse. En 1960, il lance la Fondation pour la vocation, dont l'objectif est de favoriser les projets innovants des jeunes Français. En 1965, il favorise la création du CELSA avec, pour objectif premier, la formation pratique des futurs publicitaires. Cette action philanthropique compense son image d'homme d'affaires, de créateur d'un trust qui rayonne dans plus de cinquante pays et emploie plusieurs milliers de salariés. D'où, peut-être, l'immense sympathie dont il jouit, par opposition à d'autres patrons puissants de son époque.

Débuts du JT

On ignore si le projet définitif d'un journal télévisé revient à Jean Luc, le directeur des programmes, ou à Vital Gayman, responsable de l'information à la RDF. Toujours est-il qu'il prend corps en 1948, l'année où, pour la première fois, est retransmise en direct l'arrivée du Tour de France. L'aventure paraît si peu raisonnable que, un à un, les professionnels pressentis pour bâtir le journal, comme Georges Briquet, célèbre pour ses reportages sportifs sur les ondes, se récusent. Pour Pierre Sabbagh, jeune radioreporter de trente ans, l'occasion est trop belle. Approché par Jean Luc, il accepte immédiatement la direction du futur « JT ». Sabbagh, qui hésita entre la publicité, le théâtre, le cinéma, avant d'opter pour le journalisme, est bien décidé à faire de l'information à la télévision un spectacle quotidien en images.

Plusieurs fois reportée, la première édition du journal télévisé est finalement fixée le 29 juin 1949, date du départ du Tour de France. Compte tenu du public potentiel, l'expérience est d'abord destinée à convaincre le gouvernement et les députés de l'excellence d'une information en images, alors que le Parlement s'apprête, le lendemain, à voter le budget de la radiodiffusion et à instaurer la redevance sur l'usage des postes récepteurs de télévision. Sabbagh gagne son pari et peut poursuivre son projet. Assisté de Roger Debouzy, il s'entoure d'une petite équipe d'hommes de vingt-cinq/trente ans en moyenne, qui croient à l'avenir de la télévision : cameramen (outre Wakhévitch, rescapé de l'équipe de Cognacq-Jay sous l'Occupation, Marc Pasquette, André Michel, Henri Persin, venus des actualités filmées), monteurs (Jacques Anjubault) et jeunes diplômés de l'IDHEC, comme Pierre Tchernia ou Jean-Marie Coldefy. Peu de journalistes sont prêts à renoncer à la gloire des ondes pour se lancer dans l'aventure incertaine de la télévision. Y viennent quelques francs-tireurs (Georges de Caunes, Pierre Dumayet ou Jacques Sallebert).

Chaque soir, le journal est un véritable exploit technique. Pour tourner ses reportages, l'équipe de Sabbagh ne dispose que de caméras muettes 16 mm qui, de surcroît, n'offrent pas la possibilité des trucages cinématographiques les plus élémentaires (fondu enchaîné, fondu au noir). Aux Paillard-Bolex, appareils d'amateurs, s'ajoutent, pour les directs, quelques Bell-Howell, énormes tourelles munies de trois objectifs qu'il faut manier avec précaution (faute de zoom, il faut changer d'objectif à chaque nouveau plan). Quant au rayon d'action des journalistes et cameramen, il n'excède guère les limites de la capitale.

Tournées le matin après la conférence de rédaction convoquée par Sabbagh, les images sont montées dans l'après-midi pour le journal du soir. Développée dans des bidets, pendue sur des séchoirs à linge, la pellicule inversible est alors confiée à Anjubault qui procède au montage. Le soir, les téléspectateurs découvrent un journal « tout en images », comme au cinéma, car les journalistes n'apparaissent jamais à l'écran. Annoncés par des cartons filmés en direct, les documents sont commentés depuis une cabine où, les yeux rivés sur un poste de contrôle, les journalistes prennent la parole. Les illustrateurs sonores (Yves Darriet, Denise Glaser, Lucien Morisse) accompagnent les différents reportages d'un soutien musical. Malgré tout, les sujets originaux (traités en séquences d'une à trois minutes, en général) ne suffisent pas à combler le quart d'heure accordé au journal. Sabbagh a donc recours aux films d'agences que les actualités cinématographiques ont refusé. Dans ces conditions, le JT illustre l'actualité plus qu'il ne donne une information complète : sorties des conseils des ministres, sujets pittoresques sur la vie à Paris et comptes rendus sportifs dominent. Faute de public et de moyens, il ne remplace toujours pas les actualités cinématographiques pour l'information en images. Mais il fait mieux qu'elles. D'abord, il efface le traditionnel retard hebdomadaire des reportages, désormais projetés le jour même du tournage. Ainsi, dès 1950, les images de l'étape du Tour de France de la veille, expédiées par voiture ou par train, sont projetées dans l'édition du journal de la mi-journée, et commentées par Georges de Caunes. Ensuite, il donne un nouveau ton à l'actualité, grâce à la chaleur, l'authenticité, la personnification du commentaire en direct. Les journalistes de télévision inventent leur métier, sans moyen certes, mais aussi sans pression sociale ou politique. L'absence de téléspectateurs est paradoxalement une chance pour garantir le succès de l'apprentissage.

Sabbagh quitte le JT en 1954 pour rejoindre une radio nouvelle, Europe n° 1. Désormais, les hommes de radio dominent (Claude Darget, Jacques Donot, Jean Rabaut, Jacques Perrot...) et les journalistes apparaissent à l'écran, dans un JT programmé à 20 heures, et non plus 21 heures, comme depuis 1949. En décembre 1955, Jacques Sallebert, correspondant à Londres, débute ses chroniques régulières, en direct. Enfin, en novembre 1956, le JT change sa formule, avec un présentateur unique, les membres de l'équipe alternant chaque soir. Mais ces innovations ne changent rien au fond : le journal manque de moyens et se réduit encore, pour l'essentiel, à la lecture de dépêches et de communiqués – exercice imposé du speaker de radio –, et à la diffusion d'images d'agences. Les sujets illustrés sont donc fréquemment longs, car il convient de rentabiliser les équipes. Il faut attendre 1960 pour que soit débloqué de quoi faire un journal complet, une véritable information télévisée.

Michel Drucker (né en 1942)

Ce fils de notable normand – dont le frère, Jean, dirige la chaîne M6 –, a fondé sa carrière sur l'audiovisuel (télévision, mais aussi radio). Abandonnant l'information pour le divertissement, il a contribué à en définir les canons. Poli, charmeur, consensuel, mais soucieux de laisser ses invités libres de leurs propos, il a réussi l'exploit de conquérir le grand public, sans se mettre à dos le monde de la culture.

Dépourvu de diplôme universitaire, il commence sa carrière au sortir du service militaire, en intégrant le service des sports de la télévision en 1964, sous l'aile protectrice de Léon Zitrone. Cette amitié lui permet de passer au Journal télévisé où, de 1965 à 1973, il présente les sujets sportifs. En 1968, il frise l'élimination, après les grèves, mais ne connaît pas la disgrâce qui frappe ses confrères, Roger Couderc, Robert Chapatte ou Thierry Roland. Dès 1969, en effet, il est chargé des grands événements du football, et commente toutes les coupes du monde de 1970 à 1986.

Ces débuts de journaliste lui donnent un goût pour l'interview simple et directe, dans le feu de l'action. Il en trouve une application dans le domaine de la variété quand il commence, en 1974, à animer le dimanche après-midi, invitant chanteurs et acteurs à venir présenter « leur actualité » (*Les rendez-vous du dimanche*). Il les reçoit sur son plateau, presque en famille, les écoute et les interroge pour les mettre en valeur, et invente ainsi un genre avec sa complice, la réalisatrice Françoise Coquet. Le divertissement, en effet, n'est pas présenté comme un spectacle filmé à la façon des shows à l'américaine de Maritie et Gilbert Carpentier, mais plutôt comme un spectacle vivant où compte la dimension intime (le décor, avec des divans, entend d'ailleurs évoquer un salon), un lieu où se dévoilera la personnalité des gens du show-business. Suit une série d'émissions en public, placées aux heures de grande écoute, souvent le samedi soir (*Star* et *Champs Élysées*, dans les années 1980, *Star 90* et *Studio Gabriel*, ensuite). Les vedettes du moment s'y bousculent. Mais la formule est véritablement achevée avec *Vivement dimanche* et *Vivement dimanche prochain*, lancées en 1998.

Michel Drucker est devenu le modèle de l'animateur d'émissions de variétés. Aux yeux du public, il est le gendre idéal ou l'ami fidèle. Sa vie privée (mariage avec Dany Saval, naissance de ses enfants) est suivie avec attendrissement dans les pages de *France-Dimanche* ou d'*Ici Paris*. Ses goûts sont jugés populaires : il pratique le vélo et n'ignore rien du Tour de France. On admire ses discrètes activités bénévoles en faveur de prisonniers, et c'est à lui qu'on fait appel pour animer le Téléthon ou les émissions de prestige, comme la Nuit des Césars ou les hommages aux chanteurs disparus (Charles Trenet, 2000). Du coup, il devient, à son tour, une sorte de vedette, comme si la notoriété de ses invités rejaillissait sur lui et colorait son travail d'une aura singulière. Drucker est une sorte de marque déposée : il est un des rares à propos duquel les gens de spectacle disent « chez Drucker », comme on dit « chez Pivot ». Cette réussite lui vaut de nombreuses récompenses et distinctions, comme animateur plutôt que comme journaliste (tel le Sept d'or de la meilleure émission de variétés, obtenu en 1984 pour *Champs Élysées*). Pourtant, la légitimité de l'information lui manque et il tente d'en retrouver une part du prestige, en s'entourant de journalistes qui, à leur tour, basculent dans le divertissement, comme Pierre Bénichou, rédacteur en chef du *Nouvel Observateur* ou Bruno Masure, ancien présentateur du journal télévisé.

Michel Drucker contribue aussi aux opérations de communication politique, en invitant dans *Vivement dimanche* des personnalités publiques, trop heureuses de donner d'elles-mêmes un visage plus humain, en dévoilant une part de leur sphère privée. Lionel Jospin, Édouard Balladur, Robert Hue, Alain Juppé, Bernadette Chirac, Arlette Laguiller, d'autres encore, se pressent sur le canapé de Drucker pour parler de tout autre chose que de politique. Le tout dans l'atmosphère consensuelle qui sied à l'après-midi familial du jour du Seigneur.

Le descendant de notable régional est devenu membre de l'élite nationale et ne dédaigne pas la fibre patriotique, par exemple, en animant, en décembre 2002, une émission à la gloire du porte-avions le *Charles-de-Gaulle*, où le ministre de la Défense et le Gotha de la marine nationale se mêlent aux chanteurs de variétés.

Populaire, Drucker? Qui en douterait? En 2000, il est classé neuvième au «Top 50 IFOP-JDD» des Français «qui comptent». Certes, Zinedine Zidane, l'abbé Pierre, Johnny Hallyday le devancent. Mais il est le premier homme de télévision cité, et précède sœur Emmanuelle, Aimé Jaquet, Nicolas Hulot… et Jacques Chirac!

Écoles de journalisme

« De bons esprits ont imaginé de fonder une école de journalisme. Auraient-ils songé à fonder une « école de l'apostolat »? » Extraite du *Journalisme en vingt leçons*, manuel publié par Robert de Jouvenel en 1920, la formule, ironique, en dit long sur la manière dont la profession envisage la formation du journaliste à l'époque. Non, pense une large majorité des hommes d'information, le journalisme ne peut s'apprendre dans un cadre scolaire. Certes, l'apprentissage est indispensable, mais il doit s'effectuer « sur le tas », dans les rédactions, sur le terrain, par la pratique. Le jeune rédacteur, le reporter débutant, forgeront leurs armes au contact des anciens et se nourriront de leur expérience et de leurs conseils. La profession, par nature ouverte, a longtemps nié

Les neuf écoles reconnues par la profession

École	Lieu/statut	Création/ reconnaissance	Diplômés dans la profession (%) 1983	Diplômés dans la profession (%) 1999	Effectif moyen d'une promotion (1996)	Principales filières universitaires d'origine (1990-1999) (%)
ESJ (École supérieure de journalisme)	Lille (privé)	1924 (1956)	52,6	18,9	62	
CFJ (Centre de formation des journalistes)	Paris (privé)	1946 (1947)	38,2	25,4	46	
CUEJ (Centre universitaire d'étude du journalisme)	Strasbourg (public)	1957 (1968)	4	15,8	37	Sciences-Po (29,3) Histoire (22,6)
IUT-DUT Journalisme	Bordeaux (public)	1968 (1975)	1,3	15,9	35	Histoire (12) Droit (9,1) Économie (9,1)
IUT-DUT Journalisme	Tours (public)	1968 (1981)	2,6	9,8	28	Histoire (14,1) Sciences (9,8)
CELSA (Centre d'études littéraires supérieures appliquées)	Paris (public)	1978 (1981)	1,3	–	15	Info-com (30) Histoire (20,6)
IPJ (Institut pratique du journalisme)	Paris (privé)	1978 (1991)	–	6,8	37	
EJCM (École de journalisme et de communication de Marseille)	Marseille (public)	1983 (1984)	–	4,1	18	Histoire (20,6) Sciences-Po (19,1)
EJT (École de journalisme de Toulouse)	Toulouse (privé)	1990 (2001)	–	–	–	

Principales sources : *Cinquante ans de carte professionnelle*, Paris, CCIJP, 1985 ; Valérie Devillard et al., *Les Journalistes français à l'aube de l'an 2000. Profils et parcours*, Paris, Éditions Panthéon-Assas, 2001 ; *Composition et devenir de dix promotions de diplômés (1990-1999)*, Rapport d'Alain Channel, CUEJ la nécessité de diplômes ou de compétences préalables. Aujourd'hui encore, les diplômés en journalisme ne représentent qu'un peu plus d'un professionnel sur dix (9,8 % en 1990 ; 11,9 % en 1999), et quatre journalistes sur cinq entrent dans la carrière sans être passés par une école de journalisme. Les enquêtes le montrent : les responsables des journaux, s'il reconnaissent désormais le travail effectué par les écoles, estiment nécessaire de recruter un personnel issu d'horizons divers qu'ils formeront eux-mêmes.

Dans ces conditions, contrairement aux pays anglo-saxons, les écoles de journalisme ont éprouvé des difficultés à s'implanter en France. La toute première est créée à Paris par l'Américaine Dick May, en 1899. Dès 1900, elle constitue l'une des quatre sections de l'École des hautes études sociales, établissement supérieur privé, dirigé par le philosophe Émile Boutroux. Présidée par Jules Cornély, journaliste au *Figaro*, elle donne surtout des cours de perfectionnement et de culture générale (d'histoire, notamment, avec Charles Seignobos et Alphonse Aulard), sous forme de conférences. Mais c'est dans les années 1920 que le mouvement s'amorce véritablement, avec la création en 1924 de l'École supérieure de journalisme de Lille, dirigée par Paul Verschave, professeur à la faculté de droit, et du Centre d'études journalistiques, fondé à Paris en 1929, sous l'égide du SNJ. Suscitée par l'Église, dans le premier cas, ou soutenue par l'idéal républicain et laïc, dans le second, ces initiatives répondent à un souci commun : moraliser la profession en inculquant des règles, en élevant le niveau de connaissances et le sens des responsabilités des jeunes journalistes. En lançant, en 1946, le Centre de formation des journalistes, Philippe Viannay, Jacques et Claire Richet ne pensent pas autrement. En assurant « le recrutement et la formation professionnelle des jeunes journalistes », le CFJ doit porter, dans la presse, l'idéal civique et éthique de la Résistance. L'école, fondée sous la haute autorité des patrons de la Fédération de la presse et des journalistes du SNJ, est d'abord présidée par Léon Rollin. Albert Camus, Pascal Pia, Raymond Aron, Michel Debré, Jean-Baptiste Duroselle, Jean Guignebert y donnent des conférences.

Le CFJ fournit le cadre du développement des futures écoles qui, pour délivrer un diplôme reconnu, doivent s'inscrire dans la convention collective qui lie les patrons de presse aux journalistes. Leur participation à la formation est indispensable, et les écoles sont de plus en plus soucieuses d'adapter leur enseignement aux mutations techniques des médias (audiovisuels, notamment). Aujourd'hui neuf écoles sont reconnues par la profession. Cinq autres y préparent également (« Nouvelles » à Nice, l'Institut français de presse et l'École supérieure du journalisme à Paris, l'IUT de Lannion, l'université de Bordeaux-III). Si l'existence même des écoles n'est plus mise en cause, la formation qui est y dispensée alimente toujours de vives polémiques. Les uns l'estiment trop technique ; les autres y voient le creuset de la « pensée unique » des médias actuels. La controverse, en tout cas, démontre qu'en un demi-siècle les écoles ont acquis, dans la profession, un statut de premier plan.

L'Équipe et les joies du sport

Le 28 février 1946, *L'Équipe* sort son premier numéro : le gouvernement vient juste d'autoriser la presse sportive à reparaître. Un autre titre profite de l'aubaine, *Élans*, promu par un ancien athlète, Pierre Skawinski ; ses moyens sont faibles, et son information peine à satisfaire les lecteurs. Le vrai concurrent est *Le Sport*, qui profite de la puissance du Parti communiste, dont il dépend.

La rédaction de *L'Équipe* rassemble, alors, les anciens journalistes d'un quotidien qui a continué de paraître dans Paris occupé, et ce jusqu'au 17 août 1944 : *L'Auto*, lui-même héritier de *L'Auto-Vélo*. Né en 1900, il avait dû changer de nom, à l'issue d'un procès en usurpation de titre, pour s'appeler simplement *L'Auto*. Créateur du Tour de France, en 1903, la course d'effort par excellence, le quotidien, populaire, était devenu prospère dans les années 1930, grâce à son dynamique directeur, Jacques Goddet. Mais le journal est interdit à la Libération. Ses biens sont mis sous séquestre, et son patron ne peut reprendre une activité officielle. C'est pourtant Goddet qui, en coulisse, pousse au lancement du nouveau titre et lui donne ses principaux caractères. D'abord publié trois fois par semaine sur deux pages, *L'Équipe* se fixe, dans le climat de la France nouvelle, une mission civique. Quel est son objectif? « Aider à la formation d'une génération vaillante, capable de réparer dans l'amour de la patrie les fautes de celles qui l'ont précédé. » Dans le premier éditorial, la rédaction souligne combien l'idéal du sport rejoint les valeurs nationales de solidarité, de liberté et de construction collective. Et de conclure : *L'Équipe* « veut rendre à la jeunesse de France l'esprit de sacrifice, la foi et l'enthousiasme ».

En juin 1948, les directeurs d'*Élans* proposent de fusionner les deux titres. *L'Équipe* reste le label; la rédaction d'*Élans* est absorbée. Gaston Meyer est nommé rédacteur en chef. Grâce à ce renfort, le journal peut enfin devenir quotidien. Il subit encore quelque temps la concurrence du *Sport*. Mais la marginalité du Parti communiste et le ton militant du journal lui portent très vite préjudice. Dès lors, *L'Équipe* prend le dessus et, à partir de 1948, se retrouve en situation de monopole.

La formule du journal n'est pas sans rappeler celle de *L'Auto* d'avant guerre, avec ses gros titres, ses photos à la une, mais aussi ses interviews et ses reportages. Jacques Goddet, qui, après sa période de purgatoire, le dirige désormais officiellement, n'est évidemment pas étranger aux choix éditoriaux, qui ont déjà fait leurs preuves. Pour stimuler les ventes, *L'Équipe* renoue avec les anciennes techniques consistant à créer des événements au retentissement international. Dès 1947, Goddet ranime le Tour de France, gagné cette année-là par Jean Robic. Bientôt, ce sont les duels entre les champions italiens, Coppi et Bartali, qui fascinent les supporters, avant que la France ne découvre Louison Bobet puis Jacques Anquetil, premier vainqueur de cinq Grandes Boucles. À chaque nouvel exploit des cyclistes, des boxeurs, des footballeurs, les ventes grimpent, quadruplent parfois, alors que la diffusion moyenne, à la fin des années 1950, s'établit à près de 200 000 exemplaires. En

1957, il a aussi l'idée de créer une coupe d'Europe des clubs champions. Le journal parle des sportifs, leur donne la parole, les montre. La formule du texte et des images s'impose désormais comme la seule capable d'assurer une grande diffusion.

Jacques Goddet a bientôt soixante ans. Il sent qu'il lui faut trouver un successeur, capable de garantir la survie de l'entreprise et d'apporter des fonds pour accroître la diffusion. Après discussion, il choisit le patron d'un journal populaire comme le sien, Émilien Amaury, qui, grâce au *Parisien libéré*, s'est bâti un empire de presse. Amaury rachète donc *L'Équipe* en 1965. L'aide apportée par le patron du groupe qui porte son nom est essentiellement logistique : Goddet continue à diriger son titre et imprime sa marque à la rédaction. Puis il s'efface lentement, passant le relais à des hommes plus jeunes, comme Jean-Pierre Courcol, puis Paul Roussel. Grâce au rachat de *L'Équipe*, la Société du Tour de France tombe dans le groupe Amaury, qui se spécialise dans la création d'événements sportifs, et qui, par exemple, dirige, dans les années 1990, le Paris-Dakar, jusque-là détenu par Thierry Sabine Organisation. Désormais, *L'Équipe* est au cœur d'une nébuleuse qui négocie la vente des grands événements sportifs aux plus puissants médias (télévision, radio). Le journal continue de promouvoir le monde sportif en couvrant des disciplines moins médiatisées que le football, le cyclisme ou le tennis, comme le hockey sur gazon, l'haltérophilie ou l'escrime.

Au fil du temps, des concurrents ont caressé le projet de contester à *L'Équipe* son monopole. En vain. Non seulement le quotidien sportif de masse a résisté, mais il a réussi à accroître son audience, portant sa diffusion de 250 000 exemplaires au milieu des années 1980 à plus de 400 000 à la fin de la décennie suivante. Le public du journal est fidèle, ce qui explique sans doute le succès de *L'Équipe magazine*, supplément hebdomadaire lancé en 1981. Il fait bondir le prix du numéro du week-end, ce qui pourrait détourner le lecteur ; or, ça n'est pas le cas. Décidément, le journal fondé par Jacques Goddet reste un cas à part dans la presse française.

Fondé en 1953 par Jean-Jacques Servan-Schreiber et Françoise Giroud pour soutenir le renouveau politique porté par Pierre Mendès France, *L'Express* clôt la première étape de son histoire en devenant le premier *newsmagazine* français, en 1964.

L'hebdomadaire, après avoir connu une belle progression, stagne au début des années 1960, et parvient difficilement à retenir ses abonnés (153 000 exemplaires diffusés en 1964). Pour relancer les ventes, ses dirigeants décident une transformation totale de la maquette et des contenus, dégagés de tout militantisme politique, recentrés sur l'information générale. Il s'agit clairement d'attirer les annonceurs, en visant une clientèle de cadres et de professions intellectuelles à assez hauts revenus, et un groupe social qui se situe politiquement au centre de la vie publique. Inspiré du style du *Time*, de la maquette du *Spiegel* et du journalisme de *The Economist*, *L'Express* se transforme, le 21 septembre 1964, en *newsmagazine*. Quelques mois plus tard, *Le Nouvel Observateur*, conduit par Jean Daniel (qui a quitté l'hebdomadaire en novembre 1963), l'imite.

La nouvelle formule, avec ses sept grandes sections (France, Monde, Économie, Vie moderne, Spectacles, Livres, Madame Express), semble séduire. L'équipe est brillante, conduite, aux côtés de JJSS et Françoise Giroud, par Jean Ferniot, René Guyonnet, Christiane Collange, Georges Suffert. Des journalistes promis à un bel avenir y collaborent : Michèle Cotta, Catherine Nay, Danièle Heyman, Marc Ullman, Jean-François Kahn, Jacques Derogy (qui y révèlent l'affaire Ben Barka, en janvier 1966), etc. L'hebdomadaire de grande information dépasse, en 1967, 400 000 exemplaires. À ce moment, Claude Imbert remplace Jean Ferniot comme rédacteur en chef, et Antoine Verdier est nommé directeur de la publicité.

Verdier vient de Renault et applique au journal les recettes apprises dans l'automobile : division en dix-huit secteurs de démarchages confiés à des chefs de publicité ;

composition d'un argumentaire après une enquête sur le lectorat de *L'Express* ; mise en place d'un partenariat avec certaines entreprises (Renault) pour commander des études de motivation ; négociation des tarifs de vente d'espace avec réductions pour les gros annonceurs. Dès lors, la publicité s'envole et devient l'élément moteur du journal, produisant plus des deux tiers de ses ressources. En 1967, *L'Express* porte son chiffre d'affaires publicitaire à plus de 44 millions de francs, investis par 994 annonceurs. Les secteurs les plus importants sont alors représentés par les produits de toilette et de santé (5,1 millions de francs, 70 annonceurs), les automobiles (4,3 millions, 45 annonceurs), l'habillement, les produits alimentaires, mais aussi les voyages, la radio, la photo, la musique, le sport et les vacances. L'augmentation de l'espace réservé à la publicité nécessite une hausse du nombre total de pages. Dans le même temps, *L'Express* progresse en diffusion : 500 000 exemplaires en 1969, et plus de 600 000 en 1972-1973.

En 1971, *L'Express* est pourtant en crise. Mais les tensions au sein de la rédaction n'ont rien à voir avec la santé financière de l'hebdomadaire. Une partie des journalistes refusent d'accompagner l'ambition politique de JJSS qui, devenu député, s'imagine un destin national. Claude Imbert, et onze autres confrères, démissionnent et vont fonder un autre important *newsmagazine*, *Le Point*. Françoise Giroud, qui n'apprécie guère l'aventure du co-fondateur de *L'Express*, s'éloigne à son tour, lorsque Valéry Giscard d'Estaing l'appelle au gouvernement, en 1974 : son nom disparaît de l'ours en septembre 1975.

Une nouvelle étape s'engage lorsque, en 1977, Jean-Jacques Servan-Schreiber cède le magazine à James Goldsmith, patron d'un empire de 14,5 milliards de francs, où se mêlent agroalimentaire, banque et immobilier. *L'Express* n'en représente que 1 %. Mais c'est une bonne affaire (650 000 exemplaires) qui donne du poids politique à Goldsmith, décidé à situer le titre au centre droit, à soutenir Valéry Giscard d'Estaing, comme l'indiquent ses décisions : une nouvelle « une », plus marketing, est confiée au graphiste américain Milton Glaser et, en septembre 1978, Jean-François Revel devient directeur de L'Express, avec Raymond Aron pour président du comité éditorial et Olivier Todd comme rédacteur en chef. JJSS a mené la cession comme une opération financière, attendant de redresser l'hebdomadaire, en perte de vitesse en 1974-1975, pour le vendre le plus cher possible.

En 1981, la rédaction de L'Express est de nouveau en crise. Le patron montre son pouvoir. Goldsmith dénonce une couverture qu'il juge trop favorable à Mitterrand : il licencie Olivier Todd ; en réaction, Jean-François Revel décide de partir. L'hebdomadaire, navire amiral d'un groupe de presse qui s'étend, passe alors de main en main. En juillet 1987, Goldsmith cède le journal à la Compagnie générale d'électricité. Yann de l'Écotais en devient rédacteur en chef. En 1992, Françoise Sempermans est nommée PDG du groupe Express. Deux ans plus tard, elle fait appel à Christine Ockrent pour diriger la rédaction. Mais, en 1995, le jeu des cessions se poursuit. L'Express est désormais contrôlé par CEP Communication, filiale d'Havas. Sempermans et Ockrent s'en vont, remplacées par Christian Brégou et Denis Jeambar, ancien directeur de la rédaction du Point et président d'Europe 1. Enfin, en 1997, Havas absorbe 100 % de CEP, tandis que la Compagnie générale des eaux, que dirige Jean-Marie Messier, devient le principal actionnaire d'Havas. Dans un souci affiché de distinguer le pôle financier du domaine rédactionnel, le groupe Express est transformé, en décembre de la même année, en société à directoire (présidé par Denis Jeambar) et conseil de surveillance (animé par Jacques Duquesne).

L'Express d'aujourd'hui n'a plus rien à voir avec la formule de 1953, ni même celle de 1964. Il reste, par sa diffusion, le premier newsmagazine (556 000 exemplaires), avant Le Nouvel Observateur (544 000), Le Figaro magazine (509 000), Le Point (353 000) ou Marianne (230 000). Phénomène assez français, la vitalité des newsmagazines résiste aux mutations de la presse et tranche avec la fragilité des grands quotidiens. Ceci expliquant peut-être cela.

Le Figaro, de Brisson à Hersant

Le Figaro est le doyen des quotidiens français. Lorsque Robert Hersant l'acquiert, en 1975, le journal animé en 1854 par Hippolyte de Villemessant est âgé de cent vingt et un ans, ou de près de cent neuf, si l'on ne considère que sa formule quotidienne, lancée le 16 novembre 1866.

L'homme qui a marqué sa vie durant une grande partie du XXe siècle est sans aucun doute Pierre Brisson (1896-1964). Petit-fils de Francisque Sarcey, fils d'Adolphe Brisson, il est, dès son enfance, plongé dans le bain journalistique. Lui-même critique dramatique, puis directeur littéraire du *Figaro*, il prend en charge la rédaction en octobre 1936, s'entourant d'une équipe brillante, où l'on relève les noms de François Mauriac, Lucien Romier, Wladimir d'Ormesson ou Abel Hermant. Leader d'une presse de droite modérée, *Le Figaro* de ces années-là est, à bien des égards, l'antichambre de l'Académie française ! Néanmoins, son tirage, oscillant entre 80 000 et 100 000 exemplaires, reste modeste.

Sous l'Occupation, le quotidien, qui, dans les années 1930, a affiché clairement son hostilité au nazisme, continue de paraître en zone Sud, sous la direction de Brisson. Souvent menacé d'interdiction pour ses sympathies gaullistes, *Le Figaro* décide de se saborder, en novembre 1942, lorsque les Allemands franchissent la ligne de démarcation. Dans ces conditions, il peut, sans obstacle, reparaître à la Libération, d'autant que de Gaulle n'est pas mécontent de voir un quotidien de sa qualité occuper un espace laissé vide par une presse de droite compromise et interdite. L'équipe d'avant guerre (Louis-Gabriel Robinet, Maurice Noël, François Mauriac, Georges Ravon...), à laquelle se joint Raymond Aron, se reconstitue, exception faite de Paul Morand, mêlé d'un peu trop près à la Collaboration. En 1945, le journal tire à plus de 230 000 exemplaires et, bientôt, 500 000.

Si Pierre Brisson est l'âme du *Figaro*, il n'en est pas le propriétaire. La plus grande part du capital est détenue par la veuve de François Coty (maître du quotidien de 1922 à 1933), Yvonne Cotnaréanu. En 1948, une épreuve de force les oppose : il tient à l'indépendance de la rédaction ; elle veut infléchir la ligne éditoriale. L'affaire se termine devant le tribunal de commerce, qui donne raison à Brisson, au motif qu'il est, avec quelques autres, le titulaire de l'autorisation à paraître, obtenue en 1944. Début 1950, le conseil d'administration invite Mme Cotnaréanu à céder la moitié de ses parts (48 % du total) au tandem Jean Prouvost-Ferdinand Béghin. Puis un compromis est trouvé avec les nouveaux propriétaires, qui établit une complète séparation des pouvoirs entre une société anonyme, détentrice du capital, touchant les dividendes mais ne s'immisçant pas dans le contenu du journal, et une société fermière, contrôlée pour les trois quarts par l'équipe « intellectuelle » du *Figaro* et régnant sur la direction, la rédaction, l'administration. En échange, les propriétaires reçoivent 95 % des résultats d'exploitation. Pierre Brisson lui-même, nommé PDG, coiffe l'ensemble. L'accord est conclu pour dix-neuf ans, soit jusqu'au 13 mai 1969.

Mais Pierre Brisson meurt avant l'échéance, le 31 décembre 1964. Le compromis peut-il survivre à la disparition de son principal garant ? Les journalistes ont des raisons d'en douter car, quelque temps avant le décès de leur directeur, Prouvost et Béghin ont racheté les parts de Mme Cotnaréanu. Autrement dit, ils sont les seuls maîtres à bord. Brisson a bien senti le danger, adressant cet avertissement à Prouvost, en mai 1964 : « Ce souci de notre indépendance reste profondément ancré chez les collaborateurs et subsistera après moi, n'en doutez pas. C'est pourquoi je pense que la sauvegarde du *Figaro* après moi, après vous, restera liée au maintien d'une Société fermière avec tous ses pouvoirs, en dehors du capitalisme et en accord avec lui. » Brisson ne se trompait pas. À peine est-il inhumé que les grandes manœuvres commencent. Prouvost veut imposer ses hommes et ses idées, si bien qu'en octobre 1965 les journalistes constituent une société des rédacteurs, présidée par Raymond Aron.

L'échéance de 1969 approchant, la tension monte. La rédaction organise une grève d'avertissement de vingt-quatre heures en octobre 1968, puis une autre, de quinze jours celle-là, en mai 1969, car Prouvost n'est pas disposé à proroger l'accord de 1950. De nouveau, les tribunaux tranchent, reconnaissant aux membres de l'équipe de Brisson de la Libération le droit exclusif du titre, et à la société des rédacteurs la vocation d'être partie prenante sur toute discussion sur l'avenir du journal. Prouvost contre-attaque : il s'endette pour racheter les parts de son ami Béghin, et devient l'unique propriétaire du journal, à hauteur de 96,96 % des actions. Néanmoins, en février 1971, il doit se soumettre à un nouveau compromis pour dix-neuf nouvelles années. Prenant le relais de la société fermière, une société de gestion se constitue, dont le capital est réparti entre les propriétaires, l'équipe Brisson et les membres de la rédaction. À sa tête, est placé un directoire, présidé par Louis-Gabriel Robinet, directeur de la rédaction et vieux compagnon de Brisson, que vient compléter un conseil de surveillance.

L'accord tient jusqu'au milieu des années 1970. C'est là que Robert Hersant entre en scène. Le « Papivore » rêve d'un grand journal influent. Par ailleurs, *Le Figaro*, dont les ressources proviennent à 80 % de la publicité, et dont la diffusion avoisine les 400 000 exemplaires, est une bonne affaire. C'est grâce à ses bénéfices que Prouvost a pu acquérir 40 % des parts de *Cosmopolitan*. En décembre 1974, Hersant annonce son intention de lancer un quotidien sur Paris. Deux mois plus tard, Prouvost rend public son souhait de vendre les parts achetées à Béghin, en 1970, à « un groupe offrant les garanties nécessaires pour maintenir l'indépendance et le rayonnement du journal ». Les appétits s'aiguisent, et la rumeur va bon train. Des noms circulent : Jean-Jacques Servan-Schreiber, André Bettencourt, René Gicquel…

Finalement, en mars 1975, Robert Hersant pose sa candidature. La réaction des journalistes, et singulièrement celle de la société des rédacteurs qu'anime Denis Perrier-Daville, est immédiate, d'autant que le passé de collabora-

teur du prétendant resurgit soudainement. Néanmoins, rien
n'y fait. En juin 1975, Prouvost et Hersant signent une pro-
messe de vente ; un mois plus tard, à la faveur d'une augmentation de capital de 28 millions de francs, *Le Figaro* a
définitivement changé de groupe. Les derniers soubresauts
de la rédaction sont sans effets. Sur deux cents journalistes
environ, cinquante-six partent volontairement, une vingtaine d'autres sont brutalement remerciés. Max Clos, nouveau directeur de la rédaction, proclame : « *Le Figaro* restera
un journal libéral et deviendra un journal intelligemment
conservateur. » Bientôt, le quotidien déménagera du rond-
point des Champs-Élysées pour la rue du Louvre. L'ère
Hersant commence.

Daniel Filipacchi *(né en 1928)*

Daniel Filipacchi est, sans doute, un des patrons de médias
les plus puissants, mais aussi les plus discrets. Son père,
Henri Filipacchi, dirige Hachette distribution au lendemain
de la guerre. Il importe la formule anglaise du livre de poche
en 1953, et organise un accord avec nombre de maisons
d'éditions pour faciliter la vente à bas prix sans saboter le
marché du livre (les ouvrages doivent attendre un an avant
d'être publiés en poche). Daniel Filipacchi, lui, commence
dans le monde des médias à partir de sa passion : le jazz. Il
rachète *Jazz magazine*, avec son ami Franck Ténot, puis propose un programme musical sur ce thème à Europe n° 1,
dès 1955. En 1959, le duo lance l'émission *Salut les copains,*
au risque de perdre sa crédibilité dans les milieux exigeants
du Jazz. Mais il n'en est rien ; au contraire. Leurs anciens
auditeurs les soutiennent, tandis que les deux hommes
deviennent les porte-parole du Rock, du Yéyé puis du Twist.

Le succès de « *SLC* » est incroyable. En 1962, moins de
trois ans après le début de l'émission sur les ondes, ses producteurs lancent un magazine qui porte le même titre et
réunit les mêmes signatures. La réussite est surprenante : 1
million d'exemplaires, en 1963. L'embryon d'un groupe de
média se dessine. Conjointement, Filipacchi aide *Les*

Cahiers du cinéma, qui peinent à trouver un lectorat, malgré l'apport de la nouvelle vague.

Le portrait de cet – encore – jeune patron de presse au milieu des années 1960 étonne. Il possède des réseaux amicaux dans le show-business. Son expérience brève de photographe à *Marie-Claire* et *Paris-Match* lui a permis de faire d'importantes rencontres, comme celle de Jean-François Périer, qu'il embauche bientôt à *SLC*. Il compte aussi sur l'habileté de sa sœur Anne-Marie, qui participe au lancement de *Mademoiselle Âge tendre*, en 1964 (500 000 exemplaires), avant d'en prendre la rédaction en chef. Pierre à pierre, l'empire se bâtit.

Mais Filipacchi n'est pas fleur bleue. C'est un homme d'affaires qui sent les tendances de son temps. En 1963, il crée *Lui*, un magazine pour cadres, agrémenté de femmes nues, qui provoque l'ire des militantes féministes. Il ajoute bientôt à ses activités une maison d'édition et multiplie les lancements et les rachats de titres, au point que, dès les années 1970, il est à la tête du premier groupe de presse magazine français. En 1976, il rachète même *Paris-Match*, au bord de la faillite, et en confie la direction à Roger Thérond, journaliste chevronné et homme d'image. Il se rapproche alors du groupe Hachette, dirigé depuis 1981 par Jean-Luc Lagardère. Il s'occupe, à partir de 1984, de Hachette Filipacchi Presse et de sa société Filipacchi Media. Il soutient la malheureuse tentative d'achat de TF1 par Lagardère, en 1987. N'est-il pas, alors, le numéro deux du groupe ? Son complice Franck Ténot ne perd pas non plus son temps. Il lance Europe 2, et dirige Europe 1, rappelant l'origine de leur réussite commune.

Après 1990, Daniel Filipacchi s'applique à développer la branche américaine du groupe, et suit notamment la création de *George*, le magazine de John Kennedy Jr. Finalement, en 1997, Hachette Filipacchi et Filipacchi Media fusionnent. Jaloux de sa tranquillité, Daniel Filipacchi n'en est pas moins un des hommes de médias les plus puissants d'Europe. HFM vend 1 milliard de journaux dans trente-cinq pays. Ses actifs en font le troisième groupe de médias européens, le premier producteur mondial de magazines, le premier éditeur français. Daniel Filipacchi lui-même est à la tête de la dix-septième fortune d'Europe. Il a, aujourd'hui, pris sa retraite, après une splendide ascension commerciale. *Le Monde* l'avait alors qualifié d'« empereur du papier glacé ». C'était oublier la puissance d'HFM dans les secteurs de la radio, de la télévision et du multimédia.

Françoise Giroud (1916-2003)

Esprit rebelle issu d'une famille bourgeoise, Françoise Gourdji, dite Giroud, incarne dans l'histoire des médias une forme de liberté, passant d'un média ou d'un type de journalisme à un autre, puis à un autre encore, et ce malgré le poids grandissant de la spécialisation. Munie d'un simple diplôme de sténo-dactylo de l'école Remington (auquel elle tient beaucoup!), elle est engagée comme script par Marc Allégret (*Fanny*, 1931), se lie avec Renoir, qui l'engage en 1936 pour *La Grande Illusion*, ce qui la rapproche des milieux du Front populaire, et devient la première femme assistante, en 1937. Le cinéma lui permet de se hisser à la hauteur des hommes puisque, après guerre, elle signe des scénarios et des dialogues pour Jacques Becker (*Antoine et Antoinette*) et Marc Allégret (*La Belle que voilà*; *L'amour, madame*; *Julietta*).

Elle débute dans la presse en 1940. Hervé Mille l'intègre à la rédaction de *Paris-Soir*, replié à Lyon. Sous sa direction, elle y apprend le métier, en rédigeant des chroniques de spectacles. Résistante, arrêtée en 1944 par la Gestapo, elle opte à la Libération pour le journalisme. Sa rencontre avec Hélène Lazareff, qui vient de créer *Elle*, est décisive en 1945. Françoise Giroud parle de « coup de foudre » entre les deux femmes : elle entre au journal en janvier 1946, et en dirige très vite la rédaction. Elle lui apporte un style, un rythme, un art de la mise en page.

Sa rencontre avec Jean-Jacques Servan-Schreiber marque une nouvelle étape dans sa carrière. Quittant *Elle*, elle fonde avec lui *L'Express*, en 1953, et le remplace à la tête de l'hebdomadaire lorsqu'il est mobilisé en Algérie, en 1956. Si JJSS est l'âme politique du journal, Françoise Giroud en est l'âme journalistique. Elle imprime à l'équipe des principes essentiels : un article doit raconter quelque chose, comporter du nerf et du souffle, être efficace dès la première ligne, bannir les longueurs. Couvertures et titres de *L'Express* reflètent le style Giroud. Elle accompagne la conversion de l'hebdomadaire en *newsmagazine*, en 1964 ; et, au début des années 1970, elle est à la tête d'une entreprise de quatre cent cinquante salariés et d'une rédaction de cent vingt journalistes.

Femme de gauche, amie de François Mitterrand pour qui elle appelle à voter en 1974, elle n'en rejoint pas moins l'équipe de Giscard d'Estaing, qui la nomme secrétaire d'État à la Condition féminine (1974-1976), puis à la Culture (1976-1977). Après quoi, elle ne revient pas à *L'Express*, mais entame une nouvelle étape de sa vie, en se consacrant à l'écriture. Ses livres, succès de librairie, sont nourris de sa propre expérience. Elle publie ainsi des biographies de femmes (*Marie Curie*, 1981), et des romans à clé sur les mœurs politiques. La première, elle décrit la double vie du président Mitterrand, en publiant *Le Bon Plaisir* aux éditions Mazarine (1982). Mais jamais elle ne renonce tout à fait au journalisme. Éditorialiste au *Nouvel Observateur* depuis 1986, elle y tient un bloc-notes remarqué sur la télévision. Au total, cette pionnière du journalisme féminin fut bien le passeur entre l'époque des gentlemen de presse et celle des technocrates de la culture.

Philippe Labro (né en 1936)

Journaliste, réalisateur de cinéma, scénariste, écrivain, directeur de radio et présentateur du journal télévisé, Philippe Labro est une sorte d'homme « multimédia ». Son parcours n'est cependant pas aussi éclaté qu'il y paraît. Sa démarche est populaire, mais son contenu flirte avec l'élégance élitiste.

Philippe Labro a une passion, les médias, et un rêve, l'Amérique. Le bac en poche, muni d'une bourse d'études, il quitte la France pour aller étudier dans les universités américaines (Washington et Lee, en Virginie). De retour à

Paris en 1956, il se présente au concours qu'Europe n° 1
organise pour les jeunes souhaitant devenir journalistes, et le
gagne, en compagnie de Pierre Bouteiller, co-lauréat. À
vingt-quatre ans, on lui confie, temporairement, la direction
de Radio Alger! Mais c'est d'abord dans la presse écrite
qu'il forge ses armes, à *Marie-France* d'abord, à *France-Soir*
et *Paris-Match* ensuite. Grâce à son patron, Lazareff, il participe à la grande aventure de *Cinq colonnes à la une* où il
signe son premier reportage en 1960, avant de produire son
propre magazine télévisé, en collaboration avec Henri de
Turenne, *Caméra III* (1965).

Conjointement, il s'essaie à la littérature, écrivant,
en 1960 et 1967, deux romans qui ne rencontrent pas le
public espéré. Il passe alors au cinéma et tourne plusieurs
longs métrages dont le second, *Sans mobile apparent* (1970),
connaît un beau succès. Les amateurs se souviennent de
Trintignant, en flic névrosé, et de la musique, si caractéristique, d'Ennio Morricone. En 1973, il marque la critique en
proposant à Jean-Paul Belmondo et à Charles Denner des
rôles sur mesure dans *L'Héritier*.

Mais le cinéma ne suffit pas. Appelé par Jean Farran, il
retrouve la radio avec RTL en 1976, anime une chronique,
est nommé responsable de l'information du week-end, puis
rédacteur en chef du journal de 13 heures. En 1982, il
anime « RTL-Cinéma », chaque samedi après-midi. Sa réputation de journaliste, familier de tous les médias, lui permet
de passer à la rédaction d'Antenne 2, où il assure aussi la
tranche de midi, entre 1982 et 1984, résistant aux charges
dont il est parfois la victime : ainsi, au cours d'un duplex,
Jean-Luc Godard tenta-t-il de lui faire avouer que les informations concernant la guerre des Malouines qu'il avait données en début de journal étaient invérifiables...

Ce travail lui assure une nouvelle notoriété qui ne semble
pas le satisfaire puisqu'il revient à la littérature, puis au
cinéma, avec un indéniable succès commercial. En 1984, il
présente *Rive droite-Rive gauche*, où Gérard Depardieu
endosse un costume que, dix ans plus tôt, Belmondo aurait
sûrement porté, tandis que l'ambassadrice de la mode,

Carole Bouquet, lui donne la réplique au côté de Nathalie Baye et de Bernard Fresson. Philippe Labro attaque pourtant là où on ne l'attendait pas. Son roman *L'Étudiant étranger* (1985) est couronné par le public, avant d'obtenir le prix Interallié (1986).

Entre-temps, l'auteur est devenu directeur général des programmes de RTL. En un sens, il est le sauveur de la grande station populaire, bousculée par la naissance des radios libres et par les mutations du secteur public. Il l'aide à retrouver son public, en maintenant les vieilles recettes à succès (*Les Grosses Têtes*), en rajeunissant les jeux et l'audience, et en allant chercher de nouveaux animateurs vedettes. Ce succès lui vaut d'être appelé à la rescousse, quand, en 2000-2001, la station vit une nouvelle crise. Mais il songe déjà à autre chose : faire aimer sa littérature, ses auteurs fétiches ou cultes. Il multiplie ainsi les hommages, romanesques, anthologiques, aux écrivains de la *Beat Generation* et autres, comme le dit le titre de l'essai qu'il publie en 2002, *Je connais des gens de toutes sortes*. Il décide aussi de proposer à son public une émission de télévision (*Ombre et lumière,* depuis septembre 2001) qui présente une figure littéraire dans l'intimité d'un face-à-face.

L'itinéraire de Philippe Labro tendrait ainsi à montrer que l'information et la fiction ne sont pas antagonistes. La compétence médiatique acquise dans un genre serait finalement transposable d'un support ou d'un métier à un autre.

Lazareff, Hélène (1910-1988) et Pierre (1907-1972).

Le parcours de Pierre Lazareff éclaire les mutations de la presse de masse du XXe siècle. Il les a comprises et accompagnées, saisissant les bouleversements qu'allait engendrer la télévision dans la conception même des journaux imprimés. Quant à son épouse, Hélène Gordon-Lazareff, son nom demeure attaché au plus grand magazine de l'histoire de la presse féminine en France : *Elle*.

Pierre débute comme simple rédacteur en 1923, avant de devenir, deux ans plus tard, responsable de la page théâtre du journal *Le Soir*. Il collabore à *L'Écho de Paris*, *L'Avenir*, *L'Ordre*, donne des piges à *Candide*. En 1927, un de ses amis, Paul Achard, lui propose de le remplacer quelques mois à *Paris-Midi*. Durant cet intérim, il s'occupe de théâtre, de vie mondaine et de mode. Cette expérience change sa vision de l'actualité. Il l'exprime lors d'une séance de « foire aux idées », organisée par Prouvost pour rajeunir la formule du quotidien. Lazareff développe ses arguments en faveur d'un style plus jeune, plus direct, d'informations plus vives et plus ancrées dans l'époque. Séduit, le patron acquiesce, ce qui lui vaut un contrat, une page entière à diriger autour de la vie parisienne et un poste de chef des informations. La recette Lazareff fonctionne : le quotidien triple son tirage en un an, pour atteindre 120 000 exemplaires.

Du coup, Prouvost pense naturellement à son jeune prodige quand il rachète *Paris-Soir*, en 1930. Lazareff en gravit tous les échelons : chef des informations, secrétaire général, directeur de la rédaction. Là encore, les ventes décollent. La formule est un mélange de mondanité grand public, de faits divers, de scoops (affaire Stavisky), de sport, agrémentés d'un usage inédit des images. *Paris-Soir* connaît un immense succès au point qu'en 1934 il tire déjà à 1 million d'exemplaires. Cette réussite ne va pas sans provoquer des haines. Lazareff devient ainsi la cible des hommes de *Je suis partout*. Parce qu'il est juif, les fascistes l'accusent de dénaturer la pensée populaire française. Prouvost ne se soucie pas de cela. En 1938, il confie sa dernière acquisition, *Match*, au tandem Hervé Mille-Pierre Lazareff, qui relève le défi. Lazareff est aussi conseiller technique pour les autres « enfants » de Prouvost : Radio 37, *Pour vous* et *Marie-Claire*, lancé en 1937. Là, travaille Hélène Gordon, qui s'occupe de la mode, en particulier dans les pays anglo-saxons. Le couple se forme.

Après l'armistice de 1940, les Lazareff découvrent l'exil. Du Portugal, ils gagnent le Canada, puis les États-Unis. Là-bas, personne ne les connaît. Mais, après Pearl Harbor, tout change. Hélène entre au *New York Times*, Pierre dirige les services de l'Office War Information à partir de 1942, avant de

créer et d'animer une radio : la Voix de l'Amérique. Il y parle,
prépare des textes, retrouve son élément. Il est envoyé en
Angleterre, y anime Radio-Amérique Europe, avant d'être
nommé conseiller technique de la Direction « guerre psychologique », section française. De retour dans la France libérée,
il renoue avec ses anciens amis entrés dans la Résistance,
notamment ceux de « Défense de la France », qui disposent
d'un quotidien paraissant l'après-midi. L'équipe accepte
timidement son idée d'en changer le titre en *France-Soir*, et
l'admet comme secrétaire général de la rédaction. En janvier 1945, son bébé pèse déjà 265 000 exemplaires. Mais,
pour se développer davantage, de nouveaux capitaux sont
nécessaires. Lazareff convainc la rédaction de passer dans le
groupe Hachette, en 1946. Financièrement consolidé,
France-Soir devient le premier quotidien national, avec près
de 2 millions d'exemplaires à la fin des années 1950.

De son côté, Hélène Gordon-Lazareff reste très active. Au
sein de Défense de la France, elle propose un nouveau journal inspiré des magazines de mode américains : ce sera *Elle*,
autre fleuron du groupe Hachette. Sous la houlette de « la
Tzarine », le journal atteint rapidement 1 million d'exemplaires. Le magazine profite sans doute de l'absence de *Marie-
Claire*, interdit à la Libération comme les autres publications
de Jean Prouvost. Mais là n'est pas la seule explication.

Le couple Lazareff est au cœur de la vie mondaine. Il
représente une sorte de *success story*. Cela ne suffit pas au
patron de *France-Soir* qui profite des élans nouveaux du
petit écran pour lancer, avec Desgraupes, Dumayet, et
Barrère, *Cinq colonnes à la une*, premier véritable magazine
français d'information télévisée. Il obtient la consécration
que son journal, tant décrié par les milieux intellectuels, ne
lui avait pas donnée.

Pourtant, l'inventivité de Lazareff s'essouffle. S'il sent les
évolutions de la société française des années 1960, il ne parvient pas à les traduire dans son journal. *France-Soir* voit
doucement s'étioler son lectorat. Quand il meurt, en 1972,
le quotidien semble frappé par une malédiction du déclin,
jamais enrayé.

La même année, sa femme quitte la direction de *Elle*, dont les rédactrices en chef ont eu, parfois, l'étoffe de géantes, telle Françoise Giroud, qui travaille au journal entre 1946 et 1952. Hélène aura régné sur la mode des années 1940 aux années 1970. À sa mort, en 1988, chacun se souvient qu'elle a tenté de rendre aux femmes françaises leur dignité après les « carnavals moches » de la Libération, quand les tondues servirent de défouloir collectif. En définitive, le féminisme lui doit plus qu'on ne lui concède généralement.

Libération, histoire d'une mutation

Le 4 janvier 1973, dans une conférence de presse qui annonce la naissance de *Libération*, Jean-Claude Vernier, entouré de Jean-Paul Sartre, Serge July et Philippe Gavi, explique : « *Libération* sera un quotidien d'information, le quotidien des lecteurs fatigués d'une presse qui les méprise, fatigués des journaux financés par la banque et la publicité, d'une information étranglée. » Trente ans plus tard, au terme de plusieurs crises où il fut à deux doigts de disparaître, *Libération* n'appartient plus à son personnel et a cédé aux implacables logiques du marché.

À l'origine, le quotidien, dont le premier numéro paraît le 22 avril 1973, occupe, dans le paysage de presse parisienne, une position aussi originale que marginale. Produit d'une réflexion menée par de jeunes intellectuels et militants d'extrême gauche (maoïstes surtout) groupés autour de Sartre et qui, après avoir fait leurs premières armes dans les luttes d'indépendance (guerres d'Algérie et du Vietnam), ont été en pointe dans le mouvement de mai 1968, *Libération* se propose à la fois de donner la parole à ceux qui luttent et d'alimenter la réflexion sur l'actualité du marxisme et du socialisme. Ses fondateurs, comme Philippe Gavi, Serge July, Jean-Claude Vernier ou Jean-René Huleu, inscrivent le journal dans le renouveau des feuilles engagées. Rejetant la presse institutionnelle, ils estiment que leur projet éditorial passe par l'indépendance politique et financière, et par un fonctionnement rigoureusement égalitaire, qui implique notamment absence de hiérarchie et égalité des salaires au sein de la rédaction (en 1980, les cent cinquante-quatre membres du personnel, journalistes ou non, touchent chacun 4 000 francs bruts).

Très vite, Serge July prend un ascendant moral sur l'équipe. Succédant en 1974 à Sartre (malade) comme directeur de la publication, il conduit *Libération* à rompre avec ses racines gauchistes et professionnalise son équipe, en faisant notamment appel à des journalistes d'agence, tels Jean-Louis Péninou et Jean-Marcel Bouguereau. Malgré ses efforts, le quotidien, parfois obligé de suspendre sa diffusion, ne parvient pas à dépasser les 40 000 exemplaires, et le déficit s'accumule. Pour July, *Libération* ne peut survivre qu'à condition d'adopter les modes de fonctionnement de la grande presse parisienne. La rupture intervient en février 1981, lorsqu'il convainc l'assemblée du journal de créer un nouveau *Libération*, fondé sur une révision totale des principes, au nom de la nécessaire professionnalisation : renoncement au militantisme et à l'autogestion ; hiérarchisation des tâches et des salaires ; recours à de nouvelles ressources (capitaux, publicité) ; recherche de la rentabilité ; le tout, avec une nouvelle équipe. Bref, le réalisme éditorial passe par la logique du marché. *Libération*, dans sa gestion, se convertit lentement à l'entreprise.

En novembre 1981, July engage Michel Vidal-Subias, ancien directeur marketing du groupe *Expansion*, pour prendre contact avec des annonceurs. Le moins qu'on puisse dire, c'est qu'ils ne se précipitent pas pour répondre à son offre. Néanmoins, les premiers encarts sont publiés en février 1982. La situation se débloque l'année suivante, lorsque *Libération* signe un accord avec Régie-Presse, filiale du groupe Publicis, et la création, en son sein, de Régie-*Libération*. Entre-temps, le quotidien a modifié ses statuts pour faire entrer des financiers amis dans son capital. En janvier 1983, Jean et Antoine Riboud (BSN-Gervais-Danone), Jérôme Seydoux (groupe Chargeurs), Gilbert Trigano (Club Méditerranée) et quelques autres apportent 10 millions de francs, par le biais d'une société de financement, Communication et participation SA (en 1983 le quotidien bénéficie de 2,35 millions de francs du fonds d'aide des journaux à faible capacité publicitaire). Leur part dépasse à peine 9 % du capital de *Libération* et ne peut peser sur les décisions de la société éditrice. Pourtant, le tabou capitaliste est levé. *Libération* devient un quotidien comme les autres. Quel retournement en dix ans !

Les ventes grimpent et, en 1988, le journal peut s'enorgueillir d'un tirage de 195 000 exemplaires. Son directeur, Serge July, est devenu une personnalité influente de l'univers médiatique ; il est invité dans toutes les grandes émissions politiques de la radio (*Club de la presse*, sur Europe 1) ou de la télévision (*L'Heure de vérité*, sur Antenne 2). Cependant, *Libération* connaît de nouvelles difficultés et, de crises en restructurations, en vient, dans les années 1990, à jouer à fond la carte du financement extérieur. Ainsi, en janvier 1996, le conseil d'administration approuve-t-il le plan de recapitalisation du quotidien, qui permet au groupe Chargeurs (Pathé) de contrôler 65 % de l'entreprise. Bientôt, sur quinze membres, le conseil d'administration en compte huit nommés par le groupe de Jérôme Seydoux.

Est-ce suffisant ? Le quotidien a-t-il solidement envisagé son plan de développement ? Isolé, *Libération*, fort de deux cent trente journalistes, reste à la merci d'un renversement de conjoncture. Montée à 174 000 exemplaires en 2001, après plusieurs années de stagnation (qui avait entraîné un plan social fin 2000), la diffusion du quotidien tombe à 166 000 en 2002. L'objectif de l'équilibre budgétaire, après les déficits de 2001 et 2002 (passé de 7 à 1,7 million d'euros), paraît difficile à atteindre. Serge July s'en prend à la concurrence déloyale des gratuits parisiens, alors que la zone d'influence du journal n'excède guère l'Île-de-France.

Aujourd'hui, *Libération* est dans une position assez paradoxale, son rayonnement intellectuel, en partie lié au poids personnel de son directeur, ne correspondant pas à sa diffusion effective. Le journal, une fois de plus, est à la croisée des chemins. La solution de l'intégration dans un groupe de presse, si longtemps refusée, est évoquée, alors que Pathé s'est partiellement désengagé en 2000. On parle aussi de recentrage politique pour un quotidien qui, parti de l'extrême gauche, revêt des accents social-démocrates, Serge July préférant définir *Libération* comme une publication tournée vers la « société civile », ses débats et ses engagements. Le cas du quotidien pose, en tout cas, la question de la survie de l'indépendance et du pluralisme de la presse.

Albert Londres (1884-1932)

Personnage clé de l'histoire du journalisme, Albert Londres reste le prototype de l'homme intègre et du journaliste vertueux poussant jusqu'au sacrifice la défense de l'information. D'où son aura de martyr et l'attribution, depuis 1933, d'un prix portant son nom à l'auteur du meilleur reportage français de l'année.

Il est longtemps tiraillé entre l'ambition de devenir écrivain et la vocation de reporter. À Lyon, qui berce sa jeunesse littéraire, il tente de devenir poète, et ne renoncera jamais à rédiger des sonnets. Mais le journalisme seul le nourrit à partir de 1905, lorsqu'il s'installe à Paris, et lui offre un débouché de publication notable. Il débute au *Salut public*, rapporte les débats parlementaires pour *Le Matin* en 1910, fréquente ensuite toutes les grandes rédactions de son époque, celles du *Petit Journal*, d'*Excelsior*, du *Quotidien*, et enfin du *Petit Parisien*, où l'appelle Élie-Joseph Bois.

Son heure de gloire arrive avec la Première Guerre mondiale. Le 29 septembre 1914, il décrit, pour *Le Matin*, Reims et sa cathédrale dévastée, se rend sur le front quand le contrôle n'est pas encore trop strict, puis part suivre les combats sur d'autres théâtres d'opérations militaires (Belgique, Dardanelles, Serbie, Salonique…). Il contribue à affirmer le genre des correspondances de guerre. La paix venue, Londres se rend à Fiume où triomphe d'Annunzio puis, en 1920, dans la Russie en révolution. Il privilégie alors *Le Petit Journal* où il a trouvé, dès la guerre, une tribune puissante.

Le journaliste, qui voyage notamment au Japon, en Inde, en Arabie, en Europe centrale, en Chine, devient justicier et dénonce les faiblesses de son temps : l'aveuglement face à la détresse sociale et à la prostitution (*Les Chemins de Buenos-Aires*, 1927) ; le racisme, le travail forcé et l'exploitation des Noirs dans les colonies (*Terre d'ébène*, 1929) ; la violence de l'enfermement (*Au bagne*, 1924, et *Chez les fous*, 1925) ; le trafic d'opium et ses intérêts cachés en Asie. Sa description du bagne engage le gouvernement à une totale refonte du régime des travaux forcés qui, en 1938, enclenche le processus qui aboutira à la fermeture du bagne de Cayenne (1953). Parus en épisodes dans la presse, ses reportages sont reproduits sous forme de livres qui nourrissent un genre nouveau de la littérature populaire. Albert Londres meurt en mer de Chine, dans le naufrage du *Georges-Philippar*, alors qu'il rentre en France après une ultime enquête. Son œuvre écrite garde une actualité étonnante et montre que le journalisme exigeant demeure un genre littéraire où les hommes de lettres peuvent laisser leur marque, s'ils acceptent les règles de l'enquête.

Numérisation, réseau

La numérisation des données, dont l'origine remonte aux années 1940 et aux débuts de l'informatique, est l'opération par laquelle un texte ou une image est transformé en langage informatique. Elle autorise désormais la mise en rapport d'éléments, longtemps considérés de façon éparse. Le concept d'hypertexte sur lequel repose le réseau Internet, mis en place progressivement depuis la lointaine création ARPANET (1969) par la Défense américaine, et l'ouverture du World Wide Web (1991) ont constitué un saut qualitatif dans l'analyse des données. Images, textes, sons forment une sorte de vaste document sur lequel les yeux des lecteurs se portent sans limites. Les moteurs de recherche facilitent la sélection des informations. En moins de sept clics, estiment les spécialistes, il est possible de se trouver sur n'importe quel point de la Toile, et en trois sur un des nœuds essentiels d'échange.

Le réseau facilite la diffusion des informations des grands médias qui disposent de sites sophistiqués. En France, celui de TF1, lancé en 1996, est, de tous, le plus fréquenté. Les études indiquent que les internautes y cherchent tout simplement les programmes de la chaîne. D'autres y regardent les jeux et participent aux clubs de fans. Ces grands sites médiatiques sont régulièrement encombrés et provoquent des véritables crises de nerfs chez les auditeurs frustrés. En témoigne la violence des critiques à l'encontre de M6 dont le site, consacré à l'émission Loft Story (2001), proposait des extraits – inédits à l'écran – et un agenda de ce que vivaient Loana, Laure, Jean-Édouard ou Steevie.

Les grandes entreprises du secteur digital (numérique et téléphonie) envisagent de constituer des journaux personnalisés continus à l'aide de la technologie du Net, couplée avec différents types de récepteurs : ordinateurs personnels, agendas électroniques ou téléphones mobiles à écran. Chaque abonné recevrait sur le support de son choix les informations pouvant l'intéresser. Déjà, des opérateurs comme SFR s'associent à des médias pour proposer à leurs abonnés des « SMS d'alerte » sur l'actualité (comme la guerre en Irak, au printemps 2003, en liaison avec Europe 1). L'adoption de la norme UMTS pour les téléphones portables a pour objectif de favoriser la transmission par les ondes des conversations téléphoniques et d'Internet. De ce fait, les presque 40 millions de Français qui disposent d'un téléphone portable devraient bénéficier de ce service professionnel ou amateur.

La gratuité sur Internet facilite la circulation de la musique, des films, ou des informations de consommateurs, sans possibilité réelle pour les producteurs de percevoir de droits d'auteur. Ainsi, le secteur du disque qui, en France, représente 1,7 milliard d'euros, s'inquiète du développement de sites musicaux de téléchargement gratuit – mais l'inquiétude est partagée par tous les secteurs culturels : comment percevoir, dans ces conditions, leurs droits de création ou de diffusion ?

En termes de contenu, la numérisation a entraîné une forme de mélange des genres. Plus encore que dans les médias classiques, les frontières entre les rubriques ou entre les discours sont brisées. La pornographie, si prisée des internautes, voisine avec des groupes scientifiques, des sectes ou des entreprises commerciales, pour peu que l'on interroge un moteur de recherche avec un thème équivoque. Les sites des fournisseurs d'accès, quant à eux, proposent des liens avec des sites de jeux, de l'information émanant d'agences spécialisées (en France, l'AFP fournit tous les grands portails), des divertissements et des forums de discussion sur les sujets les plus variés, lesquels entrechoquent volontiers des arguments eux-mêmes glanés sur le réseau. La crédibilité de l'outil est fragilisée par ces amalgames.

La circulation accélérée de l'information et la multiplication des intervenants sur le réseau favorisent la diffusion de légendes urbaines, de fausses nouvelles et de contenus déli rants. Ces phénomènes semblent négligeables aux yeux de certains idéologues, tel Ignacio Ramonet. Ils les considèrent comme des sous-produits de structures économiques complexes dont l'objectif est de réaliser des profits. D'immenses conglomérats (AOL, Vivendi...) cherchent à remplir leurs médias de produits facilement adaptables. L'humour en fait partie, tout comme les anecdotes et les rumeurs, car ils sont peu coûteux. L'information sérieuse, elle, nécessite de gros investissements. Perdre du temps à lire n'importe quoi ne fait qu'augmenter le temps de consommation de média.

Les internautes piochent dans les médias numériques les données qu'ils sont capables d'exploiter. Ce phénomène donne un avantage à ceux qui possèdent déjà de vastes connaissances ou de sérieuses compétences. Dans les secteurs sensibles de la finance et de la défense, par exemple, les acteurs vont plus vite que les médias de masse pour trouver les données nécessaires à la réussite de leurs affaires. Le citoyen qui boursicote en ligne est donc en constant retard sur les opérateurs réguliers du marché. Ses actions sont les premières à souffrir des variations des cours, car il n'a pas suffisamment d'argent pour attendre la remontée de ses actions en cas de baisse. Les échanges entre ces mêmes acteurs influents (information *B to B*, entre professionnels) priment sur les nouvelles diffusées par la presse, numérique ou non. D'où de fréquentes affaires de délits d'initiés. En outre, la rapidité des réseaux profite d'abord à ceux qui sont en mesure de traiter rapidement l'information et d'en exploiter les avantages. Seuls de grandes entreprises ou des services d'investigations spécialisés ont les moyens d'utiliser des traitements informatiques coûteux des données. Ce sont d'ailleurs les mêmes qui ont développé des réseaux privés ou Intranet, afin de rationaliser leur organisation et d'optimiser leur bassin d'information. Pour les autres, c'est-à-dire pour l'immense majorité, la Toile est un lieu de découverte et d'interrogation, une machine à exploiter de la matière intellectuelle dont la valeur est discutée avant tout en fonction du plaisir qu'elle procure.

Paris-Soir

Paris-Soir ou comment la presse populaire a basculé dans le monde du visuel. Car, à l'origine, le plus grand quotidien des années 1930 n'est qu'un petit quotidien financier, créé en 1923, et dont l'audience ne cesse de se dégrader. En 1930, il est repris par Jean Prouvost pour moins de 4 millions de francs. Le patron de la Lainière de Roubaix n'en est pas à son coup d'essai : il a fondé *Le Pays* en 1917 et, en 1924, acquis *Paris-Midi*, première grande pierre de son empire de presse. Accompagné d'un jeune journaliste qui devient le rédacteur en chef du journal, Pierre Lazareff, Prouvost élabore une formule originale : elle allie la photographie et la recherche graphique.

Le nouveau *Paris-Soir* est lancé le 2 mai 1932. Peu à peu, la photographie envahit la une, la dernière page, les pages intérieures. La maquette elle-même est conçue comme une composition illustrée, avec ses gros titres, ses encadrés, ses décrochés (selon le modèle proposé par le *Daily Express* de Londres), ses retournes (début d'un article prolongé en pages intérieures). Prouvost débauche un à un tous les grands reporters de l'époque (Jules Sauerwein, Albert Londres – peu avant sa mort –, Paul Bringuier, Marius Larique, Henri Danjou, Louis Roubaud, Hervé Mille...) qu'accompagnent, dans leurs déplacements, des photographes de la rédaction. Car *Paris-Soir* est le premier quotidien à disposer d'un service photographique, confié à Pierre Renaudon, qui a débuté à *Sporting* et à *Vu*.

Avec *Paris-Soir*, les frontières entre information noble, curiosités et divertissements tombent. Du coup, la politique intérieure, traitée avec une extrême précision, cohabite avec le grand reportage ou le fait divers, qui fait les gros titres, mais aussi les pages littéraires, l'horoscope (introduit en 1935) ou le sport. Concurrençant *L'Auto* sur son propre terrain, le quotidien de Prouvost exploite le goût des masses pour le cyclisme, la boxe ou le football. L'été, le Tour de France, couvert par des reporters qui disposent de moyens exceptionnels de transmission des nouvelles, domine la première page de *Paris-Soir*.

Le succès populaire du journal est incroyable. Le quotidien rencontre un public qui recherche une information à la fois fiable et spectaculaire, rigoureuse et ludique, actualisée et diverse. Son étonnante vitalité est symbolisée par la construction d'un immeuble de neuf étages, rue du Louvre, en 1934. Parti de 60 000 exemplaires en 1930, son tirage atteint 260 000 en 1932, franchit le cap du million en 1934, double encore ce chiffre à la veille de la guerre, et condamne ses concurrents directs (tel *L'Intransigeant* qui, comme lui, paraît l'après-midi). Sa pagination grimpe à douze pages en semaine, vingt le samedi, amenant le public à changer ses habitudes de lecture : désormais, il feuillette son quotidien et bâtit sa propre hiérarchie des nouvelles. Le succès de *Paris-Soir* est prolongé, en 1935, par des suppléments hebdomadaires (*Sprint*, illustré sportif, et *Paris-Soir dimanche*, destiné, à terme, à imiter la formule britannique du journal du septième jour) et par la fondation d'une station de radio, Radio 37. Et puis, en 1938, Prouvost rachète et transforme *Match*. Inspiré des magazines américains *Life* et *Look*, avec lequel il échange des clichés, *Match*, ancien journal de sport, devient le plus grand hebdomadaire illustré d'actualités, en France (2 millions d'exemplaires, en 1940).

Pendant la drôle de guerre, la diffusion de *Paris-Soir* se tasse. Son patron, Prouvost, devient l'éphémère ministre de l'Information du cabinet Reynaud (mars 1940). Et puis, c'est l'exode. Le quotidien, comme ses confrères parisiens, se réfugie en zone Sud. L'équipe s'installe à Lyon et refuse de regagner la capitale. Les Allemands, impressionnés par le succès du journal, favorisent la création d'une édition concurrente à Paris, avec des journalistes obscurs et soumis. Le *Paris-Soir* de Paris tombe, grâce à Otto Abetz, dans les mains du trust Hibbelen. Le quotidien replié à Lyon a perdu des collaborateurs essentiels, comme Charles Gombault, passé en Angleterre, ou Pierre Lazareff, parti aux États-Unis. Mais la rédaction, animée par Hervé Mille, est encore brillante. Françoise Giroud y fait ses premiers pas de journaliste.

Paris-Soir connaît des démêlés avec la censure de Vichy. Le 11 novembre 1942, au moment où l'occupant passe la ligne de démarcation, il interrompt sa parution. Mais, dès la fin du mois, il la reprend. Surveillé étroitement, le quotidien est menacé d'interdiction. Elle survient le 25 août 1943 : le journal a osé faire ses gros titres sur des faits divers et a présenté en petits caractères, sous la dénomination « nouvelles pro-allemandes », les informations officielles ! Sa disparition intervient trop tard. À la Libération, seuls sont autorisés à reparaître les quotidiens qui se sont sabordés deux semaines après l'invasion de la zone Sud. Il n'en fait pas partie. Prouvost devient provisoirement un paria : il ne retrouve le monde de la presse qu'en 1949, avec *Paris-Match*. Mais l'esprit de *Paris-Soir* est très vite ranimé lorsque son ancien rédacteur en chef, Pierre Lazareff, transforme *Défense de la France* en *France-Soir*, dès novembre 1944.

Charles Pathé (1863-1957)

Le cas de Charles Pathé illustre le parcours d'un « self made man » qui aura lui-même entretenu sa légende en publiant ses mémoires. Il a essayé tous les métiers (commis-charcutier, terrassier, employé de blanchisserie, comptable, forain, restaurateur), cherchant un temps la fortune en Argentine, avant de regagner la France pour finalement y bâtir le premier empire du cinéma.

Un jour de 1894, il découvre à la foire de Vincennes le phonographe Edison que fait fonctionner un camelot. L'homme gagne correctement sa vie. Fasciné, Pathé réunit aussitôt la somme nécessaire à l'achat d'un tel appareil et, avec sa femme, commence la tournée des foires. Il liquide son restaurant et ouvre une boutique de phonos et de rouleaux, avant de collaborer avec un petit ingénieur, Henri Joly, pour fabriquer des kinétographes. En 1896, Charles s'associe avec ses trois frères, Théophile, Jacques et Émile, pour créer la Société « Pathé-Frères ». Bientôt, les deux premiers s'effacent. En 1898, les frères Pathé passent, avec les frères Lumière, un accord pour exploiter un appareil de projection publique dérivé du leur. Déjà sensibles à l'actualité, ils produisent, dès l'année suivante, un film sur l'affaire Dreyfus qui déchaîne les passions, à tel point qu'il est censuré. Le cinéma va à la conquête des foules, en devenant la grande attraction des foires. Prospère, l'entreprise diversifie ses activités : production, fabrication d'appareils, laboratoires, distribution, exploitation et fabrication de pellicule vierge dont Eastman détient le monopole. Mais, très vite, elle conçoit ses propres émulsions.

L'essor de la société est fulgurant. Entre 1900 et 1907, ses bénéfices sont multipliés par soixante-dix ; elle dispose de filiales en Europe, en Amérique, en Inde, au Japon, en Australie. Inventif, Pathé amorce aussi le processus de sédentarisation des projections en ouvrant, à Paris, la première salle française : l'Omnia. Il fait travailler les premiers réalisateurs (comme Max Linder) et, en 1908, lance les premières actualités cinématographiques. Composé de courtes saynètes rapidement présentées par des cartons de texte, le « Pathé-Journal » éclipse l'« Urban Trading » de Londres, qui envoyait des opérateurs sur toute la planète, et fait des émules (Gaumont, Fox…).

Lorsque la Grande Guerre éclate, la firme au coq est mondialement connue. Mais le conflit ralentit son élan. La société éclate en deux branches. Émile Pathé prend la direction des phonographes, tandis que Charles se consacre au cinéma. La paix revenue, la société « Pathé-Cinéma » tente

un coup en lançant un appareil de film pour amateur. Mais
le ressort semble brisé. Charles Pathé ignore les possibilités
énormes de gain que peut procurer le spectacle et passe à
côté de la création hollywoodienne. En 1929, à soixante-six
ans, il se retire des affaires en cédant à Émile Natan une
firme qui conserve son nom. Retiré à Monte Carlo, il assiste,
impuissant, à la faillite de la société qu'il a créée, victime
d'une escroquerie, en 1936. Est déjà loin le temps où le nom
de Pathé régnait sur le cinéma du monde entier.

Bernard Pivot (né en 1935)

Bernard Pivot se définit, non pas comme un critique littéraire, mais comme un « courriériste », un « reporter culturel », courant la ville à la recherche d'informations et
d'interviews. Il reste surtout le journaliste qui, pendant un
quart de siècle, a cherché à vulgariser la littérature à la télévision et contribué à développer l'une des trois missions du
service public : apporter la culture dans les foyers.

D'origine modeste (ses parents étaient épiciers), Pivot est
né à Lyon, capitale de la gastronomie. Il ne manque pas une
occasion de rappeler son goût pour la bonne chère, ni de
clamer sa passion pour le football. Ces détails ont sans
doute participé à forger sa popularité, mais aussi concouru
à nourrir les critiques de ses détracteurs qui, irrités par son
succès, l'ont volontiers taxé de démagogie.

Bernard Pivot a un parcours professionnel assez classique. Après des études de droit, il s'inscrit au Centre de formation des journalistes. Sorti vice-major de sa promotion, il
fait un court passage au *Progrès de Lyon*, avant d'intégrer *Le
Figaro littéraire* en 1958. Il y reste jusqu'à la disparition de
l'hebdomadaire, en 1971, puis entre au *Figaro* où il devient
directeur du service littéraire. Il le quitte en 1973, solidaire
de Michel Bassi, rédacteur en chef adjoint, contraint à la
démission.

À cette époque, l'homme de plume a déjà basculé dans le
monde des médias audiovisuels. Chroniqueur à la radio en
1970 (*Chronique pour sourire*), il crée son premier magazine

littéraire télévisé en avril 1973 : *Ouvrez les guillemets*, sur la première chaîne. Pivot y montre son talent d'interviewer. Mais le style se cherche encore. Il le trouve avec *Apostrophes* (janvier 1975), diffusé chaque vendredi à une heure de grande écoute (20 h 30) sur Antenne 2. Quelques mois plus tard, il lance, avec Jean-Louis Servan-Schreiber, responsable du groupe L'Expansion, le mensuel *Lire*, qui relève du même projet. *Apostrophes* comme *Lire* traitent davantage de livres, d'auteurs, que d'idées et de littérature. Il ne s'agit pas de critique littéraire, mais d'information, mise en spectacle, sur la production éditoriale. « La télévision, explique Bernard Pivot, n'est pas faite pour les intellectuels. Ils ont leurs revues, leurs journaux. La télévision est faite pour le grand public » (*Le Quotidien de Paris*, 24 avril 1975). Fondé sur l'actualité des romans et essais, *Apostrophes* s'affirme rapidement comme un relais essentiel pour les libraires.

À la fin des années 1970, avec 8 à 10 % d'audience (parfois deux ou trois fois plus), l'émission a indéniablement un effet d'entraînement sur les ventes ; et ce, parfois de manière étonnante. Le livre savant d'Emmanuel Le Roy-Ladurie, *Montaillou, village occitan de 1294 à 1324,* doit au passage de son auteur à l'émission de Pivot, en décembre 1975, une diffusion inespérée de 100 000 exemplaires. Malgré tout, l'accent mis sur l'actualité commerciale du livre comme le choix d'invités télégéniques, familiers d'*Apostrophes* (Jean d'Ormesson, Philippe Sollers, Max Gallo), suscitent de vives polémiques (Régis Debray, 1982). L'émission est surtout caractéristique d'une évolution de l'approche de la culture par la télévision, qui s'éloigne du didactisme pour se rapprocher de l'information, voire de la promotion.

En 1985, *Lire* crée les championnats de France d'orthographe autour de la fameuse dictée de Bernard Pivot, diffusée à la télévision. Le journaliste est au zénith de sa popularité. Toutefois, la course à l'audience, consolidée par la privatisation des chaînes, cantonne les émissions culturelles à la portion congrue. *Apostrophes*, diffusée de plus en plus tard, s'arrête en 1990. L'année suivante, Pivot crée *Bouillon de culture*. Censée évoquer toutes les formes de cul-

ture, l'émission se recentre bientôt sur les livres. Mais le ressort semble brisé. Programmée tardivement, l'émission ne
retrouve pas l'audience d'*Apostrophes*. Pivot, qui s'est éloi-
gné de *Lire* en 1993, renonce à son émission hebdomadaire
en 2000, pour se consacrer, à partir de 2002, à des entretiens télévisés mensuels avec des étrangers qui ont choisi
d'ajouter la culture et la langue françaises à leur culture ori-
ginelle (*Double je*) et à des chroniques littéraires au *Journal
du dimanche*.

Au plus fort de son audience, *Apostrophes* réunissait 2 millions de téléspectateurs, *Bouillon de culture*, 1 million.
Aujourd'hui, les successeurs de Pivot parviennent, au
mieux, à en rassembler 500 000. Au-delà des critiques, le
journaliste reste celui qui aura fait découvrir au grand
public d'immenses écrivains contemporains, comme
Alexandre Soljenitsyne, Albert Cohen, Milan Kundera ou
Marguerite Yourcenar.

BIBLIOGRAPHIE

GÉNÉRALITÉS

Historiographie

DELPORTE Christian, « De l'histoire de la presse à l'histoire des médias » ; CHAUVEAU Agnès, ECK Hélène, « La place des médias dans l'histoire politique, sociale et culturelle de la France contemporaine », *Bulletin de l'Association des historiens contemporanéistes de l'enseignement supérieur et de la recherche*, n° 22, avril 2001.

JEANNENEY Jean-Noël, « Les médias », in RÉMOND René (dir.), *Pour une histoire politique*, Paris, Seuil, 1988, p. 185-198.

Évolution générale

BARBIER Frédéric, BERTHO-LAVENIR Catherine, *Histoire des médias de Diderot à Internet*, Paris, Armand Colin, 1996.

BERTHO-LAVENIR Catherine, *Les Démocraties et les médias au XXᵉ siècle*, Paris, Armand Colin, 2000.

CAZENAVE Élisabeth, ULMANN-MAURIAT Caroline, *Presse, radio et télévision en France de 1631 à nos jours*, Paris, Hachette, 1995.

CHAUVEAU Agnès, TÉTART Philippe, *Introduction à l'histoire des médias en France, de 1881 à nos jours*, Paris, Armand Colin, 1999.

D'ALMEIDA Fabrice, *La Mise en forme du politique en France et en Italie (fin XIXᵉ-début XXIᵉ siècle)*, mémoire d'habilitation à diriger des recherches, IEP Paris, 2002, 4 vol.

DELPORTE Christian, « Au miroir des médias », in RIOUX Jean-Pierre et SIRINELLI Jean-François, *La Culture de masse en France de la Belle Époque à aujourd'hui*, Paris, Fayard, 2001, p. 305-351.

EVENO Patrick, « Médias et démocratie », *Bulletin de la Société d'histoire moderne et contemporaine*, n° 1-2, 2000.

FERRO Marc, PLANCHAIS Jean, *Les Médias et l'histoire*, Paris, CFPJ, 1997.

JEANNENEY Jean-Noël, *Une histoire des médias, des origines à nos jours*, Paris, Seuil, 1996.

MARTIN Marc, *Médias et journalistes de la République*, Paris, Odile Jacob, 1997.

Thématiques

D'ALMEIDA Fabrice (dir.), *La Question médiatique. Les enjeux historiques et sociaux de la critique des médias*, Paris, Seli Arslan, 1997.

DELPORTE Christian (dir.), *Médias et villes (XVIIIe-XXe siècles)*, Tours, CEHVI, 1999.

DELPORTE Christian, PALMER Michael, RUELLAN Denis (dir.), *Presse à scandale, scandale de presse*, Paris, L'Harmattan, 2001.

DUCHESNE Françoise, VAKALOULIS Michel (dir.), *Médias et luttes sociales*, Paris, Éditions de l'Atelier, 2003.

FERRO Marc, *L'Information en uniforme : propagande, désinformation, mensonges*, Paris, Ramsay, 1991.

Institut Charles-de-Gaulle, *De Gaulle et les médias*, Paris, Fondation Charles-de-Gaulle/Plon, 1994.

Médias dans le mouvement social contemporain, numéro spécial de *Matériaux pour l'histoire de notre temps*, n° 46, avril-juin 1997.

Presse, radio et histoire, Actes du 113e Congrès national des Sociétés savantes (Strasbourg, 1988), Paris, Éditions du CTHS, 1989.

LA PRESSE ÉCRITE

Instrument de travail

ALBERT Pierre, FEYEL Gilles, PICARD Jean-François, *Documents pour l'histoire de la presse nationale aux XIXe et XXe siècles*, Paris, CNRS, 1976 (dact.).

Généralités

ALBERT Pierre, TERROU Fernand, *Histoire de la presse*, Paris, PUF, « Que sais-je ? », 1993 (1re éd. 1985).

BELLANGER Claude et al. (dir.), *Histoire générale de la presse française*, t. 3 : de 1871 à 1940 ; t. 4 : de 1940 à 1958 ; t. 5 : de 1958 à nos jours, Paris, PUF, 1972-1976.

DELPORTE Christian, « Le journal », in RIOUX Jean-Pierre, SIRINELLI Jean-François (dir.), *Dictionnaire critique de la France au XXe siècle*, Paris, Hachette, 1999, p. 346-401.

FEYEL Gilles, *La Presse en France des origines à 1945. Histoire politique et matérielle*, Paris, Ellipses, 1999.

MARTIN Marc, *La Presse régionale. Des affiches aux grands quotidiens*, Paris, Fayard, 2002.

WEILL Georges, *Le Journal. Origines, évolution et rôle de la presse périodique*, Paris, La Renaissance du livre, « Évolution de l'Humanité », 1934 (ancien, mais rend encore de grands services).

La presse écrite, 1914-1945

AMAURY Francine, *Histoire du plus grand quotidien de la IIIe République : Le Petit Parisien, 1876-1944*, 2 volumes, Paris, PUF, 1972.

AUDOUIN-ROUZEAU Stéphane, *14-18 : les combattants des tranchées*, Paris, Armand Colin, 1986.

BARRILLON Raymond, *Le Cas Paris-Soir*, Paris, Armand Colin, 1959.

BÉDARIDA Renée, *Les Armes de l'esprit, Témoignage chrétien, 1941-1944*, Paris, Les Éditions Ouvrières, 1977.

BELLANGER Claude, *La Presse clandestine, 1940-1944*, Paris, Armand Colin, 1961.

BODIN Louis, TOUCHARD Jean, *Front populaire, 1936*, Paris, Armand Colin, 1961.

CAU Yves, *Un grand quotidien dans la guerre. Le Progrès, juin 1940-novembre 1942*, Lyon, PUL, 1979.

COTTA Michèle, *La Collaboration, 1940-1944*, Paris, Armand Colin, 1964.

DELPORTE Christian, « Les modérés et la presse dans les années trente », in ROTH François, *Les Modérés dans la vie politique française, 1870-1965*, Actes du colloque de 1998, Nancy, Presses universitaires de Nancy, 2000, p. 339-350.

DIOUDONNAT Pierre-Marie, *Je suis partout, 1930-1944*, Paris, La Table ronde, 1973.

DIOUDONNAT Pierre-Marie, *L'Argent nazi à la conquête de la presse française, 1940-1944*, Paris, Jean Picollec, 1981.

ESTIER Claude, *La Gauche hebdomadaire, 1914-1962*, Paris, Armand Colin, 1962.

EVENO Patrick, *L'Argent de la presse française, XIXe-XXe siècle*, mémoire d'HDR, Université Paris I, 2001 (dact.).

FEYEL Gilles, « Naissance, constitution progressive et épanouissement d'un genre de presse aux limites floues : le magazine », *Réseaux*, n° 105, 2001, p. 21-47.

FOURMENT Alain, *Histoire de la presse des jeunes et des journaux d'enfants, 1768-1988*, Paris, Éole, 1987.

LAGRÉE Michel, HARISMENDY Pierre, DENIS Michel (dir.), *L'Ouest-Éclair. Naissance et essor d'un grand quotidien régional*, Rennes, PUR, 2000.

LAGUERRE Bernard, « *Marianne* et *Vendredi* : deux générations? », *Vingtième siècle*, n° 22, avril-juin 1989, p. 39-43.

LERNER Henri, *La Dépêche, journal de la démocratie. Contribution à l'histoire du radicalisme en France sous la IIIe République*, 2 volumes, Toulouse, Publications de l'Université de Toulouse-Le Mirail, 1978.

LÉVY Claude, *Les Nouveaux Temps et l'idéologie de la Collaboration*, Paris, Presses de la FNSP, 1974.

LÉVY Claude, « À propos de l'épuration de la presse : l'inexorable naufrage du *Lyon républicain* », *Cahiers d'histoire*, n° 3-4, 1994, p. 231-245.

MALAVAL Catherine, *La Presse d'entreprise au XXe siècle. Histoire d'un pouvoir*, Paris, Belin, 2001.

MARTIN Laurent, *Le Canard enchaîné, ou les fortunes de la vertu. Histoire d'un journal satirique, 1915-2000*, Paris, Flammarion, 2001.

M'SILI Marine, *Le Fait divers en République. Histoire sociale de 1870 à nos jours*, Paris, CNRS Éditions, 2000.

ORY Pascal, *Le Petit Nazi illustré, Vie et survie du Téméraire*, Paris, Nautilus, 2002 (1ᵉ éd. 1979).

PARMEGIANI Claude-Anne, *Les Petits Français illustrés, 1860-1940*, Paris, Éditions du Cercle de la Librairie, 1989.

La Presse clandestine, 1940-1944, Actes du colloque d'Avignon (20-21 juin 1985), Conseil général du Vaucluse, 1986.

Presse et politique, Actes du colloque de Nanterre, mars 1973, *Cahiers du CEREP*, 1 et 2, s.d.

SULLEROT Évelyne, *La Presse féminine*, Paris, Armand Colin, 1966.

TORRES Félix, *La Dépêche du Midi, Histoire d'un journal en République, 1870-2000*, Paris, Hachette Littératures, 2002.

VEILLON Dominique, *Le Franc-Tireur. Un journal clandestin, un mouvement de résistance, 1940-1944*, Paris, Flammarion, 1977.

WIEVIORKA Olivier, *Une certaine idée de la Résistance : Défense de la France, 1940-1949*, Paris, Seuil, 1995.

La presse écrite, de 1945 à nos jours

AJCHENBAUM Yves-Marc, *À la vie, à la mort. Histoire du journal Combat, 1941-1974*, Paris, Le Monde Éditions, 1994.

BLANDIN Claire, *Le Figaro littéraire (1946-1971). Vie d'un hebdomadaire politique et littéraire*, thèse de doctorat d'histoire, IEP Paris, 2002, (dact.).

BARTHÉLEMY Christophe, « Les saisies de journaux en 1958 », in GERVEREAU Laurent et al. (dir.), *La France en guerre d'Algérie*, Paris, BDIC, 1992, p. 122-129.

CHARON Jean-Marie, *La Presse en France de 1945 à nos jours*, Paris, Seuil, 1991.

CRÉPIN Thierry, GROENSTEEN Thierry (dir.), « On tue à chaque page ». *La loi de 1949 sur les publications destinées à la jeunesse*, Paris, Éditions du Temps-Musée de la bande dessinée, 1999.

CRÉPIN Thierry, *Haro sur le gangster ! La moralisation de la presse enfantine, 1934-1954*, Paris, CNRS Éditions, 2001.

DE BAECQUE Antoine, *Histoire d'une revue, Les Cahiers du cinéma, 1951-1981*, Paris, Les Cahiers du cinéma, 1991.

DELPORTE Christian, « La presse écrite. L'échec de la loi anti concentration de 1984 », in BERSTEIN Serge, MILZA Pierre,

BIANCO Jean-Louis (dir.), *François Mitterrand. Les années du changement, 1981-1984*, Paris, Perrin, 2001, p. 898-909.

DELPORTE Christian, « *L'Express*, Mendès France et la modernité politique (1953-1955) », Actes du colloque *Pierre Mendès France et la modernité*, in *Matériaux pour l'histoire de notre temps*, juillet-décembre 2001, p. 96-103.

EVENO Patrick, *Le Monde, 1944-1995. Histoire d'une entreprise de presse*, Paris, Le Monde Éditions, 1996.

EVENO Patrick, « La presse des années 1960 », *Bulletin de l'IHTP*, n° 63, mars 1996.

EVENO Patrick, *Le Journal Le Monde. Une histoire d'indépendance*, Paris, Odile Jacob, 2001.

EVENO Patrick, « Entre l'État et le marché : les entreprises de presse, modèle ou repoussoir pour les industries culturelles », in MARSEILLE Jacques et EVENO Patrick, *Histoire des industries culturelles en France, XIXe-XXe siècles*, Actes du colloque en Sorbonne (2001), Paris, ADHC, 2002, p. 205-218.

GUILLAUMA Yves, *Presse et pouvoir de 1944 à 1958. Contribution à l'histoire de la presse sous la IVe République*, thèse d'État, Université Paris II, 1993 (dact.).

GUISNEL Jean, *Libération, une biographie*, Paris, La Découverte, 1999.

JEANNENEY Jean-Noël, JULLIARD Jacques, *Le Monde de Beuve-Méry ou le métier d'Alceste*, Paris, Seuil, 1979.

MARTIN Laurent, « Pourquoi lit-on *Le Canard enchaîné*? », *Vingtième siècle*, n° 68, octobre-décembre 2000.

MARTIN Marc, « La reconstruction de l'appareil d'information en France à la Libération », *Matériaux pour l'histoire de notre temps*, n° 39-40, juillet-décembre 1995, p. 35-38.

MAYEUR Françoise, *L'Aube, étude d'un journal d'opinion*, Paris, Presses de la FNSP, 1966.

SIBOUT Cécile-Anne, *Paris-Normandie à l'époque de Pierre-René Wolf, un grand patron de la presse régionale (1945-1972)*, thèse d'histoire, Université Paris IV, 1999 (dact.).

SIRITZKY Serge, ROTH Françoise, *Le Roman de L'Express, 1953-1978*, Paris, Atelier Marcel Jullian, 1979.

TÉTART Philippe, *Histoire politique et culturelle de France-Observateur, 1950-1964. Aux origines du Nouvel Observateur*, 2 volumes, Paris, L'Harmattan, 2001.

Images de presse : dessins

D'ALMEIDA Fabrice, « Postures d'orateurs et jeux de mains dans la France de l'entre-deux-guerres », in MÉNARD Michèle et DUPRAT Annie (dir.), *Histoire, images, imaginaires,* Presses universitaires du Maine, 1998, p. 451-461.

D'ALMEIDA Fabrice, « Naissance de la société médiatique. Les moyens de communication audiovisuels dans le dessin de presse », in DUCCINI Hélène et GARDES Jean-Claude (dir.), *Image satirique et innovation,* Actes du colloque de 1996, *Recherches contemporaines,* numéro spécial, 1998, p. 83-90.

DELPORTE Christian, *Dessinateurs de presse et dessin politique en France des années 1920 à la Libération,* thèse d'histoire, IEP Paris, 1991.

DELPORTE Christian « Le dessinateur de presse, de l'artiste au journaliste », *Vingtième siècle,* juillet-septembre 1992, p. 29-41.

DELPORTE Christian, *Les Crayons de la propagande. Dessinateurs et dessin politique sous l'Occupation,* Paris, CNRS Éditions, 1993.

DELPORTE Christian, GERVEREAU Laurent, *Trois Républiques vues par Cabrol et Sennep,* Paris, BDIC, 1996.

DELPORTE Christian, « Anastasie : l'imaginaire de la censure dans le dessin satirique (XIXe-XXe siècles) », in ORY Pascal (dir.), *La Censure en France à l'ère démocratique, 1848-1994,* Bruxelles, Complexe, 1997, p. 89-99.

DELPORTE Christian, « Sous la loupe de la caricature. Passé et altérité dans la caricature franco-allemande depuis 1945 », in JEANNENEY Jean-Noël (dir.), *Une idée fausse est un fait vrai. Les stéréotypes nationaux en Europe,* Paris, Odile Jacob, 2000, p. 117-141.

DUPRAT Annie, *Histoire de France par la caricature,* Paris, Larousse, 2000.

KOCH Ursula E., *Marianne et Germania dans la caricature (1550-1997),* Paris, Goethe-Institut, 1997.

LETHÈVE Jacques, *La Caricature sous la IIIe République,* Paris, Armand Colin, 1986 (1re éd. 1961).

Caricatures politiques, numero spécial de *Mois,* n° 40, septembre 1996.

La Caricature, entre subversion et réaction, numéro spécial des *Cahiers d'histoire*, n° 75, 1999.

Le Rire au corps, numéro spécial de *Sociétés et représentations*, n° 10, décembre 2000.

Images de presse : photographies

AMAR Pierre-Jean, *Histoire de la photographie*, Paris, PUF, 1997.

D'ALMEIDA Fabrice, « Photographie et censure », in GERVEREAU Laurent et al. (dir.), *La France en guerre d'Algérie*, Paris, BDIC, 1992, p. 216-227.

DELPORTE Christian, « La Foule sacrifiée : les photographies du drame du Heysel (30 mai 1995) », *L'Image*, 1, novembre 1995, p. 85-96.

DENOYELLE Françoise, *Lumières de Paris. Les usages de la photographie, 1919-1939*, 2 tomes, Paris, L'Harmattan, 1997.

FRIZOT Michel (dir.), *Nouvelle histoire de la photographie*, Paris, Adam Biro-Bordas, 1994.

GERVEREAU Laurent et al. (dir.), *Voir, ne pas voir la guerre*, Paris, BDIC, 2001.

JAUBERT Alain, *Le Commissariat aux archives. Les photos qui falsifient l'histoire*, Paris, Barrault, 1986.

LAMBERT Frédéric, *Mythographies. La photo de presse et ses légendes*, Paris, Edilig, 1986.

LYNCH Édouard, MATARD Marie-Anne, *La Libération des camps et le retour des déportés*, Bruxelles, Complexe, 1995.

ROBIN Marie-Monique, *Cent photos du siècle*, Paris, Éd. du Chêne, 2000.

Impression et distribution de la presse

CHAUVET Paul, *Les Ouvriers du livre et du journal. La Fédération française des travailleurs du livre*, Paris, Les Éditions Ouvrières, 1971.

FEYEL Gilles (dir.), *La Distribution et la diffusion de la presse du XVIIIᵉ siècle au IIIᵉ millénaire*, Paris, Éditions Panthéon-Sorbonne, 2002.

REBÉRIOUX Madeleine, *Les Ouvriers du livre et leur fédération, un centenaire, 1881-1981*, Paris, Temps actuels, 1981.

RADIO ET TÉLÉVISION

Dictionnaires et guides sources

« Les archives du cinéma et de la télévision », *CinémAction*,
n° 97, 4ᵉ trimestre 2000.

JEANNENEY Jean-Noël (dir.), *L'Écho du siècle. Dictionnaire historique de la radio et de la télévision en France*, Paris, Hachette
Littératures, 1999.

MASCOLO Claire, MÉADEL Cécile (dir.), « Radio et télévision.
Les archives écrites », *Dossiers de l'audiovisuel*, La
Documentation française, n° 70, novembre-décembre 1996.

PROT Robert, *Dictionnaire de la radio*, Paris, PUG-INA, 1997.

Ouvrages généraux

ALBERT Pierre, TUDESQ André-Jean, *Histoire de la radio-télévision*, Paris, PUF, « Que sais-je? », 1995.

BOURDON Jérôme et al., *La Grande Aventure du petit écran, 1935-
1974*, Paris, BDIC, 1997.

BROCHAND Christian, *Histoire générale de la radio et de la télévision en
France*, 2 volumes, Paris, La Documentation française, 1994.

DUVAL René, *La Radio en France*, Paris, Alain Moreau, 1979.

LÉVY Marie-Françoise (dir.), *La Télévision dans la République.
Les années 1950*, Bruxelles, Complexe, 1999.

MICHEL Hervé, *Les Grandes Dates de la télévision française*, Paris,
PUF, « Que sais-je? », 1995.

SABBAGH Antoine, *La Radio, rendez-vous sur les ondes*, Paris,
Gallimard, « Découvertes », 1995.

Radio et télévision, médias audiovisuels

BACHMANN Sophie, *L'Éclatement de l'ORTF*, Paris,
L'Harmattan, 1997.

BERTHERAT Bruno, *La Mort de l'ennemi public numéro un :
Jacques Mesrine. Fait divers et médias audiovisuels*, Paris,
Larousse, 1995.

DE BUSSIÈRE Michèle et al. (dir.), *Histoire des programmes et des jeux*, 1986 ; *Histoire des informations*, 1988 ; *Les Années cinquante à la radio et à la télévision*, 1992 ; *Histoire des publics de la radio-télévision*, 1994, Paris, GEHRA, Comité d'histoire de la radio.

DE BUSSIÈRE Michèle et al. (dir.), *Radios et télévision au temps des « événements d'Algérie » (1954-1962)*, Paris, L'Harmattan, 1999.

CHAUVEAU Agnès, *L'Audiovisuel en liberté ? Histoire de la Haute Autorité*, Paris, Presses de Sciences-Po, 1997.

FILIU Jean-Pierre, *La Crise de l'ORTF en mai-juin 1968*, thèse, IEP Paris, 1984.

MÉADEL Cécile, « De l'émergence d'un outil de quantification », *Quaderni*, 35, printemps 1998.

Radio

BERNARD Luc, *Europe 1. La grande histoire dans une grande radio*, Paris, Centurion, 1990.

BOUSSER-ECK Hélène, *La Radiodiffusion française sous la IVe République. Monopole et service public (août 1944-décembre 1953)*, thèse de doctorat d'histoire, université Paris X-Nanterre, 1997 (dact.).

CHEVAL Jean-Jacques, *Les Radios en France : histoire, état, enjeux*, Rennes, Apogée, 1997.

COJEAN Annick et ESKENAZI Frank, *FM, la folle histoire des radios libres*, Paris, Grasset, 1986.

DHORDAIN Roland, *Le Roman de la radio*, Paris, La Table ronde, 1983.

ECK Hélène (dir.), *La Guerre des ondes. Histoire des radios de langue française pendant la Deuxième Guerre mondiale*, Paris, Armand Colin, 1985.

ECK Hélène, « La radio et l'action économique des gouvernements, 1946-1949 », *Matériaux pour l'histoire de notre temps*, n° 39-40, juillet-décembre 1995, p. 32-34.

ECK Hélène, « La radio », in RIOUX Jean-Pierre et SIRINELLI Jean-François, *La France d'un siècle à l'autre, 1914-2000. Dictionnaire critique*, Paris, Hachette, 1999, p. 413-417.

JEANNENEY Jean-Noël, *Georges Mandel, l'homme qu'on attendait*, Paris, Seuil, 1991.

KOCH Ursula E. et al. (dir.), *La Radio en France et en Allemagne*, Munich, Verlag Reinhard Fischer, 1996.

LOYER Emmanuelle, « La "Voix de l'Amérique" : un outil de la propagande radiophonique américaine aux mains d'intellectuels français », *Vingtième siècle*, n° 76, octobre-décembre 2002, p. 79-97.

MARÉCHAL Denis, *Radio-Luxembourg, 1933-1993. Un média au cœur de l'Europe*, Nancy, Presses universitaires de Nancy et Éditions Serpenoise, 1994.

MARTIN Marc, « La radio dans les crises politiques contemporaines », in MÉADEL Cécile et BOURDON Jérôme, *Techniques et politiques de l'information*, Ari Communication, Paris, CNRS-INA, 1987.

MÉADEL Cécile, « De l'épreuve et de la relation. Genèse du radio-reportage », *Politix*, n° 19, 1992, p. 87-110.

MÉADEL Cécile, *La Radio dans les années trente*, Paris, INA-Anthropos, 1994.

MÉADEL Cécile, « Du développement des mesures d'audience radiophoniques », in MARSEILLE Jacques et EVENO Patrick, *Histoire des industries culturelles en France, XIXe-XXe siècles*, Actes du colloque en Sorbonne (2001), Paris, ADHC, 2002, p. 407-420.

REMONTE Jean-François et DEPOUX Simone, *Les Années radio, une histoire de la radio en France de 1949 à 1989*, Paris, Gallimard, « L'Arpenteur », 1989.

ULMANN-MAURIAT Caroline, *La Naissance d'un média. Histoire politique de la radio en France (1921-1931)*, Paris, L'Harmattan, 1999.

Télévision, institutions, politique

BOURDON Jérôme, *Histoire de la télévision sous de Gaulle*, Paris, Anthropos-INA, 1990.

BOURDON Jérôme, *Haute fidélité. Pouvoir et télévision, 1935-1994*, Paris, Seuil, 1994.

BOURDON Jérôme, « Censure et télévision », in ORY Pascal

(dir.), *La Censure à l'ère démocratique, 1848-1996*, Bruxelles, Complexe, 1997.

CHATELAIN Violaine, « La télévision publique française : une fabrique politique ? Les interventions de Georges Pompidou, Premier ministre, 1962-1968 », *Revue d'histoire moderne et contemporaine*, n° 47 (4), octobre-décembre 2000, p. 768-782.

D'ALMEIDA Fabrice, « L'état de grâce : de l'événement à l'image », *Les Notes de la fondation Jean Jaurès*, n° 22, mai 2001, p. 89-104.

DELPORTE Christian, « L'orateur et l'image télévisée : le laboratoire des années 1950 », in D'ALMEIDA Fabrice (dir.), *L'Éloquence politique en France et en Italie, des années 1870 à nos jours*, Rome, École française de Rome, 2001.

DELPORTE Christian, « Corps à corps ou tête-à-tête ? Le duel politique à la télévision (des années 1960 à nos jours) », *Mots*, n° 67, décembre 2001, p. 70-91.

DELPORTE Christian, « Interview politique, propagande gouvernementale et télévision dans les années 1950. Autour des entretiens Guy Mollet-Pierre Sabbagh de 1956 », *Les Cahiers du journalisme*, n° 8, décembre 2000, p. 88-101.

Mai 68 à l'ORTF, Paris, Comité d'histoire de la télévision, La Documentation française-INA, 1987.

MARTIN Marc, « La télévision », in RIOUX Jean-Pierre et SIRINELLI Jean-François, *La France d'un siècle à l'autre, 1914-2000. Dictionnaire critique*, Paris, Hachette, 1999, p. 418-425.

NEVEU Erik, « Les émissions politiques à la télévision. Les années 1980 ou les impasses du monde politique », *Hermès*, n° 17-18, 1995, p. 145-162.

Télévision, journalisme, information

BRUSINI Hervé, JAMES Francis, *Voir la vérité. Le journalisme de télévision*, Paris, PUF, 1982.

BUXTON David, *Le Reportage de télévision : le lieu du fantasme*, Paris, L'Harmattan, « Champs visuels », 2000.

CHARAUDEAU Patrick (dir.), *La Télévision et la guerre. Déformation ou construction de la réalité ? Le conflit en Bosnie, 1990-1994*, Paris, INA-De Boeck Université, 2001.

COULOMB-GULLY Marlène, *Les Informations télévisées*, Paris, PUF, « Que sais-je ? », 1995.

DE CLOSETS Sophie, *Lectures pour tous, 1953-1968*, mémoire de DEA, IEP Paris, 2001.

DELPORTE Christian, « Le journalisme de télévision (1949-1959). Dix glorieuses ou années zéro ? », in BOURDON Jérôme, et al. (dir.), *La Grande Aventure du petit écran*, Paris, BDIC, 1997, p. 117-123.

DUCCINI Hélène, *La Télévision et ses mises en scène*, Paris, Nathan-Université, « 128 », 1998.

ESQUENAZI Jean-Pierre, *Télévision et démocratie. La politique à la télévision française, 1958-1990*, Paris, PUF, 1999.

JEANNENEY Jean-Noël, SAUVAGE Monique (dir.), *Télévision, nouvelle mémoire. Les magazines de grand reportage*, Paris, Seuil, 1992.

LÉVY Marie-Françoise, « La légende de l'écran noir : l'information à la télévision en mai-juin 1968 », *Réseaux*, n° 90, 1998.

MERCIER Arnaud, *Le Journal télévisé*, Paris, Presses de Sciences-Po, 1996.

MISSIKA Jean-Louis, WOLTON Dominique, *La Folle du logis. La télévision dans les sociétés démocratiques*, Paris, Gallimard, 1983.

NEL Noël, *À fleurets mouchetés : 25 ans de débats télévisés*, Paris, INA-La Documentation française, 1988.

Télévision, société, culture

BOURDON Jérôme et GLUNBLATT Catherine, « Publicité et télévision : une longue histoire », *Médiaspouvoirs*, n° 3, juin 1986, p. 60-70.

BOURDON Jérôme, MÉADEL Cécile, *Les Écrans de la Méditerranée. Histoire d'une télévision régionale, 1954-1994*, Marseille, Jeanne Laffitte-INA, 1994.

CHAUVEAU Agnès, « Le voile, le miroir et l'aiguillon. La télévision et les mouvements de société jusque dans les années 1970 », *Vingtième siècle*, n° 72, octobre-décembre 2001, p. 97-108.

CRIVELLO-BOCCA Maryline, *L'Écran citoyen. La Révolution française vue par la télévision de 1950 au Bicentenaire*, Paris, L'Harmattan, 1998.

DELPORTE Christian, « De l'affaire Philippe Bertrand à l'affaire Patrick Henry. Un fait-divers dans l'engrenage médiatique », *Vingtième siècle,* avril-juin 1998, p. 127-143.

KUBLER Thierry, LEMIEUX Emmanuel, *Cognacq-Jay 1940. La télévision française sous l'Occupation,* Paris, Plume, 1990.

LÉVY Marie-Françoise, « Famille et télévision, 1950-1986 », *Réseaux,* n° 72-73, juillet-octobre 1995.

PERONI Michel, *De l'écrit à l'écran,* Paris, Centre Georges-Pompidou-BPI, 1991.

SOHN Anne-Marie, « Pour une histoire de la société au regard des médias », *Revue d'histoire moderne et contemporaine,* n° 44 (2), avril-juin 1997, p. 287-306.

VEYRAT-MASSON Isabelle, *Quand la télévision explore le temps. L'histoire au petit écran,* Paris, Fayard, 2000.

JOURNALISME, JOURNALISTES

Ouvrages généraux et études

BOUCHARENC Myriam et DELUCHE Joëlle (dir.), *Littérature et reportage,* Actes du colloque d'avril 2000, Limoges, PULIM, 2001.

CHARON Jean-Marie, *Cartes de presse. Enquête sur les journalistes,* Paris, Stock, 1993.

DELPORTE Christian, *Histoire du journalisme et des journalistes en France,* Paris, PUF, « Que sais-je ? », 1995.

DELPORTE Christian, « La trahison du clerc ordinaire. L'épuration professionnelle des journalistes, 1944-1948 », *Revue historique,* CCXCII/2, 1995, p. 348-375.

DELPORTE Christian, « L'épuration des journalistes : polémiques, mythes, réalités », *Matériaux pour l'histoire de notre temps,* n° 39-40, juillet-décembre 1995, p. 28-31.

DELPORTE Christian « Journalistes français et morale professionnelle », in D'ALMEIDA Fabrice (dir.), *La Question médiatique,* Paris, Séli Arslan, 1997, p. 25-41.

DELPORTE Christian, *Les Journalistes en France (1880-1950). Naissance et construction d'une profession,* Paris, Seuil, 1999.

DELPORTE Christian, « Journalisme et journalistes engagés au XXᵉ siècle », dossier « Journalistes et historiens engagés », *Cahiers d'histoire immédiate*, n° 19, printemps 2001.

DELPORTE Christian, « L'argent des journalistes au XXᵉ siècle. Essai de mise en perspective », in MARSEILLE Jacques et EVENO Patrick, *Histoire des industries culturelles en France, XIXᵉ-XXᵉ siècles*, Actes du colloque en Sorbonne (2001), Paris, ADHC, 2002, p. 185-204.

DELPORTE Christian, « Journalistes et correspondants de guerre », in AUDOUIN-ROUZEAU Stéphane et BECKER Jean-Jacques, *Dictionnaire critique de la Grande Guerre*, Paris, Bayard, 2003.

FERENCZI Thomas, *L'Invention du journalisme en France. Naissance du journalisme moderne à la fin du XIXᵉ siècle*, Paris, Plon, 1993.

JEANNENEY Jean-Noël, « La vénalité du journalisme financier entre les deux guerres », in *L'Argent caché*, Paris, Fayard, 1981, p. 237-268.

MARTIN Marc, « *Combat* et la presse parisienne de la Libération ou l'insuccès de la vertu », *Bulletin du Centre d'histoire de la France contemporaine*, n° 10, 1989, p. 25-40.

MARTIN Marc (dir.), *Histoire et médias. Journalisme et journalistes français, 1950-1990*, Actes du colloque de Nanterre, Paris, Albin Michel, 1991.

MARTIN Marc, « Un groupe de pression au service des intérêts de la profession durant l'entre-deux-guerres : le Syndicat des journalistes », in GARRIGUES Jean (dir.), *Les Groupes de pression dans la vie politique contemporaine en France et aux États-Unis, de 1820 à nos jours*, Rennes, PUR, 2002, p. 99-107.

MATHIEN Michel et RIEFFEL Rémy (dir.), *L'Identité professionnelle des journalistes*, Actes du colloque de Strasbourg (1994), Strasbourg, Alphacom-CUEJ, 1995.

NAUD François, *Des envoyés spéciaux aux grands reporters (1920-1930)*, thèse de doctorat d'histoire, EHESS, 1996 (dact.).

PALMER Michael, « Les héritiers de Théophraste », in LACAN Jean-François, PALMER Michael et RUELLAN Denis, *Les Journalistes. Stars, scribes et scribouillards*, Paris, Syros, 1994, p. 110-205.

POUMEROL Henri, *Le Statut et les Conditions de travail des journalistes de radio et de télévision de service public en France depuis 1935*, thèse, université Paris II, 1988 (dact.).

RIEFFEL Rémy, *L'Élite des journalistes. Les hérauts de l'information*, Paris, PUF, 1984.

RUELLAN Denis, *Les « pro » du journalisme*, Paris, PUR, 1997.

Biographies

ASSOULINE Pierre, *Albert Londres. Vie et mort d'un grand reporter*, Paris, Balland, 1990.

BOULIC Jean-Yves et LAVAURE Annick, *Henri de Kérillis. L'absolu patriote*, Rennes, PUR, 1997.

COURRIÈRE Yves, *Joseph Kessel ou Sur la piste du lion*, Paris, Plon, 1985.

COURRIÈRE Yves, *Pierre Lazareff*, Paris, Gallimard, 1995.

GREILSAMER Laurent, *Hubert Beuve-Méry (1902-1989)*, Paris, Fayard, 1990.

HEURE Gilles, *Gustave Hervé, l'itinéraire d'un provocateur*, Paris, La Découverte, 1997.

LACASSAGNE Pierre, *René Mauriès. Journaliste et grand reporter*, Toulouse, GRHI, 2000.

MARTIN Laurent, « De l'anarchisme à l'affairisme : les deux vies d'Eugène Merle, homme de presse, 1884-1946 », *Revue historique*, CCCI/4, 1999, p. 789-807.

LES AGENCES DE PRESSE

BOYD-BARRETT O. et PALMER Michael, *Le Trafic des nouvelles*, Paris, Alain Moreau, 1981.

HUTEAU Jean et ULLMANN Bernard, *Une histoire de l'Agence France Presse, 1944-1990*, Paris, Robert Laffont, 1992.

LEFEBURE Antoine, *Havas. Les arcanes du pouvoir*, Paris, Grasset, 1992.

LEFEBVRE Pascal, *Havas et l'audiovisuel, 1920-1986*, Paris, L'Harmattan, 1998.

PALMER Michael, « L'Office français d'information, 1940-1944 », *Revue d'histoire de la Deuxième Guerre mondiale*, n° 101, janvier 1976.

PROPAGANDE, COMMUNICATION PUBLICITAIRE ET POLITIQUE

Propagande et encadrement de l'information

AMAURY Philippe, *Les Deux Premières Expériences d'un ministère de l'Information en France*, Paris, LGDJ, 1969.

ATTAL Frédéric et D'ALMEIDA Fabrice, « Culture populaire, culture de masse et encadrement partisan », in *Histoire sociale de l'Europe*, Paris, Séli Arslan, 1997, p. 377-400.

AUDOUIN-ROUZEAU Stéphane, « Bourrage de crâne et information en France, en 1915-1918 », in BECKER Jean-Jacques et AUDOUIN-ROUZEAU Stéphane (dir.), *Les Sociétés européennes et la guerre de 1914-1918*, Paris X-Nanterre, 1990.

D'ALMEIDA Fabrice, *Images et propagande au XXe siècle*, Paris, Casterman-GIUNTI, 1998.

D'ALMEIDA Fabrice, « Rationalisation "scientifique" et propagande par l'image des socialistes français et italiens », in *L'Historien et l'image, de l'illustration à la preuve*, Colloque de Metz, 11-12 mars 1994, Centre de recherches histoire et civilisation de l'université de Metz, 1998, p. 61-75.

D'ALMEIDA Fabrice, « Histoire de la propagande », *Les Documents de l'ISERES*, juin 2000, p. 61-75.

D'ALMEIDA Fabrice (dir.), *L'Éloquence politique en France et en Italie de 1870 à nos jours*, Rome, École française de Rome, 2001.

D'ALMEIDA Fabrice, « Propagande : histoire d'un mot disgracié », *Mots,* n° 69, juillet 2002, p. 137-148.

ELLUL Jacques, *Histoire de la propagande*, Paris, PUF, « Que sais-je ? », 1976.

FORCADE Olivier, *La Censure politique en France pendant la Grande Guerre*, thèse d'histoire sous la direction de Jean-Jacques Becker, 3 vol., université Paris X-Nanterre, 1998.

GEORGAKAKIS Didier, « La République contre la propagande d'État ? Création et échecs du Commissariat général à l'information, juillet 1939-avril 1940 », *Revue française de sciences politiques*, n° 48 (5), octobre 1998, p. 606-624.

PESCHANSKI Denis, « Vichy au singulier, Vichy au pluriel. Une tentative avortée d'encadrement de la société (1941-1942) », *Annales ESC*, n° 3, mai-juin 1988, p. 639-661.

PESCHANSKI Denis, « Contrôler ou encadrer ? Information et propagande sous Vichy », *Vingtième siècle*, octobre-décembre 1990, p. 65-75.

Image fixe, propagande et communication politique

Les Affiches de la Grande Guerre, Historial de Péronne, Martelle Éditions, 1998.

AGULHON Maurice, *Les Métamorphoses de Marianne au pouvoir. L'imagerie et la symbolique républicaine de 1914 à nos jours*, Paris, Flammarion, 2001.

BARGIEL-HARRY Réjane, D'ALMEIDA Fabrice, « Éléments pour une bibliographie générale de l'affiche », *Degrés*, n° 60-61, Bruxelles, mars 1990.

BENOIT Jean-Marc, BENOIT Philippe et LECH Jean-Marc, *La Politique à l'affiche : affiches électorales et publicité politique, 1965-1986*, Paris, Du May, 1986.

BENOIT Jean-Marc et BENOIT Philippe, *La Décentralisation à l'affiche*, Paris, Du May, 1989.

BURRIN Philippe, « Poings levés et bras tendus. La contagion des symboles au temps du Front populaire », *Vingtième siècle*, n° 11, juillet-septembre 1986, p. 5-20.

BUTON Philippe et GERVEREAU Laurent, *Le Couteau entre les dents : 70 ans d'affiches communistes et anticommunistes en France, 1919-1989*, Paris, Chêne, 1989.

BUTON Philippe (dir.), *La Guerre imaginée*, Paris, Seli Arslan, 2002.

CEPEDE Frédéric, « Le poing et la rose : la saga d'un logo », *Vingtième siècle*, n° 49, 1996, p. 18-30.

D'ALMEIDA Fabrice, « L'avenir, un argument dans la propagande par l'affiche, 1945-1990 », *Matériaux pour l'histoire de notre temps*, n° 21, octobre-décembre 1990, p. 75-83.

D'ALMEIDA Fabrice, « La pieuvre. Un essai d'interprétation », *L'Image fixe*, n° 1, avril 1992, p. 4-8.

D'ALMEIDA Fabrice, « Représenter l'Europe », *L'Image fixe*, n° 6, juin 1993, p. 4-8.

D'ALMEIDA Fabrice, « Terreurs de la France modérée dans l'entre-deux-guerres », *Sociétés et représentations*, n° 12, novembre 2001, p. 253-267.

DELPORTE Christian, « Propagande anticommuniste et images : le cas de *Paix et liberté* », Actes du colloque *Renseignement et propagande pendant la guerre froide, 1947-1953*, Mémorial de Caen, 5-7 février 1998, Bruxelles, Complexe, 1999, p. 217-234.

DELPORTE Christian, « Incarner la République. Les affiches présidentielles de François Mitterrand, Valéry Giscard d'Estaing et Jacques Chirac », *Sociétés et représentations*, n° 12, octobre 2001, p. 71-88.

DELPORTE Christian, DUPRAT Annie (dir.), *L'Événement. Image, représentations, mémoire, de la Révolution française au XXe siècle*, Paris, Créaphis, 2003.

La Dramaturgie du politique, numéro spécial de *Sociétés et représentations*, n° 12, octobre 2001.

DUMONT Fabienne, MORIS Joëlle et JOUZEAU Marie-Hélène (dir.), *Jules Grandjouan, créateur de l'affiche politique illustrée en France*, Paris, Somogy, 2001.

GERVEREAU Laurent, *Voir. Comprendre. Analyser les images*, Paris, La Découverte, 1997 (1re éd. 1994).

GERVEREAU Laurent, *La Propagande par l'affiche*, Paris, Syros, 1991.

GERVEREAU Laurent, *Histoire du visuel au XXe siècle*, Paris, Seuil, 2003 (1re éd. 2000).

GERVEREAU Laurent et PROCHASSON Christophe (dir.), *Images de 1917*, Paris, BDIC, 1987.

GERVEREAU Laurent et PESCHANSKI Denis (dir.), *La Propagande sous Vichy*, Paris, 1990.

GESGON Alain, *Sur les murs de France. Deux siècles d'affiches politiques*, Paris, Éditions du Sorbier, 1979.

GOUREVITCH Jean-Paul, *La Propagande dans tous ses états*, Paris, Flammarion, 1981.

Image et histoire, numéro spécial de la revue *Vingtième siècle*, n° 72, octobre-décembre 2001.

Marchetti Stéphane, *Affiches 1939-1945. Images d'une certaine France*, Lausanne, Édita-Lazarus, 1982.

Mosse George L., *Fallen Soldiers : Reshaping the Memory of World War*, Oxford, Oxford University Press, 1990.

Audiovisuel, propagande et communication politique

Bourdon Jérôme et Chauveau Agnès, « Un politique conservateur, un communicateur oublié : Georges Pompidou et la radiotélévision », in *Culture et action chez Georges Pompidou*, Actes du colloque de 1998, Paris, PUF, 2000, p. 249-286.

Champagne Patrick, *Faire l'opinion*, Paris, Minuit, 1990.

Chauveau Agnès, « Un idéal-type : la communication du Premier ministre, Laurent Fabius, juillet 1984-mars 1986 », *Hermès*, n° 13-14, 1994, p. 285-304.

Crémieux-Brilhac Jean-Louis et Bensimon Georges, « Les propagandes radiophoniques et l'opinion publique en France de 1940 à 1944 », *Revue d'histoire de la Deuxième Guerre mondiale*, n° 101, juin 1976.

D'Almeida Fabrice, « Graphistes et communicateurs politiques devant l'avenir », *Matériaux pour l'histoire de notre temps*, n° 22, janvier-mars 1991, p. 121-124.

D'Almeida Fabrice, « Éloquence politique au XXe siècle », in *Des mots en liberté – Mélanges Maurice Tournier*, ENS Éditions, 1998, vol. 1, p. 137-150.

D'Almeida Fabrice, « 21 avril 2002-5 mai 2002. Entre événement historique et chronique partisane », *Recherches socialistes*, n° 19, juin 2002, p. 21-28.

Delporte Christian, « Interview politique, propagande gouvernementale et télévision dans les années 1950. Autour des entretiens Guy Mollet-Pierre Sabbagh de 1956 », *Les Cahiers du journalisme*, n° 8, décembre 2000, p. 88-101.

Delporte Christian, « Image, politique et communication sous la Ve République », *Vingtième siècle*, n° 72, octobre-décembre 2001, p. 109-124.

Gerstlé Jacques *La Communication politique*, Paris, PUF, « Que sais-je ? » Paris, 1991.

GERVEREAU Laurent, *Un siècle de manipulations par l'image*, Paris, Somogy, 2000.

GOURÉVITCH Jean-Paul, *L'Image en politique*, Paris, Hachette, « Forum », 1998.

SCHWARTZENBERG Roger-Gérard, *L'État spectacle*, Flammarion, Paris, 1977.

SCHWARTZENBERG Roger-Gérard, *La Politique mensonge*, Paris, Odile Jacob, 1998.

TUDESQ André-Jean, « L'utilisation gouvernementale de la radio », in RÉMOND René et BOURDIN Janine (dir.), *Daladier, chef de gouvernement, avril 1938-septembre 1939*, Actes du colloque de la FNSP, Paris, Presses FNSP, 1977, p. 255-264.

Communication publicitaire

Art et Pub. Art et publicité, 1880-1990, Paris, Centre Georges Pompidou, 1990.

BACHOLLET Raymond et LELIEUR Anne-Claude, *Célébrités à l'affiche*, Paris, Édita, 1989.

BACHOLLET Raymond et al., *Négripub. L'image des Noirs dans la publicité*, Paris, Somogy, 1992.

BARGIEL-HARRY Réjane et ZAGRODZKI Christophe, *Le Livre de l'affiche*, Paris, Syros, 1985.

CHESSEL Marie-Emmanuelle, *La Publicité. Naissance d'une profession, 1900-1940*, Paris, CNRS Éditions, 1998.

DARMON Olivier, *Le Grand Siècle de Bibendum*, Paris, Éditions Hoëbeke, 1997.

DELPORTE Christian, « De Bibendum à Culturepub. La publicité à la conquête des masses », in RIOUX Jean-Pierre et SIRINELLI Jean-François, *La Culture de masse en France de la Belle Époque à aujourd'hui*, Paris, Fayard, 2001, p. 410-434.

MARTIN Laurent, « Presse écrite et publicité en France, deux siècles de relations conflictuelles », in MARSEILLE Jacques et EVENO Patrick, *Histoire des industries culturelles en France, XIXᵉ-XXᵉ siècles*, Actes du colloque en Sorbonne (2001), Paris, ADHC, 2002, p. 219-234.

MARTIN Marc, « Le marché publicitaire et les grands médias, 1918-1970 », *Vingtième siècle*, n° 20, 1988.

MARTIN Marc, *Trois siècles de publicité en France*, Paris, Odile Jacob, 1992.

Quand l'affiche faisait de la réclame! L'affiche française de 1920 à 1940, Paris, Éditions des musées nationaux, 1991.

WEILL Alain, *L'Affiche dans le monde*, Paris, Somogy, 1991 (1re éd. 1985).

CINÉMA ET ACTUALITÉ

Guides des sources

Les Archives de guerre, 1940-1944, Paris, INA-La Documentation française, 1996.

« Les archives de cinéma et de télévision », *CinémAction*, n° 97, 4e trim. 2000.

Généralités

FERRO Marc, *Cinéma et histoire*, Paris, Denoël-Gonthier, 1977 (rééd. Folio, 1993).

FERRO Marc (dir.), *Film et histoire*, Paris, EHESS, 1985.

LAGNY Michèle, *De l'histoire du cinéma. Méthode historique et histoire du cinéma*, Paris, Armand Colin, 1992.

SORLIN Pierre, *Sociologie du cinéma*, Paris, Aubier-Montaigne, 1977.

Études

BERTIN-MAGHIT Jean-Pierre, *Le Cinéma sous l'Occupation*, Paris, Perrin, 2002 (1re éd. 1989).

BERTIN-MAGHIT Jean-Pierre, *Le Cinéma français sous l'Occupation*, Paris, PUF, « Que sais-je ? », 1994.

BERTIN-MAGHIT Jean-Pierre, « Encadrer et contrôler le documentaire de propagande sous l'Occupation », *Vingtième siècle*, n° 63, juillet-septembre 1999, p. 23-49.

Le Cinéma. Le temps de l'histoire, numéro spécial de *Vingtième siècle*, n° 46, avril-juin 1995.

Cinéma et histoire, dossier du *Mouvement social*, n° 172, juillet-septembre 1995.

DELPORTE Christian, « Les médias et la découverte des camps », in *La Déportation et le Système concentrationnaire*, Paris, BDIC, 1995, p. 205-213.

DELPORTE Christian, « Images du général de Gaulle sur les Champs-Élysées (26 août 1944). Une certaine idée de la Libération », in MÉNARD Michèle et DUPRAT Annie (dir.), *Histoire, images, imaginaires, fin XVe-début XXe siècle*, université du Maine, 1998.

GILI Jean, « Les journaux d'actualités cinématographiques de 1939 à 1944 », *Les Cahiers de la cinémathèque*, n° 8, 1972.

HURET Marcel, *Ciné-Actualités. Histoire de la presse filmée, 1895-1980*, Paris, Veyrier, 1984.

JEANNE René et FORD Charles, *Le Cinéma et la Presse, 1895-1960*, Paris, Armand Colin, 1961.

LINDEPERG Sylvie, *Clio de 5 à 7. Les archives filmées de la Libération : archives du futur*, Paris, CNRS Éditions, 2000.

MARIOT Nicolas, « Foules en liesse et "maréchalisme" des populations : les images des voyages officiels de Pétain montrent-elles des mouvements d'opinion ? », *Sociétés et représentations*, n° 12, octobre 2001, p. 143-159.

ODIN Roger (dir.), *L'Âge d'or du documentaire, Europe : années cinquante*, Paris, L'Harmattan, 1998.

PUISEUX Hélène, *Les Figures de la guerre : représentations et sensibilités, 1839-1996*, Paris, Gallimard, 1997.

STORA Benjamin, *Imaginaires de guerre. Algérie-Viêt-Nam, en France et aux États-Unis*, Paris, La Découverte, 1997.

TARTAKOWSKY Danièle, « Les manifestations de rues dans les actualités Éclair et Gaumont, 1918-1968 », *Les Cahiers de la cinémathèque*, n° 66, juillet 1997.

VÉRAY Laurent, *Les Films d'actualité français de la Grande Guerre*, Paris, SIRPA/AFRHC, 1995.

VÉRAY Laurent, « Les actualités filmées françaises », *Les Cahiers de la cinémathèque*, n° 66, juillet 1997.

INDEX

TABLE

TABLE 433

GLOSSAIRE CRITIQUE

SCIENCES

BARBEROUSSE, KISTLER, LUDWIG
La Philosophie des sciences au XXᵉ siècle.
(Champs-Université)

BARROW
La Grande Théorie.

BITBOL
L'Aveuglante Proximité du réel (inédit).
Mécanique quantique.

BRADU
L'Univers des plasmas.

BROGLIE
La Physique nouvelle et les quanta.
Nouvelles perspectives en microphysique.

BRUNHES
La Dégradation de l'énergie.

CAVALLI-SFORZA
Qui sommes-nous ?

CHAUVET
La Vie dans la matière.

COUTEAU
Le Grand Escalier. Des quarks aux galaxies.
Les Rêves de l'infini.

CREVIER
À la recherche de l'intelligence artificielle.

DACUNHA-CASTELLE
Chemins de l'aléatoire.

DAVID, SAMADI
La Théorie de l'évolution. Une logique pour
la biologie. (Champs-Université)

DAVIES
Les Forces de la nature.

DELSEMME
Les Origines cosmiques de la vie.

DELSEMME, PECKER, REEVES
Pour comprendre l'univers.

DELUMEAU (PRÉSENTÉ PAR)
Le Savant et la foi.

DENTON (Derek)
L'Émergence de la conscience.

DENTON (Michael)
Évolution. Une théorie en crise.

DINER, LOCHAK, FARGUE
L'Objet quantique.

DROUIN
L'Écologie et son histoire.

ECCLES
Évolution du cerveau et création de
la conscience.

EINSTEIN
Comment je vois le monde.
Conceptions scientifiques.

EINSTEIN, INFELD
L'Évolution des idées en physique.

FRANCK
Einstein. Sa vie, son temps.

GELL-MANN
Le Quark et le jaguar.

GLEICK
La Théorie du chaos.

GRIBBIN
À la poursuite du Big Bang.
Le Chat de Schrödinger.

HAWKING
Commencement du temps et fin de
la physique ?
Une brève histoire du temps.

HEISENBERG
La Partie et le tout.

HURWIC
Pierre Curie.

JACQUARD
Idées vécues.
La Légende de demain.
La Légende de la vie.

KLEIN, SPIRO (DIR)
Le Temps et sa flèche.

KUHN
La Structure des révolutions scientifiques.

LEAKEY, LEWIN
Les Origines de l'homme.
La Sixième Extinction.

LINES
Dites un chiffre.

LLOYD
Les Origines de la science grecque.

LOCHAK
La Géométrisation de la physique.
Louis de Broglie. Un prince de la science.

LOVELOCK
La Terre est un être vivant.

MANDELBROT
Fractales, hasard et finance (inédit).
Les Objets fractals.

MERLEAU-PONTY
Einstein.

MINSTER
La Machine-Océan.

VON NEUMANN
L'Ordinateur et le cerveau.

NOTTALE
L'Univers et la lumière.

PENROSE
Les Deux Infinis et l'esprit humain.

PERRIN
Les Atomes.

PICHOT
Histoire de la notion de gène (inédit).
La Société pure. De Darwin à Hitler.

PLANCK
Autobiographie scientifique et
derniers écrits.
Initiations à la physique.

POINCARÉ
La Science et l'hypothèse.
La Valeur de la science.

POPPER
La Connaissance objective.

PRIGOGINE
Les Lois du chaos.

PRIGOGINE, STENGERS
Entre le temps et l'éternité.

REICHHOLF
L'Émancipation de la vie.
L'Émergence de l'homme.
Le Retour des castors.

ROBERT
Les Horloges biologiques.
Le Vieillissement du cerveau

ROSENFIELD
L'Invention de la mémoire.

RUFFIÉ
De la biologie à la culture.
Traité du vivant.

RUFFIÉ, SOURNIA
Les Épidémies dans l'histoire de l'homme.

SAPOVAL
Universalités et fractales.

SCHWARTZ
Le Jeu de la science et du hasard. La statistique et le vivant.

SELLERI
Le Grand Débat de la théorie quantique.

SERRES
Les Origines de la géométrie.

SHAPIRO
L'Origine de la vie.

SMOOT
Les Rides du temps.

STENGERS
L'Invention des sciences modernes.

STEWART
Dieu joue-t-il aux dés ? (nouvelle édition)

TESTART
Le Désir du gène.
L'Œuf transparent (inédit).

THOM
Paraboles et catastrophes.
Prédire n'est pas expliquer.

THORNE
Trous noirs et distorsions du temps.

TRINH XUAN
Un astrophysicien.

TUBIANA
Histoire de la pensée médicale.

ULLMO
La Pensée scientifique moderne.

WEYL
Symétrie et mathématique moderne.

WILLS
La Sagesse des gènes.

HISTOIRE

ARASSE
La Guillotine et l'imaginaire de la Terreur

ATTIAS, BENBASSA
Israël, la terre et le sacré.

BARNAVI
Une histoire moderne d'Israël.

BERTIER DE SAUVIGNY
La Restauration.

BIARDEAU
L'Hindouisme.

BOIS
Paysans de l'Ouest.

BOUREAU
La Papesse Jeanne.

BRAUDEL
La Dynamique du capitalisme.
Écrits sur l'histoire.
Écrits sur l'histoire II.
Grammaire des civilisations.
L'Identité de la France.
La Méditerranée. L'espace et l'histoire.
La Méditerranée. Les hommes et l'héritage.

BRUNSCHWIG
Le Partage de l'Afrique noire.

CAIRE
L'Histoire en France du Moyen Âge à nos jours. (Champs-Université)

CAROZZI, TAVIANI-CAROZZI
La Fin des temps. Terreurs et prophéties au Moyen Âge.

CARRÈRE D'ENCAUSSE
Lénine. La révolution et le pouvoir.
Staline. L'ordre par la terreur.

CAUVIN
Naissance des divinités, naissance de l'agriculture.

CHASSAIGNE
Histoire de l'Angleterre des origines à nos jours (nouvelle édition).

CHAUNU
La Civilisation de l'Europe des Lumières.

CHOURAQUI
Moïse.

CORBIN
L'Avènement des loisirs.
Les Cloches de la terre.
Les Filles de noce. Misère sexuelle et prostitution au XIXe siècle.
Le Miasme et la jonquille. L'odorat et l'imaginaire social, XVIIIe-XIXe siècle.
Le Monde retrouvé de Louis-Franço Pinagot. Sur les traces d'un inconn (1798-1876).

Le Temps, le Désir et l'Horreur.
Le Territoire du vide. L'Occident et le désir du rivage, 1750-1840.
Le Village des cannibales.

DAUMARD
Les Bourgeois et la bourgeoisie en France depuis 1815.

DAVID
La Romanisation de l'Italie.

DIEHL
La République de Venise.

DUBY
L'Économie rurale et la vie des campagnes dans l'Occident médiéval.
L'Europe au Moyen Âge.
Mâle Moyen Âge. De l'amour et autres essais.
Saint Bernard. L'art cistercien.
La Société chevaleresque. Hommes et structures du Moyen Âge I.
Seigneurs et paysans. Hommes et structures du Moyen Âge II.

ELIAS
La Société de cour.

FAIRBANK
La Grande Révolution chinoise.

FERRO
La Révolution russe de 1917.

FINLEY
L'Invention de la politique.
Les Premiers Temps de la Grèce.

FOISIL
Le Sire de Gouberville.

FURET
L'Atelier de l'histoire.

FURET, OZOUF
Dictionnaire critique de la Révolution française (4 vol.).

FUSTEL DE COULANGES
La Cité antique.

GEARY
Naissance de la France. Le monde mérovingien.

GEREMEK
Les Fils de Caïn.
Les Marginaux parisiens aux XIVe et XVe siècles.

GERNET
Anthropologie de la Grèce antique.
Droit et institutions en Grèce antique.

GINZBURG
Les Batailles nocturnes.

GOMEZ
L'Invention de l'Amérique.

GOUBERT
100 000 provinciaux au XVIIe siècle.

GRIMAL
La Civilisation romaine.
Virgile ou la seconde naissance de

Rome.

GROSSER
Affaires extérieures. La politique de la France, 1944-1989.
Le Crime et la mémoire.

HELLER
Histoire de la Russie.

HILDESHEIMER
Du Siècle d'or au Grand Siècle. L'État en France et en Espagne, XVIe-XVIIe siècle. (Champs-Université)

HUGONIOT
Rome en Afrique. De la chute de Carthage aux débuts de la conquête arabe. (Champs-Université)

ILIFFE
Les Africains. Histoire d'un continent.

JOURDAN
L'Empire de Napoléon. (Champs-Université)

KRAMER
L'Histoire commence à Sumer.

LACOSTE
La Légende de la terre.

LALOUETTE
Au royaume d'Égypte. Histoire de l'Égypte pharaonique I.
Thèbes. Histoire de l'Égypte pharaonique II.
L'Empire des Ramsès. Histoire de l'Égypte pharaonique III.
L'Art figuratif dans l'Égypte pharaonique.
Contes et Récits de l'Égypte ancienne.

LANE
Venise, une république maritime.

LAROUI
Islam et histoire.

LE GOFF
La Civilisation de l'Occident médiéval.

LEROY
L'Aventure séfarade. De la péninsule ibérique à la Diaspora.

LE ROY LADURIE
Histoire du climat depuis l'an mil.
Les Paysans de Languedoc.

LEWIS
Les Arabes dans l'histoire.
Juifs en terre d'Islam.

LOMBARD
L'Islam dans sa première grandeur.

LUPO
Histoire de la Mafia.

MAHN-LOT
La Découverte de l'Amérique.

MARRUS
L'Holocauste dans l'histoire.

MAYER
La Persistance de l'Ancien Régime.

Achevé d'imprimer en avril 2003
sur les presses de l'imprimerie Maury Eurolivres
45300 Manchecourt

N° d'Éditeur : FH302901.
Dépôt légal : avril 2003.
N° d'Imprimeur : 03/04/20131.

Imprimé en France